ACCESO GRATIS *a la Lectura en la Nube*

Para visualizar el libro electrónico en la nube de lectura envíe junto a su nombre y apellidos una fotografía del código de barras situado en la contraportada del libro y otra del ticket de compra a la dirección:

ebooktirant@tirant.com

En un máximo de 72 horas laborables le enviaremos el código de acceso con sus instrucciones.

CRIPTOARTE EN TÓKENES NO FUNGIBLES (NFT): ASPECTOS JURÍDICOS

CRIPTOARTE EN TÓKENES NO FUNGIBLES (NFT): ASPECTOS JURÍDICOS

Francisca María Rosselló Rubert

tirant lo blanch
Valencia, 2025

En caso de erratas y actualizaciones, la Editorial Tirant lo Blanch publicará la pertinente corrección en la página web www.tirant.com.

EDITA: TIRANT LO BLANCH
C/ Artes Gráficas, 14 - 46010 - Valencia
TELFS.: 96/361 00 48 - 50
FAX: 96/369 41 51
Email: tlb@tirant.com
www.tirant.com
Librería virtual: www.tirant.es
DEPÓSITO LEGAL: V-3842-2024
ISBN: 978-84-1071-799-2
MAQUETA: Innovatext

Si tiene alguna queja o sugerencia, envíenos un mail a: *atencioncliente@tirant.com*. En caso de no ser atendida su sugerencia, por favor, lea en *www.tirant.net/index.php/empresa/politicas-de-empresa* nuestro procedimiento de quejas.

Responsabilidad Social Corporativa: http://www.tirant.net/Docs/RSCTirant.pdf

A la mujer que soy hoy: libre, auténtica, curiosa, intensa,
resiliente, apasionada y profundamente comprometida
con el aprendizaje académico y vital.

A las voces que me han sostenido en momentos de duda,
que han iluminado talentos olvidados u ocultos,
que se han enfocado en aquello verdaderamente importante
y que me acercan a mi mejor yo; sirvan la presente obra
y las innumerables horas de estudio invertidas en gestarla
a modo de ofrenda, puesto que mi agradecimiento
y amor hacia ellas es inefable.

Ex quiete lux oritur.

Índice

Capítulo 3

FUENTES DE INFORMACIÓN JURÍDICA RELATIVAS A LOS NFT Y, PARTICULARMENTE, AL «CRIPTOARTE» EN NFT

PARTE II

ESTUDIO FUNCIONAL DEL «CRIPTOARTE» EN NFT

Capítulo 4

ESTUDIO FUNCIONAL DEL «CRIPTOARTE» EN NFT. SU USO COMO CERTIFICADO DE AUTENTICIDAD, ORIGINALIDAD Y TITULARIDAD

Capítulo 5

«CRIPTOARTE» EN NFT COMO MECANISMO DE SOPORTE DE CESIONES DE DERECHOS DE AUTOR

Capítulo 6

EL «CRIPTOARTE» EN NFT Y SU USO COMO CAPTACIÓN DE INVERSIÓN

Prólogo

Criptoactivos, criptomonedas, dinero digital, fichas de dinero electrónico, token (o también toquen), NFT, bitcoin, Ethereum. Son todas ellas palabras que se han hecho comunes y habituales en los últimos años. Tan es así que la palabra criptomoneda fue incluso candidata a palabra del año de la Fundación del Español Urgente (FundéuRAE) en el año 2022, año especialmente convulso para las criptomonedas, que acumularon importantes caídas y pérdidas de valor.

Según esta fundación, que vela por el buen uso del español, el elemento compositivo *cripto–* ha ampliado su significado y, además del significado original ('oculto, encubierto'), se aplica a aquellas voces que tienen que ver con las transacciones digitales que se aseguran mediante criptografía. Con ese sentido también se han formado otros términos, como, p.ej., criptoestafa o criptoempresa.

De forma simple y descriptiva los criptoactivos, consisten en representaciones digitales de valor o derechos que, indudablemente, pueden aportar grandes ventajas tanto a los participantes en el mercado como a los consumidores. No obstante, sus riesgos son también innegables: fraude, blanqueo de capitales, piratería informática, abuso de mercado, y desprotección de los inversores y los consumidores, entre otros. De estos riesgos han alertado en distintas ocasiones nuestras autoridades regulatorias; así, ya el año 2021 el Banco de España y la Comisión Nacional del Mercado de Valores, en un comunicado conjunto, alertaban del riesgo de este tipo de inversiones, debido, entre otros factores, a su extrema volatilidad, complejidad y falta de transparencia, que las convierten en una apuesta de alto riesgo.

Dentro de esta categoría amplia y general de criptoactivos, hallamos también la subcategoría de los denominados comúnmente NFT (abreviatura de "non fungible tokens"), activos digitales únicos e irremplazables que operan en *blockchain*, y que son objeto de este trabajo que nos presenta la Dra. Francisca María Rosselló Rubert, en estos momentos Profesora contratada doctora de Derecho Mercantil de la Universidad de las Illes Balears. Y también miembro del CEDIB (Centro de Estudios de Derecho e Informática de Baleares), centro interdisciplinar del que, desde finales del siglo pasado, han surgido jóvenes (y ya no tan jóvenes) investigadores en distintos ámbitos y disciplinas del Derecho Digital. En este caso, la autora, surgida de la cantera de dicho centro, al que se incorporó desde los inicios de su carrera universitaria, nos presenta, desde una ya estable posición académica y profesional, esta obra, sin duda novedosa y oportuna.

Como señala la autora, dada la amplitud del concepto de NFT (amplitud tal que incluso dificulta el establecimiento de tal concepto y la determinación de su naturaleza jurídica), el trabajo se ha centrado en los NFT cuyos activos subyacentes sean obras de arte digitales, y más concretamente, en imágenes digitales configuradas a modo de NFT únicos y estáticos, sin perjuicio de que alguna de sus aportaciones y reflexiones sea extensibles, como podrá observar el lector, al token no fungible en un sentido más genérico.

De esta forma, la lectura de la obra nos adentra en el sugerente y apasionante mundo del criptoarte que, a diferencia de otras formas de arte digital, estaría basado en la tecnología *blockchain* (o cadena de registro distribuido, según traducción de los documentos oficiales de la Unión Europea). Estos NFT pueden facilitar el acceso al mercado de artistas excluidos de los circuitos artísticos convencionales y permite a cualquier autor subir sus obras a las redes y comercializarlas sin necesidad de intermediarios.

El objeto de estudio es complejo y abarca cuestiones tradicionales como la determinación de la naturaleza jurídica y el análisis de la normativa eventualmente aplicable a los NFT, en particular, el potencial encaje del «criptoarte» en NFT en la normativa reguladora de criptoactivos y otros valores. Dada esta amplitud la autora pospone para futuros trabajos el tratamiento de cuestiones como las conexiones del NFT con el derecho de consumo, la protección de datos de carácter personal, el derecho de la competencia, su impacto en materia registral o sus diferentes negocios jurídicos a través de plataformas de mercado, metaversos y videojuegos.

Como valor añadido del trabajo, debe señalarse que su objeto de estudio es un activo dinámico y en constante evolución técnica, por lo que, como señala la propia autora, las reflexiones y conclusiones aportadas pueden (o incluso deben) actualizarse y matizarse a medida que evolucionen el ecosistema y el mercado de esta tipología de token. Pues, en suma, el marco jurídico de los NFT se halla en proceso de gestación en estos momentos. Prueba de ello es su exclusión, con matices, del ámbito de aplicación del recientemente aprobado Reglamento (UE) 2023/1114 del Parlamento Europeo y del Consejo, de 31 de mayo de 2023, relativo a los mercados de criptoactivos y por el que se modifican los Reglamentos

(UE) n.o 1093/2010 y (UE) n.o 1095/2010 y las Directivas 2013/36/UE y (UE) 2019/1937, conocido abreviadamente como Reglamento MiCA (por *market in criptoassets*).

Por todo ello, el trabajo es no solo oportuno y novedoso sino también necesario en la medida que aborda diversas cuestiones jurídicas, verdaderamente relevantes para los operadores jurídicos, económicos e incluso artísticos implicados, contribuyendo así a la clarificación del marco jurídico de esta incipiente actividad.

Asimismo, el criptoarte desarrollado a través de NFT plantea otras cuestiones extrajurídicas que indubitadamente también nos afectan a todos, estemos o no implicados directamente en esta novedosa forma de actividad artística con base tecnológica. Entre ellas, quisiéramos mencionar las relativas al elevado consumo de energía por parte de las tecnologías basadas en *blockchain,* como es el caso del criptoarte desarrollado a través de NFT.

Como anécdota significativa empezaremos con el caso de El Salvador. Como es sabido, pues tuvo amplio eco mediático, el año 2021 se aprobó una ley de reconocimiento de *bitcoin* como moneda de curso legal en El Salvador a fin de potenciar las inversiones en la economía salvadoreña. La principal medida derivada de esta ley es el cambio de calificación de Bitcoin de activo o elemento patrimonial a medio de pago de curso legal, con todo lo que ello supone en cuanto a su aceptación obligatoria y su efectos liberatorios. Pues bien, como curiosidad no jurídica, esta iniciativa legal iba acompañada de un Plan para el minado con energías renovables, reflejando así la preocupación medioambiental por el alto consumo energético derivado de esta criptomoneda. En concreto, este plan de El Salvador consiste en usar la energía geotérmica procedente de los volcanes. Como es bien conocido, el país se encuentra en el Cinturón de Fuego del Pacífico, por lo que su territorio volcánico es muy activo. Repartidos a lo largo y ancho de sus 21.041 kilómetros cuadrados de superficie hay 170 volcanes de los cuales 14 están activos.

Esta anécdota es, ciertamente, significativa por cuanto nos lleva a las críticas al impacto medioambiental de la tecnología blockchain, que vienen de lejos, pues, efectivamente, se señala que las técnicas de minado necesitan de grandes cantidades de energía. Así, se indica que la red Bitcoin consume anualmente la misma energía que un país como Noruega, según el Índice sobre consumo eléctrico del Bitcoin de la Universidad de Cambridge. Y estas críticas se extienden ahora a los NFT, que se basan en esta misma tecnología de registro distribuido, en su utilización con instrumento del arte digital. Es cierto que pueda resultar difícil calcular las cantidades de energía consumidas (debido precisamente al carácter descentralizado de la red *blockchain*) y que los datos existentes son en buena medida estimaciones; pero sí que se considera generalmente que deben ser muy elevadas, especialmente en comparación con otras modalidades artísticas incluso dentro del arte digital. Además, el problema se agrava porque la mayor parte de la energía utilizada proviene fundamentalmente de combustibles fósiles (conocidos como energía sucia/no verde).

Estas consideraciones no son, en absoluto, un posicionamiento contra el criptoarte ni contra la tecnología de registro distribuido. Nadie menos sospechoso que quien suscribe este prólogo de poner trabas a los avances digitales. Sin embargo, hay que ser conscientes del muy probablemente alto impacto ambiental de estas tecnologías en sus modelos actuales. Y, como mínimo, plantear cambios o mejoras del sistema, que pueden venir con la evolución hacia mecanismos de consenso y minados más eficientes energéticamente y con la utilización de plataformas sostenibles, basadas en energías verdes o no sucias. Todo lo cual puede incentivarse, y aquí entramos de nuevo en juego los juristas, con una adecuada legislación que promueva el uso de métodos y plataformas más sostenibles, por la menor complejidad del minado y el uso de energías renovables.

En el primer sentido, el de las mejoras tecnológicas, Ethereum, plataforma en la que se crea la segunda criptomoneda más popular, y en la que se basan precisamente los NFT, se comprometió el año 2022 a cambiar el sistema tradicional de minado basado en mecanismos "proof-of-work" por el sistema de denominado "proof-of-stake", que teóricamente, se dice, consumiría un 99,5% menos.

En el segundo sentido, el relativo a las medidas legislativas, el reciente Reglamento MiCA regulador del mercado de criptoactivos, en su Considerando 7 señala, de entrada, que "Los mecanismos de consenso utilizados para la validación de las operaciones con criptoactivos podrían tener efectos adversos importantes sobre el clima y otros efectos adversos relacionados con el medio ambiente". Consciente, pues, de esta problemática, señala a continuación: "Por consiguiente, esos mecanismos de consenso deben desplegar soluciones más respetuosas con el medio ambiente y garantizar que los emisores de criptoactivos y los proveedores de servicios de criptoactivos detecten y divulguen adecuadamente cualquier efecto adverso importante que puedan tener sobre el clima y cualquier otro efecto adverso relacionado con el medio ambiente". Por ello, se encomienda a la Autoridad Europea de Supervisión (Autoridad Europea de Valores y Mercados) (AEVM), en cooperación con la Autoridad Europea de Supervisión

(Autoridad Bancaria Europea) (ABE), que elabore proyectos de normas técnicas de regulación para especificar en mayor medida el contenido, las metodologías y la presentación de la información en relación con los indicadores de sostenibilidad respecto de los efectos adversos en el clima y otros efectos adversos relacionados con el medio ambiente, y que esboce indicadores de energía clave. Un primer paso, pues, en el reconocimiento legal de esta problemática.

En suma, y volviendo a la obra que motiva este prólogo, recomendamos al lector la lectura atenta y detallada de este libro que se une a la incipiente bibliografía sobre esta materia y será, sin duda, un referente en la misma. Una obra que, más allá de la problemática jurídica abordada, tras su lectura, nos sitúa, a los lectores conocedores y sensibles a la problemática medioambiental, ante un debate de gran actualidad y relevancia en el que confluyen no solo elementos jurídicos sino también económicos, artísticos, tecnológicos y medioambientales. Y en el que, en última instancia, debemos ser conscientes de que nuestro planeta, como los auténticos NFT, no es, al menos de momento, fungible sino que es un activo real único e irremplazable.

Es Llombards, mayo de 2024

Apol·lònia Martínez Nadal
Catedrática de Derecho Mercantil

Introducción[1]

Un token no fungible (en adelante, NFT, siglas del inglés *non-fungible token*[2]) asociado al collage digital «Everydays: The First 5000 days» del creador Michael Winklemann (conocido como «Beeple») se vendió en Christie's por 69,3 millones de dólares. Fue el tercer precio más alto logrado en subasta por un creador vivo. Resulta sorprendente que un token que representa un «ítem digital único» sea comparable en valor al de obras de arte convencionales en formato físico[3]. Pero ¿qué se está adquiriendo realmente con dicho NFT? El NFT no es la obra en sí misma, aunque «certificaría» la titularidad y «garantizaría» el origen y autenticidad de la creación artística digital: un archivo JPG que incluye el trabajo diario de Beeple durante los últimos 13 años, a modo de collage. El creador ha manifestado que, de hecho, lo más importante que compró el adquirente es una relación con el autor para «promover su compra» y que ambos pretenden que la obra «incremente su valor», aunque añadió que él conserva los derechos de autor sobre la creación[4]. La casa de subastas aceptaba formas tradiciona-

---

1 Este trabajo se ha llevado por parte de la autora en el marco de su actividad como miembro del Grupo de Investigación "Derecho y Nuevas Tecnologías" del Centro de Estudios de Derecho e Informática de Baleares (CEDIB), cuya investigadora principal es la Dra. Apol·lònia Martínez Nadal.

2 Como sucede en estudios de fenómenos tecnológicos o instituciones recientes con origen o expansión global, el uso de terminología inglesa es frecuente, aunque, en nuestra opinión, innecesario, puesto que el idioma español ofrece diferente y variado repertorio de opciones de equivalente significado. No obstante, con ánimos de maximizar la comprensión y simplificar la identificación unívoca de los conceptos que se analizan, verá el lector que hemos optado por el uso de una serie de términos anglosajones, a falta de pleno consenso lingüístico, siguiendo con los términos utilizados en el marco legal y doctrinal de referencia.

3 Más información en: «Beeple: a visionary Digital Artist at the Forefront of NFTs» [en línea]. Disponible en: <https://www.christies.com/features/Monumental-collage-by-Beeple-is-first-purely-digital-artwork-NFT-to-come-to-auction-11510-7.aspx>, 2021. [Fecha de consulta: 26 de febrero de 2024].

4 Véase entrevista al autor en el periódico digital Los Ángeles Times: «Beeple, sobre la venta de su obra digital por $70 millones», 24 de febrero de 2021. Disponible en: <https://www.latimes.com/espanol/vida-y-estilo/articulo/2021-03-26/beeple-sobre-la-venta-de-su-obra-digital-por-70-millones>. [Fecha de consulta: 19 de abril de 2023].

les de pago estándares y también criptomonedas[5] (concretamente, ether, la criptomoneda nativa de la plataforma digital Ethereum, que adopta la tecnología de cadena de bloques[6]).

A partir de este acontecimiento, medios de comunicación y redes sociales se hicieron eco de otras transacciones multimillonarias cuyo objeto fueron NFT. Desde entonces, compañías y organizaciones de todos los sectores, plataformas en línea, profesionales, artistas, inversores y ciudadanos de a pie se han interesado por este nuevo tipo de activo que, debido a sus múltiples posibilidades de configuración y funcionalidades, sigue siendo un gran desconocido para la mayoría.

El concepto de «tókenes no fungibles» emergió con la aparición de monedas digitales de colores (o *colored coins*[7]) en 2012, creadas con la finalidad de desarrollar nuevas funcionalidades en la *blockhain* de Bitcoin. La marca o color de estas monedas las convertía en irrepetibles y, por tanto, en no fungibles[8]. Poco después, otras imágenes digitales, los *Rare Pepe*, se intercambiaban a modo de cromos coleccionables gracias al protocolo Counterparty, que permitió transacciones de activos digitales en la *blockhain* de Bitcoin efectuadas directamente entre particulares y sin necesidad de intermediarios[9]. Más adelante, en 2017, tuvo lugar el lanzamiento de los

---

5 Véase una aproximación al concepto de criptomonedas y su distinción del NFT en el apartado «Definición de NFT, características comunes y variables».

6 Definimos con detalle el concepto de cadena de bloques y nos referimos a la plataforma Ethereum en el Capítulo I de este mismo trabajo.

7 Las monedas de colores digitales fueron creadas por el CEO de eToro, Yoni Assia. Técnicamente, estas *colored coins* son una tipología de criptoactivos cuya segunda capa añade metadatos a la capa fundamental del Bitcoin, facilitando así las transacciones no monetarias de forma descentralizada. ASIA, Yoni, BUTERIN, Vitalik, HAKIM, Lior, ROSENFELD, Meni, LEV, Rotem, «Colored Coins Whitepaper» [en línea], *Colored Coins.org*, 2022. Disponible en: <https://www.etoro.com/wp-content/uploads/2022/03/Colored-Coins-white-paper-Digital-Assets.pdf>. [Fecha de consulta: 26 de febrero de 2024].

8 Dedicaremos una parte de este trabajo, en su Capítulo VI, a reflexionar sobre la fungibilidad como característica de los «tókenes no fungibles», ya que existen categorías de NFT sobre las cuales puede discutirse la cualidad de «fungible», como sucede con los NFT de «criptoarte» fraccionados o emitidos en grandes series.

9 La plataforma Counterparty, creada por Robert Dermody, Adam Krellestein y Evan Wagner, ofrecía uno de los primeros servicios de contratos inteligentes sobre la red Bitcoin y permitió un protocolo que introdujo las transacciones con activos digitales a modo de imágenes coleccionables. Los *Rare Pepe* eran imágenes basadas en «Pepe, the frog» (un personaje de historieta creado por el estadounidense Matt Furie y que era popular entre aficionados al Bitcoin por los «memes» que

hoy icónicos *CryptoPunks*: una serie de 10.000 avatares «tokenizados» en la *blockchain* Etherereum que aumentó la popularidad de los tókenes únicos e impulsó su desarrollo[10], gracias a la capacidad de esta red para crear y soportar contratos inteligentes (o *smart contracts*) y a su compatibilidad con monederos digitales (o *wallets*)[11]. Con el juego *CryptoKitties* se llevó el concepto NFT al gran público y se exploraron nuevas funcionalidades dentro de la *blockchain* Ethereum: la venta, cría y comercio de estos adorables «gatitos» desarrolló una mecánica especulativa y de obtención de ganancias con activos digitales coleccionables[12]. A partir de 2018, y con el

---

protagonizaba). Surgieron como las primeras cartas digitales que, de forma similar a otras populares colecciones de cromos en formato físico, eran también intercambiables. Este movimiento atrajo a desarrolladores, creadores de cartas y usuarios en general. Algunas de estas caricaturas se han convertido en icónicas, como el NFT de la carta *Nakamoto Pepe*, que alcanzó el precio más alto de la colección de *Rare Pepe*: 147 ETH (en el momento de venta, dicho valor equivalía a 471.000 dólares estadounidenses). SANDOVAL, Jaime, «Rare pepes: la silenciosa revolución de los activos digitales en la *blockchain* de Bitcoin», *Criptonoticias* [en línea], 2016. Disponible en: <https://www.criptonoticias.com/comunidad/entretenimiento/rare-pepes-silenciosa-revolucion-activos-digitales-blockchain-bitcoin/>. [Fecha de consulta: 26 de febrero de 2024].

10 Estas 10.000 cartas digitales son imágenes de 24 x 24 píxeles de personajes que fueron creadas por Marc Hall y John Watkinson en el Larva Labs Studio. Cada *CryptoPunk* puede combinar atributos únicos (sombreros, collares, parches de ojo o pendientes, entre otros) cuya rareza determina el valor de ese *CryptoPunk*. Fue el germen de otros famosos proyectos como los *Bored Ape Yatch Club* o los *CryptoKitties*. Los *Cryptopunks*, directamente almacenados en la *blockchain* Ethereum, se desarrollaron gracias a una modificación del estándar abierto (es decir, accesible y utilizable libremente) ERC-20, lo cual inspiraría la posterior creación del estándar ERC-721 por parte de la creciente comunidad NFT. Los primeros 9.000 *Cryptopunks* podían reclamarse de forma gratuita por aquellos usuarios que poseyeran una *wallet* compatible con Ethereum, y los 1000 restantes permanecieron en poder de los programadores de LarvaLabs. El precio de venta más elevado hasta la fecha alcanzado por un *Cryptopunk* corresponde al ejemplar #5822, adquirido por 8.000 ethers (en su momento, con un valor equivalente a 23,7 millones de dólares estadounidenses).

11 Definimos con detalle el concepto de contrato inteligente (o *smart contract*) y de monedero electrónico (*o wallet*) en el Capítulo I de este mismo trabajo.

12 Afirman expertos en NFT que la idea de comprar un «gatito digital» por 1000 dólares era tan absurda y novedosa que se convirtió en noticia. En su momento de mayor auge, el mercado de *CryptoKitties* alcanzó un volumen cercano a los 5.000 ETH, con la venta de algunos gatitos por 600 ETH (aproximadamente 170.000 dólares estadounidenses, en ese momento). Por otra parte, el juego recibió inversiones que alcanzaron los 12 millones de dólares. FINZER, David, «The NFT Bible: Everything you need to know about Non-Fungible Tokens» [en línea]. Dis-

desarrollo del estándar en Ethereum ERC-721[13], inversores y empresarios descubrieron el potencial de los NFT y ampliaron sus usos, otorgándoles aplicaciones en otros sectores diferentes al arte digital, lo cual favoreció su popularidad y expansión, como veremos más adelante.

Los datos económicos relacionados con la tecnología NFT fueron sorprendentes y mostraron una tendencia alcista en los años 2021 y 2022[14]. Observándose su potencial de crecimiento, en este período importantes plataformas y compañías empezaron sus incursiones con los NFT, ya fuera invirtiendo en proyectos de terceros o bien emitiendo sus propios tókenes no fungibles[15], y las inversiones de NFT por parte de particulares también

---

ponible en: <https://opensea.io/blog/guides/non-fungible-tokens/>. [Fecha de consulta: 26 de febrero de 2024].

13 El estándar ERC-721 implementa una API (interfaz de programación de aplicaciones) para *tokens* dentro de *smart contracts* codificados en la *blockchain* Ethereum, posibilitando la creación de tókenes únicos y con características irrepetibles y habilitando su transferencia entre cuentas dentro de dicha red. Sobre los estándares ERC, véase apartado «Smart Contracts y estándares NFT».

14 Se estima que el fenómeno NFT generó un mercado cercano a los 41 mil millones de dólares estadounidenses en 2021, alcanzando en 2022 los 68,35 millones. OLIVER, Hanna, MURPHY, Joshua, «How NFTs became a 41bn market in 2021» [en línea], *Financial Times*, 31 de diciembre de 2021. Disponible en: <https://www.ft.com/content/e95f5ac2-0476-41f4-abd4-8a99faa7737d>. [Fecha de consulta: 6 de julio de 2022]. Ciertas plataformas de mercado de NFT ofertan más de 80 millones de NFT diferentes, alcanzan un valor de mercado de 13.300 millones de dólares y generan beneficios de más de 365 millones de dólares. En concreto, estos datos estadísticos se refieren a la plataforma de mercado de NFT OpenSea. WISE, Jason, «OpenSea Statitstics 2022: users, revenue and market size» [en línea], *Earthweb*, 29 de junio de 2022. Disponible en: <https://earthweb.com/opensea-statistics/>. [Fecha de consulta: 6 de julio de 2022]. No obstante, otros informes aportan datos considerablemente distantes. El informe de DappRadar contempla un volumen del mercado de NFT cercano a los 22,7 billones de dólares estadounidenses en 2022, con una ligera mengua respecto al mercado del 2021, estimado en 25,1 billones. La escasa diferencia de cifras que aporta este informe respecto de ambos años parece indicar, teniendo en consideración la caída del precio del ether del 60%, que el mercado de NFT va independizándose de la dependencia de cotización de las principales criptomonedas, al contrario de lo referido por otros estudios previos [DOWLING, Michael, «Is non-fungible token pricing driven by cryptocurrencies?», *Finance Research Letters*, Vol. 44, 2022, pp. 1-6. Disponible en: https://doi.org/10.1016/j.frl.2021.102097]. DAPPRADAR, *What Do Consumers Want from NFTs?* [en línea], febrero de 2023. Disponible en: < https://dappradar.com/blog/behavior-report-what-do-consumers-want-from-nfts#-Chapter-2>. [Fecha de consulta: 26 de febrero de 2024].

15 Algunas marcas líderes de la Web 2.0 y estudios de juegos que están utilizando la Web3 y los NFT para cargar nuevas aplicaciones son: WWF, UbiSoft, Net-Ea-

se dispararon[16]. Aunque algunos estudios pronosticaban perspectivas de expansión del mercado de NFT en 2023[17], el complejo contexto económico de provocó una notable caída en volúmenes de ventas[18]. Consecuentemente, muchos de los NFT que en 2021 y 2022 habían alcanzado precios considerablemente altos, a fechas de finales de 2023 perdieron prácticamente la totalidad de su valor, debido, según sondeos, a su limitada funcionalidad, al estallido de una burbuja especulativa, a la falta de regulación y confianza en sus entornos y a períodos de desplome de algunas de las criptomonedas más populares, como el bitcoin (BTC), y a las consecuencias de la quiebra de la importante plataforma de mercado e intercambio de criptomonedas FTX[19].

---

se Games, Nike, Adidas, Coca-Cola, Instagram, Reddit, Prada o Gucci. COINMARKETCAP, «CoinMarketCap: Recapitulación de 2022 y perspectivas del mercado NFT para 2023» [en línea], *Criptotendencia,* Disponible en: <https://criptotendencia.com/2023/02/07/coinmarketcap-recapitulacion-del-2022-y-perspectivas-del-mercado-nft-para-2023/>. [Fecha de consulta: 21 de febrero de 2024].

16 Al respecto, hemos comentado en párrafos anteriores los precios alcanzados por algunos NFT o colecciones, como los CryptoPunks, los Rare Pepe o los Cryptokitties.

17 DAPPRADAR, *DappRadar 2021 Industry Report* [en línea]. Disponible en: <https://dappradar.com/blog/2021-dapp-industry-report>. [Fecha de consulta: 6 de julio de 2022]. A mayor abundamiento, véanse también las estadísticas aportadas por la plataforma de metaverso Decentraland sobre la adquisición de parcelas virtuales de su metaverso. Disponible en: <https://www.nft-stats.com/collection/decentraland>. [Fecha de consulta: 4 de abril de 2022].

18 El mercado NFT se ha visto arrastrado, en parte, por el desplome de las criptomonedas y el impacto por la quiebra de la plataforma FTX en toda la industria de criptoactivos. Al respecto, véase la noticia en prensa MORENO MENDIETA, Miguel, «¿Criptoinvierno o extinción? Los efectos de la caída de FTX», *El País* [en línea]. Disponible en: https://cincodias.elpais.com/cincodias/2022/11/18/mercados/1668785278_779181.html. [Fecha de consulta: 21 de febrero de 2024].

19 Según estimaciones, más del 95% de los proyectos basados en tecnología NFT se encuentran actualmente en su valor histórico más bajo. El informe Hiscox 2023 sobre arte digital considera que el interés en los NFT apunta a su desaparición, y que el 33 % de los compradores de NFT no sabe qué hacer actualmente con ellos, mientras el 59 % de los inversores en arte consultados afirman preferir el arte físico tradicional. El mismo informe también pregunta a compradores de NFT por las razones que motivarían que los siguieran comprando: el 37% afirma que lo haría si el mercado estuviera más regulado y supervisado; el 29% si el proceso de compraventa fuese más confiable y garante, como el del comercio electrónico tradicional; y el 28% de los compradores de arte adquiriría obras de artistas tradicionales en formato NFT. Por otra parte, Eva Peribáñez, directora de la división de Arte y Clientes Privados de Hiscox España, afirma que «En los últimos 12 meses hemos visto cómo el mercado de los NFT ha ido menguando, principalmente a causa del aumento de la cautela de los inversores ante el comportamiento de las

El mercado de los NFT se mueve tan rápido que resulta difícil mantenerse al día. Durante la redacción del presente trabajo, el interés en los

criptomonedas a partir del desplome de algunas como FTX. Gracias a este informe podemos constatar la tendencia de este mercado y así poder dibujar un mapa útil de los retos a los que se va a enfrentar, no solo el mercado de los NFT, sino el del arte online en general». HISCOX, «Hiscox Online Trade Art Report» [en línea], 2023. Disponible en: <https://www.hiscox.es/sites/spain/files/2023-05/Hiscox%20online%20art%20trade%20report%202023.pdf>. [Fecha de consulta: 8 de mayo de 2024]. Otro informe, facilitado por el sitio web especializado en criptomoneda DappGambl en 2023, analizó los datos de 73.257 colecciones de NFT con el fin de identificar tendencias, evaluar el estado del mercado, determinar los factures que contribuyen al éxito de los proyectos lanzados y pronosticar la trayectoria del ecosistema NFT. Para su análisis, el equipo de expertos ha utilizado la base de datos NFT Scan, considerada la mayor infraestructura de datos sobre NFT mundial, con información de 20 redes *blockchain*. Este informe reveló el impactante dato de que el 95% de los NFT analizados (concretamente, 69.795 colecciones de NFT) habían perdido completamente su inversión, correspondiendo la capitalización en el mercado de NFT, en el momento del análisis, a 0 ETH. Según estiman dichos expertos, este 95% de colecciones corresponden a más de 23 millones de titulares, quienes contarían con inversiones en NFT carentes de valor alguno (en fechas del informe). Lo anterior es muestra de la naturaleza altamente arriesgada de la inversión en el mercado NFT («altamente especulativo y volátil»), y de la necesidad de un escrupuloso proceso previo de diligencia debida por parte del comprador/inversor, especialmente en aquellas transacciones que supongan un montante considerable. Según el informe, «esta desalentadora realidad debería servir como un freno aleccionador a la euforia que a menudo ha rodeado el espacio NFT. En medio de historias de piezas de arte digital que se venden por millones y de historias de éxito de la noche a la mañana, es fácil pasar por alto el hecho de que el mercado está plagado de dificultades y pérdidas potenciales». Se desprenden del informe datos relacionados con el excedente de la oferta sobre la demanda, con solo un 21% de colecciones que habían conseguido venderse en su totalidad, y con una marcada discrepancia entre los precios mínimos cotizados y los datos de ventas reales, dándose habitualmente situaciones en las que «los vendedores pueden fijar valoraciones infladas que no reflejan el interés genuino de los compradores ni las transacciones del mundo real» y generándose así un desequilibrio entre la creación de nuevos proyectos y su demanda efectiva. Todo ello en un entorno competitivo en el que «a los proyectos que carecen de casos de uso claros, narrativas convincentes o valor artístico genuino les resulta cada vez más difícil atraer atención y ventas». Sin embargo, como comentaremos más adelante en otra nota al pie, el informe de DappGambl mantiene el optimismo respecto del futuro de los NFT. [Traducción propia de extractos del informe]. DAPPGAMBL, *Dead NFTs: The Evolving Landscape of the NFT Market [en línea],* 2023. Disponible en: <https://dappgambl.com/nfts/dead-nfts/>. [Fecha de consulta: 27 de febrero de 2024].

NFT vuelve a mostrarse creciente[20], mientras los expertos mantienen el optimismo y avanzan una recuperación del mercado NFT en 2024[21], a pesar, como hemos comentado, de una trayectoria veleidosa y tras un período de bajo rendimiento en 2022 y 2023. En definitiva, parece que, según los en-

---

20 Desde el pasado mes de octubre de 2023, junto con el resurgir de precio del Bitcoin, el mercado de los NFT empieza a mostrar signos de recuperación. Así, Bitcoin y Ethereum experimentaron tendencias alcistas, y el sector NFT mostró un creciente número de operaciones y un aumento de usuarios únicos (en términos de titularidad de *wallets*), lo que, según los expertos, indica «un panorama en evolución y maduración». Por otra parte, el dominio del mercado de Ethereum retrocedió ligeramente hasta el 97,8%, frente al 99,8% de 2022, lo que indica una diversificación gradual del mercado en cuanto a las redes de soporte (ganando terreno, como competidoras relevantes, las redes Polygon, BNBChain —antes Binance Smart Chain— y Sui). [Traducción propia del informe]. Al respecto, véase el informe de NFT Plazas en colaboración con Footprints Analytics, de diciembre de 2023, y que se actualiza en ediciones mensuales. Disponible en línea en:<https://nftplazas.com/december-nft-report/>. [Fecha de consulta: 27 de febrero de 2024]. Con el fin de complementar la anterior información, acudimos ahora al anteriormente citado informe de DappGambl, que afirma que «los NFT siguen teniendo un lugar en en futuro», aunque «la burbuja especulativa debía estallar en un momento u otro». Así, se prevé que, para garantizar la persistencia de los NFT de «criptoarte» cuya única utilidad consista en servir de foto de perfil (del tipo Bored Apes Yatch Club y su posterior colección Mutant Ape Yatch Club), así como otros coleccionables digitales, deberán tener, o bien un valor histórico relevante (tipo las cartas Pokemon de primera edición o iconos dentro del ecosistema *crypto* de primera generación, como los primeros CryptoPunks), o bien ser verdadero arte (y funcionando como tales, también económicamente) o bien proporcionar a su titular una auténtica utilidad (como ejemplo, cita el informe los siguientes usos prácticos: la preservación del patrimonio cultural; activos únicos dentro de un videojuego; servir de entradas o pases de acceso a eventos, contenidos o servicios; representar bienes raíces tokenizados; y garantizar la identidad digital de su titular u otros títulos o credenciales que se poseen). [Comentaremos estas y otras posibles utilidades de los NFT con mayor detalle en futuros apartados de este trabajo]. DAPPGAMBL, *Dead NFTs: The Evolving Landscape of the NFT Market [en línea]*, 2023. Disponible en: <https://dappgambl.com/nfts/dead-nfts/>. [Fecha de consulta: 27 de febrero de 2024].

21 Según métricas de COINMARKETCAP de febrero de 2024, se produjo un aumento de ventas del 25% en el sector NFT respecto del mes anterior, con previsiones de ingresos que alcanzarán 2378 millones de dólares en 2024. Ethereum experimentó un aumento de la actividad comercial y recupera su dominancia en volumen de ventas, mientras se refuerzan posiciones de otras *blockchain* como Solana, Polygon, Avalanche. Arbitrum o Ronin. COINMARKETCAP, «Must-Know February 2024 NFT Tends & Projects» [en línea]. Disponible en: < https://coinmarketcap.com/community/articles/65e316f66af0a673c426cbc9/>. [Fecha de consulta: 4 de marzo de 2024].

tendidos, los NFT han llegado para quedarse y es cuestión de tiempo que el panorama se recupere, al igual que ha sucedido con el valor de muchas de las criptomonedas de referencia[22]. Estas afirmaciones se fundamentan en que, aunque los juegos y aplicaciones basados en Web3 y las plataformas de metaverso están tardando más de lo previsto en desarrollarse técnicamente, siguen aumentado los usos de NFT en industrias artísticas como la música, el arte digital y el diseño generativo o el entretenimiento, utilizándose para transacciones de creaciones, programas de fidelización o entradas a eventos[23]. Estas y otras utilidades vienen impulsadas por progresivos avances técnicos como la interoperabilidad de plataformas de pago o la implementación de la inteligencia artificial en los NFT[24].

En cuanto al arte digital en NFT, el despegue imparable de la inteligencia artificial generativa promueve nuevos formatos creativos, mientras aparecen nuevas funcionalidades que añaden valor a la obra de arte digital y que se vaticinan como prometedoras e impulsoras de nuevos fenómenos e inversiones, como NFT integrados en videojuegos y juegos *blockchain*, NFT

---

22 Lark Davis, experto inversor en criptoactivos, afirmó en septiembre de 2022 sobre los NFT que «si bien son geniales, son los activos con mayor nivel de riesgo que hay actualmente en los mercados», y que «los NFT nunca van a estar muertos. La tecnología es real y revolucionaria, aunque la burbuja haya explotado». Declaraciones disponibles en línea: <https://www.bolsamania.com/noticias/criptodivisas/los-nft-no-estan-muertos-pero-son-los-activos-con-mayor-nivel-de-riesgo-del-mercado--10611982.html>. [Fecha de consulta: 4 de marzo de 2024].

23 Un reciente informe del World Economic Forum analiza el desarrollo de los NFT en diferentes sectores: servicios financieros, videojuegos, deportes, bienes de consumo (con ejemplos asociados a marcas de moda —Nike, Puma, Soul3mates-, cosmética —L'Oréal, MAC— o comida y bebida —Burguer King, McDonalds, Coca-Cola, Evian o Starbucks), lujo (siendo pioneras Dolce y Gabanna, Rolex, Prada, Louis Vuitton o Chanel), medios de comunicación (como Warner Bros, Netflix, Paramount o Disney, entre otras) plataformas de venta al detalle (eBay, Ikea, Amazon o Macy's) , entradas (entradas a eventos distribuidas por empresas como TicketMaster, Coinbase, o Coachella) y arte/coleccionables (con proyectos como lso comentados Cryptopunks, Everyday's, Bored Apes o los NFT fraccionados de El Beso de Klimt, lanzados por el museo Belvedere). WORLD ECONOMIC FORUM, «Evolution of Non-Fungible Tokens. Insight Report. October 2023» [en línea]. Disponible en: https://www3.weforum.org/docs/WEF_Evolution_of_NFTs_2023.pdf>. [Fecha de consulta: 4 de marzo de 2024].

24 Según COINMARKETCAP, «CoinMarketCap: Recapitulación de 2022 y perspectivas del mercado NFT para 2023» [en línea], *Criptotendencia,* Disponible en: <https://criptotendencia.com/2023/02/07/coinmarketcap-recapitulacion-del-2022-y-perspectivas-del-mercado-nft-para-2023/>. [Fecha de consulta: 21 de febrero de 2024].

que permiten usos comerciales a sus titulares[25] o NFT ordinales vinculados a criptomonedas[26]. En cualquier caso, a los NFT les esperaría un camino difícil hasta recuperar los datos económicos alcanzados en su época dorada, si bien la tendencia apunta a que se va por buen camino[27].

---

25 Entre las colecciones de «criptoarte» NFT que han adquirido más popularidad en los últimos tiempos, podemos destacar el proyecto creado por ColeThereum «Pudgy Penguins», con un valor mínimo en febrero de 2024 de 14,89 ETH por NFT (equivalentes en el momento de redacción de estas líneas a unos 38.000 dólares estadounidenses) y, alcanzando la transacción de uno de ellos los 400 ETH (concretamente, el Pudgy Penguin #6873). Estos «pingüinos regordetes» permiten a sus titulares disfrutar de usos personales y comerciales en determinadas condiciones, gracias a la cesión de derechos de propiedad intelectual en licencias limitadas, mundiales y no exclusivas. En concreto, el suo comercial está permitido hasta unos ingresos brutos de 500.000 dólares estadounidenses al año, reservándose el creador el derecho a ampliar las condiciones de la mencionada licencia. DATAWALLET, «What are Pudgy Pengüins NFTs? » [en línea], enero de 2024. Disponible en: <https://www.datawallet.com/crypto/pudgy-penguin-nfts>. [Fecha de consulta: 8 de mayo de 2024].

26 Como ejemplo, los NodeMonkes, una colección de «criptoarte» NFT lanzada en diciembre de 2023 consistente en imágenes digitales de monos pixelados en la cadena de bloques de Bitcoin, que ha superado los 11 millones de dólares estadounidenses en ventas (según datos de la plataforma analítica Cryptoslam). Se trata de una colección de imágenes de perfil de 10.000 cuentas en Bitcoin Ordinals (una forma de inscribir texto, datos y arte en fragmentos de individuales de un bitcoin – un bitcoin se divide en 100.000.000 fragmentos o *satoshis*). Ello convierte a algunos bitcoins en no fungibles, confiriéndoles un sentido de exclusividad y rareza por tener grabado en uno de sus fragmentos un NFT Ordinal del tipo NodeMonke. El precio mínimo suele rondar los 52.000 dólares estadounidenses. El primer NodeMonke, denominado *Alien Hoodie*#2769, se vendió el 4 de marzo de 2024 por 17 BTC (aproximadamente 1.080.000 dólares estadounidenses). PESHKAR, Prasanna, «NodeMonjes: Revealing the Awaited Bitcoin Ordinals Project with NFT Inscriptions on the Bitcoin Blockchain» [en línea], *P2EGAME*, enero de 2024. Disponible en: <https://www.p2e.game/dailyNews/4om4k8i1095q>. MALWA, Shaurya, «BitCoin NFT NodeMonkes Sells for $ 1 Million as BTC moves towards $69K» [en línea], COINDESK, 4 de marzo de 2024. Disponible en <https://www.coindesk.com/es/markets/2024/03/04/bitcoin-nft-nodemonkes-sells-for-1m-as-btc-inches-towards-69k/>. [Fecha de consulta: 4 de marzo de 2024].

27 Según apunta el mencionado informe del WORLD ECONOMIC FORUM «Evolution of Non-Fungible Tokens. Insight Report. October 2023», existen ocho pilares que sustentan el desarrollo de los NFT y su estado es el que determina la adopción masiva de NFT por parte del mercado: el marco regulatorio, el desarrollo de entornos Web3, el entorno micro y macroeconómico, la interoperabilidad, la experiencia del usuario (incluyendo el uso de *wallets* y la identificación digital), el estado de la tecnología (en cuanto a costes, desescalado, seguridad y descentralización), la monitorización de casos de éxito y las compañías prestigiosas que los

Refiriéndonos ahora al concepto técnico de NFT, cabe decir que este se presta a confusión entre el público general porque representa activos de muy diferente naturaleza. Encontramos NFT vinculados a bienes físicos, como inmuebles, objetos de marca o de lujo, aunque por el momento, sus usos más populares se vinculan a activos digitales: obras de arte, canciones, memes, GIF, vídeos, coleccionables, tweets, avatares u objetos virtuales desplegables únicamente en ciertos videojuegos o plataformas de metaverso, así como representaciones de entradas a eventos o recintos exclusivos, siendo esta una lista abierta.

Por otra parte, gracias a la técnica que los sustenta y que explicaremos en posteriores apartados de la presente obra (*smart contracts*, *blockchain*, entre otras), los NFT adoptan diferentes formatos (NFT estáticos, dinámicos, «semifungibles», fraccionados, intransmisibles o temporales, entre otros)[28]. Estos formatos, en combinación con la tipología de activo subyacente, permiten configurar al NFT para que ofrezca diferentes funcionalidades: pueden aportar un cariz novedoso al concepto jurídico-económico de «propiedad digital», al actuar como identificadores que permiten «certificar» la titularidad de un coleccionable digital único o escaso y transmitirlo o, en su caso, exhibirlo; pueden servir de sistema de rastreo preciso de circunstancias y cualidades asociadas a un activo físico; pueden emitirse como certificados intransferibles asociados a una identidad y acreditativos de méritos o estatus (a modo de ejemplo, la tenencia de títulos académicos o la pertenencia a ciertas comunidades); pueden funcionar como entradas a eventos; pueden soportar cesiones de derechos de propiedad intelectual y gestiones automatizadas de cobros sobre reventas; pueden emitirse como activo de inversión; e, incluso, aprovechando su ágil transmisibilidad, pueden maximizar la liquidez de activos inmobiliarios[29]. La amplia variedad de aplicaciones de los NFT y su dinamismo técnico dificultan el aproximarse a

---

adopten a gran escala. El informe muestra una especie de termómetro en cuanto al desarrollo de estos pilares y su impacto en el cumplimiento de los mínimos que se requerirían para su adopción por el público en general.

28 Al respecto, véase apartado «Clasificación de los NFT según su configuración».

29 Quédese el lector con la idea de que casi todo (derechos y bienes tangibles e intangibles) resulta convertible (o, mejor dicho, «minteable») en un NFT, presentándose como un nuevo mecanismo de expansión para entidades, marcas, productos, servicios y filosofía. En el mismo sentido, y respecto de los tókenes en general, PASTOR SEMPERE, M. Carmen, afirma que «(...) un token puede representar una moneda, pero también una propiedad, una acción, un activo financiero, puede ser cualquier cosa del mundo real». PASTOR SEMPERE, M. Carmen, «Dinero electrónico y criptodivisas: concepto, marco legal y nuevas fun-

una noción de token no fungible unívoca, concisa, completa y consistente, especialmente en lo referente a su carácter jurídico[30].

La Unión Europea recoge la existencia y flexibilidad de los NFT y, en diferentes trabajos, divisa y anticipa algunos problemas derivados de sus funcionalidades y usos. A este respecto, resultan ya conocidas sus diferentes políticas de estrategia para favorecer la transformación digital y para conseguir la independencia digital en el actual mundo abierto e interconectado. Algunas de las principales maniobras se expusieron en la Comunicación de la Comisión «Brújula Digital 2030: el enfoque de Europa para la Década Digital». En este contexto se desarrolla el programa «Itinerario para la Década Digital», presentado en 2021 y que establece el planteamiento y los objetivos de fomento de la digitalización en la Unión Europea hasta 2030[31]. Dentro del mismo contexto de la «Brújula Digital», el Consejo adoptó la Declaración Europea sobre los Derechos y Principios Digitales para la Década Digital el 5 de diciembre de 2022, con una serie de derechos de los ciudadanos en entornos digitales que serán válidos tanto en línea como fuera de línea[32].

Las mencionadas propuestas políticas van acompañadas de paquetes legislativos que regulan diferentes aspectos del mercado digital, tales como el Reglamento de Servicios Digitales (UE) 2022/2065 (conocido como DSA) y el Reglamento de Mercados Digitales UE 2022/1925 (conocido como DMA); la Estrategia Europea de Datos[33]; la incipiente regulación

---

cionalidades», en MADRID PARRA, A. (Dir.), en *Derecho Mercantil y tecnología*, Navarra, 2018, p. 314.

30 Al respecto, véase apartado «Definición de NFT, características comunes y variables».

31 El Consejo adoptó este programa el 8 de diciembre de 2022, y sus ámbitos de actuación son: el refuerzo de las capacidades digitales y la educación, la seguridad y la sostenibilidad de las infraestructuras digitales, la transformación digital de las empresas, y la digitalización de los servicios públicos. La Comisión "establecerá trayectorias a escala de la UE para cada uno de los objetivos digitales de la Unión", junto con los Estados miembros", quienes elaborarán "trayectorias nacionales y hojas de ruta estratégicas para alcanzar estos objetivos hasta su revisión" en 2026. Más información en: <https://www.consilium.europa.eu/es/press/press-releases/2022/12/08/path-to-the-digital-decade-council-adopts-key-policy-programme-for-eu-s-digital-transformation/>. [Fecha de consulta: 8 de mayo de 2024].

32 Declaración Europea sobre los derechos y Principios Digitales para la Década Digital, 2023/C 23/01. Disponible en: <https://eur-lex.europa.eu/legal-content/ES/TXT/?uri=OJ:JOC_2023_023_R_0001>. [Fecha de consulta: 7 de marzo de 2024].

33 Esta estrategia contiene el Reglamento de Gobernanza de Datos (UE) 2022/868, cuyo objetivo es promover la disponibilidad de datos para su utilización intersectorial y transfronteriza, aprobado por el Consejo el 16 de mayo de 2022, y la Propuesta de Reglamento sobre normas armonizadas para un acceso justo a los

de la inteligencia artificial y la colaboración entre agentes relevantes del sector[34], la reciente regulación del mercado de criptoactivos (Reglamento

---

datos y su utilización (Ley de Datos) COM/2022/68 final, que tiene por objetivos garantizar la equidad en la asignación del valor de los datos entre los agentes de la economía de los datos y fomentar el acceso a los datos y su utilización.

34 Reglamento del Parlamento Europeo y del Consejo, de 13 de junio de 2024, por el que se establecen normas armonizadas en materia de inteligencia artificial y por el que se modifican los Reglamentos (CE) n.º 300/2008, (UE) n.º 167/2013, (UE) n.º 168/2013, (UE) 2018/858, (UE) 2018/1139 y (UE) 2019/2144 y las Directivas 2014/90/UE, (UE) 2016/797 y (UE) 2020/1828 (Reglamento de Inteligencia Artificial), 2021/0106(COD). Este Reglamento también es conocido como Ley de Inteligencia Artificial (en adelante, Ley de IA). Tras anunciarse un acuerdo político entre el Parlamento Europeo y el Consejo el pasado 9 de diciembre de 2023, la presidenta de la Comisión Europea, Ursula Von der Leyen, manifestó que *«La inteligencia artificial ya está cambiando nuestra vida cotidiana, y esto tan solo es el principio. Utilizada de forma sensata y generalizada, la inteligencia artificial promete enormes beneficios para nuestra economía y nuestra sociedad. Por lo tanto, celebro con gran satisfacción el acuerdo político alcanzado hoy por el Parlamento Europeo y el Consejo sobre la Ley de Inteligencia Artificial. La Ley de IA de la UE es el primer marco jurídico global en materia de inteligencia artificial en todo el mundo. Así pues, se trata de un momento histórico. La Ley de IA lleva los valores europeos a una nueva era. Al centrar la regulación en los riesgos identificables, el acuerdo alcanzado hoy fomentará la innovación responsable en Europa. Al velar por la seguridad y los derechos fundamentales de las personas y las empresas, sostendrá el desarrollo, la implantación y la aceptación de una inteligencia artificial fiable en la UE. Nuestra Ley de IA contribuirá de manera sustancial a la formulación de normas y principios mundiales sobre una inteligencia artificial centrada en el ser humano». [Transcripción del comunicado de prensa emitido por la Comisión Europea. Traducción al español automática facilitada por el Servicio de Traducción de la Comisión Europea].* COMISIÓN EUROPEA, «La Comisión se congratula del acuerdo político sobre la Ley de Inteligencia Artificial» [en línea], 9 de diciembre de 2023. Disponible en: <https://ec.europa.eu/commission/presscorner/detail/es/ip_23_6473>. [Fecha de consulta: 2 de julio de 2024]. La norma sigue un planteamiento basado en el riesgo que presenten los diferentes modelos de IA, asociado a un conjunto de requisitos de los operadores involucrados en su desarrollo, funcionamiento e implementación. El texto incluye un mecanismo sancionador para aquellas empresas que infrinjan lo dispuesto. Esta Ley de Inteligencia artificial será aplicable dos años después de su entrada en vigor; por ello, la Comisión activará un Pacto sobre la Inteligencia Artificial para solventar el período transitorio. Este pacto reunirá a agentes claves de la industria, tanto de la Unión Europea como del ámbito internacional, para crear una comunidad de intercambio de mejores prácticas que facilite la materialización de los principios de la Ley de IA, avanzándose a su aplicación. Más información sobre el Pacto sobre la Inteligencia Artificial en el sitio web oficial de la UE: < https://digital-strategy.ec.europa.eu/es/policies/ai-pact>. [Fecha de consulta: 2 de julio de 2024]. Por otra parte, las autoridades nacionales competentes en vigilancia del mercado serán las encargadas de velar por el cumplimiento de las nuevas normas en los diferentes Estados-miembro,

MiCA)[35], la identificación digital europea[36] y la normativa de prevención del blanqueo de capitales[37]. Esta compleja y multidisciplinar regulación se

---

mientras que, dentro de la Comisión Europea, se crea una Oficina Europea de Inteligencia Artificial, con tareas de coordinación, supervisión y control del cumplimiento de la normativa sobre modelos de inteligencia artificial de uso general. El Gobierno de España, en colaboración con la Comisión Europea, pone en marcha el primer entorno controlado de pruebas para comprobar la forma de implementar los requisitos aplicables a los sistemas de inteligencia artificial considerados de alto riesgo por la Ley de IA, a través del Real Decreto 817/2023, de 8 de noviembre, que establece un entorno controlado de pruebas para el ensayo del cumplimiento de la propuesta de Reglamento del Parlamento Europeo y del Consejo por el que se establecen normas armonizadas en materia de inteligencia artificial.

35 Reglamento del Parlamento y del Consejo relativo a los mercados de criptoactivos y por el que se modifica la Directiva (UE)2019/1937 final. El Reglamento (en la versión del texto publicada en el DOUE el 9 de junio de 2023) deja fuera expresamente a los tókenes no fungibles en su Considerando 10 («El presente Reglamento no debe aplicarse a los criptoactivos que sean únicos y no fungibles con otros criptoactivos, incluidos las colecciones y el arte digitales. El valor de dichos criptoactivos únicos y no fungibles es atribuible a las características únicas de cada criptoactivo y a la utilidad que otorga al titular de las fichas. Tampoco debe aplicarse el presente Reglamento a los criptoactivos que representen servicios o activos físicos únicos y no fungibles, como las garantías de productos o los bienes inmuebles. Aunque los criptoactivos únicos y no fungibles podrían negociarse en los mercados y acumularse con fines especulativos, no son fácilmente canjeables, y el valor relativo de un criptoactivo de este tipo con respecto a otro, siendo cada uno de los cuales único, no puede determinarse por comparación con un mercado existente o con un activo equivalente. Tales características limitan la medida en que dichos criptoactivos pueden tener un uso financiero, acotando así los riesgos para los accionistas y el sistema financiero, y justificando su exclusión del ámbito de aplicación del presente Reglamento.»), pero sí establece, en su Considerando 11, que los NFT fraccionados pueden considerarse fungibles, y que la exclusión de NFT de esta regulación no impide que estos criptoactivos puedan considerarse instrumentos financieros («Las partes fraccionarias de un criptoactivo único y no fungible no deben considerarse únicas y no fungibles. La emisión de criptoactivos como fichas no fungibles en una amplia serie o colección debe considerarse un indicador de su fungibilidad. La mera atribución de un identificador único a un criptoactivo no es suficiente, en sí o por sí misma, para clasificarlo como único y no fungible. Para que un criptoactivo se considere único y no fungible, también los activos o derechos representados han de ser únicos y no fungibles. La exclusión de los criptoactivos únicos y no fungibles del ámbito de aplicación del presente Reglamento se entiende sin perjuicio de la consideración de dichos criptoactivos como instrumentos financieros.»). Procederemos a un análisis más detallado de esta cuestión en el apartado «El «criptoarte» en NFT y la regulación del mercado de criptoactivos no calificables como instrumentos financieros: el reglamento MiCA y la Circular 1/2022 de la CNMV».

36 Reglamento (UE) 2024/1183 del Parlamento y del Consejo, de 11 de abril de 2024, por el que se modifica el Reglamento (UE) 910/2014 en lo que respecta

complementa con adaptaciones normativas en el ámbito de la fiscalidad digital, la conectividad, la ciberseguridad y la digitalización de la justicia[38].

En el ámbito político y regulatorio español podemos mencionar la Carta de Derechos Digitales[39], que se enmarca dentro de la agenda España Digital 2025 y que pretende actualizar derechos ya reconocidos en textos

---

al establecimiento de un marco para una Identidad Digital Europea (conocido como eIDAS 2). Este Reglamento pretende crear soluciones de identidad electrónica altamente seguras y fiables, y regular las carteras de identidad digital europea (European Digital Identity Wallets o EDIW), así como los requisitos que deben cumplir los prestadores cualificados de confianza.

37 Reglamento (UE) 2024/1624 del Parlamento y del Consejo, de 31 de mayo de 2024, relativo a la prevención de la utilización del sistema financiero para el blanqueo de capitales o la financiación del terrorismo. Una enmienda al paquete de regulaciones de prevención del lavado de capitales propuso, en julio de 2022, que la normativa cubriese los tókenes no fungibles: «persons and platforms, other than crypto-asset service providers, trading or acting as intermediaries for importing, minting, sale and purchase of unique and not fungible crypto-assets that represent ownership of a unique digital or physical asset, including works of art, real estate, digital collectibles and gaming items and any other valuable». Propuesta de enmienda disponible en: <https://www.europarl.europa.eu/doceo/document/CJ12-AM-734116_EN.pdf>. [Fecha de consulta: 8 de mayo de 2024]. Esta propuesta de enmienda se ha visto reflejada en la Exposición de Motivos del texto definitivo del Reglamento, más concretamente, en su mitovo 15, al establecerse un plazo para una propuesta legislativa de regulación de los criptoactivos únicos y no fungibles: «La creación de mercados de criptoactivos únicos y no fungibles es aún reciente y no ha dado lugar a legislación que regule su funcionamiento. Se está supervisando la evolución de esos mercados y es importante que no genere nuevos riesgos de blanqueo de capitales y financiación del terrorismo que no puedan atenuarse adecuadamente. A más tardar el 30 de diciembre de 2024, la Comisión ha de presentar un informe al Parlamento Europeo y al Consejo sobre los últimos avances con respecto a los criptoactivos, incluida una evaluación del desarrollo de los mercados de criptoactivos únicos y no fungibles, el tratamiento normativo adecuado de dichos criptoactivos, la necesidad y la viabilidad de regular a los proveedores de servicios relacionados con criptoactivos únicos y no fungibles. Cuando proceda, la Comisión ha de acompañar dicho informe de una propuesta legislativa».

38 Así lo establece la política de la Unión Europea «un futuro digital para Europa». Véase para más información el sitio web oficial: <https://www.consilium.europa.eu/es/policies/a-digital-future-for-europe/>. [Fecha de consulta: 7 de marzo de 2024].

39 Destacan, entre otros, el derecho a la protección de datos, a la ciberseguridad, a la herencia digital, a la no discriminación en entornos digitales, al acceso a Internet, a la educación digital, a la protección de menores frente a contenidos digitales lesivos, a la recepción de información veraz y a la desconexión digital. Este documento ha sido recientemente adoptado en España, y, aunque carece de carácter

como la Declaración de Derechos Humanos o la Constitución Española y adaptarlos a la nueva realidad digital. Algunas de nuestras instituciones se han referido también a los NFT, como la CNMV o la Dirección General de Tributos[40]. Coetáneamente, están teniendo lugar los primeros pronunciamientos judiciales en España cuyo objeto son los NFT[41].

---

normativo, se configura como "marco de referencia para futuros proyectos legislativos en la materia y el desarrollo de políticas públicas".

40 La Comisión Nacional del Mercado de Valores, en su Circular 1/2022, de 10 de enero, relativa a la publicidad sobre criptoactivos presentados como objeto de inversión, recoge la siguiente definición de criptoactivo: «representación digital de un derecho, activo o valor que puede ser transferida o almacenada electrónicamente, utilizando tecnologías de registro distribuido u otra tecnología similar». En cuanto a su análisis, nos remitimos al apartado «El «criptoarte» en NFT y la regulación del mercado de criptoactivos no calificables como instrumentos financieros: el Reglamento MICA y la Circular 1/2022 de la CNMV», en este mismo trabajo.

41 Auto del Juzgado de lo Mercantil núm. 9 de Barcelona, de 21 de octubre de 2022 (TOL9.855.407) AJM B 1900/2022 – ECLI:ES:JMB:2024:1. Se refiere a la exhibición pública (en la plataforma OpenSea pero sin posibilidad de compra, descarga o reproducción de la misma), de obras representadas en NFT por el Grupo Mango, creadas a partir de obras de los pintores Juan Miró, Antoni Tàpies i Miquel Barceló, de las cuales el Grupo Mango es propietario. El grupo Mango fue demandado por la entidad de gestión colectiva de derechos VEGAP, en representación de los titulares de derechos patrimoniales y morales de dichas obras pictóricas. La entidad de gestión reclamaba un total de 1,37 millones de euros en concepto de indemnización: 875.000 euros por daños patrimoniales, 500.000 euros por daños morales y 380,21 euros por gastos de investigación. El Juzgado, en una sentencia pionera en la materia, concreta que «La cuestión a dirimir es si el uso de las obras por la demandada ha sido un uso legítimo, que no requiere autorización, o si por el contrario, la demandada infringió los derechos de propiedad intelectual de los autores de los cuadros originales por el hecho de transformarla y exponerla públicamente (en el mundo físico, virtual y digital) sin autorización de dichos autores», y concluye que la empresa textil "no ha realizado ningún uso que infrinja los derechos de autor sobre las obras "Oiseau volant vers le soleil" y "Tète et Oiseau" de Joan Miró, "Ulls i Creu" y "Esgrafiats" de Antoni Tàpies y "Dilatation" de Miquel Barceló, sino que ha realizado un uso justo, legítimo e inocuo de las mismas, sin causar perjuicio alguno a los autores de dichas obras ni a sus derechohabientes". Para mayor detalle, nos remitimos al Capítulo 5: "«Criptoarte» en NFT como mecanismo de soporte de cesiones de derechos de autor".

Planteamiento del presente estudio

Nuestra intención, desde el inicio de la concepción de esta obra, es proporcionar al lector una visión abierta del token no fungible (NFT), en cuanto a sus aspectos técnicos y de configuración jurídica. Se trata de un tema altamente novedoso, dinámico y complejo que, desde el primer momento, captó nuestro interés y curiosidad científica. Sin embargo, debido a la amplia y creciente variedad de aplicaciones a las que puede destinarse el formato NFT, nos hemos visto obligados a restringir el objeto de estudio porque queremos aproximarnos adecuadamente a su naturaleza jurídica y a la principal regulación actual o incipiente que resultaría de aplicación. Consecuentemente, centraremos el trabajo en NFT cuyos activos subyacentes sean obras de arte digitales, refiriéndonos a ellas bajo el concepto genérico «criptoarte»[42], y más concretamente, en imágenes digitales configuradas a modo de NFT únicos y estáticos (sirva como ejemplo la obra inicialmente expuesta del artista Beeple), sin que ello sea óbice para que algunas reflexiones puedan hacerse extensibles al token no fungible en un sentido más genérico[43]. En cualquier caso, indicaremos expresamente

---

42 Respecto del uso del término «criptoarte», queremos puntualizar que, aunque puede abarcar cualquier rama artística, a efectos de este trabajo no distinguiremos entre sus categorizaciones, excepto en los casos en que estas sean necesarias para proceder al análisis jurídico de cuestiones relevantes. En la misma línea, comprobará el lector que, en ocasiones, el contenido del concepto de «criptoarte» se acota en paralelo al tratamiento de utilidades o configuraciones del NFT, para una mejor identificación de la problemática jurídica y sus posibles remedios. Por ejemplo, en el caso de NFT fraccionados, nos referiremos principalmente a creaciones artísticas consistentes en imágenes digitales susceptibles de ofrecerse al público en particiones.

43 A efectos de este trabajo, entendemos «criptoarte» de acuerdo con la definición aportada por MORO VISCONTI del *crypto art* o *cryptographic art*, como «a category of art related to blockchain technology and concerns digital artworks published directly on a blockchain in the form of non-fungible tokens (NFTs), which makes it possible to own, transfer, and sell artwork in a cryptographically secure and verifiable manner» [«aquella categoría de arte vinculada a la tecnología *blockchain* en forma de tókenes no fungibles (NFT), la cual posibilita la propiedad, transferencia y venta de obras de arte mediante un sistema criptográficamente seguro y verificable». Traducción propia.]. La definición de «criptoarte» resulta distinguible, por su vinculación con cadenas de bloques, de otros conceptos análogos (arte

cuándo proponemos dicha interpretación extensiva a otros supuestos de uso del token no fungible distintos al «criptoarte».

Por motivos de amplitud y enfoque del estudio, nos reservamos de abordar cierta problemática específica de la obra de arte digital, en concreto aquella derivada de su origen (por ejemplo, el tratamiento jurídico del arte generativo), naturaleza (obras de audio o vídeo, entre otras) o formato (obras de arte en NFT que representan o acompañan creaciones en formato físico). Tampoco nos detendremos en ciertos aspectos igualmente interesantes relacionados con otras configuraciones del NFT (por ejemplo: NFT dinámicos o autodestructibles) o utilidades (certificado de identidad; mecanismo de recompensa; acceso a bienes, derechos o servicios exclusivos para el poseedor del token y exigibles al emisor; o avatar, entre otras). Sin embargo, como hemos afirmado previamente, la delimitación del objeto de estudio no impide que ciertas consideraciones inicialmente predicadas de obras de arte consistentes en imágenes digitales en NFT únicos y estáticos puedan ser extensivas a NFT entendidos en un contexto más general.

Las anteriores concreciones nos parecen adecuadas, ya que su ausencia podría abocar en divergencias respecto de las conclusiones resultantes, especialmente en cuanto a propuestas sobre la naturaleza jurídica, utilidades y, eventualmente, normativa aplicable a los NFT. Por las mismas razones, posponemos para futuros trabajos el tratamiento de cuestiones como las conexiones del NFT con el derecho de consumo[44], la protección de datos de carácter personal[45], el derecho de la competencia, su impacto en mate-

---

digital, arte de Internet, *pixel art, new media art, computer art* o arte interactivo, entre otros), aunque podemos entender que abarca cualquier rama artística, incluso el arte físico, ya que cualquier obra de arte puede asociarse a un NFT y registrarse en una *blockchain*. MORO VISCONTI, Roberto, «Digital Art Valuation», *SSRN Electronic Journal,* 20 de julio de 2021. Disponible en: <http://dx.doi.org/10.2139/ssrn.4132424>. [Fecha de consulta: 8 de mayo de 2024].

44 Con todo, el presente trabajo realiza una serie de consideraciones relacionadas con la normativa de protección al consumidor, si bien entiéndanse hechas en relación con el objeto del trabajo y únicamente a tales efectos, sin pretensiones de exhaustividad del tratamiento.

45 Los metadatos de la *blockchain* incluyen nombres y/o cuentas de usuario para registrar las transacciones, pudiendo entenderse estos datos como personales, aunque estén encriptados porque son accesibles (toda información sobre una persona física identificada o que pueda ser identificable, según el Reglamento General de Protección de Datos). En este caso, esta información accesible al público presenta retos en cuanto a la determinación de los operadores con roles de responsable

ria registral o sus diferentes negocios jurídicos a través de plataformas de mercado, metaversos[46] y videojuegos. Igualmente, tampoco procederemos, por cuestiones de concreción y extensión de la obra, al estudio analítico de cuestiones más teóricas sobre propiedad intelectual (formatos de licencia, explicaciones detalladas de cesiones de derechos) o derecho financiero (funcionamiento de los mercados, estudio de instrumentos financieros), aunque puedan estar relacionadas con la materia tratada. Al respecto, nos remitimos, en notas al pie y referencias bibliográficas, a tratados y estudios doctrinales específicos que, a nuestro modo de ver, puedan aportar un tratamiento jurídico adecuado, pertinente y completo de las respectivas temáticas.

En definitiva, en la presente obra abordaremos el tratamiento jurídico de los NFT que representen imágenes digitales y que se presenten configurados como únicos y estáticos desde una perspectiva utilitaria, es decir, atendiendo a sus funciones de «certificado de propiedad» de la obra artística digital, como soporte de licencias o cesiones de derechos de propiedad intelectual y como captación de inversión, (aproximándonos, en este contexto, al potencial encaje del «criptoarte» en NFT en la normativa reguladora de criptoactivos y otros valores). Por último, queremos remarcar que nuestro objeto de estudio es un activo dinámico y en constante evolución técnica, lo cual abocará necesariamente, a nuestro modo de ver, a que las reflexiones y conclusiones aportadas puedan (o deban) actualizarse y matizarse a medida que evolucionen el ecosistema y el mercado de esta tipología de token. En el mismo sentido, los NFT indudablemente se sujetarán a nueva, variada y adaptada normativa, doctrina y jurisprudencia; en el momento actual, estos materiales jurídicos se encuentran mayormente en proceso de gestación.

Todo lo expuesto convierte este estudio en un trabajo, a nuestro parecer, innegablemente oportuno, que hemos estructurado en varias partes. En primer lugar, abordaremos la noción de NFT desde una perspectiva técnica, para posteriormente detenernos en sus características comunes,

---

y/o encargado del tratamiento, y, por ende, la implementación y materialización (en algunos casos, extremadamente dificultosa por razones técnicas) del cumplimiento de las obligaciones que les imponen el mencionado Reglamento y las normativas nacionales de desarrollo.

46 Aunque popularmente se habla del «metaverso» en singular, en realidad deberíamos hablar de metaversos en plural o plataformas de metaverso, dado que no existe, por el momento, una única plataforma interoperable, lo cual no se presenta como factible a corto o medio plazo.

con el fin de facilitar la comprensión del NFT como token y diferenciarlo de otros términos concomitantes (TRD, *blockchain*, *smart contract*, criptomoneda, *wallet*, entre otros). Posteriormente, distinguiremos entre el NFT y su activo subyacente, y localizaremos las diferentes fuentes de información jurídica que lo acompañan. Como segundo bloque temático, procederemos al estudio de las principales utilidades del «criptoarte» en NFT: su uso como certificado de autenticidad, originalidad y titularidad; su uso como mecanismo de soporte de cesiones de derechos de autor y su eventual uso como captación de inversión. Por el camino, acometeremos cuestiones que igualmente nos resultan de interés, como reflexiones sobre la «infungibilidad» del NFT, eventuales «minteados»[47] ilícitos o su consideración como bienes de consumo. La presente obra finaliza con una serie de conclusiones, incluyéndose propuestas de solución y de *lege ferenda* a la problemática detectada y planteada en los bloques anteriores. También se anexa, como es mandatorio en cualquier obra de investigación, el catálogo de las referencias bibliográficas consultadas.

[47] Utilizaremos el término «minteado» como la creación de un token no fungible, en un sentido equiparable al «minado» como proceso de la creación de criptomonedas. Como se verá, se trata de procesos técnicos diferentes. Este concepto es de uso coloquial dentro del ámbito informático y no ha sido incorporado como neologismo por la RAE, en el momento de suscribir estas líneas.

PARTE I

NFT: ASPECTOS TÉCNICOS. CONCEPTO. FUENTES DE INFORMACIÓN JURÍDICA

Capítulo 1

Aproximación técnico-descriptiva a los tókenes no fungibles

En este capítulo intentaremos dar solución a la siguiente pregunta: ¿qué es un NFT? Para ello, analizaremos las características técnicas diferenciadoras de los NFT y presentaremos las principales variables en su configuración. En segundo lugar, relacionaremos los tókenes no fungibles con otra tecnología que los sustenta o se relaciona: así, expondremos las conexiones existentes entre los NFT, la *blockchain* (o cadena de bloques) y los *smart contracts* (o contratos electrónicos); nos referiremos brevemente a las *wallets* (o monederos digitales) donde se custodian los NFT; destacaremos el papel de las plataformas digitales que emiten o facilitan la emisión de NFT, muchas de ellas intermediarias en operaciones de emisión y transmisión de NFT; y contextualizaremos el ecosistema NFT en entornos de Web3 y de metaverso.

1. CONCEPTUALIZACIÓN TÉCNICA DEL NFT. TECNOLOGÍA CONEXA AL NFT

En este punto inicial del trabajo, nos decantamos por no aportar una definición única y cerrada del token no fungible o NFT, sino que enunciaremos sus características comunes y algunas de las variables que pueden tener lugar durante su programación. Pretendemos con ello ilustrar al lector sobre el formato técnico del NFT y su proceso de creación o, como se conoce en lenguaje informático, su «minteado»[48]. A partir de esta aproximación genérica, abordaremos en

---

[48] Como hemos avanzado en la introducción de esta obra, el término «minteado» se usa para referirse a la creación, mediante código informático, de un símbolo o un certificado digital de un archivo que se inserta en una cadena de bloques, convirtiéndolo así en un token no fungible. La palabra «mintear» es una adaptación del verbo inglés «to mint», que podríamos traducir como «acuñar». A través de esta operación se otorga al NFT de un identificador único, lo cual habilita su transferencia o comercialización dentro de una plataforma *blockchain*, y se facilita

posteriores capítulos la problemática jurídica que pudiera resultar de su implementación en la cadena de bloques y de la transferencia del NFT a terceros. Esta problemática, y, por ende, la normativa aplicable, no siempre serán coincidentes en cualquier NFT, sino que podrán variar en atención a la configuración y utilidad de cada proyecto NFT.

Como punto de partida y desde una perspectiva técnica, podemos describir un NFT como una unidad de información digital (un token o ficha[49]) que se encuentra almacenada en una cadena de bloques (o *blockchain*) y que no es inherentemente intercambiable con otros activos digitales debido a sus características de unicidad o

---

su acumulación de valor porque se presume distinto de cualquier otro token no fungible. El procedimiento de creación de los tókenes no fungibles es diferente al de otros tókenes dentro de una cadena de bloques, como algunas criptomonedas, que se «minan». En este sentido, con el minado se generan nuevas unidades a partir de la resolución de complejos problemas matemáticos mediante el uso de equipos informáticos potentes. La resolución de estos problemas se utiliza para validar transacciones en una *blockchain*. A medida que más mineros se unen a la red, se incrementa la dificultad de resolución de los problemas matemáticos.

49 Si bien el término «ficha» es utilizado en diferentes normativas como traducción del término «token» (verbigracia, el Reglamento europeo regulador de criptoactivos, conocido como MiCA, y que presentaremos más adelante), nosotros preferimos la denominación «token», considerado un extranjerismo válido por la fundación FundéuRAE. Consideramos que esta nomenclatura facilitará la comprensión del texto al lector, pues «ficha» podría tener acepciones menos precisas que pudieran confundirse con activos subyacentes representables mediante un NFT (seguidamente, las distintas acepciones de la RAE del término «ficha», según consulta efectuada del diccionario en línea 18 de mayo de 2023: «1. f. Pieza pequeña, generalmente plana y delgada, usada para establecer comunicación telefónica, abrir o cerrar barreras, poner en marcha determinados aparatos, etc. 2. f. Pieza pequeña que, a modo de contraseña, se usa en guardarropas, aparcamientos y sitios análogos. 3. f. Cada una de las piezas, generalmente plana y delgada, que se usan en algunos juegos. 4. f. Pieza pequeña a la que se asigna un valor convenido y que se usa en sustitución de la moneda en casinos, establecimientos industriales, etc. 5. f. Pieza pequeña, generalmente plana y delgada, que se usa para señalar los tantos que se ganan o pierden en el juego. 6. f. Pieza de papel o cartulina, generalmente rectangular y de pequeño tamaño, en que se anotan datos generales, bibliográficos, jurídicos, económicos, policiales, etc., y que se archiva verticalmente con otras del mismo formato. 7. f. Pieza de cartón o cartulina con que se controlan o comprueban las entradas y salidas del trabajo») y/o acepciones desvinculadas de entornos tecnológicos.

escasez[50]. Es decir, se trataría de tókenes no fungibles[51], a diferencia de otros tókenes como las criptomonedas tipo bitcoin[52]. Asimismo, los tókenes no fungibles son siempre digitales, si bien el activo subyacente, como se verá, puede ser un bien físico.

El desarrollo de la tipología de token no fungible, en contraposición a la tecnología de token fungible, se produjo bajo el estándar ERC-721 en el entorno de la *blockchain* Ethereum. Este estándar corresponde a un contrato inteligente o *smart contract* (entendido como un código computacional capaz de ejecutar acciones automatizadas basadas en el cumplimiento de condiciones[53]). El *smart contract* se utiliza en el proceso de «minteado» del NFT y en la vinculación del token a una cuenta correspondiente a su titular, habilitando su transferencia a otras cuentas dentro de la cadena de bloques.

Existen dos modalidades para crear un NFT: bien se configura el token mediante código informático, para lo cual se precisarán cono-

---

50 CHOHAN, Usman W., CHOHAN, Usman W., «Non-Fungible Tokens: Blockchains, Scarcity and Value», *Critical Blockchain Research Iniciative–Working Papers (Discussion Paper Series: Notes on the 21st Century)* [en línea], 2021. Disponible en: <https://papers.ssrn.com/sol3/papers.cfm?abstract_id=3822743>. [Fecha de consulta: 8 de mayo de 2024]. Traducción propia, p. 1-2.

51 Otros autores han definido también el NFT, como FUENTES LAHOZ, quien lo refiere como «una unidad de datos única, irrepetible y encriptada a través de una plataforma tipo *blockchain* adecuada que representa, con carácter general, un activo único no sustituible». FUENTES LAHOZ, David, «Aproximación jurídica a los tókens no fungibles y su problemática. Especial referencia a su relación con la propiedad intelectual», en *Nuevas tendencias en el derecho de la competencia y de la propiedad industrial III*, TATO PLAZA, COSTAS COMESAÑA, FERNÁNDEZ CARBALLO-CALERO, TORRES PÉREZ, LOUREDO CASADO (Dirs.), Madrid, 2022, pp. 283-284.

52 Más adelante efectuaremos algunos matices respecto de esta definición inicial, entre ellos la reflexión sobre su «no fungibilidad» como característica natural e intrínseca de cualquier NFT. Adelantamos que, aunque el propio nombre del NFT indique que se trata, por esencia, de tókenes no fungibles, existen configuraciones de NFT que desvirtúan su pretendida no fungibilidad. Véanse, al respecto, los apartados «Definición de NFT, características comunes y variables», en este mismo capítulo, y «Reflexiones previas sobre la fungibilidad de los NFT. NFT fraccionados y emitidos en grandes series», en el capítulo «El criptoarte en NFT y su uso como captación de inversión».

53 Veremos con más detalle el concepto de contrato inteligente y su relación con los tókenes no fungibles en el apartado de este mismo capítulo dedicado al *smart contract*.

cimientos técnicos avanzados[54], o bien se carga en una plataforma o mercado de NFT[55] que permita al usuario (no necesariamente experto en informática) la opción de «minteado». En ambos casos, y describiéndolo de manera simplificada, el archivo se registra en una capa digital de la cadena de bloques como un NFT único, y a partir de ese momento podrá ser transferido o adquirido, generalmente a cambio de una contraprestación en criptomonedas[56]. Cuando se «mintea» un NFT, el *smart contract* automáticamente registra a su creador como titular de dicho NFT, y, mediante la codificación de condicionantes que se activan con operaciones de transmisión del token (por lo habitual, de compraventa)[57], se posibilita su trasferencia a posteriores titulares. La transferencia se lleva a cabo una vez que determinado número de nodos de la red distribuida validan la operación, la cual quedará registrada en uno de los bloques de la cadena. Además, los *smart contracts* pueden activar o desactivar otras funcionalidades del NFT que haya podido configurar su creador en el momento de programarlo[58].

Como puede deducir el lector de la anterior descripción, los NFT otorgan la capacidad de asignar o reclamar el derecho de propiedad

---

54 Un NFT puede acuñarse con lenguajes de programación como Java, JavaScript, Go, y SDK de Python, API REST, Solidity, P5js o MaxMsp Jitter. No obstante, cualquier usuario puede acuñar un NFT sin necesidad de conocimientos avanzados programación, gracias a plataformas especializadas como OpenSea, Mintable, Rarible o KnownOrigin, entre muchas otras que están emergiendo.

55 Según nos consta, una plataforma especializada en compraventa de NFT está dedicada exclusivamente a facilitar transacciones relacionadas con NFT y puede ofrecer una variedad de herramientas y servicios adicionales. Por otro lado, un mercado de NFT puede ser parte de una plataforma más amplia que incluye otros tipos de activos digitales, aunque también permite transacciones específicas de NFT.

56 CHOHAN, Usman W., CHOHAN, Usman W., «Non-Fungible Tokens: Blockchains, Scarcity and Value», *op. cit.*, p. 3. [Fecha de consulta: 8 de mayo de 2024].

57 En ocasiones, las plataformas especializadas en subastas de NFT retienen la propiedad del token a través de una serie de *smart contracts*, hasta que se dan las circunstancias programadas en dicho *smart contract*: por ejemplo, la llegada de una cierta fecha o cuando el NFT alcanza en la subasta un determinado precio. Cuando no se materializan estas condiciones, por ejemplo, si no se alcanza un importe mínimo en la subasta, se procede a la devolución automática del NFT a la cuenta del titular.

58 Por ejemplo, convertirlo en una herramienta de juego interactivo, como en el caso de los Cryptokitties.

de cualquier pieza única de datos digitales. Un NFT se acuña como una representación de activos digitales o no digitales: puede representar cualquier cosa que necesite un comprobante de propiedad y que sea única o escasa. Por ejemplo, una obra de arte digital exclusiva, un par de zapatillas deportivas de edición limitada, un *item* de un videojuego, un trabajo académico, un coleccionable digital, un nombre de dominio, una entrada para acceder a un evento, una parte fraccionada de un bien raíz o una identidad digital[59].

Así, se habla del «Internet de los Activos» respecto de la introducción en el espacio digital de los NFT: el NFT, por lo general, permite asignar un activo digital a un propietario, registrándose así en una *blockchain* que aporta conocimiento público y verificable (ya que, como veremos más adelante, una *blockchain* pública es accesible por cualquier usuario y permite el rastreo de transacciones) y habilita que el bien o derecho representado en formato digital por el token no fungible pueda ser objeto de negocios jurídicos (compraventas, donaciones o préstamos, principalmente) en entornos de red basados en tecnología distribuida[60]. Antes de la aparición de los NFT, la copia de un archivo

---

59 ETHEREUM, «Non-fungible tokens (NFT)», en *Ethereum.org* [en línea]. Disponible en: <https://ethereum.org/en/nft/>. [Fecha de consulta: 8 de mayo de 2024].

60 Las redes basadas en tecnología distribuida son redes cuya arquitectura conecta una multitud de máquinas en condiciones de igualdad para efectuar procesamientos autónomos de información (conocidas como «nodos») que se comunican entre sí, que están localizadas en ubicaciones físicas diferentes, sin conectarse a una única unidad central de procesamiento, ya que se distribuyen entre ellas la carga de computación. Si se agrega, edita o elimina algún dato en un nodo, será detectado por cualquier otro nodo de la red que contenga la réplica los datos originales, con lo cual esta arquitectura permite asegurar transacciones sin necesidad de terceros de confianza. Como ejemplo, una cadena de bloques o *blockchain*, como la red Bitcoin o la red Ethereum. Se contraponen al concepto de «tecnología centralizada», que serían aquellas redes que gestionan los datos de manera centralizada: para acceder a dichos datos, debe accederse a través de la computadora principal del sistema, conocida como «servidor central». Como ejemplo, un sitio web tradicional, que funciona en un formato «cliente-servidor central», donde cualquiera que tenga acceso a dicho servidor puede agregar, modificar o eliminar datos. Se dice de las redes basdadas en tecnología distribuida que son más veloces que las redes basadas en tecnología centralizada, que presentan una mayor escalabilidad (a diferencia de arquitecturas con servidor central, que permiten un tráfico de operaciones más limitado) y que ofrecen mayor seguridad frente a ataques maliciosos (ya que tendrían que agredir muchos nodos a la vez para que el ataque fuera exitoso, puesto que muchos de los nodos comparten y

era indistinguible de la original y los registros y almacenamiento de archivos digitales dependían exclusivamente de servidores controlados por instituciones privadas[61].

En relación con el «criptoarte» en NFT que conforma el objeto de este trabajo, puede describirse al NFT como aquella herramienta criptográfica que utiliza una *blockchain* o cadena de bloques para crear un activo digital único que puede ser objeto de propiedad y rastreo, y que puede usarse, entre otras utilidades, para autenticar y transmitir creaciones de arte digitales[62]. Un NFT puede generar una huella digital (o «hash criptográfico») en la *blockchain*[63]. Esta idea, trasladada al mundo físico, equivaldría a una «firma manuscrita» que suscribiría una obra de arte como única y susceptible de ser objeto de derechos de propiedad física e intelectual[64]. Como podrá deducir el lector, la creación de un NFT que represente una obra de arte genera derechos que corresponderían en exclusiva y en el momento de su creación al artista, quien retendría, salvo acuerdo contrario, los derechos de autor y, entre estos, el derecho de explotación de la obra. Por otra parte, como expondremos en posteriores apartados, el adquirente de un NFT no accede necesariamente a la posesión del archivo digital que contiene la obra de arte (ya que este podría estar almacenado fuera de la cadena de bloques) ni puede afirmar con certeza que disponga de acceso exclusivo y permanente a dicho archivo[65].

---

validan la información sobre las transacciones legítimas, con lo cual los cambios ilegítimos son detectados automáticamente y la red no los validaría por falta de consenso). [Explicación propia]. Para más detalle, nos remitimos al apartado dedicado a la *blockchain*, en este mismo capítulo.

61 ETHEREUM, «Non-fungible tokens (NFT)», *op. cit.* [en línea].

62 FRYE, Brian L., «NFTs & the Death of Art», abril de 2021, *SSRN*, p. 3. Disponible en: <http://dx.doi.org/10.2139/ssrn.3829399>. [Fecha de consulta: 8 de mayo de 2024].

63 Para una mejor comprensión de los números *hash*, nos remitimos a PONCE DE LEÓN, Pedro J., «Blockchain, un nuevo patrón tecnológico», en *Blockchain: aspectos tecnológicos, empresariales y legales*, Andrés Vilarroig Moya, Carmen Pastor Sempere (Dirs.), Navarra, 2018, pp. 42-44.

64 Aquí, el *hash* de la obra en NFT *Everyday's*, de Beeple: 6314b55cc6ff34f67a18e1ccc977234b803f7a5497b94f1f994ac9d1b896a017.

65 CHOHAN, Usman W., «Non-Fungible Tokens: Blockchains, Scarcity and Value», *op. cit.*, p. 4. Nos detendremos en el estudio de estas cuestiones en el capítulo

Tras esta incursión inicial, a continuación describiremos brevemente un conjunto de conceptos tecnológicos comúnmente asociados a los NFT.

1.1. Cadena de bloques (blockchain) y tecnología de registros distribuidos (TRD)

Al igual que las criptomonedas, los NFT se sustentan en una *blockchain* o cadena de bloques[66], siendo esta una tipología de tecnología de registros distribuidos (TRD, *Distributed Ledger Technology* o DLT)[67]. El Reglamento

---

"«Criptoarte» en NFT como mecanismo de soporte de cesiones de derechos de autor".

66 En referencia al marco normativo y los retos legales de la *blockchain* y los *smart contracts*, el *European Union Blockchain Observatory & Forum* (en adelante, EUBOF) publicó en 2019 el informe «Legal and Regulatory Framework of Blockchains and Smart Contracts». Disponible en: <https://www.eublockchainforum.eu/sites/default/files/reports/report_legal_v1.0.pdf>. En 2022 se aprobó el Reglamento (UE)2022/852 del Parlamento Europeo y del Consejo sobre un régimen piloto de las infraestructuras del mercado basadas en las tecnologías de registro descentralizado y por el que se modifican los Reglamentos (UE) nº. 600/2014 y (UE) nº. 909/2014 y la Directiva 2014/65/UE. Para un estudio más detallado sobre la *blockchain* y su relación con los *smart contracts*, nos remitimos a ARGELICH COMELLES, Cristina, «Smart contracts o Code is Law: soluciones generales para la robotización contractual» [en línea], *Indret*, núm. 2, 2020; NADAL GÓMEZ, Irene, «Los *smart contracts* y el derecho a la tutela judicial efectiva», en *Justicia: ¿garantía versus eficiencia?*, Fernando Jiménez Conde, Rafael Bellido Penadés (dirs.), Valencia, 2019, pp. 367-396; y AA. VV., *Blockchain: Impacto en los sistemas financiero, notarial, registral y judicial*, Inmaculada Sánchez Ruiz De Valdivia (Dir.), Navarra, 2020, 1056 pp.

67 No todas las TRD son *blockchain*. La TRD puede entenderse como digitalización de un «libro mayor» distribuido que permite la transparencia y dificulta la alteración de datos o hackeado. En el texto de 20 de abril de 2023, el Reglamento MiCA remite a la definición del término TRD recogido en el Reglamento (UE)2022/852 del Parlamento Europeo y del Consejo sobre un régimen piloto de las infraestructuras del mercado basadas en las tecnologías de registro descentralizado y por el que se modifican los Reglamentos (UE) nº. 600/2014 y (UE) nº. 909/2014 y la Directiva 2014/65/UE, que define el registro descentralizado como «un repositorio de información que lleva registros de operaciones y se comparte a través de un conjunto de nodos de red TRD y está sincronizado entre dichos nodos, utilizando un mecanismo de consenso». En Italia, las tecnologías con registros distribuidos han sido definidas por la Ley Núm. 12/2019 como «aquellas tecnologías y protocolos informáticos que utilizan un registro compartido, distribuido, replicable, accesible simultáneamente, arquitectónicamente descentralizado sobre bases criptográficas, de tal manera que permitan el registro, validación, actualización

europeo relativo a los mercados de criptoactivos (en adelante, Reglamento MiCA)[68] ha definido la TRD, a efectos de su aplicación, describiéndola en un sentido amplio[69] como «una tecnología que permite el funcionamiento y el uso de registros distribuidos» (art. 3.1), definiendo como «registro distribuido» un «repositorio de información que mantiene registros de operaciones y se comparte a través de un conjunto de nodos de red TRD y está sincronizado entre dichos nodos, utilizando un mecanismo de consenso»; a su vez, define así «mecanismo de consenso»: las «normas y procedimien-

---

y archivo de datos de forma clara, que además estén protegidos por criptografía verificable por cada participante y que no sean alterables ni modificables». La *blockchain* es un tipo de TRD con características específicas que maximizan su seguridad, concretamente su sistema de firma criptográfica (hash), y obtuvo su fama gracias al *bitcoin*. Por otra parte, la *blockchain* más utilizada para NFT en la actualidad es la red Ethereum, gracias a la implementación de los estándares ERC-721 y ERC 1155. Para más detalle sobre la *blockchain*, nos remitimos a NADAL GÓMEZ, «Ejecución forzosa y blockchain, panorámica general con especial atención a las monedas virtuales», *Revista jurídica del notariado*, núm. 112, 2021; PACHECO JIMENEZ, Mª Nieves, «De la tecnología blockchain a la economía del token», *Revista de Derecho PUCP*, núm. 83, diciembre 2019, pp. 63-64; TAPSCOTT, Alex, TAPSCOTT, Don, *La revolución blockchain*, Barcelona, 2017, pp. 23-27; PONCE DE LEÓN, Pedro J., «Blockchain, un nuevo patrón tecnológico», en *Blockchain: aspectos tecnológicos, empresariales y legales*, Andrés Vilarroig Moya, Carmen Pastor Sempere (Dirs.), Navarra, 2018, pp.66-71; BHUTTA, M.N.M., KHWAJA, A.A., NADEEM, A., AHMAD, H.F., KHAN, M.K., HANIF, M., SONG, H., RASHWAN, M.A., CAO, Y., «A Survey on Blockchain Technology: Evolution, Architecture and Security», en *IEEE Access*, 2021, vol. 9, pp. 61048 y ss; SHI-YI LIN; LEI ZHANG; JING LI; LI-LI JI; YUE SUN; «A survey of application research based on blockchain smart contract», en *Wireless Networks* 28, 2022, pp. 635 y ss. Sobre la regulación italiana de las cadenas de bloques, nos remitimos a FAINI, Fernanda; «Blockchain e diritto: la catena del valore tra documenti informativi, smart contracts e data protection», en *Responsabilitá civile e previdenza*, núm.1, 2020, pp. 297–316; VULPIANI, Giorgia, «Blockchain, smart contracts e non fungible token: tutele e responsabilitá», en *Actualidad Jurídica Iberoamericana*, núm. 18, 2023, pp. 1326-1363.

68 Reglamento del Parlamento y del Consejo relativo a los mercados de criptoactivos y por el que se modifica la Directiva (UE)2019/1937 final.

69 Al respecto de la concepción amplia de la tecnología de registros distribuidos, establece el Reglamento MiCA en su Considerando 16 que: «Es preciso que la legislación que se adopte en el ámbito de los criptoactivos sea específica, tenga visión de futuro, esté preparada para seguir el ritmo de la innovación y los avances tecnológicos, y se fundamente en un enfoque basado en incentivos. Por ello, los términos «criptoactivo» y la «tecnología de registro distribuido» deben definirse de la manera más amplia posible, a fin de abarcar todos los tipos de criptoactivos que actualmente quedan fuera del ámbito de aplicación de la legislación de la Unión en materia de servicios financieros».

tos mediante los cuales se llega a un acuerdo de validación de una operación entre nodos de red TRD»; y un «nodo de red TRD» es un «dispositivo o proceso que forma parte de una red y que posee una copia completa o parcial de los registros de todas las operaciones en un registro distribuido».

Una *blockchain* es una tipología de TRD[70] y puede definirse como un registro distribuido de datos o cuentas que encadena criptográficamente cada uno de los bloques en los que se insertan las operaciones, y que, gracias a sus nodos[71], permite realizar transacciones descentralizadas, distribuidas, pretendidamente seguras[72] e inmutables[73], públicas (accesibles a cualquier usuario que acceda a la *blockchain*) y fáciles de rastrear[74]. La

---

70 En las *blockchains* públicas, todas las transacciones se validan y registran en la cadena de bloques. Como resultado, todas las transacciones son visibles públicamente , con lo cual puede seguirse el rastro de una transacción específica y ver todas las transacciones relacionadas con esa operación en particular.

71 Los nodos son equipos informáticos coordinados que se conectan a la red entre pares que soporta una cadena de bloques. Los nodos usan un mismo software y así se sustenta esta cadena: desde ellos se puede replicar, crear, sincronizar, enviar y recibir información, convirtiendo la *blockchain* en una gran red distribuida de datos. (Definición propia).

72 Sobre la existencia de hackeos a redes *blockchain*: ORCUTT, «El masivo historial de robos demuestra que *blockchain* no es inhackeable», *MIT Technology Review* [en línea], 2019. Disponible en: <https://www.technologyreview.es/s/10958/el-masivo-historial-de-robos-demuestra-que-blockchain-no-es-inhackeable>. [Fecha de consulta: 8 de mayo de 2024].

73 SÁNCHEZ RUIZ DE VALDIVIA, Inmaculada, «Blockchain e inteligencia artificial: dos tecnologías que convergen e impactan en la economía y el derecho», en *Blockchain: Impacto en los sistemas financiero, notarial, registral y judicial*, Inmaculada Sánchez Ruiz de Valdivia (Dir.), p. 66.

74 No todas las *blockchains* son públicas. Si bien las más conocidas están descentralizadas y no están controladas por ninguna entidad, como Bitcoin o Ethereum, existen *blockchains* privadas que funcionan a partir de controles de acceso y, por tanto, se depende de terceras entidades para realizar transacciones, teniendo conocimiento de estas transacciones únicamente los operadores autorizados. Como ejemplo, Hyperledger Fabric (de Linux Foundation) o Ripple. Las *blockchain* privadas también pueden utilizar algoritmos de consenso específicos, como Proof of Elapsed Time, Raft o Estambul BFT, y suelen procesar transacciones a un ritmo más rápido, dando mejor rendimiento. Las *blockchains* privadas suelen identificar claramente a cada participante y no son, aparentemente, tan seguras como las públicas, porque el conjunto de nodos, al ser menor e identificable, podría ponerse de acuerdo para alterar transacciones o datos. Además de las anteriores, se han creado también *blockchains* híbridas o federadas, que utilizan la tecnología de una *blockchain* privada pero que guardan una referencia *hash* de cada bloque en una *blockchain* pública. Como ejemplos: B3i (Blockchain Insurance Industry Initiati-

información en una *blockchain* se almacena en bloques, vinculados entre sí a modo de cadena (de ahí, su nombre). Funciona a modo de libro de registro compartido entre los usuarios, ya que el uso de criptografía permite que las inscripciones y modificaciones efectuadas dentro de la cadena de bloques se lleven a cabo sin intervención ni control de autoridades centrales u otros intermediarios, sino únicamente a través del resto de nodos integrantes en los cuales el entorno confía[75].

Los nodos de una cadena de bloques trabajan conjuntamente para verificar y validar las transacciones mediante un proceso de consenso distribuido[76], y la red contiene la información cifrada y evita así la exposición de datos sensibles. Se habla, en estos casos, de *lex cryptographica*, ya que estos sistemas funcionan con reglas codificadas autoejecutables, independientemente del cumplimiento de una ley nacional o de un determinado ordenamiento jurídico, sirviendo como método organizador de esta actividad económica aquello escrito en los códigos y trasladando el poder a los programadores, al ser quienes conocen y escriben el código y los encargados

---

ve, que reúne a 38 aseguradoras y reaseguradoras globales, entre ellas Mapfre), EWF (Energy Web Foundation, con empresas como Iberdrola, Acciona, Endesa y Naturgy). Información disponible en los sitios web <https://www.bsmexecutive.com/diferencias-entre-blockchain-publica-privada-e-hibrida/> y <https://observatorioblockchain.com/hypernifty/redes-blockchain-tipos/>. [Fecha de consulta: 8 de mayo de 2024]. Aunque en este trabajo nos referimos principalmente a los NFT soportados en *blockchains* públicas, sepa el lector que pueden existir tokens no fungibles en *blockchains* privadas o híbridas. En las *blockchain* privadas, se permitiría a empresas y organizaciones participantes en esa *blockchain* crear (a través de contratos inteligentes que se ejecutan en esa misma red) y gestionar activos únicos en la *blockchain*, almacenándolos en las respectivas carteras digitales. No obstante, los NFT creados en una *blockchain* privada pueden tener una accesibilidad y utilidad limitadas, debido a la falta de interoperabilidad con otras *blockchains* públicas o privadas, ya que el control de esa red y el acceso a los NFT de esta *blockchain* privada quedará en manos del grupo de usuarios autorizados que tienen acceso a ella. Sobre los diferentes tipos de *blockhain* y su funcionamiento, nos remitimos a PACHECO JIMÉNEZ, Mª Nieves, «De la tecnología Blockchain a la economía del token», *Derecho PUCP*, núm. 83, 2019, pp. 63 y ss; y a PONCE DE LEÓN, Pedro J., «Blockchain, un nuevo patrón tecnológico», en *Blockchain: aspectos tecnológicos, empresariales y legales*, Andrés Vilarroig Moya, Carmen Pastor Sempere (Dirs.), Navarra, 2018, pp. 36-39.

75 PACHECO JIMÉNEZ, Mª Nieves, «De la tecnología *blockchain* a la economía del *token*», *op. cit.*, p. 63.

76 Este proceso de verificación se logra mediante algoritmos de consenso, como los sistemas *Proof of Work* o *Proof of Stake*. Nos referiremos a ellos más adelante, al finalizar el presente apartado.

de generar los algoritmos e interacciones persona-máquina, creándose así entornos financieros sin reconocimiento oficial basados en tókenes[77].

El protocolo *blockchain* se desarrolló con la moneda digital bitcoin[78] y su tecnología se ha extendido a múltiples ámbitos gracias a otras criptomonedas y a los *smart contracts*[79], incluidos los estándares para crear NFT[80]. Podríamos entender un bloque como un contenedor de transacciones[81]: las transacciones que se registran en una *blockchain* pueden involucrar cual-

---

77 NASARRE AZNAR, Sergio, «Naturaleza jurídica y régimen civil de los "tokens" en "blockchain"», en *La Tokenización de bienes en blockchain* (coord. GARCÍA TERUEL, Rosa María), p. 66; DE FILIPPI, Primavera; WHRIGHT, Aaron; *Blockchain and the Law: the Rule of Code*, 2018, Harvard University Press, pp. 6, 52-55; DE FILIPPI, Primavera; WHRIGHT, Aaron; *Decentralized Blockchain Technology and the Rise of Lex Cryptographia*, 2015, SSRN, <http://dx.doi.org/10.2139/ssrn.2580664>. [Fecha de consulta: 8 de mayo de 2024]; LLORENTE SANSEGUNDO, María Inmaculada, «Non Fungible Token: la réplica en el mundo digital de la originalidad, la autenticidad y la exclusividad de los objetos físicos», en *De Iure Mercatus. Libro homenaje Al prof, Dr. H. c. Alberto Bercovitz Rodríguez-Cano*, José Antonio García Cruces (Coord.), Valencia, 2023, pp. 962 y ss.

78 Todavía se desconoce si el seudónimo «Satoshi Nakamoto» pertenece a una persona o a un grupo de expertos que desarrollaron la criptomoneda bitcoin, publicando el 31 de octubre de 2008 un *paper* de escasas 9 páginas explicando los fundamentos del proyecto. NAKAMOTO, Satoshi, «*Bitcoin*: A Peer.to.Peer Electronic Cash System» [en línea]. Disponible en: <https://bitcoin.org/bitcoin.pdf>. [Fecha de consulta: 8 de mayo de 2024].

79 Se estima que la *blockchain* puede tener un alto potencial e impacto en sectores como el energético, el financiero, el logístico o el educativo, Por ello, algunos autores consideran recomendable identificar las propuestas de valor que incorpora la *blockchain* en otros sectores relevantes, como el turismo o las Administraciones públicas. PEDREÑO MUÑOZ, Andrés, «Prólogo. Blockchain, ¿un nuevo patrón económico?», en *Blockchain: aspectos tecnológicos, empresariales y legales*, Andrés Vilarroig Moya, Carmen Pastor Sempere (Dirs.), Navarra, 2018, p. 27.

80 Se han desarrollado muchas redes *blockchain* desde la aparición de esta nueva tecnología. Destacamos Alastria, un consorcio formado por más de 500 entidades de diferentes sectores que pretenden desarrollar el ecosistema *blockchain* en España creado en 2017, presentado como la primera red nacional multisectorial del mundo en *blockchain*. Cuenta con grandes empresas promotoras, como Bankia, Accenture, Iberdrola, BBVA, Cuatrecasas o Repsol. Más información en su sitio web, disponible en: <https://alastria.io/>. [Fecha de consulta: 8 de mayo de 2024].

81 HOUSER, Kimberly, HOLDEN, John, «Navigating the non-fungible token», *Utah Law Review*, núm. 5, 2022, p. 899. <htpps://doi.org/10.26054/0d-r48b-sq13>. [Fecha de consulta: 8 de mayo de 2024].

quier tipo de valor[82], dinero, bienes físicos o digitales, derechos patrimoniales o reales, obligaciones o votos (así lo permitirían los arts. 333 y ss. CC[83]), y no pueden modificarse retroactivamente sin alterar todos los bloques subsiguientes[84].

Puesto que los NFT se crean en la capa superior (*layer 2*) de la *blockchain* (es decir, funcionan sobre un protocolo de cadena de bloques preexistente denominado *layer 1* o capa base), se habilita el rastreo de las transacciones del NFT y del activo subyacente «original»[85], distinguiéndolo de copias idénticas de ese activo que puedan circula por la red[86]. Ello habilita, por una parte, a la «tokenización[87]» de activos físicos y a poder representarlos en la cadena de bloques[88], y, por otra, un mecanismo fáctico (que no ju-

---

82 Algunos tokens, como las criptomonedas o los NFT que representan coleccionables, tienen valor por sí mismos.

83 En el mismo sentido, NASARRE AZNAR, Sergio, «Naturaleza jurídica y régimen civil de los "tokens" en "blockchain"», en *La Tokenización de bienes en blockchain* (coord. GARCÍA TERUEL, Rosa María), p. 62; y LLORENTE SANSEGUNDO, Inmaculada, «Non Fungible Token: la réplica en el mundo digital de la originalidad, la autenticidad y la exclusividad...», *op. cit.*, p. 974 y ss.

84 BECK, Roman, MUELLER-BLOCH, Christoph, «Blockchain as a Radical Innovation: a Framework for Engaging with Distributed Ledgers as Incumbent Organization», Procedings of the 50th Hawaii International Conference on System Sciences, 2017, p. 5730.

85 Al respecto, nos remitimos al Capítulo 2: «NFT y activo digital subyacente», en este mismo trabajo.

86 Respecto del estudio de algunos aspectos relacionados con las copias y la protección de la propiedad intelectual en entornos de *blockchain*, nos remitimos a: BODÓ, B., GERVAIS, D. Y QUINTAIS, J.P., «Blockchain and smart contracts: the missing link in copyright licensing?», *International Journal of Law and Information Technology*, 26, (4), pp.311-336. Disponible en: <https://doi.org/10.1093/ijlit/eay014>. [Fecha de consulta: 8 de mayo de 2024]. Con todo, véase también el tratamiento breve efectuado en el capítulo "«Criptoarte» en NFT como mecanismo de soporte de cesiones de derechos de autor", en este mismo trabajo.

87 Entendemos «tokenización» como la define BARRIO: «la transformación y representación de un activo o bien real como una expresión de datos únicos dentro de una *blockchain* mediante su conversión en un criptoactivo». BARRIO ANDRÉS, Moisés, «La nueva regulación de los criptoactivos en España», *Diario La Ley* [en línea], núm. 10010, 2022.

88 Para un estudio más detallado de la tokenización de activos físicos, nos remitimos a CAMPUZANO GÓMEZ-ACEBO, Jimena; SIEIRA GIL, Jesús, «Tokenización de activos físicos. Tokenización inmobiliaria y mobiliaria», pp. 111-138, en AA.VV., *Guía de criptoactivos MiCA*, Agustín Madrid Parra, Carmen Pastor Sempere (Dirs.), María Jesús Blanco Sánchez, Ana Cediel (Coords.), Navarra, 2021, 373 pp.; GUILABERT VIDAL, Mª Remedios, «Adquisición de fincas virtuales en el Metaverso

rídico) de prueba y remuneración[89] para creadores de contenidos digitales (programadores, músicos, artistas, marcas…) y titulares de derechos de explotación. A su vez, los adquirentes del NFT pueden «poseer» ahora contenido digital «certificado» como auténtico y único o escaso, que se representará como un token[90] y supondrá un dato incrustado en un bloque dentro de la *blockchain*. Por el momento, la *blockchain* más popular para «tokenizar» NFT es Ethereum.

Como recogieron los expertos del European Union Blockchain Obervatory & Forum (en adelante, EUBOF)[91] en su informe *Legal and Regulatory Framework of Blockchains and Smart Contracts*, el hecho de que pueda probarse matemáticamente que las transacciones dentro de una *blockchain* son válidas, saberse a quien «pertenecen» dichos datos almacenados y demostrarse que esos datos no han sido manipulados no implica automáticamente que las transacciones registradas en la cadena de bloques sean legalmente vinculantes. Para ello sería necesario un reconocimiento legal de las firmas implicadas en la transacción (que corroborarían quién realizó dicha transacción), los *timestamps* (es decir, los sellados temporales que garantizarían el momento contractual exacto) y los «documentos» o datos asociados con dicha transacción digital[92].

Algunas de estas cuestiones conectan con normativa europea vigente, como el Reglamento europeo eIDAS [93], que establece que no puede

---

y su problemática en el derecho inmobiliario», en *Cuadernos de Derecho Privado*, núm. 4, 2022, pp. 53-79.

89 Entramos con más detalle en esta cuestión en el capítulo "«Criptoarte» en NFT: su uso como certificado de autenticidad, originalidad y titularidad de un activo digital único»", en la presente obra.

90 Sobre la definición y categorización de los tokens, nos remitimos a NASARRE AZNAR, Sergio, «Naturaleza jurídica y régimen civil de los "tokens" en "blockchain"», en *La Tokenización de bienes en blockchain* (coord. GARCÍA TERUEL, Rosa María).pp. 78 y ss.

91 El EUBOF es un consorcio formado universidades y otros organismos de investigación y creado como proyecto piloto tutelado por la Dirección General de Redes de Comunicación, Contenido y Tecnologías (DG CONNECT) de la Comisión Europea, encargada de la política de la UE relativa al mercado único digital, la seguridad en Internet y la ciencia e innovación digitales.

92 EUROPEAN UNION BLOCKCHAIN OBERVATORY & FORUM (EUBOF), *Legal and Regulatory Framework of Blockchains and Smart Contracts* [en línea], 2019, pp. 11-12. Disponible en: <https://www.eublockchainforum.eu/sites/default/files/reports/report_legal_v1.0.pdf>. [Fecha de consulta: 8 de mayo de 2024].

93 Reglamento (UE) núm. 919/2014 del Parlamento Europeo y del Consejo de 23 de julio de 2014, relativo a la identificación y los servicios de confianza para las

denegarse fuerza legal a un documento únicamente por el hecho de ser electrónico; el Reglamento europeo eIDAS 2[94], introduce el artículo 45 *duodecies* en el Reglamento eIDAS, siendo este artículo aquel que recoge los efectos jurídicos de los libros mayores electrónicos (entendido como «libro mayor electrónico» aquella «secuencia de registros electrónicos de datos que garantiza la integridad de dichos registros y la exactitud de su orden cronológico»[95]), estableciendo que «no se denegarán efectos jurídicos ni admisibilidad como prueba en procedimientos judiciales a un libro mayor electrónico por el mero hecho de estar en formato electrónico o de no cumplir los requisitos de los libros mayores electrónicos cualificados», y que aquellos libros mayores electrónicos categorizados como cualificados gozarán «de la presunción de unicidad y autenticidad de los datos que contiene, de la exactitud de su fecha y hora y del orden cronológico secuencial interno del libro mayor»[96]; o el Reglamento (UE)2022/852 del Parlamento

---

transacciones electrónicas en el mercado interior y por la que se deroga la Directiva 1999/93/CE.

94 Reglamento (UE) 2024/1183 del Parlamento y del Consejo, de 11 de abril de 2024, por el que se modifica el Reglamento (UE) 910/2014 en lo que respecta al establecimiento de un marco para una Identidad Digital Europea (eIDAS 2).

95 Introducido por el artículo 3 del Reglamento eIDAS 2, esta definición se añadiría al artículo 3 del Reglamento (UE) núm. 210/2014 (punto 52). El Reglamento eIDAS 2 establece un nuevo marco armonizador para los servicios de confianza en lo que respecta a la creación y el mantenimiento de libros mayores electrónicos y libros mayores electrónicos cualificados. Entiende la propuesta que un libro mayor electrónico «combina los sellos de tiempo de los datos y su secuenciación con la certeza sobre el originador de los datos, de manera similar a las firmas electrónicas, con la ventaja adicional de que permite una gestión más descentralizada que resulta muy adecuada para la cooperación entre múltiples partes».

96 En el artículo 45 *terdecies*, el Reglamento eIDAS 2 establece los requisitos que debe cumplir un libro mayor para considerarse cualificado: «a) estar creado y gestionado por uno o más prestadores cualificados de servicios de confianza; b) establecer el origen de los registros de datos en el libro mayor; c) garantizar la unicidad del orden cronológico secuencial de los registros de datos en el libro mayor; d) grabar datos de modo que sea posible detectar de forma inmediata cualquier modificación posterior de estos, garantizando su integridad a lo largo del tiempo. 2. Se presumirá el cumplimiento de los requisitos establecidos en el apartado 1 cuando un libro mayor electrónico sea conforme a las normas, especificaciones y procedimientos a que se refiere el apartado 3. 3. A más tardar el 21 de mayo de 2025, la Comisión establecerá, mediante actos de ejecución, una lista de normas de referencia y, en su caso, las especificaciones y los procedimientos para los requisitos a que se refiere el apartado 1 del presente artículo. Los actos de ejecución se adoptarán con arreglo al procedimiento de examen contemplado en el artículo 48, apartado 2.».

Europeo y del Consejo sobre un régimen piloto de las infraestructuras del mercado basadas en las tecnologías de registro distribuido, cuya intención es permitir el desarrollo, emisión, negociación y liquidación de criptoactivos considerados como instrumentos financieros mediante tecnología TRD, dentro de un entorno controlado de pruebas o *sandbox*[97].

Cuando se utilice la tecnología TRD como libro mayor electrónico para apoyar la emisión o la compraventa de bonos, o para criptoactivos, los casos de uso deberán ser compatibles con todas las normas financieras aplicables[98], principalmente la Directiva relativa a los mercados de instrumentos financieros[99], la Directiva sobre servicios de pago[100] y el Reglamento MiCA relativo a los mercados de criptoactivos. Cuando los casos de uso afecten a datos de carácter personal, los prestadores de servicios deberán cumplir el Reglamento General de Protección de Datos[101].

Llegados a este punto, consideramos relevante comentar las diferencias existentes entre los dos modos de almacenar los metadatos que enlazan el NFT a su activo único, a los cuales haremos referencia en el análisis jurídi-

---

97 El Reglamento (UE)2022/852 del Parlamento Europeo y del Consejo sobre un régimen piloto de las infraestructuras del mercado basadas en las tecnologías de registro descentralizado y por el que se modifican los Reglamentos (UE) núm. 600/2014 y (UE) núm. 909/2014 y la Directiva 2014/65/UE crea un régimen piloto para testear esta tecnología a modo de *Sandbox europeo*, y los activos que se van a negociar en estas infraestructuras son acciones, bonos (con ciertas exclusiones) y participaciones en instituciones de inversión colectiva, monitorizados por las autoridades competentes. Los operadores de estas infraestructuras de mercado pueden solicitar exenciones temporales de algunos requisitos de la normativa de instrumentos financieros que limiten o impidan el uso de TRD, a cambio de la imposición de contramedidas de supervisión. Este régimen piloto podrá prorrogarse, ampliarse a otros instrumentos financieros o finalizar, según sean las conclusiones que se presenten en tres años desde su aprobación.

98 Así lo establece el Reglamento eIDAS 2, según la explicación detallada recogida en la Exposición de Motivos.

99 Directiva 2014/65/UE del Parlamento Europeo y del Consejo, de 15 de mayo de 2014, relativa a los mercados de instrumentos financieros y por la que se modifican la Directiva 2002/92/CE y la Directiva 2011/61/UE.

100 Directiva (UE) 2015/2366 del Parlamento Europeo y del Consejo, de 25 de noviembre de 2015, sobre servicios de pago en el mercado interior y por la que se modifican las Directivas 2002/65/CE, 2009/110/CE y 2013/36/UE y el Reglamento (UE) n.º 1093/2010 y se deroga la Directiva 2007/64/CE.

101 Reglamento (UE) 2016/679 del Parlamento Europeo y del Consejo, de 27 de abril de 2016, relativo a la protección de las personas físicas en lo que respecta al tratamiento de datos personales y a la libre circulación de estos datos y por el que se deroga la Directiva 95/46/CE.

co *ut infra.* Mediante el sistema *on-chain,* esos metadatos se guardan dentro de los bloques de la *blockchain* que soporta el NFT. Con un almacenamiento *off-chain,* o fuera de la cadena de bloques, los metadatos relativos al activo subyacente no están guardados propiamente en la *blockchain*[102], sino únicamente sus atributos, entre ellos, el enlace que da acceso al servidor o web donde se alojan dichos metadatos. Con el almacenamiento *off-chain* los metadatos se guardan en un servidor centralizado y el NFT contiene un enlace que debe redirigir a la URL o *hash* donde están almacenados para permitir al titular el acceso al activo subyacente único o escaso[103].

El sistema *on-chain* se considera más seguro que el sistema *off-chain* porque los metadatos del activo subyacente al NFT no dependen de la existencia de un servidor o compañía ajena que hospede el contenido. Sin embargo, no es viable, por ahora, que todos los NFT alojen el activo subyacente en modo *on-chain*[104], ya que solo resulta factible cuando el activo NFT contiene

---

[102] Ello se debe a que el coste del mantenimiento de un NFT dentro de la *blockchain* resultaría muy elevado si implica una gran cantidad de datos, dado que tienen que replicarse en miles de procesadores distribuidos por todo el mundo. En términos de unidades de almacenamiento, por ejemplo, almacenar datos equivalentes a un gigabyte en la *blockchain* Ethereum pueden suponer un coste de 240 millones de euros al año, con lo cual únicamente resulta rentable almacenar en una *blockchain* los NFT que contengan pocos metadatos, entre los cuales están los datos relativos al *smart contract.* Por este motivo, generalmente los archivos subyacentes se guardan *off-chain* y, mediante el *smart contract,* se registra en la *blockchain* el enlace codificado del NFT que lleva a los metadatos del activo subyacente original.

[103] FAIRFIELD, «Tokenized: The Law of Non-Fungible Tokens and Unique Digital Property», *Indiana Law Journal* [en línea], *Forthcoming* (versión provisional), p. 13, 2021. Disponible en: <https://ssrn.com/abstract=3821102>. [Fecha de consulta: 8 de mayo de 2024].

[104] FAIRFIELD, «Tokenized: The Law of Non-Fungible Tokens...», *op. cit.*, p. 42. Como ejemplos de proyectos de NFT *on-chain,* podemos destacar los clásicos *CryptoPunks* y *CryptoKitties,* y otros novedosos como *OnChain Monkey* o *ChainRunners.* La creación de un NFT y sus transacciones en la *blockchain* tienen un coste asociado, en forma de comisión que se les paga a los «mineros» titulares de los nodos de la red, y que varía según las condiciones de mercado. A esta comisión se la conoce como «gas» (en las cadenas Ethereum y Binance Smart Chain). Cuando se crea un nuevo NFT, la cadena de bloques suele cobrar una comisión por la creación y registro del *smart contract* asociado a ese NFT, gastando más «gas» que una simple transferencia de fondos. Cuando exista un elevado número de transacciones pendientes por registrar en la *blockchain,* el precio del «gas» se elevará porque los mineros priorizarán las transacciones que les proporcionen una comisión más sustanciosa. Durante un tiempo, los precios del «gas» de la cadena de bloques Ethereum fueron relativamente altos, alcanzando hasta los 50 dólares estadounidenses por transacción.

pocos *bytes* de información, de acuerdo con el estado actual de la técnica y el coste del mantenimiento de los datos dentro de la *blockchain*[105]. Los riesgos del sistema *off-chain* derivan de que se opera con un servidor privado, con lo cual puede presentar problemas de acceso temporal o, incluso, permanente, ya que no existen garantías de que el archivo no se reescriba o reemplace por otro, de que esté constantemente operativo o de que el operador siga prestando sus servicios de acceso o custodia en un futuro (imaginemos, por ejemplo, que el proveedor entrase en situación de insolvencia). Si el NFT carece de conexión con su activo digital subyacente, como hemos dicho, seguirá existiendo como bloque, pero pierde todo su valor, atractivo y utilidad, al convertirse en un «identificador» o «representación» en la cadena de bloques de una titularidad que no se refiere a ningún activo[106]. Sin embargo, el sistema *off-chain* es el más utilizado por los «minteadores»[107], ya que permi-

---

105 A modo de ejemplo de costes, el proyecto *CyberBrokers*, inicialmente almacenado en el sistema descentralizado IPFS, del cual volveremos a hablar más adelante, trasladó en marzo de 2022 los metadatos de sus 10.001 NFT coleccionables para almacenarlos *on-chain* en Ethereum y así mejorar su seguridad e interoperabilidad. Esta operación supuso una inversión de 91,04 ETH, el equivalente en aquel momento a aproximadamente 250.000 dólares. Véase YORDANOVA, Hristina, «Why CyberBrokers Paid $250.000 To Make NFTs Completely On-Chain», DappRadar.com [en línea], marzo de 2022. Disponible en: <https://dappradar.com/blog/why-cyberbrokers-paid-250000-to-make-nfts-completely-on-chain>. [Fecha de consulta: 8 de mayo de 2024].

106 «Editional App» era una plataforma utilizada para crear más de 100.000 NFT que anunció su cierre y el fin de su proyecto. Los NFT adquiridos seguían almacenados en sus servidores privados. Sin embargo, antes de cerrar facilitó instrucciones para que los propietarios de NFT pudieran exportar sus claves privadas de acceso a los NFT, con el fin de que pudieran ejecutarlas mediante otros proveedores de *wallets* que soportaran el estándar ERC–721, como CoinWallet, Metamask o TrustWallet. Asimismo, continuó con el mantenimiento de sus servidores propios en espera de un nuevo alojamiento. Actualmente, los NFT de EditionalApp se hallan alojados en las plataformas de mercado en línea OpenSea y Nifty Gateway. EGAN, «Sunsetting Editional», *Editional*, 2019. Disponible en: <https://medium.com/editional/sunsetting-editional-f0f3a49ffb6e>. [Fecha de consulta: 8 de mayo de 2024].

107 Christie's, en la venta de la obra «Everydays» de Beeple, vinculó el NFT a un *hash* IPFS (función que permite descentralizar y direccionar el contenido del NFT). Los medatatos generados por el IPFS son independientes y públicos, pero su configuración todavía los vincula a una plataforma de mercado en línea: MakersPlace. Recientemente se han dado situaciones en las que NFT con hash IPFS han dejado de poder cargarse por problemas con su sitio de alojamiento. La situación mencionada supone un hándicap para usuarios de NFT que dependan de plataformas de mercado en línea, en el caso de que estas terminen desapareciendo e impidiendo el acceso a los metadatos de los NFT ya adquiridos. En otros casos,

te acceder a activos digitales complejos que resultan difíciles de almacenar y costosos de mantener si se alojan en una *blockchain.* No obstante, existen alternativas con un bajo coste para aquellos usuarios que son conscientes de los riesgos mencionados[108]. Al respecto, las plataformas de mercado en línea de NFT[109], que actúan como intermediarias entre transmisor (sea titular originario o derivativo del NFT) y adquirente de NFT[110], pueden hacer

---

como el malogrado proyecto *TronDogs,* los usuarios titulares de NFT no tuvieron tanta suerte, dado que sus activos subyacentes se perdieron al cerrarse el proyecto definitivamente.

108 La plataforma «Check my NFT» (sitio web disponible en: <https://checkmynft.com/) permite comprobar a los usuarios dónde se alojan los archivos subyacentes de los NFT y tener más información sobre la seguridad asociada a su NFT, si bien sus términos de servicio establecen exenciones de responsabilidad por imprecisiones del buscador. Como soluciones alternativas a NFT con activos subyacentes en riesgo, es recomendable la contratación de servicios externos de almacenamiento de metadatos IPFS como los ofrecidos como Pinata, sistemas de «*hard drive* colectivo descentralizado» como Arweave o el «*on-chain storage*» o almacenamiento en la propia cadena de bloques, ofrecido, entre otras, por Ethereum (y cuyo precio, como se ha comentado, resulta bastante elevado).

109 Como ejemplo, Opensea, un *marketplace* abierto entre vendedores y adquirentes de NFT.

110 Las plataformas de mercado en línea de NFT actúan en este sentido como intermediarias con funciones de prestador de servicios de la sociedad de la información y, también, como intermediarias de contenidos, facilitando la interacción entre usuarios, según describe a los intermediarios CUENA CASAS. No obstante, como hemos visto, pueden favorecer otras funcionalidades (como el «minteado» de NFT). Son los usuarios quienes desarrollan la actividad a través de la plataforma, con relaciones que pueden ser entre iguales (*Peer to Peer, Consumer to Consumer o Business to Business,* o entre empresario y consumidor (*Business-Consumer)* generándose una relación compleja en la que existe un contrato que se celebra entre usuarios y la plataforma para acceder el acceso a sus funcionalidades, y otro contrato posterior que celebran los usuarios entre sí y que conforma, por lo general en el caso de los NFT, un negocio jurídico de compraventa directa o por subasta. A falta de un concepto legal uniforme, enumera CUENA CASAS las siguientes características que presentan las plataformas intermediarias en línea: en primer lugar, constituyen mercados multilaterales que crean una estructura triangular entre plataforma y proveedor, plataforma y cliente, y proveedor y cliente; en segundo lugar, la diversidad de usuarios que intervienen en la contratación a través de las plataformas; y, en tercer lugar, el carácter instrumental de su actividad. CUENA CASAS, Matilde, «La contratación a través de plataformas intermediarias en línea», *Cuadernos de Derecho Transnacional,* Vol. 12, núm. 2, 2020, p. 290. En cuanto a la relación de los usuarios que actúan como proveedores o profesionales, el Reglamento (UE) 2019/1150 del Parlamento Europeo y del Consejo, de 20 de junio de 2019, sobre el fomento de la equidad y la transparencia para los usuarios

funciones, gracias a sus infraestructuras en red, de alojadoras de los activos subyacentes en sus servidores (proveyendo un tipo de «servicios en nube» *ad hoc* para NFT), con lo cual muchos de los NFT transferidos en dichas plataformas se almacenarán, por defecto, *off-chain.*

No queremos finalizar este apartado sin aportar algunos datos económicos relacionados con la tecnología *blockchain.* Se estima que el uso de tecnología *blockchain* será masivo en 2025, y que produzca en 2030 un impacto de 24.000 millones de dólares en el PIB español y de 2.76 billones de dólares en el PIB mundial, casi la mitad de ellos el EE.UU. y China[111]. Asimismo, se ha observado que las cadenas de *blockchain* pueden generar emisiones con alto impacto medioambiental y un elevado consumo energético; conscientes de ello, algunas redes *blockchain* han implementado algoritmos de consenso mucho más eficientes[112].

1.2. *Smart contracts y estándares NFT*

En los bloques de una *blockchain* se incorporan lanzamientos y transacciones de tókenes mediante *smart contracts* o contratos inteligentes[113]. La

---

profesionales de servicios de intermediación en línea (conocido como Reglamento P2B), vigente desde 12 de julio de 2020, prevé una serie de obligaciones de información para las plataformas en línea y establece un sistema interno de tramitación de reclamaciones de usuarios.

111 PWC. «Time for Trust: The Trillion-Dollar Reasons to Rethink Blockchain» [en línea], octubre 2020. Disponible en: <https://www.pwc.es/es/publicaciones/digital/informe-time-for-trust.pdf>. [Fecha de consulta: 8 de mayo de 2024].

112 La huella de carbono que se calcula que emite Ethereum en un año se comparó a la emitida por el país de Angola, mientras que su consumo eléctrico fue equiparado con el del país de Grecia (estimaciones se han extractado de la plataforma DIGICONOMIST; datos disponibles en: <https://digiconomist.net/ethereum-energy-consumption>. [Fecha de consulta: 8 de mayo de 2024]. La comunidad Ethereum, consciente de las ineficiencias energéticas del modelo de consenso «Proof Of Work», consiguió el 6 de septiembre de 2022 la transición a un proceso de validación de transacciones más rápido y amigable con el medio ambiente, denominado «Proof Of Stake», que requiere menor potencia de cálculo, reduciendo así el consumo de energía de esta red un 99,998%, según afirma su cofundador Vitalik Buterin. Al respecto, véase la entrada en el sitio web de Ethereum: «Ethereum: la fusión» [en línea]. Disponible en: <https://ethereum.org/es/upgrades/merge/> [Fecha de consulta: 8 de mayo de 2024]. Mientras, se desarrollan otras soluciones escalables y eficientes que sean compatibles con la red Ethereum, como la plataforma Polygon o el protocolo Polkadot [Fecha de consulta: 8 de mayo de 2024].

113 En el marco de la *blockchain* «Ethereum» se desarrolló el lenguaje de programación «Solidity», el más utilizado para programar *smart contracts.*

doctrina ha precisado que el *smart contract* no es un contrato en el sentido jurídico del término, sino que define un «software que se ejecuta automáticamente cuando se dan las condiciones prefijadas por las partes[114]». En un sentido jurídico, la Propuesta de la Directiva de Datos[115] ha acotado el concepto de contrato inteligente, al afirmar en su exposición de motivos que «se trata de programas informáticos en libros mayores electrónicos que ejecutan y liquidan operaciones sobre la base de condiciones predeterminadas. Tienen el potencial de ofrecer a los titulares y destinatarios de datos

---

114 NADAL GÓMEZ, *Justicia: ¿garantía versus eficiencia?* p. 374. En el mismo sentido, ECHEBARRÍA SÁENZ, Marina, «Smart contracts y problemas jurídicos de los pagos con tecnologías *blockchain*», en MADRID PARRA (Dir.) *Derecho Mercantil y Tecnología*, Navarra, 2018, p. 348.

115 Propuesta de Reglamento del Parlamento Europeo y del Consejo sobre normas armonizadas para un acceso justo a los datos y su utilización, COM(2022) 68 final, 2022/0047(COD). La finalidad general de esta norma es «garantizar la equidad en la asignación del valor de los datos entre los agentes de la economía de los datos y de fomentar el acceso a los datos y su utilización», y se pretende que la Propuesta contribuya a conseguir estos objetivos concretos: «Facilitar el acceso a los datos y su utilización por parte de los consumidores y las empresas, preservando al mismo tiempo los incentivos para invertir en formas de generar valor a través de los datos. Esto incluye aumentar la seguridad jurídica en torno al intercambio de datos obtenidos o generados por el uso de productos o servicios relacionados, así como normas operativas para garantizar la equidad en los contratos de intercambio de datos. (...) En aquellas situaciones en las que exista una necesidad excepcional de obtener datos, prever el uso de los datos que obren en poder de las empresas por parte de los organismos del sector público y de las instituciones de la Unión. (...) Facilitar el cambio entre servicios en la nube y en el borde. El acceso a servicios de tratamiento de datos competitivos e interoperables es una condición previa para una economía de datos floreciente, en la que los datos puedan compartirse fácilmente dentro de los ecosistemas sectoriales y entre ellos. El nivel de confianza en los servicios de tratamiento de datos determina la aceptación de dichos servicios por parte de los usuarios en todos los sectores de la economía. Establecer salvaguardias contra la transferencia ilegal de datos sin notificación por parte de los proveedores de servicios en la nube. Se ha expresado preocupación acerca del acceso ilegal a los datos por parte de gobiernos de terceros países o del Espacio Económico Europeo (EEE). Las salvaguardias deberían reforzar aún más la confianza en los servicios de tratamiento de datos que, cada vez más, sostienen la economía europea de los datos. Prever el desarrollo de normas de interoperabilidad para la reutilización de los datos entre sectores, a fin de eliminar los obstáculos al intercambio de datos entre espacios comunes europeos de datos, en consonancia con los requisitos de interoperabilidad sectoriales, y entre otros datos que no entren en el ámbito de aplicación de un espacio común europeo de datos específico. La propuesta también apoya el establecimiento de normas para los «contratos inteligentes».

garantías de que se respetan las condiciones para compartir datos»[116]. La Propuesta de Directiva reconoce la relevancia particular de los contratos inteligentes tienen en la transferencia e intercambio de datos si se otorga a los hospedadores y a los receptores de la confianza suficiente, y establece requisitos esenciales que deberán cumplir los profesionales que integren contratos inteligentes en aplicaciones o que codifiquen *smart contracts* para terceros, con el fin de facilitar el intercambio de datos entre contratos elec-

---

[116] La ley italiana núm. 12/2019 define los *smart contracts* como «aquel programa de ordenador que opera bajo tecnologías basadas en registros distribuidos y cuya ejecución vincula automáticamente a dos o más partes en base a los efectos predefinidos por las mismas» (traducción propia). A mayor abundamiento aportamos la definición de TUR FÁUNDEZ: «son aquellos contratos celebrados a través de una página web accesible para las partes cuya forma está constituida por la interfaz de usuario de la aplicación externa y uno o varios programas autoejecutables (*smart contracts*) residentes en la cadena de bloques con capacidad para interactuar recíprocamente y con dicha interfaz. TUR FÁUNDEZ, Carlos, *Smart contracts. Análisis jurídico*, Barcelona, 2018, p. 60. En este sentido, SIMÓN MORENO distingue entre el *smart code contract* («concepto acotado a las secuencias de datos y códigos que se ejecutan por sí mismos, sin intervención de las partes y sin la intermediación de terceros») y el *smart legal contract* («acuerdo que da sentido a los códigos autoejecutables y cuyas cláusulas pueden redactarse en el código informático»). Considera SIMÓN MORENO, a cuya postura nos sumamos, que «estos contratos se podrían regir en nuestro ordenamiento jurídico por la normativa más similar a su naturaleza, como la prevista por la contratación electrónica en la Ley 34/2002, de 11 de julio, de servicios de la sociedad de la información y de comercio electrónico, en tanto que la oferta y la aceptación se transmitirían por medio de equipos electrónicos de tratamiento y almacenamiento de datos, conectados a una red de telecomunicaciones». SIMÓN MORENO, Héctor, «La adquisición, transmisión y extinción de los derechos reales «tokenizados», en *La Tokenización de bienes en blockchain* (coord. GARCÍA TERUEL, Rosa María), Navarra, 2020, p. 116. Sobre el mismo tema, LEGERÉN-MOLINA, Antonio, «Los contratos inteligentes en España. La disciplina de los smart contracts», *Revista de Derecho Civil*, vol. 5, núm. 2, 2018, p. 211. Algunos estados han empezado a legislar sobre smart contracts y *blockchain*. Como ejemplo, Italia, con la Ley 12/2019 de conversión del decreto-ley de simplificación n. 135/2018 donde el legislador define la tecnología TRD y los *smart contracts*, y en su artículo 8.bis otorga a los documentos digitales, estampados en una cadena de bloques, que cumplan con los estándares determinados por la Agencia para una Italia Digital los efectos jurídicos de sello de tiempo electrónico del art. 41 del Reglamento eIDAS. Más allá de las fronteras europeas, Estados como Arizona, Tenesee o Illinois también han definido y regulado la TRD y los *smart contracts*. Al respecto, véase DE MIGUEL ASENSIO, Pedro, «Legislación sobre smart contracts (y blockchain): perspectiva transatlántica» [en línea], 2020. Disponible en: <https://pedrodemiguelasensio.blogspot.com/2020/02/legislacion-sobre-smart-contracts-y.html>. [Fecha de consulta: 8 de mayo de 2024].

trónicos y de promover su interoperabilidad (arts. 28 a 30 del Reglamento MiCA)[117].

Puestos en relación con los NFT, los *smart contracts* se utilizan para programar las condiciones automatizadas que permiten, principalmente, la creación, venta y transferencia de los tókenes no fungibles[118]. La plataforma Ethereum expandió el uso de los *smart contracts* tras la consolidación del lenguaje «Solidity» y el desarrollo del estándar ERC-20[119] permitiendo contratos inteligentes con instrucciones codificadas para autoejecutar funciones con la programación *if-then-else* (es decir, si se cumple una condición o si se da determinado evento, el sistema ejecutará una acción determi-

117 Según el artículo 30 del Reglamento, «El proveedor de una aplicación que utilice contratos inteligentes o, en su defecto, la persona cuya actividad comercial, empresarial o profesional implique la utilización de contratos inteligentes para terceros en el contexto de un acuerdo de puesta a disposición de datos cumplirá los siguientes requisitos esenciales: a) solidez: velará por que el contrato inteligente se haya diseñado de manera que ofrezca un grado de solidez muy elevado con el fin de evitar errores funcionales y contrarrestar los intentos de manipulación por terceros; b) resolución y suspensión seguras: velará por que exista un mecanismo que permita poner fin a la ejecución de transacciones; el contrato inteligente incluirá funciones internas que permitan reinicializar el contrato o darle instrucciones para poner fin a la operación o suspenderla con objeto de evitar futuras ejecuciones (accidentales); c) archivo y continuidad de los datos: en caso de que el contrato inteligente deba resolverse o desactivarse, preverá la posibilidad de archivar los datos de las transacciones, así como la lógica y el código del contrato inteligente, con el fin de llevar un registro de las operaciones con datos efectuadas previamente (auditabilidad); y d) control de acceso: el contrato inteligente estará protegido mediante rigurosos mecanismos de control de acceso en el nivel de la gobernanza y en el del contrato inteligente».

118 Además, con la programación de diferentes *smart contracts* se pueden vincular los NFT a condiciones exteriores para modificar sus características (NFT dinámicos), programar su desaparición (NFT temporales), dividirlos en partes más pequeñas (NFT fraccionables) o establecer condiciones autoejecutables para que puedan ser objeto de negocios jurídicos (préstamo, alquiler, póliza de seguros...), entre otras posibilidades. Al respecto, nos remitimos a posteriores apartados del presente trabajo y, en especial, al apartado «Clasificación de los NFT según su configuración», en este mismo capítulo.

119 Según descripción de la web de la plataforma Ethereum: «El ERC-20 introduce un estándar para los tokens funcionales, es decir, tienen una propiedad que hace que cada token sea exactamente igual (en tipo y valor) que otro token». *Más información sobre este estándar en el sitio web de Ethereum. «Estándar de Token ERC-20». Disponible en: <https://ethereum.org/es/developers/docs/standards/tokens/erc-20/>. [Fecha de consulta:* 8 de mayo de 2024].

nada[120]). Esta estructura preestablecida es especialmente útil para crear y transferir tókenes y fue germen de los estándares ERC-721 y ERC-1155[121], que son estándares específicos para NFT[122]. En concreto, el estándar ERC-

---

120 Por ejemplo, a través de un *smart contract* se facilita la función de transferir automáticamente un NFT entre *wallets* cuando se verifica que el adquirente ha efectuado el pago en la criptomoneda correspondiente. Del mismo modo, el *smart contract* puede configurarse para que el creador reciba automáticamente un porcentaje del precio, como una suerte de derecho de participación, cada vez que ese NFT se revende. Al respecto, véase el capítulo "«Criptoarte» en NFT como mecanismo de soporte de cesiones de derechos de autor»".

121 En 2018, los desarrolladores William Entriken, Dieter Shirley, Jacob Evans y Anastassia Sachs propusieron a Ethereum el estándar ERC-721, que implementa una API (en términos sencillos, interfaz que especifica cómo tienen pueden interaccionar y comunicarse los componentes de programas informáticos distintos para facilitar la ejecución de tareas [definición propia]) para tókenes en *smart contacts.* Este estándar permite crear tókenes únicos y coleccionables (NFT), a diferencia de los tókenes idénticos existentes hasta el momento (tókenes bajo el estándar ERC-20) y transferir los NFT de una cuenta a otra conservando su unicidad e indivisibilidad. Por su parte, Witek Radomski, CTO de la empresa ENJIN, creó el estándar ERC-1155, dando lugar a los tókenes híbridos o semifungibles (tókenes fungibles pero únicamente con otros tókenes de la misma categoría; véase apartado «Clasificación de los NFT según su configuración», en este mismo capítulo). Además, facilitó usar un solo *smart contract* para generar múltiples NFT de la misma categoría (por ejemplo, NFT de entradas a un espectáculo o armas para un videojuego: son activos únicos, aunque pertenecen a la misma categoría o serie limitada, y pueden intercambiarse entre sí). Este estándar de tókenes híbridos amplió el abanico de aplicaciones del NFT. Por otra parte, los NFT fraccionados (véase también apartado «Clasificación de los NFT según su configuración») se crean cuando el *smart contract* particiona el NFT ERC-721 en múltiples fracciones en forma de tókenes ERC-20, y cada uno de estos representa una fracción de aquel. Sitios web oficiales de ambos estándares en: <https://eips.ethereum.org/EIPS/eip-721>, <https://eips.ethereum.org/EIPS/eip-1155>, <https://ethereum.org/en/developers/docs/standards/tokens/erc-721/> y < https://ethereum.org/en/developers/docs/standards/tokens/erc-1155/>. SCHILLER, David, SKILLICORN, Chris, «What is a Non-fungible Token? A Begginers Guide», *Enjin Blog* [en línea], 2021. Disponible en: <https://enjin.io/blog/nft-beginners-guide>. [Fecha de consulta: 8 de mayo de 2024].

122 Existen equivalencias a los estándares de Ethereum, adoptadas por otros protocolos *blockchain,* y basadas en los primeros, como los estándares BEP-721 (equivalencia del ERC-721 de Ethereum) y BEP-1155 (equivalencia del ERC-1155 de Ethereum) de la *blockchain* Binance; el estándar TRC-721 (equivalencia del ERC-721 de Ethereum) de la *blockchain* TRON; o los estándares propuestos por las *blockchains* Cardano (<https://developers.cardano.org/docs/native-tokens/minting-nfts/>) o Wax (https://wax-io.medium.com/the-ultimate-guide-how-to-create-nfts-on-wax-bdf94fea64d0). Para más información sobre los estándares ERC y otros, nos

721 permite que cada NFT se asocie a su propio número de identificación (o *tokenID*) y se conecte a su *smart contract*, lo cual genera un token único con esa combinación de ambos códigos. Esta asociación se lleva a cabo a través del proceso de «minteado» del token no fungible, mediante el cual se crea un nuevo bloque en la *blockchain*, una vez validada la información, y esta información se registra en la *blockchain*, enlazándose con la cuenta de usuario del creador[123]. Además, en el proceso de «minteado» se incorporan metadatos donde el creador puede describir las propiedades del NFT como título de la obra, datos del autor o descripción breve.

Así, la *blockchain* «Ethereum» se ha convertido en la más popular para registrar NFT[124], gracias a estos estándares que describen los requisitos de desarrollo para poder soportar y desplegar nuevas acciones en la cadena de bloques[125], si bien otros proyectos *blockchain* como Solana, Immutable X o Cardano se están abriendo camino en el mercado de los NFT[126]. El

---

remitimos a EUBOF, «Demystifying non-fungible tokens» [en línea], *2021*, pp. 25-33. <https://www.unic.ac.cy/iff/wp-content/uploads/sites/5/2021/11/DemystifyingNFTs_November-2021_0.pdf>. [Fecha de consulta: 8 de mayo de 2024].

123 El coste de «mintear» un NFT se conoce como «gas fee», y remunera a aquellos que validan y procesan la entrada de nuevos datos.

124 Las cadenas de bloques permiten administrar las transferencias de activos tradicionales (acciones, bonos e incluso bienes inmuebles) al correlacionar estos derechos de propiedad con un token, pudiendo intercambiarse entre operadores dentro de la *blockchain* en cuestión de segundos. La red Ethereum, nacida en 2013, se convirtió en una plataforma general y confiable para crear aplicaciones descentralizadas y tókenes digitales, consolidándose con el estándar ERC-721 en la opción escogida mayoritariamente para el despliegue de NFT. PACHECO JIMÉNEZ, «De la tecnología blockchain a la economía del token», *op. cit.*, p. 66. Con todo, existen otras *blockchains* específicamente desarrolladas para registros y rastreos de NFT. Por ejemplo, la *blockchain* Flow, ideada para sustentar juegos, aplicaciones y activos digitales en mundos abiertos. Sitio web oficial disponible en: <https://flow.com/>. [Fecha de consulta: 8 de mayo de 2024].

125 Entre las diferencias existentes entre estándares, destacamos aspectos como el número máximo de NFT que pueden «mintearse» con cada emisión; la facilidad de enlazar el NFT con un *smart contract* complejo que pueda ser utilizado para gestionar derechos de propiedad intelectual; los métodos de pago asociados al NFT o la transparencia con la cual se muestran ciertos metadatos. Véase VON GERALD, Leopold, SALMON, John, «Non-fungible tokens: The NFT and the silence of the EU Legislator», *Lexology* [en línea], 2021. Disponible en: <https://www.lexology.com/library/detail.aspx?g=b30f43b8-0d8a-41e9-8837-10b3ff9713c8>. [Fecha de consulta: 8 de mayo de 2024].

126 DAPPRADAR, *DappRadar 2022 Industry Report* [en línea]. Disponible en: <https://dappradar.com/blog/dapp-industry-report-2022-dapp-industry-proves-resilient-in-crypto-winter>. [Fecha de consulta: 8 de mayo de 2024].

estándar EIP-2309 permite acuñar tantos NFT como se desee en una única transacción[127]. Aún hay más novedades que añadir: el estándar EIP-2981 permite estandarizar los pagos de derechos de autor para NFT sustentados en ERC-721[128], el estándar EIP-2615 permite que un NFT soporte funciones de alquiler e hipoteca[129] (también el estándar ERC-4907 permite a los usuarios prestar y tomar prestados tókenes no fungibles de otros usuarios durante un tiempo predeterminado[130]), el estándar EIP 1523 permite implementar una API para incorporar en un NFT una póliza de seguros[131] y el estándar ERC-6551 permite vincular un NFT a la identidad única de su tenedor[132]. Con todo, muchos desarrolladores siguen trabajando en están-

---

127 Este estándar abre la puerta a la emisión en masa de NFT, lo cual puede afectar a su consideración como valores negociables. Al respecto, véase el capítulo «El «criptoarte» en NFT y su uso como captación de inversión». Sobre la propuesta del EIP-2309, extensión del estándar 721, véase PAPANIKOLAS, Sean, «EIP-2309: ERC-721 Consecutive Tranfer Extension», *Ethereum Improvement proposals* [en línea], octubre 2019. Disponible en: <https://eips.ethereum.org/EIPS/eip-2309>. [Fecha de consulta: 8 de mayo de 2024].

128 El estándar ERC-2981 introduce un mecanismo para habilitar a los marketplaces a recuperar la información sobre *royalties* de un determinado NFT. Sobre la propuesta del ERC-2981, véase BURKS, Zach, et al. «ERC-2981: NFT Royalty Standard», *Ethereum Improvement proposals* [en línea], octubre 2019. Disponible en: <https://eips.ethereum.org/EIPS/eip-2309>. [Fecha de consulta: 8 de mayo de 2024].

129 Este estándar es una extensión del estándar 721 que permite emular la propiedad real. Sobre la propuesta del ERC-2615, extensión del estándar 721. Véase SHIBA, Koshi, «ERC-2615, Non-fungible token with mortgage and rental functions», *Ethereum Improvement proposals* [en línea], abril 2020. Disponible en: <https://eips.ethereum.org/EIPS/eip-2309>. [Fecha de consulta: 8 de mayo de 2024].

130 El estándar ERC-4907 Véase ADNERS, LANCER, SHRUG, «ERC-4907, Rental NFT, an extensión of EIP-721», *Ethereum Improvement proposals* [en línea], marzo 2022. Disponible en: <https://eips.ethereum.org/EIPS/eip-2309>. [Fecha de consulta: 8 de mayo de 2024].

131 El estándar 1523 permite implementar estructuras que permiten estructurar sobre un NFT cláusulas autoejecutables de pólizas de seguros. Véase MUSSENBROCK, Cristoph, «ERC-1523, Standard for Insurance Policies as ERC Non Fungible Tokens», *Ethereum Improvement proposals* [en línea], abril 2020. Disponible en: <https://eips.ethereum.org/EIPS/eip-2309>. [Fecha de consulta: 8 de mayo de 2024].

132 El estándar ERC-6551, habilitaría de funciones de identidad a los NFT, y podría asociarles otras funciones económicas o de gobernanza. Esto es así porque cada uno de ellos funciona como un identificador único global. Como caso de uso de este estándar, se propone el siguiente: «caso de uso lo podemos ver en la tokenización de *real state*. Por ejemplo, una casa hipotecada y tokenizada puede ser representada en un NFT. Dicho NFT no solo representa la casa, también controla cuentas que le permiten a su tenedor pagar la hipoteca, haciendo un depósito directo a la cuenta principal del NFT. Al mismo tiempo, el NFT puede tomar ese dinero

dares que impulsen la mejora del ecosistema NFT y optimicen sus funcionalidades, aprovechando las ventajas del código abierto[133].

Esta vorágine tecnológica[134] en materia de NFT tiene lugar al margen de las formas legales para crear y transmitir derechos reales, como sucede en nuestro ordenamiento jurídico con los diferentes modos de adquirir la propiedad y la teoría del título y del modo recogidos en el artículo 609.2 CC, en la teoría de obligaciones (principalmente, arts. 1088 y ss. CC), de la

---

y transferir de forma autónoma los pagos correspondientes a los inversores cripto que aportaron capital para la construcción o remodelación de la casa. En todo el proceso, el sistema trabaja sin confianza, de forma transparente y totalmente verificable, lo que eleva la confianza en este tipo de soluciones». MALDONADO, José, «Qué es ERC-6551, el estándar que dota de habilidades bancarias a los NFT» [en línea], *Obervatorio Blockchain*, 26 de mayo de 2023. Disponible en: <https://observatorioblockchain.com/nft/el-estandar-erc-6551-dota-de-habilidades-bancarias-a-los-nfts/>. [Fecha de consulta: 8 de mayo de 2024].

133 Un estándar no oficial y experimental de Ethereum, llamado "ERC-404", propuesto para convertirse en un híbrido de tokens fungibles y no fungibles (NFT). Este proyecto tiene como objetivo «vincular los NFTs ERC-721 a los tokens ERC-20, permitiendo NFT fraccionados en múltiples carteras, en las que cada una posea una parte de un solo NFT, como un NFT de BAYC, y usen esa parte para negociar o apostar por préstamos. Esta propuesta expèrimental de estándar fundamenta el desarrollo del estándar DN404. Mientras el ERC-404 tiene la ventaja de que puede acuñar y quemar NFT según la demanda, así como transferirlos entre diferentes contratos, el DN404 va un paso más allá y ofrece la posibilidad de fraccionar los NFT en unidades más pequeñas y comercializables. En este estándar, el contrato ERC-20 emite una cantidad fija de tokens fungibles por cada NFT que se acuña, y los quema cuando se quema el NFT correspondiente. El contrato ERC-721 permite crear y destruir los NFT según las reglas definidas por el creador del token. De esta manera, el DN404 logra combinar lo mejor de ambos mundos: la unicidad y la escasez de los NFT, y la fungibilidad y la liquidez de los tokens fungibles». Extractos de MALDONADO, José, «DN404, la evolución del estándar de Ethereum para los NFT» [en línea], *Bit2me*, 15 de febrero de 2024. Disponible en: <https://news.bit2me.com/dn404-evolucion-del-estandar-para-nft/>. Al respecto del ERC-404, véase COGHLAN, Jesse, «ERC-404 hybrid NFT tokens in "Good spot" for EIP Push, says dev» [en línea], *Coin Telegraph*, 24 de febrero de 2024. Disponible en: <https://es.cointelegraph.com/news/erc-404-hybrid-nfts-good-spot-for-eip-push>. [Fecha de consulta: 8 de mayo de 2024].

134 Tenga en cuenta el lector que la evolución de los estándares es rápida y que no todos proceden de la plataforma Ethereum. Para más información, nos remitimos a NFT STANDARDS WIKI, donde un Grupo de Trabajo recoge los diferentes estándares en NFT y facilita información al respecto a programadores y otros interesados. NFT STANDARDS WIKI. Disponible en: <https://www.nftstandards.wtf/Standards/EIP2981+Royalty+Standard>. [Fecha de consulta: 8 de mayo de 2024].

regulación sobre los diferentes negocios jurídicos, así como de la normativa sobre moneda (arts. 1170.1 CC y Ley 46/1998, de 17 de diciembre, sobre introducción del Euro, o los trabajos preparatorios para el lanzamiento del Euro Digital[135]) o mercados de valores (Ley de Mercado de Valores), y en un sistema sustentado por el principio de libertad civil del artículo 1255 CC (entre otros) y el principio (aceptado mayoritariamente por la doctrina) de *numerus apertus* de los derechos reales[136]. Nos detendremos en algunas de estas cuestiones en apartados *ut infra*.

Para que puedan ejecutarse las acciones programadas del *smart contract*, en ocasiones es necesaria la verificación de cláusulas estipuladas que dependan del cumplimiento de condiciones en el mundo *off-line*, y, para este menester, el papel de los denominados «oráculos» es esencial. En el ecosistema NFT, los oráculos específicos para NFT permiten facilitar información precisa y verificable ligada a los *smart contracts*, siendo un «puente de acceso» entre el *smart contract*[137]. Gracias al oráculo, se puede obtener información relevante para el ejercicio de derechos del titular de un NFT, del creador y de otros interesados, así como rastrear el activo subyacente (físico o virtual) mediante un trazado digital. Por otra parte, los creadores del NFT pueden hacer nexos entre el *smart contract* y el cumplimiento de condiciones exteriores, lo cual permite cambiar las características del NFT, asociarlo a emisiones de nuevos NFT, dinamizarlo[138], destruirlo, rastrearlo y/o comprobar su estado[139]. Los

---

135 Véase, al respecto, la página web oficial de la Unión Europea dedicada al Euro Digital. <https://www.ecb.europa.eu/paym/digital_euro/html/index.es.html>. [Fecha de consulta: 8 de mayo de 2024].

136 Al respecto, NASARRE AZNAR, Sergio, «Naturaleza jurídica y régimen civil de los "tokens" en "blockchain"», en *La Tokenización de bienes en blockchain* (coord. GARCÍA TERUEL, Rosa María), pp. 64.

137 Para una mejor comprensión de la función técnica de los oráculos en el ecosistema NFT, nos remitimos a las entradas del sitio web MIT LABS «¿Qué es un oráculo NFT?», *MitSoftware* [en línea], octubre 2021. Disponible en: <https://mitsoftware.com/oraculos-nft/>. CHAINLINK, «16 ways to crate dynamic non-fungible tokens (NFT) Using Chainlink Oracles», 2020, [en línea]. Disponible en: <https://blog.chain.link/create-dynamic-nfts-using-chainlink-oracles/>. [Fecha de consulta: 8 de mayo de 2024].

138 Entendemos como NFT dinámico a aquel cuyo *smart contract* es capaz de comunicarse y reaccionar a datos y sistemas externos, en contraposición con el NFT estático, soportado por un *smart contract* que no puede interactuar con información exterior. [Definiciones propias]. Véase apartado «Clasificación de los NFT según su configuración».

139 Dependiendo del origen de los metadatos que proporcionan al *smart contract*, los oráculos NFT se clasifican en «oráculos hardware», los cuales rastrean objetos del

oráculos, como vemos, abren la entrada a nuevas posibilidades y utilidades de los NFT en escenarios de mercado variados: videojuegos competitivos[140], rastreo de productos en cadenas de suministro, realidad aumentada[141] o plataformas de metaverso[142], entre otros.

1.3. Carteras digitales o wallets

Los usuarios pueden participar en la *blockchain* y en el ecosistema NFT a través de aplicaciones denominadas *wallets* (también denominadas carteras o monederos digitales), consistentes en un código alfanumérico que representa una cuenta que registra las criptomonedas y tokens de su titular[143]. El sistema *blockchain* permite acreditar la propiedad y autenticidad de un NFT

mundo exterior y están más o menos ligados al Internet de las cosas (según su configuración, pueden informar sobre la geolocalización o temperatura de un objeto); y «oráculos software», que capturan información en línea de diferentes sitios web y la transmiten al *smart contract* en formato de bloque de información. En función de la dirección de la información, podemos clasificar los oráculos NFT como oráculos de entrada (integran información del mundo exterior al contrato inteligente) o de salida (extraen información de la *blockchain* o del contrato inteligente para compartirla o integrarla en elementos *off-chain*). Según el origen de la confianza que generan, los oráculos NFT pueden ser centralizados (se basan en una sola fuente de información que está controlada por una sola entidad) o descentralizados (las fuentes de información se contrastan con datos que proceden diferentes entidades, apoyándose en otros oráculos para validar tales datos). También existen oráculos humanos, por ejemplo, verificadores de identidades. MOU, Vallery, «Guía sobre los oráculos Blockchain», *Blog Binance Academy*, enero de 2022. Disponible en: https://academy.binance.com/es/articles/blockchain-oracles-explained#human-oracles. [Fecha de consulta: 8 de mayo de 2024].

140 Por ejemplo, juegos tipo Axie Infinity u otros juegos «Play to Earn» (juegos que permiten a los usuarios ganar dinero gracias a la obtención de tókenes dentro del juego que posteriormente pueden venderse y ser objeto de especulación). Con todo, algunos importantes exponentes de la industria de videojuegos son reticentes a la incorporación de NFT en sus productos. Al respecto, BRUGAT, Marc, «Qué son los NFT y porqué están fracasando en los videojuegos», *La Vanguardia Tecnología*, [en línea]. <https://www.lavanguardia.com/tecnologia/videojuegos/20220209/8041989/que-son-nft-fracasando-videojuegos.html>. [Fecha de consulta: 8 de mayo de 2024].

141 Pensemos en juegos tipo Pokemon GO, Harry Potter Wizards Unite, Minecraft Earth o Angry Birds AR: Isle of Pigs.

142 Como Decentraland.

143 POLICY DEPARTMENT FOR CITIZENS' RIGTHS AND CONSTITUTIONAL AFFAIRS (IPOL), «Intellectual Property Rights and Distributed Ledger Tecnology», octubre de 2022, p. 11. Disponible en: <https://www.europarl.europa.eu/

y facilitar su rastreo en la medida en que este NFT está vinculado a la *wallet* de su creador y de cada sucesivo adquirente[144]. El usuario puede consultar sus saldos de criptomonedas y otros activos (por ejemplo, NFT), y realizar transacciones en diferentes *blockchain* mediante firma digital[145] sin que sea necesaria la intervención de entidades bancarias u otros intermediarios, ya que se realiza mediante el *smart contract* que se halla codificado en la cadena de bloques[146].

Por lo general, una *wallet* permite comprar criptomonedas contraprestando la operación con otras criptomonedas o con dinero *fiat*, así como transferir y recibir criptoactivos, comprobar saldos y subir NFT «minteados» a la *blockchain*, entre otras funciones. El monedero digital únicamente almacena información sobre la ubicación de activos asociados a un usuario dentro de la *blockchain*, y a través de sistemas de clave privada permite al usuario autorizar transacciones que tengan por objeto un determinado criptoactivo, pero no es un sistema donde se almacenen los NFT o criptoactivos en sí. Por otra parte, la *wallet* será relevante dentro de procesos de ejecución forzosa de NFT de nuestra Ley de Enjuiciamiento Civil, especialmente en lo relativo a su embargo y realización para su conversión a dinero *fiat*, cuando dentro del patrimonio del deudor se encuentren activos digitales en formato NFT[147].

---

thinktank/en/document/IPOL_STU(2022)737709>. [Fecha de consulta: 8 de mayo de 2024].

144 Existen diferentes tipos de *wallets* (de escritorio, en línea, en *hardware* o en papel). Las *wallets* habilitadas para gestionar NFT facilitan al usuario las «claves privadas» que le permiten acceder a la información almacenada en la *blockchain, como EnjinWallet, TrustWallet, Metamask o Coinbase.* JABALERA, Joel, «Qué es una *wallet* o monedero de criptomoneda y cómo se usa», Forbes, 2021, [en línea]. Disponible en: <https://forbes.es/criptomonedas/125754/que-es-una-wallet-o-monedero-de-criptomonedas-y-como-se-usa/>. [Fecha de consulta: 8 de mayo de 2024].

145 Los sistemas de firma y el nivel de seguridad proporcionado al usuario varían según la *wallet*. Las *wallets* pueden ser de software o incorporarse a un hardware, e integrar sistemas de firma electrónica y biométrica, claves privadas, sistemas «multifirma», necesidad de registro previo o encriptación de archivos en disco duro, entre otros. Para saber más, véase: BÉDRUNE, Jean B., GUILLEMET, Charles, «On the security model of software wallets», *Blog Ledger*, 2021 [en línea]. Disponible en: <https://blog.ledger.com/software-wallets/>. [Fecha de consulta: 8 de mayo de 2024].

146 Para un estudio más detallado sobre las *wallets*, nos remitimos a PACHECO JIMÉNEZ, Mª Nieves, «De la tecnología blockchain a la economía del token», *Revista de Derecho PUCP*, núm. 83, diciembre 2019, pp. 61-87.

147 Sopbre estas cuestiones, y por motivos de concisión, nos remitimos al interesante estudio de NADAL GÓMEZ, Irene, «Reflexiones generales sobre los NFT y su

El usuario creará una cuenta de *wallet* en una cadena de bloques en la que desee almacenar el NFT, lo cual implica generar una clave privada y otra pública para tener acceso a esa *wallet*. Después, el usuario podrá conectarse a una plataforma o *marketplace* que permita el intercambio de tókenes con la *blockchain* en cuestión, vinculando la *wallet* a la plataforma mediante un proceso de autenticación[148]. A través de las plataformas se podrán recibir y canjear criptomonedas, NFT y otros activos compatibles vinculándolos a la *wallet*, donde se asocian a la dirección pública del usuario. La *wallet* permite a su titular comprobar sus saldos de criptoactivos y a otra información relacionada con el historial de sus transacciones. Para acceder a la información contenida en la *wallet* y confirmar transacciones, el usuario deberá desbloquearla mediante su clave privada y autenticarse en la plataforma correspondiente.

Actualmente, existen tres tipos de *wallets*: los monederos de *software* (o *hot wallets*[149]), conectadas directamente a Internet, son fácilmente descargables en diferentes plataformas a modo de extensiones de navegadores o apps de smartphones o aplicaciones de escritorio, aunque al estar siempre conectadas a Internet son más vulnerables a ataques maliciosos. El monedero de *hardware* (o *wallet* fría[150]) es un dispositivo informático físico de reducidas dimensiones (similar a un dispositivo de memoria USB) con un *software* incorporado que contiene las funciones de monedero, almacenando sin conexión a Internet las claves privadas, y el usuario solo tiene que conectarse a la red cuando desee transferir sus activos. Son más seguras que las *hot wallets*, pero el usuario debe preocuparse de custodiar no solo las claves, sino también el dispositivo físico. Por último, existen en el mercado monederos híbridos[151] que combinan los elementos *on-line* y *off-line*

---

ejecución forzosa», en *Logros y retos de la justicia civil en España*, Fernando Jiménez Conde, Julio Banacloche Palao, Fernando Gascón Inchausti (Dirs.), Valencia, 2023, pp. 439-448.

148 Por lo general, los NFT se negocian en plataformas mercado como Opensea, Rarible, SuperRare, Binance o Misa.art, aunque cada día emergen nuevos mercados de NFT.

149 Como Metamask o CoinBase. La *wallet* MetaMask es una de las más populares dentro del mercado de NFT porque es fácil de configurar, sus transacciones se registran en la *blockchain* de Ethereum permite conectarse con las plataformas compatibles con EVM (Ethereum Virtual Machine) y otras redes compatibles con Ethereum (Polygon, Arbitrum, entre otras), facilitando la acuñación y comercialización de NFT. CoinBase, directa competidora de MetaMask, presenta funciones similares, si bien no es compatible (por ahora) con redes no Ethereum.

150 Como Ledger Nano S o Trezor Model One.

151 Como SafePal o ByBits.

para aportar mayor seguridad y flexibilidad al usuario. Con estos monederos, las claves privadas quedan almacenadas a la vez en un dispositivo *off-line* (al igual que una *hardware wallet*) y en un servidor remoto en línea. Para realizar transacciones, la *wallet* híbrida se comunica con la *blockchain* a través de una conexión segura a Internet, pudiendo acceder a sus fondos en cualquier momento, pero para confirmar esa transacción se requiere la firma digital de la clave privada almacenada *off-line*[152].

1.4. Web3 y economía de plataformas

La Web3 o Web3.0[153] integra un conjunto de valores y tecnologías enfocadas en la descentralización de la información. En este nuevo estadio evolutivo de la *Word Wide Web*, que se encuentra aún en su etapa incipiente, la autoejecución de códigos y la transmisión de activos en la red es posible gracias a sistemas de criptomoneda y contratos inteligentes, sin necesidad de bancos, grandes proveedores[154] u otros intermediarios[155]. Las mencionadas tecnologías operan a partir de nodos entre usuarios vía *blockchain*, en un sistema que basa la confianza en el funcionamiento de la propia red como comunidad. Con ello se pretende conseguir una red equitativa con igualdad de oportunidades de participación, segura y pretendidamente «inhackeable». Los NFT juegan un papel importante en la Web3, al pro-

---

152 Como hemos comentado anteriormente, el Reglamento eIDAS 2 define un nuevo modelo de cartera electrónica que permitirá al ciudadano europeo autenticarse digitalmente y vincularse a documentos relacionados con su identidad digital a partir de información verificada por prestadores de confianza cualificados y almacenada en una *blockchain*.

153 La Web3 es una evolución de las anteriores Web 2.0 y Web 1.0, y fue creada en el año 2017. Se espera que se vaya implementando de manera progresiva y esté plenamente operativa en un futuro próximo. Mientras la Web 1.0 (años 1990-2004) consistía en un conjunto de sitios web estáticos de lectura, la Web 2.0 (2004-actualidad), con la emergencia de plataformas de redes sociales, es posible la interacción entre usuarios generadores de contenidos y plataformas, y la compartición de contenidos entre los propios internautas. Sin embargo, grandes compañías actúan como controladoras del tráfico y del valor que genera la red.

154 Nos referimos a compañías con poder dominante en el sector tecnológico, como Google, Amazon, Apple o Meta (antes Facebook), entre otras.

155 Packy McCormick, un analista e inversor que impulsó la Web3, la catalogó como «La Internet que pertenece a los desarrolladores y usuarios, orquestrada mediante tokens». [Traducción propia]. ROOSE, Kevin, «What is Web3?» [en línea], *New York Times: The Latecomers Guide to Crypto.* Disponible en: < https://www.nytimes.com/interactive/2022/03/18/technology/web3-definition-internet.html>. [Fecha de consulta: 8 de mayo de 2024].

porcionar «titularidad» sobre activos digitales, funcionalidad que no era posible antes de la aparición de los estándares ERC 721 y ERC-1155[156]. Además, las múltiples configuraciones técnicas del formato NFT facilitan la implementación en la Web3 de otras funcionalidades antes inexploradas, destacando usos de rastreo, almacenamiento de activos *on-chain*, sistemas de identificación personal autenticada, verificación del origen de activos, membresía en entornos digitales o físicos o gestión automatizada de cobros sobre reventas, entre otros[157].

La actividad económico-social derivada de la proliferación y desarrollo de plataformas digitales, conocida como economía de plataformas[158], integra, entre otros muchos prestadores de servicios, a diferentes operadores del ecosistema NFT. Como ejemplos: plataformas que emiten y/o comercializan sus propios NFT[159]; plataformas de mercado de NFT que ofrecen funcionalidades y soporte al usuario en la emisión de sus propios NFT[160]; plataformas con aplicaciones de monedero virtual[161]; o plataformas que facilitan operaciones financieras entre usuarios que pueden tener por objeto NFT[162]. Frecuentemente, las plataformas del ecosistema NFT prestan de manera combinada varios de los servicios mencionados[163].

---

156 ETHEREUM, «Introduction to Web3» [en línea]. Disponible en: <https://ethereum.org/en/web3/>. [Fecha de consulta: 8 de mayo de 2024]. Asimismo, véase ETHEREUM, «Non-fungible tokens (NFT)», en Ethereum.org [en línea]. Disponible en: <https://ethereum.org/en/nft/>. [Fecha de consulta: 8 de mayo de 2024].

157 Para más información, véase MURRAY, Alex; KIM, Dennie, COMBS, Jordan, «The promise of a decentralized internet: What is Web3 and how can firms prepare?» [en línea], *Business Horizons*, Vol. 66, marzo-abril 2023, págs. 191-202. Disponible en: <https://doi.org/10.1016/j.bushor.2022.06.002>. [Fecha de consulta: 8 de mayo de 2024].

158 TORRENT-SELLENS, Joan, «¿Economía colaborativa o economía de plataforma? Mas allá de un debate inacabable», *Harward Deusto Business Review*, marzo 2019, pp. 58-69.

159 Como el metaverso Decentraland, el videojuego online Play to Earn Axie Infinity (donde los Axies ,sus criaturas protagonistas, son NFT), o la plataforma de venta de NFT coleccionables NBA Topshots.

160 Como OpenSea, Rarible o SuperRare.

161 Pore ejemplo, Ledger Nano X, CoinBase Wallet o Trust Wallet.

162 Como NFTfi, una plataforma de préstamos de NFT que conecta a prestatarios y prestamistas.

163 Así, encontramos las DApp de NFT, que son aplicaciones descentralizadas que suelen ofrecer a los usuarios una interfaz que les permite crear, intercambiar, comprar y vender NFT. Como ejemplos, plataformas de arte digital como SuperRare o aplicaciones de coleccionables como NBA TopShot. Dentro de las DApps, se encuentra una categoría de entornos que permiten vender y comprar NFT

Algunas de las plataformas mercado de NFT más populares no son intermediarios en el sentido tradicional del entorno Web 2.0, sino interfaces descentralizadas de intercambio construidas sobre entornos *blockchain.* El *smart contract* está basado en funcionalidades de intercambio *peer 2 peer* (o intercambio de datos entre iguales), y actúa de manera automática cuando el usuario cumple con las condiciones preprogramadas (principalmente, por puja en subasta o por adquisición directa). Entonces, cuando el proceso de pago se valida por los nodos en la propia *blockchain,* el NFT se transfiere de la *wallet* del vendedor a la *wallet* del adquirente.

1.5. Tókenes no fungibles y metaverso

Una breve mención requiere, a nuestro parecer, la relación entre plataformas de metaverso y NFT[164]. Las plataformas de metaverso proporcio-

---

de forma automatizada y sin necesidad de intermediarios, en diferentes cadenas de bloques, denominadas DEX, (Decentralized Exchange o intercambio descentralizado). Los usuarios conectan su *wallet* a una aplicación basada en Web3 y autorizan al *smart contract* del DEX a transferir y recibir tókenes. El DEX tiene un sistema denominado AMM (Automatic Market Maker) que conecta las órdenes entre comprador y vendedor, las ejecuta y carga una comisión. Como ejemplos: Opensea, Nifty Gateway o Rarible.

164 No procederemos, por razones de extensión, y aunque nos parezca especialmente interesante, a un análisis pormenorizado de este tipo de plataformas y del papel que juegan dentro de estas los NFT, como representaciones de activos virtuales con valor y transferibles entre usuarios. Para ello, destacamos el estudio temático efectuado por la EUBOF sobre este tipo de entornos. En este estudio, se describe el metaverso en estos términos: «The above definitions indicate that the metaverse is a technology-driven shift leading to generalised and significant changes and new opportunities globally, across norms, disciplines, cultures or other barriers. Also central to the metaverse is the notion of persistent, cohesive, shared experiences, giving this transition a sense of establishing a new world. These experiences can be (but are not necessarily) immersive and interactive. The main points of all above definitions are as follows. (1) The generalised and significant shift across norms, disciplines, cultures or other barriers creates new opportunities. (2) Persistent, cohesive, shared experiences give the sense of a new 'world'. (3) Can be immersive and interactive, but users also can interact with it in a limited capacity. In other words, the metaverse is flexibly immersive. Using the above definition as a springboard, we can examine some proto-metaverses to set a basepoint of what would qualify as a metaverse». EUBOF, *Metaverse,* 2022. Disponible en: https://www.eublockchainforum.eu/sites/default/files/reports/Metaverse_Report_Final_1.pdf. [Fecha de consulta: 8 de mayo de 2024]. Respecto de los desafíos que presenta y las adaptaciones que el Derecho deberá afrontar en el metaverso («esa amalgama digital que combina mundos virtuales, RA [realidad aumentada] y

nan entornos digitales simulados que combinan diferentes componentes, incluyendo, por lo general, redes *blockchain*, realidad virtual, realidad aumentada, y funcionalidades de red social, dando lugar a entornos (más o menos) inmersivos en los que los usuarios desarrollan acciones (realizan actividades y tareas parecidas a las que llevarían a cabo en el mundo real, interactúan, juegan y asisten a eventos virtuales en un mundo virtual) a través de avatares (personajes virtuales a quienes se les asigna «identidad» en dicho entorno y que permiten al usuario vivir experiencias subjetivas mediante un *alter ego* digital[165])[166]. Podemos distinguir entre plataformas de metaverso centralizado o cerradas, que son aquellas controladas por una sola compañía, y plataformas descentralizadas o abiertas, en las que el poder de decisión y la gobernanza del ambiente virtual recae mayoritariamente en los usuarios[167]. Actualmente, estos entornos se encuentran en fase de desarrollo, con vocación de ser una parte esencial de la Internet del futuro[168].

En plataformas de metaverso coexisten tres esferas[169]: la esfera técnica o tecnológica, que engloba tanto las redes de intercomunicación (como Internet) como las plataformas o entornos particulares de metaverso («con-

---

redes sociales»); en especial en materia de propiedad intelectual, privacidad y responsabilidad, y reflexionando sobre la creación de avatares, comercio y transacciones dentro de plataformas de metaverso, creación de contenido e interacciones sociales, nos remitimos a TUSET VARELA, Damián, «Metaverso: la nueva frontera de derechos y responsabilidades», *Revista Aranzadi de Derecho y Nuevas Tecnologías* [en línea], núm. 64, 2024.

165 Definición propia de «avatar».

166 Definición propia de «metaverso».

167 Entre las plataformas de metaverso que son tendencia actualmente, destacan Decentraland, The SandBox, Somium Space, Roblox, Cryptovoxels o Horizon Worlds. Se trata de un mercado altamente expansivo y con un elevado número de operadores emergentes. El ejemplo paradigmático de plataforma centralizada sería el metaverso Meta, desarrollada por Facebook y en la cual los usuarios no pueden hacer modificaciones relevantes. Facebook tiene el control sobre los activos y puede expulsar a usuarios que incumplan con sus términos de servicio. En el otro extremo, como ejemplo de plataforma de metaverso abierto, tenemos Decentraland: al estar creada sobre la red Ethereum, en principio, el poder de desarrollo y toma de decisiones recae en los usuarios (se afirma que Decentraland no es propiedad de la empresa desarrolladora, sino de los propios jugadores), quienes pueden manejar y transferir autónomamente sus activos.

168 EUBOF, *Metaverse*, *op. cit.*, p. 4.

169 Descripciones de las tres esferas según DELGADO VALLE, Eneko, «Implicaciones jurídicas del metaverso», *Revista de Privacidad y Derecho Digital*, núm. 28, 2023, pp. 81–82.

junto de elementos tecnológicos, invenciones, hardware y software, cableado y programas que permiten la efectiva utilización de la tecnología como herramienta y medio para el acceso a entornos virtuales de software»); la esfera personal, relacionada con la participación de los individuos en este contexto online, en tanto medio de creación, consulta o compartición de contenidos como fin en sí mismo (para acceder a información y contenidos, a relaciones sociales virtuales o a trámites de diferente índole; y la esfera patrimonial, relacionada con contenidos digitales que han pasado a formar parte del patrimonio de los usuarios, bien por su condición de autores o por la adquisición derivada de los mismos.

En el contexto de la esfera patrimonial del usuario, dentro las plataformas de metaverso se intercambian valor y activos mediante criptomonedas y tókenes[170] que pueden tener usos mixtos (es decir, pueden servir de «certificados» de titularidad del activo digital único, o de recompensa o remuneración por realizar ciertas acciones). En este punto, es destacable la importancia de la plataforma emisora del NFT en la configuración del uso del activo digital y en la transferibilidad del token. Son habituales, por ejemplo, transacciones de NFT que representan parcelas (o «lands») de un metaverso, o de otros objetos con uso o derechos ejercitables dentro de un determinado entorno de metaverso[171]. Los usuarios particulares y profesionales también pueden crear sus propios NFT de activos diseñados para metaversos abiertos, «minteándolos» a través de plataformas mercado, e introduciéndolos en mercados virtuales como «productos» comercializables[172].

---

170 En concreto, en el metaverso coexisten cuatro tipos de tókenes, así como dinero electrónico: a) tókenes de servicio o *utility tokens*, b) tókenes referenciados a activos (*asset-referred tokens*), c) tókenes no fungibles, y d) instrumentos financieros (*security tokens*). Los NFT se diferencian del resto de tókenes en que son únicos e irrepetibles, y en que su valoración se basa en los siguientes aspectos: la rareza del activo subyacente, su utilidad en una aplicación real, su tangibilidad, su interoperabilidad en diferentes aplicaciones, su prueba social (base sólida de aceptabilidad), su historial de propiedad (valor dado por emisores o tenedores con valor de marca) o su prima de liquidez (a mayor liquidez, mayor valor). PACHECO JIMÉNEZ, Mª Nieves, «De la digitalización de los pagos...»,[en línea], *op. cit.*, p. 17. Para su explicación detallada, véase el capítulo «El «criptoarte» en NFT y su uso como captación de inversión», en este mismo trabajo.

171 Al respecto de su tratamiento jurídico, nos remitimos a ARGELICH COMELLES, Cristina, «Contratos de consumo, derechos reales inmobiliarios, privacidad y responsabilidad civil en el Metaverso», en *Retos normativos del Mercado Único Digital Europeo,* Luz Martínez Velencoso, Javier Plaza Penadés (Dirs.), Valencia, 2022, pp. 51-70.

172 Por ejemplo, el *marketplace* de Decentraland permite a la comunidad de usuarios crear sus propios NFT y ofrecerlos en este mercado.

En estos momentos, la mayoría de plataformas de metaverso se encuentran en fase de desarrollo y no se ha conseguido todavía un entorno completamente realizado e inmersivo. Según los expertos, existen algunas barreras técnicas a solventar, como la latencia (tiempo de retraso entre una acción del usuario y su respuesta en la plataforma de metaverso) o la necesidad de mejoras en la calidad gráfica y en la interacción natural (mejora de gestos expresivos de los personajes, incorporación de voz, mejora del seguimiento ocular, etc.) que proporcionen una experiencia más inmersiva a la comunidad de usuarios (lo cual requiere, a su vez, sistemas de procesamiento más potentes)[173]. No obstante, grandes empresas de múltiples sectores[174] y nuevas *start-ups* están invirtiendo y explorando en tecnologías de realidad virtual, realidad aumentada y realidad extendida.

2. DEFINICIÓN DE NFT, CARACTERÍSTICAS COMUNES Y VARIABLES

Aunque hemos realizado una aproximación al concepto de NFT en el apartado anterior, a continuación completaremos esa idea con otras. En este punto, destacaremos que el NFT es un token o ficha digital y, como tal, es una categoría de criptoactivo que se caracterizaría por su cualidad de no fungible, es decir, por ser único y no intercambiable por otros tókenes[175]. Queremos adelantar que, al final del presente apartado, aportaremos una definición más completa del NFT, tras observar en posteriores párrafos sus características genéricas y otras definiciones recientes del NFT adoptadas por diferentes autoridades y normativas.

El Reglamento MiCA define un criptoactivo como «una representación digital de un valor o de un derecho que puede transferirse y almacenarse

---

173 GONZALEZ VALENZUELA, Carolina, «El metaverso a prueba: ¿en qué punto está en 2024 y qué le depara el futuro?», [en línea], *Computer Hoy,* 28 de enero de 2024. Disponible en: <https://computerhoy.com/tecnologia/punto-metaverso-2024-depara-futuro-1358579>. [Fecha de consulta: 8 de mayo de 2024]

174 Nos referimos a empresas del sector informático como Microsoft o Meta (nuevo nombre que el CEO, Mark Zuckerberg, asignó a Facebook en 2021, en honor al potencial auge del metaverso), a plataformas de juegos digitales como Roblox, plataformas de comercio electrónico como Shopyfy, o compañías de productos y servicios como McDonalds o Nike.

175 Queremos volver a remarcar en este punto que dicha cualidad es matizable, ya que existen NFT que, como veremos en posteriores apartados de este trabajo, pueden intercambiarse con otros de su especie, con los cuales compartirían ciertas características y valor.

electrónicamente, mediante la tecnología de registro distribuido o una tecnología similar». Tras definirlo, el texto distingue varios tipos de tókenes o «fichas» como categorías de criptoactivos[176]. De acuerdo con la descripción técnica aportada por el *European Union Blockchain Obervatory & Forum* (en adelante, EUBOF), los tókenes son «cadenas de caracteres, a veces almacenados en formato binario, que representan valores o derechos ejercitables en contextos específicos»[177]. Otra definición la presenta NASARRE, quien afirma que los tókenes «son activos digitales asegurados criptográficamente, emitidos, transmitidos, registrados/publicitados o tenidos a través de criptografía y, en muchos casos, a través de TRD, que representan derechos de sus titulares a recibir una prestación o a llevar a cabo determinadas funciones». El autor añade que «no todos los tókenes son iguales ni, por tanto, les corresponde el mismo tratamiento legal, pues todo depende de su finalidad jurídico-económica y, una vez determinada esta, de su encaje (formal y material) en nuestro Derecho vigente»[178].

---

176 Al respecto, véase apartado «El «criptoarte» en NFT y la regulación del mercado de criptoactivos no calificables como instrumentos financieros: el Reglamento MiCA y la Circular 1/2022 de la CNMV».

177 [Traducción propia]. La definición de token digital se encuentra en el informe en los siguientes términos: «string of characters, often stored in a binary format, that represent values or rights that can be exercised within a specific context». EUBOF, *Blockchain and the Future of Digital Assets* [en línea]. Disponible en: <https://2020.standict.eu/sites/default/files/report_digital_assets_v1.0.pdf>, 2020, p. 7. [Fecha de consulta: 8 de mayo de 2024].

178 Recordemos, como hemos dicho, que los tokens tradicionalmente se han clasificado en cuatro categorías: *currency token* o token de pago, como bitcoin o Ethereum, (cuya finalidad es servir de método de pago y que son independientes de instituciones financieras), *security* tokens («instrumentos de inversión» que permiten al adquirente «participar en una empresa descentralizada y obtener dividendos, similares a acciones»), *utility tokens* («permiten adquirir bienes y disfrutar de los servicios de la empresa o plataforma que los ha emitido»), y *asset-backed tokens* («representan o incorporan un bien o un derecho existente, sea entero, sea una parte, sea un derecho de crédito o un derecho real»). NASARRE AZNAR, Sergio, «Naturaleza jurídica y régimen civil de los "tokens" en "blockchain"», en *La Tokenización de bienes en blockchain* (coord. GARCÍA TERUEL, Rosa María).pp. 78 y ss., y p. 106. En nuestra opinión, el uso más extendido del «criptoarte» en NFT es aquel donde el NFT sirve de representación al arte digital, pudiéndose considerar *soft asset-backed tokens*, es decir, bienes intangibles e «infungibles» de los cuales se «tokeniza» la titularidad de algunos derechos de propiedad intelectual, y su retorno está en los rendimientos de la explotación de la obra artística o en la reventa de estos. No obstante, si un NFT se emite de manera fraccionada y en masa, tendría que valorarse caso por caso si su naturaleza equivaldría a la de valor negociable de acuerdo con nuestra normativa nacional. Al respecto, véanse

El EUBOF aborda el fenómeno de los tókenes no fungibles (NFT) en dos informes temáticos: «Demistifying Non-fungible tokens (NFTs)»[179], y «NFT-Legal Token Classification»[180]. El primer informe dice de los NFT que son un tipo especial de activo digital del cual puede probarse que es único y no intercambiable con otro token (y, por ello, no es de naturaleza fungible). Añade tal informe que, por lo general, el registro de su unicidad existe como un registro criptográfico en una *blockchain*, y que es accesible por cualquiera. Asimismo, el EUBOF en ese informe completa la descripción afirmando que un NFT no es solo información digitalizada sobre un activo digital, sino que el NFT es propiamente y por añadidura, un activo digital en sí mismo; no obstante, la anterior afirmación, como también reconoce el EUBOF, no se cumpliría en todos los casos[181]. El EUBOF también habla de los NFT en su informe sobre el Metaverso, en cuyo contexto define los NFT como representaciones de activos «apropiables», (a menudo obras de arte), cuya propiedad viene determinada por el uso de una infraestructura de clave pública y por su registro en la *blockchain*[182]. Añade, además, que los NFT son criptoactivos únicos o representaciones de bienes o derechos *on-chain* u *off-chain*[183].

Existen otras definiciones jurídicas de los NFT, como la aportada por nuestra Dirección General de Tributos concerniente a la consulta V0486-22, que los describe como: «*certificados digitales de autenticidad que, mediante la tecnología Blockchain (la misma que se emplea en las criptomonedas) se asocian*

---

los capítulos "·«Criptoarte» en NFT como mecanismo de soporte de cesiones de derechos de autor»" y "«El «criptoarte» en NFT y su uso como captación de inversión»". Además, existen NFT con funciones híbridas, como los NFT avatares (por ejemplo, la colección de NFT Bored Apes Yatch Club o BAYC), que presentan, a nuestro parecer, usos simultáneos de *utility token* y de *asset-backed* token.

179 EUBOF, *Demystifying non-fungible tokens*, 2021. Disponible en: <https://www.unic.ac.cy/iff/wp-content/uploads/sites/5/2021/11/DemystifyingNFTs_November-2021_0.pdf>. [Fecha de consulta: 8 de mayo de 2024].

180 EUBOF, *NFT-Legal Token Classification*, 2021, pp. 4-5. Disponible en: <https://www.unic.ac.cy/iff/wp-content/uploads/sites/5/2021/11/DemystifyingNFTs_November-2021_0.pdf>. [Fecha de consulta: 8 de mayo de 2024]

181 EUBOF, *Demystifying non-fungible tokens, op. cit.*, pp. 4-5.

182 [Traducción propia]. La definición de NFT efectuada por este informe viene dada en estos términos: «(...) are essentially representations of 'ownable' assets (often works of art) whose ownership is determined using public key infrastructure and that are registered on a blockchain», p. 7. EUBOF, *Metaverse*, 2021. Disponible en: <https://www.eublockchainforum.eu/sites/default/files/reports/Metaverse_Report_Final_1.pdf>. [Fecha de consulta: 8 de mayo de 2024]

183 EUBOF, *Metaverse, op. cit.*, p. 23.

a un único archivo digital. Por tanto, los NFT actúan como activos digitales únicos que no se pueden cambiar entre sí, ya que no hay dos iguales y cuyo activo subyacente puede ser todo aquello que pueda representarse digitalmente, tales como una imagen, un gráfico, un vídeo, música o cualquier otro contenido de carácter digital, incluso obras de arte (…)»[184]*. Como podrá apreciar el lector, y entiéndase también como nuestra opinión, la definición de NFT que en su momento aportó la* Dirección General de Tributos española *abarca una perspectiva sesgada del NFT, ya que también puede asociarse a activos físicos y a cualesquiera otras representaciones de derechos y valores únicos o escasos. Sin embargo, no deja de ser cierto que la popularización de esta tipología de token tuvo lugar mediante transacciones que, como la de la obra Everydays de Beeple, integraban imágenes estáticas.*

En el informe temático «Demistifying Non-fungible tokens (NFTs)», el EUBOF define una serie de características del NFT que lo diferenciarían de otros tókenes, que son propias del NFT, independientemente del activo subyacente al cual represente[185]. A continuación, procedemos a comentarlas.

En primer lugar, un NFT se caracteriza por su unicidad: cada NFT es identificable de manera individual, sin que ello impida producir un número limitado de NFT similares[186]. Al emitirse el NFT y registrarse en la *blockchain*, este se asocia a un *hash* o huella digital y otros metadatos identificativos que serán únicos e irrepetibles, por lo que se configurarán de manera diferente a los de cualquier otro token.

184 Resolución vinculante de la Dirección General de Tributos, V0486/22, de 10 de marzo de 2022, al respecto de una consulta sobre tributación del IVA de la transmisión de NFT asociado a ilustraciones transformadas mediante el programa Photoshop. En este sentido, la Dirección General de Tributos afirma que la adquisición de un NFT no es una entrega de bienes, y que se vende el NFT y no el activo subyacente, y que aquel que crea o transmite su NFT debe liquidar el IVA por cada operación. Para un estudio más detallado sobre NFT y cuestiones tributarias, nos remitimos a BELDA; Ignasi, «Metavers i NFT, nous reptes tecnològics en la imposició indirecta i internacional», en *IDP. Revista d'Internet, Dret i Política* [en línea], núm. 37, 2023. [Fecha de consulta: 8 de mayo de 2024]; ANEIROS PEREIRA, Jaime, «Los activos digitales y su valoración tributaria: cuestiones tributarias de los NFTs y de los criptoactivos», en *La digitalización en los procedimientos tributarios y el intercambio automático de información*, Ana M. Pita Grandal, Luís Alberto Málvarez Pascual, Carmen Ruíz Hidalgo (Dirs.), Pamplona, 2023, pp. 735-749; PÉREZ-BUSTAMANTE YÁBAR, David, MALDONADO GARCÍA-PERTIERRA, Luís; *Aspectos del régimen regulatorio y tributario de los criptoactivos*, Navarra, 2023, 155 pp; AA.VV., *Criptoactivos y monedas virtuales: marco regulatorio y tributación*, Madrid, 2023, 191 pp.

185 EUBOF, *Demystifying non-fungible tokens, op. cit.*, pp. 4-5.

186 Así sucede con colecciones de NFT similares, como los *Cryptokitties* o los *Cryptopunks*.

En segundo lugar, la rareza o singularidad de un NFT, cuyo origen puede ser artificial, numérico o histórico. La rareza artificial deriva de una configuración especial en su código o de características específicas de su emisión o creación, convirtiendo ese NFT en un activo escaso o único[187]. La rareza numérica se relaciona con la rareza artificial, y se debe al hecho de que sea un activo original, además de único o de edición limitada, y fácilmente diferenciable de otras copias existentes. La rareza histórica se genera por el propio relato asociado al NFT, que lo dota de un atractivo o encanto especial; por ejemplo: que sea un NFT emitido por cierto creador o marca renombrada, NFT que han sido propiedad de celebridades o NFT que presenten un carácter icónico para una concreta comunidad de usuarios[188].

Como su propio nombre indica, la característica de activo escaso o único dota a los NFT de un carácter generalmente no fungible, lo cual refiere a que el NFT integra una serie de metadatos relacionados con su cualidad de único (el identificador único del token) y un hipervínculo a un activo único subyacente al token. Ambas cualidades convierten al NFT en un token que no resulta intercambiable por otro token no fungible, debido a la intrínseca individualidad de cada uno de ellos y a la peculiaridad de sus características (por ejemplo: una obra de arte digital). De hecho, el identificador único de cada NFT resultaría, en gran medida y junto con otros metadatos, garantía de su originalidad, al impedirse su réplica en la misma cadena de bloques y diferenciando ese NFT de cualquier otro. Una vez insertado en la cadena de bloques, cada NFT se asocia a una *wallet* de manera inequívoca: a la *wallet* del creador del NFT como primer usuario o titular y, posteriormente, a los eventuales tenedores a quienes se trasfiera ese NFT. Y aunque, por definición, un NFT aparenta no poder ser fungible ni divisible[189], el desarrollo de la tecnología NFT ha desvirtuado esta apre-

---

187 Por ejemplo, la rareza de cada CryptoPunk viene definida por la singularidad de sus características y accesorios: así, un Alien Punk es más raro que un Zombie Punk. BLANCO CRESPO, Luis J., «¿Qué son los CryptoPunks? Una Guía Completa», *Blog BeinCrypto*, noviembre 2021. Disponible en: <https://es.beincrypto.com/aprende/cryptopunks/. [Fecha de consulta: 8 de mayo de 2024].

188 Por ejemplo, la venta del primer *tweet* como NFT o los primeros *CryptoPunks* que se comercializaron como NFT.

189 Si bien los tókenes fungibles son comparables a una divisa, donde cada moneda es intercambiable con otra sin que se altere su utilidad o valor; y los tokens no fungibles se parecen más a una obra de arte, puesto que son activos individuales y diferenciables de cualquier otro similar; los tokens híbridos o semifungibles combinan las características de los tókenes fungibles y no fungibles. Son aque-

ciación genérica puesto que, gracias a la aparición de nuevos estándares, pueden crearse NFT semifungibles[190] y NFT fraccionables[191]. Esta realidad supone necesariamente un análisis casuístico de la configuración de cada NFT para examinar su fungibilidad dentro del conjunto de posibilidades que permite la técnica, lo cual podrá aportar indicios de su uso como objeto de inversión y de su encuadre (o exclusión) en el ámbito objetivo de determinada normativa, al ser la fungibilidad un criterio habitual de separación entre los NFT y otras categorías de tókenes. Analizaremos esta cuestión con más detalle en posteriores apartados[192].

La unicidad y originalidad de un NFT dependen de cómo se haya creado y emitido ese token. Para verificar estas cualidades, cualquier usuario podrá acudir a la *blockchain* y comprobar si la dirección da acceso a un NFT único en esa *blockchain*. No obstante, por ahora nada obsta a que se

---

llos tókenes que pueden intercambiarse, pero únicamente con otros tókenes de la misma categoría, aunque no pueden intercambiarse tókenes que pertenecen a distintas categorías. EUROPEAN UNION BLOCKCHAIN OBERVATORY & FORUM (EUBOF), *Blockchain and the Future of Digital Assets* [en línea], 2020, p. 26. Disponible en: <https://2020.standict.eu/sites/default/files/report_digital_assets_v1.0.pdf>. [Fecha de consulta: 8 de mayo de 2024].

190 Un ejemplo serían los NFT que representan entradas a eventos. Por otra parte, puesto que los NFT son compatibles con cualquier otro activo que utiliza la misma *blockchain* (por ejemplo, Ethereum), un NFT que represente una entrada a un evento puede intercambiarse por otro NFT que represente una obra de arte, si así lo acuerdan los propietarios de ambos NFT. CHOHAN, Raheesha; PASCHEN, Jeanette, «What marketers need to know about non-fungible tokens (NFT)», *Business Horizons*, 2018, p. 15. No obstante, tal circunstancia, bajo nuestro punto de vista, no altera la naturaleza más o menos fungible de dichos tókenes.

191 En el mismo sentido, podríamos considerar las partes de un NFT fraccionado como fungibles entre ellas. Como ejemplo, imaginemos una serie de ilustraciones relacionadas que tienen sentido como un conjunto en un NFT, pero que, a su vez, pueden venderse como tokens individuales tras dividirse en porciones más pequeñas. Es el caso del meme Doge, una foto original del famoso perrito conocido como "La Monalisa de Internet". Esta foto fue adquirida inicialmente como NFT en junio de 2021, y el colectivo que la adquirió, PleasrDAO, decidió dividir la propiedad en 17 billones de piezas o tokens individuales, denominados DOG, fraccionando la propiedad del NFT inicial y convirtiéndolo, en nuestra opinión, en un token cuya naturaleza única y no fungible queda desvirtuada. La iniciativa se llevó a la práctica a través de la herramienta Fractional.art. Se estima que, con esta acción, el valor del NFT completo ha multiplicado en 55 veces su valor inicial. Para más información, véase apartado «Reflexiones previas sobre la fungibilidad de los NFT. NFT fraccionados y emitidos en grandes series», en este mismo trabajo.

192 Véase apartado «Reflexiones previas sobre la fungibilidad de los NFT. NFT fraccionados y emitidos en grandes series», en este mismo trabajo.

creen NFT del mismo activo subyacente en diferentes cadenas de bloques, lo cual desvirtúa el carácter de obras únicas cuando estas cuentan en el mercado con «gemelos virtuales». Lo anterior genera, bajo nuestro punto de vista, una considerable problemática respecto de eventuales correcciones materiales en la *blockchain*, compensaciones a titulares afectados y responsabilidades de emisores[193]. Por otra parte, la *blockchain* también recogerá metadatos sobre la autoría de ese NFT, pero saber si está creado por un emisor legítimo será complejo en aquellos casos en los que el titular de los derechos de explotación de la obra no coincida con el creador del NFT[194], o cuando nos encontremos en situaciones de seudonimicidad por diseño del NFT[195]. Otra solución puede ser la emisión de certificados u otros documentos adjuntos al NFT por parte del creador (por ejemplo, en los metadatos o en otra documentación *off-chain*[196]), con detalles (fotografías u otros archivos gráficos, documentación) que permitan acreditar su autenticidad y exclusividad[197]. Igualmente, completaremos estas ideas en apartados *ut supra*.

---

193 Por motivos de concisión, no entraremos en este trabajo a valorar dichas cuestiones.

194 Como ejemplo, el caso de los NFT subastados por Quentin Tarantino con escenas de la película «Pulp Fiction», en su sitio web <https://tarantinonfts.com/> y su batalla legal con la productora del film Miramax, , conflicto actualmente resuelto mediante acuerdo entre las partes. Caso Complaint Miramax, LLC v. Tarantino, Case No. 2:21-cv-08979 2021 (Nov. 16, 2021). Noticia disponible en: HAYWART, Andrew, «Quentin Tarantino, Miramax Settle Lawsuit Over "Pulp Fiction" NFTs». <https://decrypt.co/109379/quentin-tarantino-miramax-settle-lawsuit-pulp-fiction-nfts>. Mas sobre el caso en DIELI, Emily, «Tarantino v. Miramax: The rise of NFTS and their copyright implications», en *Boston College Intellectual Property & Technology Forum*, 27 de junio de 2022. Disponible en: <https://bciptf.org/2022/06/tarantino-v-miramax/>. [Fecha de consulta: 8 de mayo de 2024]

195 Aunque el registro de transacciones en una *blockchain* pública como Ethereum es visible para cualquiera que tenga acceso a ella, porque aparece asociada a las direcciones de *wallets* involucradas en la transacción, los propietarios de NFT pueden mantener cierto grado de privacidad a través del uso de seudónimos o creando direcciones de *wallet* no asociadas a su identidad real. Es más, desde Ethereum se está trabajando en los denominados NFT privados, que ocultarían la dirección receptora de un NFT. <https://www.elblogchain.com/noticias/vitalik-buterin-discute-nfts-privados/>. Con estos sistemas, deberá equilibrarse la dualidad entre privacidad y transparencia a través de la legislación específica (principalmente, en la regulación de protección de datos personales y prevención de blanqueo de capitales, según opinamos). [Fecha de consulta: 8 de mayo de 2024].

196 Véase el capítulo «Fuentes de información jurídica relativas a los NFT», en este mismo trabajo.

197 Para información sobre usurpaciones de autoría y demás ilicitudes relacionadas con la creación de NFT, nos remitimos al apartado «NFT y activo subyacente, en

Siguiendo con las características del NFT aportadas por el EUBOF, el informe recoge, en tercer lugar, la propiedad. Los NFT, al ser activos digitales en sí mismos, son apropiables. Además, gran parte de su éxito radica en su uso como mecanismo para probar derechos de propiedad sobre los activos subyacentes que representa (sean estos activos de naturaleza digital o física), gracias a la inmutabilidad de los datos de la cadena *blockchain* sobre la cual se sustentan[198]. Asimismo, y como veremos más adelante, pueden emitirse NFT de propiedad fraccionada (f-NFT), ofreciendo más oportunidades a desarrolladores, creadores, inversores y coleccionistas, involucrando a un mayor número de potenciales adquirentes y transferencias y optimizando la obtención de ganancias[199].

En cuarto lugar, la inmutabilidad. Se trata de otra cualidad de los NFT que es posible gracias a la *blockchain*. Los datos de los bloques son difícilmente manipulables o alterados fraudulentamente (siempre y cuando no se comprometa el protocolo de la cadena de bloques), lo cual reviste al NFT de confianza, garantías de seguridad y transparencia.

En último lugar, la programabilidad. Los NFT pueden programarse como contratos inteligentes (*smart contracts*) y configurarse con ello cláusulas automáticas que se cumplen sin necesidad de intermediarios. En la práctica, no resultan extrañas las remuneraciones automáticas al autor por cada venta de un NFT asociado a su obra[200].

Por nuestra parte, queremos completar la anterior enumeración proporcionada por el EUBOF con dos cualidades que suelen ser comunes a los NFT. La primera deriva del registro del NFT en la *blockchain* pública, y es su trazabilidad: los NFT generan metadatos que actúan como «huellas

---

el capítulo «Criptoarte» en NFT. Breve referencia a NFT ilícitos y a la falta de responsabilidad de las plataformas de intermediación y «minteado». También hemos tratado esta cuestión en trabajos previos. Al respecto, véase ROSSELLÓ RUBERT, Francisca María, «Activos digitales en non-fungible tokens (NFT): plataformas comercializadoras, propiedad intelectual y límites al uso y disfrute», en *Aportaciones jurídicas a la economía de plataformas*, MARTÍNEZ NADAL, Apol·lònia (Dir.), Navarra, 2023, pp. 107–127.

198 Al respecto, nos remitimos al capítulo «Criptoarte» en NFT: su uso como certificado de autenticidad, originalidad y titularidad de un activo digital único», en este mismo trabajo.

199 Véase, para más detalle, el capítulo «El «criptoarte» en NFT y su uso como captación de inversión ».

200 Existen, por otra parte, NFT sin *smart contract* subyacente, sino como activo nativo directamente sobre la *blockchain,* con usos de token único enlazado a una imagen, como aquellos «minteados» a través de la red Cardano.

digitales» y facilitan el seguimiento de las sucesivas transferencias del token y, por lo general, del activo representado (cuando así se configure[201]). La segunda sería su transmisibilidad, entendida esta como la posibilidad de transferir NFT *inter vivos* en entornos habilitados a tal efecto (por ejemplo, plataformas tipo *marketplace* o mercados en entornos virtuales)[202].

Tras observar las anteriores particularidades técnicas que presenta como formato, proponemos definir un NFT como aquel activo digital identificable, único, apropiable y programable, y comúnmente rastreable, inmutable y transferible; consistente en una unidad de información digital (un «token» o «ficha») encriptada en una cadena de bloques; y que no es inherentemente sustituible por otros activos digitales, puesto que, con carácter general, representa un activo subyacente único o escaso, el cual, a su vez, puede almacenarse *on-chain* u *off-chain;* y/o derechos de distinta naturaleza asociados a dicho activo o a los usos del token.

Las características peculiares del formato NFT permiten la entrada de nuevos modelos de negocio en todos los sectores, aumentando el interés de creadores, inversores, plataformas y particulares. El NFT trae como novedad un control y rastreo remoto de activos únicos o escasos, la obtención de información supuestamente inmutable sobre estos (su origen, transferencias y demás información codificable en la *blockchain* y en el *smart contract*) de manera transparente y públicamente visible y verificable. Como veremos, se utiliza como garantía de autenticidad y originalidad del activo único, como herramienta para probar titularidades y, dependiendo del contenido del *smart contract,* también para transmitir, licenciar, ceder, probar o ejecutar otros derechos relacionados con el activo al cual representa[203]. Tales usos del NFT integran parte del objeto del presente trabajo, y por ello los analizaremos con detenimiento en posteriores capítulos *ad hoc.*

---

201 Por ejemplo, sería el caso de NFT que representen objetos físicos, podría configurarse a través del *smart contract* y el uso de sistemas de geolocalización, cuál es la ubicación del objeto en un momento determinado.

202 Sobre el tratamiento de la transmisión *mortis causa* del NFT como activo digital, nos remitimos a PÉREZ VALLEJO, Ana M., VIVAS TESÓN, Inmaculada, *La transmisión mortis causa del patrimonio intelectual y digital,* Navarra, 2022, 250 pp.; y a HIDALGO CEREZO, Alberto, *Propiedad y patrimonio en el medio digital: fundamentos jurídicos y tecnológicos,* Navarra, 2021.

203 Dentro de los límites de reconocimiento legal que se le pueden otorgar a un registro distribuido como la *blockchain.* Al respecto, nos remitimos a los estudios de GUILABERT VIDAL, Mª Remedios, «Adquisición de fincas virtuales en el Metaverso y su problemática en el derecho inmobiliario», en *Cuadernos de Derecho Privado,* núm. 4, 2022, pp. 53-79; ARGELICH COMELLES, «Hacia una *smart pro-*

3. CLASIFICACIÓN DE LOS NFT SEGÚN SU CONFIGURACIÓN

Hemos recogido *ut supra* una serie de características del NFT, determinadas por su propio funcionamiento o esencia. Sin embargo, la configuración del NFT puede no solo añadir nuevas cualidades y usos a cada NFT «minteado», sino también desvirtuar ciertos trazos que se considerarían como propios y comunes al NFT. Sin ánimo de exhaustividad, presentamos una categorización de NFT atendiendo a su modo de emisión o presentación al adquirente, donde no se descartan ciertas combinaciones[204]:

- NFT estáticos, como activos digitales únicos[205];
- NFT estáticos semifungibles, que son emisiones de serie limitada organizadas por categorías o a modo de coleccionables. En este caso, pueden tener un valor equivalente a otros tókenes de la misma categoría y, a su vez, tener valores diferentes entre distintas categorías[206].
- NFT fraccionados (f-NFT), en los que un activo, generalmente único y costoso, no se vende de manera completa e indivisible, sino que se ha fraccionado para dividirlo en diferentes NFT y «democratizar» su adquisición, aplicándose de manera frecuente en representaciones de «criptoarte» en NFT[207]. Esta configuración resulta especial-

---

perty inmobiliaria: tokenización, internet of things y blockchainización registral», *Dereito: Revista Xurídica da Universidade de Santiago de Compostela*, 30 (1), 2021, pp. 1-20, [en línea]. Disponible en: <https://doi.org/10.15304/dereito.30.1.7115>; de SÁNCHEZ RUIZ DE VALDIVIA, Inmaculada, «Blockchain e inteligencia artificial: dos tecnologías que convergen e impactan en la economía y el derecho», pp. 55-175, en *Blockchain: Impacto en los sistemas financiero, notarial, registral y judicial*, Inmaculada Sánchez Ruiz De Valdivia (Dir.), Navarra, 2020, 1056 pp*; y de* CAMPUZANO GÓMEZ-ACEBO, Jimena; SIEIRA GIL, Jesús, «Tokenización de activos físicos. Tokenización inmobiliaria y mobiliaria», pp. 111-138, en AA.VV., *Guía de criptoactivos MiCA*, Agustín Madrid Parra, Carmen Pastor Sempere (Dirs.), María Jesús Blanco Sánchez, Ana Cediel (Coords.), Navarra, 2021, 373 pp.

204 Por ejemplo, un NFT sobre un activo único que, a su vez, sea dinámico o actualizable.

205 Pr ejemplo, el NFT *Everydays*, de Beeple.

206 Por ejemplo, los NFT que integran la colección Cryptopunks.

207 Ofrecen oportunidades especialmente interesantes en sectores como el inmobiliario, el arte digital, los videojuegos y los entornos de realidad aumentada y metaverso. Véase BERTOCCHI, Filippo, «Fraccionamiento de NFTs: Haciendo accesibles los tokens no fungibles», *Coinbureau* [en línea], ca. 2022. Disponible en: <https://coinbureau.es/fraccionamiento-de-nfts/>. [Fecha de consulta: 8 de mayo de 2024]. Como ejemplo de arte digital fraccionado, la Galería Belvedere

mente relevante a efectos de la catalogación de un NFT como criptoactivo sujeto al ámbito de aplicación del Reglamento MiCA, en el sentido en que deberá considerarse en qué casos un lanzamiento de NFT muestre potenciales usos o fines de captación de inversión, como analizaremos en posteriores capítulos del presente trabajo[208].

- NFT dinámicos, cuyo *smart contract* es capaz de comunicarse y reaccionar a datos y sistemas externos[209].
- NFT actualizables, alterables libremente por el creador quien, remotamente, puede cambiar cualidades del activo digital subyacente modificando los metadatos[210].
- NFT no transmisibles o no comercializables, que actúan a modo de identificador o certificado intransferible[211], centrando su utilidad en la verificación interactiva de la identidad del titular a través del

---

de Viena ha fraccionado en 10.000 fragmentos NFT una copia digital en alta resolución de la obra de arte física de Gustav Klimt titulada «El beso». El museo vende cada cuadrícula a un precio de 1850 euros. Si se venden todos los NFT, el museo recaudará 18,5 millones de euros. Este caso podría aplicarse a lo afirmado por ESPUGA TORNÉ: el fraccionamiento de la obra física en NFT con evidente finalidad de financiación de su titular es un indicio que puede indicar una utilidad del NFT como valor negociable, con lo cual sería apropiada la aplicación de la normativa correspondiente a este tipo de instrumento financiero. ESPUGA TORNÉ, Gerard, «Régimen jurídico de los tokens no fungibles (NFT). Breve referencia a su posible consideración como valores negociables», *Derecho Digital e Innovación* [revista digital], núm. 12, abril de 2022.

208 Nos remitimos al capítulo «El «criptoarte» en NFT y su uso como captación de inversión».

209 Por ejemplo, un NFT vinculado a un artículo de lujo en formato físico que, gracias a su *smart contract*, permite rastrear su origen.

210 Verbigracia, la escultura de Beeple Human One, cuyo diseño, según explica su creador, «habilita editar de forma remota el vídeo tanto en el objeto físico como en su NFT, permitiendo que el mensaje y el significado de esta pieza evolucionen a lo largo de toda mi vida. Mientras una obra de arte tradicional es más como una afirmación terminada, congelada en el tiempo, esta parecerá más una conversación en curso». ROCELLA, Erika, «Beeple regresa a Christie's para vender una escultura NFT» [en línea]. *Exibart,* octubre de 2021. Disponible en: < https://www.exibart.es/actualidad/beeple-regresa-a-christies-para-vender-una-escultura-de-nft/>. [Fecha de consulta: 8 de mayo de 2024].

211 Para otorgar a un NFT de su cualidad de intransferible, se suele utilizar el estándar ERC-1238 basado en Ethereum.

control de permisos que facilita la *blockchain* y en la dificultad de manipulación de documentos u otros activos subyacentes[212].

- NFT de duración limitada o autodestructibles, en cuyo *smart contract* se haya activado la desaparición o bloqueo de los metadatos que vinculan el NFT con el activo subyacente[213].

---

212 Esta utilidad puede aplicarse a diplomas o certificados de estudios académicos, colegiaturas profesionales, licencias y carnets que habiliten al usuario a desempeñar tareas (manipulación de alimentos, conducción de ciertos vehículos…). También puede servir como certificado de identificación electrónico, con la ayuda de otras tecnologías complementarias como firmas digitales, facilitando la gestión de derechos de su titular y su identificación en línea. Sirvan de ejemplo de NFT intransferibles la tipología de NFT denominada «Soulbounds» (traducibles como NFT «vinculados al alma»), que funcionan a modo de currículum dentro de la cadena de bloques Ethereum y que permiten representar la reputación, logros y credenciales de una entidad, sea esta una persona física o una organización. Cada «soulbound» (SBT) sería un NFT intransferible dentro de la cadena y que los usuarios recibirían por muestra de experiencia laboral, estudios realizados, o incluso historial médico o crediticio. Están vinculados a una cuenta de *blockchain* denominada Soul y que puede contener diferentes NFT (verbigracia, un mismo titular puede tener un SBT con sus antecedentes laborales y otro SBT con sus registros médicos). OBSERVATORIO BLOCKCHAIN, «Qué son los Soulbound Tokens» (SBT) [en línea], 13 de abril de 2023. Disponible en: <https://observatorioblockchain.com/hypernifty/soulbound-tokens-sbt-que-son/>. [Fecha de consulta: 8 de mayo de 2024].

213 Como ejemplo, los NFT del juego *Hot Potato* (un juego dentro de entornos *blockchain*, del tipo «patata caliente», en el cual el NFT adquirido se destruye transcurrido cierto tiempo.

Capítulo 2

NFT y activo digital subyacente «Criptoarte en NFT». Breve referencia a NFT ilícitos y a la falta de responsabilidad de las plataformas de intermediación y «minteado»

En las sucesivas páginas, pretendemos que el lector distinga entre el NFT como activo digital en sí mismo (es decir, como token) y el activo subyacente al cual incorpora y/o representa, con especial detenimiento en las obras de arte digitales. A partir de esta delimitación, nos referiremos brevemente a casos de creaciones ilegítimas de NFT y propondremos varias soluciones técnicas y de *lege ferenda.*

1. NFT Y ACTIVO DIGITAL SUBYACENTE. UTILIDADES DEL NFT

Los NFT se presentan como una herramienta técnica que permite identificar un activo digital o físico, considerado original, único o raro, pudiendo distinguirlo de copias que se hayan podido reproducir masivamente en la red, creando así escasez digital[214]: cada NFT posee un identificador único y una serie datos codificados en la *blockchain* que lo individualizan como token, registran las cuentas de su creador o emisor y de la sucesiva cadena de titulares, a la vez que aportan información asociada al token, al *smart contract* y al activo (digital o físico) subyacente. El NFT como token es un activo digital en sí mismo, una representación o unidad de valor, pero, además, representa un activo subyacente (digital o físico) único y/o una serie de derechos sobre este activo.

---

214 HOUSER, Kimberly, HOLDEN, John, «Navigating the non-fungible token», *Utah Law Review,* núm. 5, 2022, p. 903. <htpps://doi.org/10.26054/0d-r48b-sq13>. [Fecha de consulta: 8 de mayo de 2024].

A modo de lista no exhaustiva, presentamos una clasificación los activos subyacentes comúnmente representados en NFT:

- imágenes, texto, bits de código y otros archivos digitales como «originales»[215];
- nombres de dominio[216];
- *in-game-items* en videojuegos, plataformas de metaverso y demás entornos de realidad virtual[217];
- bienes físicos únicos o escasos[218] (muebles[219] e inmuebles[220]);

---

215 La sensación de escasez y exclusividad que el NFT otorga se debe a que, independientemente de las copias digitales que puedan existir de un activo digital, el NFT vincula esa imagen a un único y genuino propietario, certificándole como titular «legítimo» de una obra «original» distinta al resto de copias existentes, al igual que se haría con una obra de arte física.

216 A diferencia de las páginas web tradicionales, los NFT cuyo activo subyacente es un nombre de dominio no basan su estructura en la red de Internet sino en la tecnología *blockchain* distribuida y en los *smart contracts.* Son direcciones que se almacenan en la *wallet* del adquirente y almacenan la información contenida en ese sitio «web».

217 La plataforma de metaverso Decentraland tiene su propio *marketplace* con activos digitales.

218 Como ejemplo: artículos preciosos o de lujo, diamantes, vinos o artículos de moda exclusivos, permitiendo al propietario documentar su autenticidad si decide transmitirlo y rastrearse la cadena de propietarios.

219 Por ejemplo, un zapato deportivo (físico) de tirada limitada, proyecto de RTFKT Studios, que puede visitarse en la plataforma Metagrail.

220 Respecto de inmuebles físicos, la inmobiliaria PropyInc de Sylicon Valley vendió el 10 de junio de 2021 el primer inmueble mediante NFT. Concretamente, el apartamento del fundador de TechCrunch Michael Arrington, situado en Kiev, se vendió por 36 EHT (unos 93.000 dólares). El título de la propiedad se registró en el *blockchain* y se almacenó en la *wallet* del nuevo propietario en un proceso mucho más económico y rápido que la tradicional transmisión de inmuebles. En nuestro ordenamiento jurídico, un caso similar plantearía dudas legales en materia de derecho inmobiliario y registral. En este sentido, y por motivos de concisión, nos remitimos a los interesantes trabajos de NAVARRO GÓMEZ-FERRER, Silvino, «Blockchain y registro de la propiedad», en *Blockchain: impacto en los sistemas financiero, notarial, registral y judicial,* 2020, pp. 575-605; ARGELICH COMELLES, Cristina, «Hacia una *smart property* inmobiliaria: tokenización, internet of things y blockchainización registral», *Direito: Revista xurídica da Universidade de Santiago de Compostela,* vol. 30, 1, 2021; y CAMPUZANO GÓMEZ-ACEBO, Jimena; SIEIRA GIL, Jesús, «Tokenización de activos físicos. Tokenización inmobiliaria y mobiliaria», pp. 111-138, en AA.VV., *Guía de criptoactivos MiCA,* Agustín Madrid Parra, Carmen Pastor Sempere (Dirs.), María Jesús Blanco Sánchez, Ana Cediel (Coords.), Navarra, 2021, 373 pp; REINHART SCHULLER, Ro-

- entradas a eventos físicos o virtuales,
- soporte o vínculo a documentación legal,
- o representaciones de identidad para el ejercicio de derechos.

Cada token no fungible contiene un enlace o archivo que, bien enlaza al activo digital único al que identifica o representa y que se encuentra insertado en la propia cadena de bloques (esta modalidad de almacenamiento es conocida como *on-chain*)[221], bien vincula dicho NFT con el activo subyacente único que se encuentra fuera de la cadena de bloques (almacenado *off-chain* de forma centralizada —en servidores privados[222]— o descentralizada —en sistemas del tipo IPFS[223]—), o tratándose de la representación de un bien existente en el mundo físico[224].

---

bert, «Blockchain: tokenización del derecho de propiedad inmobiliaria y Registro de la Propiedad», en *Revista Aranzadi de Derecho y Nuevas Tecnologías* (edición digital), núm. 61, 2023; ORTEGA-LAUREL, Carlos, «Propuesta: Registro Público de la Propiedad soportado por tokens no fungibles (NFT)», *Paakat, Revista de Tecnología y Sociedad,* año 13, núm. 25 (edición en línea), febrero de 2024, 16 pp.; y GUILABERT VIDAL, Mª Remedios, «Adquisición de fincas virtuales en el Metaverso y su problemática en el derecho inmobiliario», en *Cuadernos de Derecho Privado,* núm. 4, 2022, pp. 53-79. Noticia en RECKLING, Christiana, «Propy Inc. Makes History Selling World's First Real Estate-Backed NFT», *Astrolight Media Group* [en línea], 2021, <https://www.astrolightmediagroup.com/digital-assets/180/propy-inc-makes-history-selling-worlds-first-real-estate-backed-nft/>. [Fecha de consulta: 8 de mayo de 2024].

221 Verbigracia, una imagen del Cripotopunk o un Criptokittie.

222 Por ejemplo, el JPEG de Everydays, de Beeple.

223 Una de las soluciones que se está implementando es el protocolo IPFS o *InterPlanetary File System.* El IPFS permite enlazar archivos a la *blockchain* sin tener que almacenarlos en ella. El IPFS no redirecciona el NFT a un único servidor sino a una red de servidores y permite que se localice ese archivo en la medida en que algún otro usuario de la red IPFS lo replique y hospede. Se ha definido como «A means of storing NFT data that is considered superior to storing on an HTTP gateway URL, since the latter is tied to a specific provider. IPFS addresses allow users to find a piece of content so long as someone on the network is hosting it». GHELANI, Diptiben, «What is non-fungible token (NFT)? A short discussion about NFT Terms used in NFT», *Authorea* [en línea], octubre 2022. Disponible en: <https://www.authorea.com/doi/full/10.22541/au.166490992.24247550>. Con todo, el sistema IPFS ha demostrado no ser, por ahora, totalmente eficaz en el replicado y la recarga de los archivos. BENSON, Jeff, «Yes, your NFTs can go missing. Here's what you can do about it», *Decrypt News* [en línea], 2021. <https://decrypt.co/62037/missing-or-stolen-nfts-how-to-protect>. [Fecha de consulta: 8 de mayo de 2024].

224 Por ejemplo, un NFT que representa un inmueble o una obra de arte física. Este enlace entre token y activo subyacente podría «romperse», lo cual se denomina como «NFT *link rot*».

Según la naturaleza del activo subyacente, un NFT puede configurarse para que despliegue distintas y combinables utilidades. Entre ellas:

- la comercialización del activo digital subyacente, dando prueba de la existencia, origen y autenticidad de dicho activo;
- la certificación de titularidad de un derecho o activo subyacente mediante el registro en *blockchain* de la posesión del token;
- la transferencia ágil del activo subyacente, con acceso al historial de transacciones previas (o, si interesa, su «intransferibilidad»);
- dar soporte a documentos legales relacionados con el activo subyacente (como cesiones de derechos de autor) o automatizar contratos, siendo habitual en «criptoarte» en NFT la gestión automatizada de cobros sobre reventas[225];
- la posibilidad de utilidad y despliegue del activo subyacente y/o de los derechos asociados dentro de entornos o comunidades cerradas;
- el seguimiento y entrega en cadenas de suministros o en compraventas de bienes físicos[226];
- representaciones de identidad o titularidad para el ejercicio de derechos reales, de crédito o de gobernanza[227];

---

225 Algunos NFT van ligados a la gestión de derechos de propiedad intelectual gracias a los *smart contracts* programados a tal efecto. Por ejemplo, para generar pagos automáticos al artista (o a un tercero) cada vez que se transmite ese NFT.

226 Los NFT pueden aplicarse a la trazabilidad de productos y elementos de cadenas de fabricación o distribución que involucran a múltiples intermediarios. Los elementos vinculados al NFT pueden dar información que permite a los diferentes interesados conocer el progreso (geolocalización de las mercancías y comprobación de su procedencia, garantía de la autenticidad de los productos, control del stock, verificación de la temperatura de los contenedores o retrasos en envíos transfronterizos, entre otros) y rastrear los envíos en tiempo real. Todo ello permite garantizar la trazabilidad del producto y la transparencia de los procesos, sirviendo a su vez de certificado de calidad del producto final. Empresas de alimentación (Carnes validadas), del sector del lujo y de la moda (Prada, Gucci o Breitling) o de la restauración (Food by Robots) ya han incorporado la tecnología de NFT a su cadena de suministros. Más información en WEINBERG, Danny, «Así resuelven los NFTs algunos de los problemas de la cadena de suministro», *The Logistics World* [en línea], 2022. Disponible en: <https://thelogisticsworld.com/innovacion/asi-resuelven-los-nfts-algunos-de-los-problemas-de-la-cadena-de-suministro/>, [Fecha de consulta: 8 de mayo de 2024].

227 Por ejemplo, los titulares de ciertos NFT pueden votar como miembros de una Organización Autónoma Descentralizada (DAO). Los usuarios de estos entornos

- derecho de acceso a bienes o servicios limitados o exclusivos[228];
- creación y representación de propiedad fraccionada de activos digitales o bienes físicos[229];
- fines de inversión[230] y /o financiación de empresas o proyectos[231];
- o codificaciones especiales para usos de entretenimiento virtual o videojuegos[232].

A nuestro modo de ver, cualquier activo que sea único o escaso y del cual interesen su trazabilidad, su comercialización y/o la prueba de su origen y/o titularidad, puede «mintearse» y, por tanto, venderse a consumidores, adquirentes e inversores representado mediante un NFT, manteniéndose así la cualidad de no fungible o «semifungible» de dicho NFT[233].

---

poseen capacidades de gobernanza gracias a ser titulares de NFT que representan derechos de voto, generalmente al haber contribuido con inversiones al desarrollo del proyecto.

228 Por ejemplo, el club gastronómico Flyfish Club permitirá en 2023 adquirir mediante NFT la membresía que da acceso a ciertos servicios gastronómicos y de eventos culturales y sociales. Además, el NFT puede utilizarse para acceder a eventos exclusivos que tienen lugar en locales privados dentro de plataformas de metaverso. En este caso, el NFT podría catalogarse como *utility token*, como se verá en apartados posteriores.

229 Para más información sobre los NFT fraccionados, nos remitimos al capítulo «El «criptoarte» en NFT y su uso como captación de inversión»

230 Afirma la web Ethereum en su web que «El mundo de los NFT y el mundo de las finanzas descentralizadas (DeFi) empezaron a trabajar juntos en un sinnúmero de caminos distintos». Más detalles sobre esta cuestión en el capítulo «El «criptoarte» en NFT y su uso como captación de inversión», en este mismo trabajo.

231 Como los juegos «Play 2 Earn», que ayudaron a financiar empresas como *Axie Infinity*. De momento, la generalidad de NFT no son considerados por sí mismos como un valor negociable ni instrumentos financieros según el Reglamento MiCA y la Comisión Nacional del Mercado de Valores, puesto que sus características como activos únicos o escasos pueden dificultar su transmisibilidad. Nos detenemos en esta cuestión con más detalle en el apartado «4.5. Adquisición de NFT como activo de inversión», en este mismo trabajo.

232 Por ejemplo, la crianza de *Cryptokitties*, o la programación como autodestructibles de los *Hot Potatoes*.

233 Con todo, pueden existir lanzamientos de NFT que, por su configuración y utilidad, sea posible distribuir al gran público. Para más detalle, véase apartado «Reflexiones previas sobre la fungibilidad de los NFT. NFT fraccionados y emitidos en grandes series».

2. «CRIPTOARTE» EN NFT. BREVE MENCIÓN AL ARTE GENERATIVO, A LA TÉCNICA DE PASTICHE Y AL ARTE FÍSICO REPRESENTADO EN NFT

La trazabilidad, seguridad y transparencia del registro en *blockchain* tienen su impacto en el mundo del arte contemporáneo[234]. Los NFT han dado origen a un género propio: el «criptoarte», consistente en arte digital (principalmente imágenes, vídeo y/o audio[235]) que se crea y almacena completamente en la *blockchain* o que se crea en la *blockchain* para ser visualizado (o escuchado) y disfrutado digitalmente[236]. Con el formato de activo tecnológico único o de edición limitada aparecen nuevas oportunidades (algunas de las cuales hemos avanzado) que ahora recopilamos[237]. En primer lugar, se crea escasez y, por ende, se otorga valor a las obras de arte digital, al poder identificarlas como únicas y originales y distintas de otras copias que circulen en la red. En segundo lugar, permiten al creador ceder y/o reservarse derechos de explotación, y recibir ingresos por ventas secundarias, de manera automática, cuando así se configura en el *smart contract* del NFT y, eventualmente, en documentación contractual complementaria. En tercer lugar, su abanico de configuraciones permite fraccionar o emitir arte digital de forma agrupada (en series o colecciones) con el fin de obtener rentabilidad y facilitar la inversión. Estas oportunidades,

---

234 ROMERO COLOMA, Aurelia M., «El arte y el Derecho. Una visión constitucional (Censura, protección Jurídica y Libertad Artística)», Madrid, 2018, p. 45.

235 Aunque los NFT son el mecanismo idóneo para crear escasez en obras visuales digitales, su expansión en la música también es destacable. Como ejemplo, el álbum lanzado en NFT «When You See Yourself», del grupo estadounidense de música Kings of Leon, generó aproximadamente 2 millones de dólares estadounidenses, con añadidos digitales como una portada del álbum en movimiento, la posibilidad de descargar la música en dispositivos del usuario y el derecho a un vinilo de edición limitada. Otros NFT del grupo se editaron a modo de «tickets dorados», dando acceso vitalicio equivalente a cuatro entradas en primera fila, experiencia VIP y objetos de *merchandising* en cualquier concierto de la banda. En este caso, el uso del formato digital NFT permitió superar el modelo de negocio basado en la música grabada en formato físico o digital tradicional y conseguir más beneficios para la banda que los que proporcionan por norma general las plataformas de *streaming*.

236 POLICY DEPARTMENT FOR CITIZENS' RIGTHS AND CONSTITUTIONAL AFFAIRS, «Intellectual Property Rights and Distributed Ledger Tecnology», *op. cit.*, p. 9.

237 POLICY DEPARTMENT FOR CITIZENS' RIGTHS AND CONSTITUTIONAL AFFAIRS, «Intellectual Property Rights and Distributed Ledger Tecnology», *op. cit.*, p. 7.

o, como hemos preferido designarlas, utilidades del «criptoarte» en NFT, serán objeto de estudio jurídico en posteriores apartados.

En nuestra opinión, además, el formato NFT resulta una herramienta útil para dar mayor visibilidad al artista y/o al proyecto creativo: se facilita la promoción en entornos virtuales, abriéndose nuevos espacios para la exhibición y comunicación al público de creaciones (por ejemplo, en redes sociales y comunidades virtuales, *marketplaces* especializados en NFT y/o arte, o en plataformas con galerías virtuales o en entornos de metaverso) y se optimiza la liquidez de su obra. Todo ello facilita la supresión de intermediarios (como galeristas, agentes, marchantes o expertos en autenticación o tasación de obras), lo cual apareja para creadores e inversores una considerable la reducción de costes tanto en la difusión a gran escala del artista y de sus creaciones como en la compraventa u otras transacciones que tengan por objeto la propia obra de arte.

Pongamos ahora el foco en el concepto de «originalidad» de la obra artística: si bien no está completamente armonizado entre los diferentes Estados miembro, el TJUE ha puntualizado que los derechos de autor solo se aplican a una obra que es original «en el sentido de creación intelectual atribuida a su autor»[238]. Esta interpretación puede no cumplirse en aquellos casos de «arte generativo», es decir, obras de arte creadas artificialmente mediante procesos algorítmicos que se ejecutan a partir de una serie de parámetros variables introducidos por el «artista humano» en una plataforma o aplicación *ad hoc*[239]. Si bien no entraremos en detalle en el

---

238 STJUE (Sala Tercera), de 1 de diciembre de 2011, Eva María Palmer vs. Standads VerglagsGmbH, Axel Springer AG, Süddeutsche Zeitung GmbH, Sipegel —Verlag Rudolf Augstein GmbH &Co KG, Verlag NM.— DuMont Schauberg Expedition der Kölnischen Zeitung GmbH &Co KG, Asunto C-145/10, ECLI:EU:C:2013:138, apartado 87. En el mismo sentido, STJUE de 16 de julio de 2009, Infopaq International, C5/08, apartado 35, ECLI:EU:C:2009:465.

239 Como Art Blocks, Fidenza, Ringers o Midjourney. En Estados Unidos, en septiembre de 2022 se procedió al primer registro de derechos de autor de una novela gráfica, "Zarya of the Dawn", generada con inteligencia artificial. Sin embargo, en enero de 2023 la autoridad federal competente retiró a la autora su protección, tras estimar que esta no informó explícita o adecuadamente de que la obra había sido creada con la ayuda de inteligencia artificial. Véase noticia en: BÉCARES, Bárbara, «El primer cómic creado por inteligencia artificial ya no está protegido por copyright: Midjourney no es un co-autor aceptable», <https://www.genbeta.com/a-fondo/primer-comic-creado-inteligencia-artificial-no-esta-protegido-copyright-midjourney-no-co-autor-aceptable>. [Fecha de consulta: 8 de mayo de 2024]. A nuestro parecer, el deslinde de derechos entre autor y IA, la confluencia entre derechos sobre imágenes y derechos sobre metadatos, o la protección de

análisis de esta cuestión[240], podemos hacer referencia al artículo 5.1 del Texto Refundido de la Ley de Propiedad Intelectual que considera autor únicamente a la persona natural que crea una obra artística, literaria o científica. Por otro lado, parte de la doctrina también ha interpretado que la obra es un resultado de la actividad creativa humana. Ambas circunstancias excluirían la posible tutela de obras realizadas íntegra o mayormente por un dispositivo informático o una máquina[241]. Según lo expuesto sobre esta nueva problemática, opinamos que es preciso un análisis casuístico del peso de la intervención y aportaciones creativas de la persona natural en la obra generativa digital. Resulta dificultoso en la actualidad el hecho de establecer tales delimitaciones, tanto por motivos técnicos (los programas de inteligencia artificial no facilitan, por lo general, métricas sobre el peso de dichas intervenciones en la obra resultante) y por cuestiones legislativas, ya que estamos a la espera de la aprobación de regulación específica y de criterios de autoridades competentes, actualmente escasas o en período gestante[242].

---

personas u obras de terceros que aparezcan o inspiren dichas imágenes son cuestiones que presentan una especial relevancia jurídica. Por ello, creemos que será esencial un análisis casuístico de los detalles del proceso creativo (en concreto, los porcentajes u otras métricas de las contribuciones en la redacción de la historia o de concepción de la obra entre IA y artista, o la participación en la creación del diseño o en la toma de decisiones artísticas, entre otras) para determinar los titulares de derechos morales y de explotación. Si bien nos resultan de elevado interés, por razones de extensión y concreción no trataremos estas cuestiones en el presente trabajo. Por otra parte, algunos artistas han demandado recientemente en Estados Unidos a varias empresas porque sus sistemas de inteligencia artificial para la generación de arte se basaban en trabajos previos de artistas reconocidos, los cuales eran utilizados sin autorización para crear imágenes nuevas. Véase noticia en: PÉREZ, Enrique, «Era cuestión de tiempo que alguien demandara a una IA creativa por vulnerar la propiedad intelectual», <https://www.xataka.com/legislacion-y-derechos/era-cuestion-tiempo-que-alguien-demandara-a-ia-creativa-vulnerar-propiedad-intelectual>. [Fecha de consulta: 8 de mayo de 2024].

240 Nos remitimos a RAMÓN FERNÁNDEZ, Francisca, «Inteligencia artificial y los derechos en torno a la creación y la imagen», *Actualidad Jurídica Iberoamericana*, núm. 16 bis, junio 2022, pp. 3762-3791.

241 En este sentido, véase el estudio de GARCÍA SEDANO, Tania, «Análisis del criterio de originalidad para la tutela de la obra en el contexto de la ley de propiedad intelectual», *Anuario Jurídico y Económico Escurialense*, XLIX, 2016, pp. 521-274.

242 Véase a este respecto el Reglamento del Parlamento Europeo y del Consejo, de 13 de junio de 2024, por el que se establecen normas armonizadas en materia de inteligencia artificial y por el que se modifican los Reglamentos (CE) n.º 300/2008, (UE) n.º 167/2013, (UE) n.º 168/2013, (UE) 2018/858, (UE) 2018/1139 y (UE) 2019/2144 y las Directivas 2014/90/UE, (UE) 2016/797 y (UE) 2020/1828 (Re-

Por otra parte, el Real Decreto-ley 24/2021, de 2 de noviembre[243], permite que se creen «obras derivadas» mediante la técnica de «pastiche» sin necesidad de autorización del creador, es decir, la transformación de obras divulgadas que consistan en tomar determinados elementos característicos de la obra de un artista y combinarlos de manera que aparenten ser una creación original e independiente, cuando no exista riesgo de confusión con las obras originales ni suponga daños a la obra original o a su autor (art. 70). Este artículo puede tener aplicación efectiva en materia de arte digital y, más concretamente, en obras representadas en formato NFT que transformen creaciones de terceros, siempre y cuando se cumplan las mencionadas condiciones establecidas por la propia norma. Lo mismo podría predicarse de obras de arte generativo, si bien deberán analizarse de forma casuística los potenciales riesgos de confusión de la obra resultante con obras del artista original y la eventual existencia de daños reputacionales o por lucro cesante. Asimismo, deberá valorarse que efectivamente se está transformando la obra, pudiendo ser conflictiva la conjugación de este derecho de transformación con el derecho de reproducción del autor.

Resulta interesante, a este respecto, la interpretación concertada del artículo 1.4 del Tratado OMPI, donde se recoge que «El derecho de reproducción, tal como se establece en el Artículo 9 del Convenio de Berna, y las excepciones permitidas en virtud del mismo, son totalmente aplicables en el entorno digital, en particular a la utilización de obras en forma digital. Queda entendido que el almacenamiento en forma digital en un soporte

---

glamento de Inteligencia Artificial), 2021/0106(COD). Asimismo, puede ser de interés para el lector el informe sobre inteligencia artificial y la protección de la propiedad intelectual en la Unión Europea, emitido por la Oficina de Propiedad Intelectual de la Unión Europea (EUIPO) en marzo de 2022: EUIPO «Study in the impact of Artificial Intelligence on the Infringement and Enforcement of Copyright and Designs» [en línea], 2022. Disponible en: https://euipo.europa.eu/tunnel-web/secure/webdav/guest/document_library/observatory/documents/reports/2022_Impact_AI_on_the_Infringement_and_Enforcement_CR_Designs/2022_Impact_AI_on_the_Infringement_and_Enforcement_CR_Designs_FullR_en.pdf. [Fecha de consulta: 8 de mayo de 2024].

243 Real Decreto-ley 24/2021, de 2 de noviembre, de transposición de directivas de la Unión Europea en las materias de bonos garantizados, distribución transfronteriza de organismos de inversión colectiva, datos abiertos y reutilización de la información del sector público, ejercicio de derechos de autor y derechos afines aplicables a determinadas retransmisiones en línea y a las retransmisiones de programas de radio y televisión, exenciones temporales a determinadas importaciones y suministros, de personas consumidoras y para la promoción de vehículos de transporte por carretera limpios y energéticamente eficientes.

electrónico de una obra protegida, constituye una reproducción en el sentido del Artículo 9 del Convenio de Berna»[244]. Según esta interpretación concertada, a nuestro modo de ver el creador de un NFT precisaría de autorización expresa del creador de la obra para codificarla sin transformar en formato NFT, tanto si el activo subyacente al NFT es la obra digitalizada como si se puede entender como una «obra derivada» según esta viene definida por la regulación actual[245].

Más allá del formato digital, y como hemos comentado, un NFT puede representar una obra de arte física. En este caso, el NFT funcionaría a modo de certificado de autenticidad que acompaña la obra física[246]. A su vez, también podría representar derechos sobre esta obra física (derechos de explotación o fracciones de propiedad, por ejemplo), si así se codifica: ello facilitaría su rastreo y comercialización. La obra de arte física subyacente al NFT puede igualmente fraccionarse en piezas más pequeñas, con las finalidades de otorgar liquidez a un activo inicialmente ilíquido, de incentivar la inversión y de democratizar el acceso a obras de arte físico de precio elevado. La fragmentación de un NFT se fundamenta, por lo general, en la expectativa de que se incremente el valor del activo subyacente y, consecuentemente, de sus porciones[247]. Sin embargo, la fragmentación de un NFT también supone, a nuestro modo de ver, otras dificultades, como el ejercicio de derechos derivados de la copropiedad en ambos entornos

---

244 ORGANIZACIÓN MUNDIAL DE LA PROPIEDAD INTELECTUAL, *Declaraciones Concertadas relativas al Tratado de la OMPI sobre Derecho de Autor, respecto del artículo 1.(4)* [en línea]. Disponible en: <https://www.wipo.int/wipolex/en/text/295457>. [Fecha de consulta: 8 de mayo de 2024].

245 Más detalle en el comentario de la sentencia del caso Mango contra VEGAP, en el apartado "«Minteado» de «criptoarte» en NFT y derechos de autor. el caso Mango contra VEGAP", en este mismo capítulo.

246 Estos casos pueden presentar problemas jurídicos si la obra de arte subyacente se destruye y únicamente permanece el NFT. Como ejemplo, un grupo de adquirentes compraron de manera conjunta una pintura original del artista *Bansky* de una galería en Nueva York. Posteriormente, sus propietarios quemaron el original físico de la obra y ofrecieron una versión digitalizada de dicha obra como NFT. En este caso, el original se reemplazó con un NFT y se destruyó deliberadamente el original físico. Este caso puede suponer, a nuestro entender, infracciones en materia de derechos del autor si este no se da su consentimiento, así como compensaciones por destrucción deliberada del original único al cual el autor debería tener acceso.

247 POLICY DEPARTMENT FOR CITIZENS' RIGTHS AND CONSTITUTIONAL AFFAIRS, «Intellectual Property Rights and Distributed Ledger Tecnology», *op. cit.*, p. 17.

(físico y de *blockchain*), así como el reflejo en el NFT de utilizaciones no permitidas o alteraciones en la naturaleza del bien físico único. En casos de representación de obras de arte físicas mediante NFT resultará altamente recomendable, pues, la redacción de un contrato asociado a la obra física subyacente que distribuya derechos y responsabilidades relacionados con su uso, conservación y custodia de dicho bien, así como consecuencias legales en caso de daños en el objeto u otras circunstancias que puedan afectar a derechos del creador o de los cotitulares[248].

El cualquier caso, opinamos que la normativa aplicable atenderá, por una parte, a la naturaleza del activo subyacente «tokenizado» (como hemos comentado, en este trabajo abordaremos NFT estáticos que representan obras de arte digital); y, por otra parte, al uso o usos que puedan darse al «criptoarte» como token no fungible. Su aplicación se efectuaría de forma acumulativa, y alcanzaría variadas vertientes jurídicas: derecho civil (principalmente, derecho de bienes y teoría de obligaciones y contratos, y propiedad intelectual), regulación de la captación de inversión y de instrumentos financieros, entre otras. Como objeto del presente trabajo, pretendemos aproximarnos a las anteriores regulaciones para detectar la potencial problemática que presenta el «criptoarte» en NFT y hacer propuestas de carácter práctico y de *lege ferenda* al respecto. Concretamente, procederemos a este tratamiento jurídico en el estudio contenido en la Parte II de la presente obra.

3. NFT ilícitos y falta de responsabilidad de las plataformas de intermediación y «minteado»

Para que un NFT sea lícito de acuerdo con nuestro ordenamiento jurídico, su creador deberá respetar los derechos de propiedad intelectual de terceros sobre el activo subyacente. Además, si pretende someter el NFT a negocios de compraventa deberá cumplir con los artículos 1271 y 1445 CC (que estén dentro del comercio de los hombres, se admite cosa futura, no pueden ser cosas imposibles y debe ser una cosa determinada o determinable).

No son extraños los incidentes relativos a NFT que representan obras de arte digitales en los que el titular originario (creador de la obra) o legítimo titular de los derechos de propiedad intelectual (concretamente, de los derechos de explotación y comunicación pública) no resulta ser quien

---

248 Aunque somos conscientes de su interés, por motivos de concisión, no trataremos en profundidad tal problemática en el presente trabajo.

ofrece el NFT en transacciones de compraventa[249]. Por lo general, se trata de creaciones que se han «tokenizado» y transmitido mediante NFT sin permiso del titular de los derechos de propiedad intelectual, a través de la utilización de funcionalidades proporcionadas por plataformas de mercado en línea de NFT, como sucedió con el famoso caso de la colección «MetaBirkins»[250]. Estas plataformas, a su vez, actúan como intermediarias tanto en la creación como en las transacciones entre titulares de tókenes no fungibles[251]. Tal situación ha llevado a marcas y creadores renombrados a re-

---

249 En los casos conocidos como *sleep minting*, un hacker puede explotar la vulnerabilidad de un *smart contract* o conseguir acceso a la *wallet* de un creador y generar un NFT asociado a la dirección de este, para después recuperar ese NFT de la wallet del creador. Una vez usurpado el token, puede transferirlo a un tercero usando artificialmente la dirección del creador para aparentar la legitimidad de la obra y de la transacción. Para detectar con rapidez estas estafas, existen herramientas de monitoreo de la actividad de *blockchains*, como la red descentralizada Forta, que detecta y alerta de pérdidas o anomalías en la gestión de criptoactivos de sus suscriptores. Más información en: FORTA. Disponible en: <https://docs.forta.network/en/latest/what-is-forta/>. [Fecha de consulta: 8 de mayo de 2024].

250 En este caso, hablamos de conductas susceptibles de constituir un delito de plagio, de acuerdo con el artículo 270.1 del Código Penal español, cuando el «minteador» no sea titular de los derechos de propiedad intelectual.

251 En Estados Unidos se ha desarrollado el caso del plagio virtual del bolso Birkin, de la marca Hermès, a través del lanzamiento de 100 NFT inspirados en el diseño icónico de este accesorio y vendidos por unos 790 dólares cada uno, alcanzando toda la colección de NFT un precio de más de 1,2 millones de dólares. Su «minteador», Mason Rothschild, afirma que «la Primera Enmienda me otorga el derecho de hacer y vender arte que represente los bolsos Birkin, tal como le dio a Andy Warhol el derecho de hacer y vender arte que represente la Sopa Campbell». Representantes de la marca Hermès, por el contrario, alegan que «la marca MetaBirkins simplemente copia la famosa marca registrada Birkin de Hermès, al agregar el prefijo genérico "meta"», y acusa a Rothschild de ser «un especulador digital que busca enriquecerse rápidamente al apropiarse de la marca «MetaBirkins» para crear, comercializar y vender activos digitales conocidos como tókenes no fungibles o NFT». El 8 de febrero de 2023, un jurado federal de Manhattan resolvió que el artista digital debía pagar a la marca de lujo 133.000 dólares en concepto de indemnización por daños, infracción de marca y «cybersquatting» (también conocida como ciberocupación, esta técnica abusiva consiste en registrar o utilizar un dominio con un nombre similar al de una marca reconocida con el fin de desviar el tránsito web de consumidores a otro sitio y obtener beneficios patrimoniales o morales de dicho tránsito [definición propia]), confirmando que la creación de los NFT «MetaBirkins» de Rothschild no están protegidos por la Primera Enmienda, difuminándose así la línea entre arte y productos comerciales. Meses después, Hermès presento pruebas de que Rothschild había seguido comercializando tales NFT incluso después del veredicto del jurado. El pasado

gistrar su patrimonio intelectual para protegerlo específicamente frente a usos no autorizados relacionados con «minteados» y transacciones de NFT, así como de eventuales conflictos con criptomonedas y con compras 3D en plataformas de metaverso[252]. Resulta especialmente importante a estos efectos que la Organización Mundial de la Propiedad Intelectual (OMPI o WIPO) haya introducido los NFT en la 12ª edición de la Clasificación de Niza, bajo el concepto «archivos digitales descargables autenticados por tókenes no fungibles» en vigor desde enero de 2023, concretamente en la Clase 9. La Oficina Europea de la Propiedad Intelectual (EUIPO), por su parte, permite también registrar activos digitales que sean representados mediante tókenes no fungibles[253].

---

junio de 2023, un juez federal de Manhattan accedió a la petición de Hermès de bloquear permanentemente las ventas de los «MetaBirkins», motivada dicha orden en que su comercialización podía confundir a los consumidores sobre su origen (aunque en el sitio web de Metabirkins podía leerse lo siguiente: «We are not affiliated, associated, authorized, endorsed by, or in anyway officially connected with the HERMES, or any of its subsidiaries or its affiliates. The official HERMES website can be found at https://www.hermes.com/») y en la protección de la reputación de la casa de lujo francesa, que se negaba rotundamente a respaldar esos lucrativos NFT. Sin embargo, el juez decidió no ordenar la transferencia de los tokens por eventuales conflictos de esta actuación con el amparo que ofrece la Primera Enmienda. Queda por saber cuál será el futuro de los MetaBirkins adquiridos por terceros (su valor o su transmisibilidad, entre otras cuestiones) y cuyos datos están almacenados en una *blockchain* pretendidamente inalterable. El caso es Hermes International contra Rothschild, Tribunal de Distrito de los Estados Unidos para el Distrito Sur de Nueva York, No. 1:22-cv-00384. Por Hermes: Gerald Ferguson, Deborah Wilcox y Oren Warshavsky de Baker & Hostetler; por Rothschild: Rhett Millsaps, Christopher Spriman, Mark McKenna y Rebecca Tushnet de Lex Lumina; Jonathan Harris y Adam Oppenheim de Harris St. Laurent & Wechsler. Más información en ROSSOW, Andrew, «The Hermès Lawsuit May Dictate The Future of NFTs» [en línea], *NFT Now*, 19 de mayo de 2022; y SMALL, Zachary, «Hermès Wins MetaBirkins Lawsuit: Jurors Not Convinced NFT Are Art» Disponibles respectivamente en: <https://nftnow.com/guides/how-the-hermes-lawsuit-could-determine-the-future-of-trademark-rights-in-nfts/> y <https://www.nytimes.com/2023/02/08/arts/hermes-metabirkins-lawsuit-verdict.html>. [Fecha de consulta: 8 de mayo de 2024].

252 Otras empresas renombradas, como Wallmart, al conocer del caso Hermès vs. MetaBirkins, han procedido a registrar sus marcas para protegerlas de fraudes o usurpaciones a través de lanzamientos no autorizados de NFT.

253 La EUIPO, tras recibir multitud de solicitudes relacionadas con productos virtuales y NFT, publicó en una breve nota los principios en los que basa su interpretación de dicha clasificación. Sus criterios se refieren a que los productos virtuales pertenecen a la Clase 9 y se tratan como contenido digital o imágenes, aunque reconoce la falta de claridad y precisión del término «productos virtuales», lo

Respecto de las plataformas mercado de NFT, queremos detenernos brevemente en el análisis del Real Decreto-ley 24/2021[254], que transpone la Directiva (EU) 2019/790 sobre los derechos de autor y derechos afines en el mercado único digital[255]. Esta armonización legislativa pretende ser un instrumento que proporcione mayores garantías a los creadores de obras digitales. Con base en ambas normas (arts. 17 de la Directiva y 73 del Real Decreto-ley), se considera acto de comunicación al público o puesta a disposición del público el acceso a obras protegidas por derechos de autor cargadas o subidas por sus usuarios. Por ello, dicha regulación requiere a las plataformas que se obtenga una autorización de los titulares de derechos (según art. 3 de la Directiva 2010/19/CE), por ejemplo, mediante acuerdo de licencia. En caso de no obtenerla, las plataformas podrían ser consideradas responsables de los actos no autorizados, excepto que pudieran demostrar haber actuado como la diligencia profesional exigible, haber hecho los mayores esfuerzos para obtener la autorización o haber actuado adecuadamente y con celeridad para retirar las obras del acceso cuando los titulares de derechos no autorizasen a la comunicación al público de las obras protegidas.

cual hace necesario detallar el contenido de dichos productos (aporta un ejemplo: «productos virtuales descargables, en concreto, prendas de vestir virtuales»). Atendiendo a la incorporación por la WIPO del concepto «archivos digitales descargables autenticados por tókenes no fungibles», la EUIPO afirma que tratará a los NFT como certificados digitales únicos registrados en una *blockchain* que autentican elementos digitales, pero que son distintos a dichos elementos digitales. Por este motivo, para la Oficina Europea no es registrable un NFT por sí solo, sino que debe especificarse el tipo de artículo digital autenticado mediante el NFT. EUIPO, «Productos virtuales, tókenes no fungibles y el metaverso», EUIPO-sitio web oficial (Noticias y eventos) [en línea], 23 de junio de 2022. Disponible en: <https://euipo.europa.eu/ohimportal/es/news-newsflash/-/asset_publisher/JLOyNNwVxGDF/content/pt-virtual-goods-non-fungible-tokens-and-the-metaverse>. [Fecha de consulta: 8 de mayo de 2024].

254 Real Decreto-ley 24/2021, de 2 de noviembre, de transposición de directivas de la Unión Europea en las materias de bonos garantizados, distribución transfronteriza de organismos de inversión colectiva, datos abiertos y reutilización de la información del sector público, ejercicio de derechos de autor y derechos afines aplicables a determinadas transmisiones en línea y a las retransmisiones de programas de radio y televisión, exenciones temporales a determinadas importaciones y suministros, de personas consumidoras y para la promoción de vehículos de transporte por carretera limpios y energéticamente eficientes.

255 Directiva 2019/790 del Parlamento Europeo y del Consejo de 17 de abril de 2019 sobre los derechos de autor y derechos afines en el mercado único digital y por la que se modifican las Directivas 96/9/CE y 2001/29/CE.

Sin embargo, en nuestra opinión existen dos dificultades para la sujeción a esta normativa a los mercados en línea de «criptoarte» en NFT[256]. La primera dificultad surge de la propia literalidad de las normas: aunque obligan a aquellos «prestadores de servicios para compartir contenidos en línea»[257] que «almacenen y den acceso al público a obras protegidas cargadas por sus usuarios» (art. 66) y que «organicen y promocionen dichas obras» a requerir autorización, el legislador europeo excluye expresamente a los mercados en línea del ámbito subjetivo de aplicación de la Directiva (art. 2.6 de la Directiva, transpuesto literalmente en el segundo apartado del artículo 66.6 del mencionado Real Decreto-ley). Las normas no definen «mercado en línea», sino que es en su Considerando 62 donde la Directiva matiza que los mercados en línea excluidos son «los mercados en línea cuya actividad principal es la venta minorista en línea, y no dar acceso a contenidos protegidos por derechos de autor». A nuestro entender, las plataformas de mercado de NFT tienen ambas funcionalidades: venden en línea en formato minorista, pero, a su vez, permiten el acceso a contenidos protegidos por derechos de autor (se permite la visualización de obras de arte digitales al público); además, estas plataformas mercado suelen actuar con fines lucrativos, no se dedican, por lo general, a compartir contenidos en código abierto y tienen, actualmente, una amplia audiencia en el mercado español e internacional. Pero esta confluencia de usos de las plataformas mercado de NFT no se pudo prever por los legisladores, al redactarse

---

256 Discrepamos, en este sentido, con otros trabajos que consideran aplicable la Directiva 2019/790 a las plataformas mercado de NFT. DREY, Maya, «Crypto-assets Emerging Regulations in the European Framework», *Working papers Institut d'Estudis Europeus* [en línea], núm. 11, 2022, p. 34. Disponible en: < https://ddd.uab.cat/pub/worpap/2022/268253/wpIEEa2022n11.pdf>. [Fecha de consulta: 8 de mayo de 2024].

257 Según su artículo 66.6, se entiende por «prestador de servicios para compartir contenidos en línea» a: «todo prestador de un servicio de la sociedad de la información cuyo fin principal o uno de cuyos fines principales es almacenar y dar al público acceso a obras u otras prestaciones protegidas, en gran número o con un alto nivel de audiencia en España, cargadas por sus usuarios, que el servicio organiza y promociona con fines lucrativos directos o indirectos. Los prestadores de servicios como las enciclopedias en línea sin fines lucrativos directos ni indirectos, los repositorios científicos o educativos sin fines lucrativos directos ni indirectos, las plataformas para desarrollar y compartir programas informáticos de código abierto, los proveedores de servicios de comunicaciones electrónicas, los mercados en línea y los prestadores de servicios entre empresas y en la nube, que permiten que los usuarios carguen contenido para su propio uso, no serán considerados prestadores de servicios para compartir contenidos en línea a los efectos del presente real decreto-ley».

la Directiva en un momento muy temprano de desarrollo y expansión del formato de «criptoarte» en NFT. Por ello, nos parece que sería conveniente, o bien una futura propuesta enmendadora que aclare la posición de estas plataformas y que permita incluirlas en el ámbito de aplicación de la norma, o bien interpretaciones judiciales o de autoridades competentes que sean flexibles al respecto de dicha literalidad, con atención al contexto fáctico actual.

La segunda dificultad que hemos detectado radicaría en la aplicación práctica de la Directiva: la identificación y solicitud de autorización de los verdaderos titulares de los derechos de autor se presenta, a nuestro modo de ver, compleja. Téngase presente que los NFT se desenvuelven en entornos virtuales muchas veces seudonimizados y con un alto volumen de transacciones automatizadas que implican cesiones de derechos que resultan peculiares de cada emisión de NFT[258].

Recordemos, por último, que la visualización por terceros de la obra artística subyacente es una cualidad que parece necesaria para poder ofrecer el NFT como objeto de exhibición y para generar expectativas de beneficio en futuras transacciones, siendo ambas finalidades los principales motores del mercado de «criptoarte» en NFT, y constituyéndose el «criptoarte»

258 A nuestro modo de ver, ciertas plataformas de intercambio y proveedores de servicios de monedero electrónico de criptomonedas que también presten servicios de Exchange o custodia de NFT pueden encontrarse obligados a cumplir con el deber de diligencia establecido por la Directiva 2018/843 relativa a la prevención de la utilización del sistema financiero para el blanqueo de capitales o la financiación del terrorismo, y por la que se modifican las directivas 2009/138/CE y 2013/36/UE (AMDL5). La Directiva AMDL5 fue traspuesta por el Real Decreto-ley 7/2021, de 27 de abril, de transposición de directivas de la Unión Europea en las materias de competencia, prevención del blanqueo de capitales, entidades de crédito, telecomunicaciones, medidas tributarias, prevención y reparación de daños medioambientales, desplazamiento de trabajadores en la prestación de servicios transnacionales y defensa de los consumidores. El contenido del deber de diligencia consiste, principalmente, en verificar la identidad de los clientes y monitorizar actividad sospechosa de blanqueo y remitirla al GAFI. Lo mismo sucedería en aquellos casos de operadores de transacciones de obras de arte que superen los 10.000 euros. En este sentido, reiteramos que, al tratarse los NFT de criptoactivos distintos a monedas virtuales, puede que no se aplique la Directiva 5AMLD a las plataformas de intercambio y a los prestadores de servicios de custodia específicos de NFT, con lo cual deberemos estar a lo que establezca la futura regulación sobre estas cuestiones.

como un mercado cuyo valor se mueve también por apreciaciones subjetivas. Volveremos sobre esta cuestión en posteriores apartados[259].

En otro orden de cosas, partiendo de asuntos que ocurran en el marco de relaciones de consumo[260], y como sucedía con anteriores regulaciones, de acuerdo con la regulación actual contenida en el Reglamento (UE)2022/2065 del Parlamento Europeo y del Consejo de 19 de octubre de 2022 relativo a un mercado único de servicios digitales (en adelante, RSD)[261], la plataforma de mercado de NFT que actúe como intermediaria entre vendedor y adquirente de NFT sigue sin tener obligación de monitorizar o supervisar los contenidos que alojan o transmiten sus usuarios (art. 15 Directiva 2000/31/CE, art. 7 RSD)[262]. No obstante, esta norma habilita un procedimiento en el que el autor o titular legítimo de los derechos de propiedad intelectual deberá notificar a la plataforma (en el caso que nos ocupa, a la plataforma de mercado en línea de NFT) la eventual usurpación de derechos de autor y/o económicos. El RSD obliga a la plataforma a facilitar mecanismos de notificación electrónicos y fácilmente accesibles al usuario dentro de un sistema interno de gestión de reclamaciones (art. 16.1 RSD).

---

259 Al respecto, véase el capítulo «El NFT como soporte de cesiones de derechos de propiedad intelectual», en este mismo trabajo.

260 Sobre la consideración de los NFT como bienes de consumo en sí mismos, y sobre la consideración de contenidos digitales de aquellas obras de arte carentes de formato físico, nos remitimos al apartado «Utilidad del NFT como certificado digital de autenticidad, originalidad y titularidad de la obra de arte digital».

261 Reglamento (UE)2022/2065 del Parlamento Europeo y del Consejo de 19 de octubre de 2022 relativo a un mercado único de servicios digitales y por el que se modifica la Directiva 2000/31/CE (Reglamento de Servicios Digitales).

262 La colección de NFT Metabirkins se retiró de la plataforma OpenSea, pero semanas después de hacerse pública la sentencia, un listado de Metabirkins seguía comercializable en la plataforma especializada LooksRare. Por otra parte, algunas plataformas *peer to peer* se descargan de responsabilidad por riesgos relacionados con la compraventa de NFT creados por terceros. Como ejemplo, facilitamos esta cláusula de los términos de servicio de la plataforma Opensea: «There are risks associated with purchasing items associated with content created by third parties through peer-to-peer transactions, including but not limited to, the risk of purchasing counterfeit items, mislabeled items, items that are vulnerable to metadata decay, items on smart contracts with bugs, and items that may become untransferable. You represent and warrant that you have done sufficient research before making any decisions to sell, obtain, transfer, or otherwise interact with any NFTs or accounts/collections». Disponibles en: <https://opensea.io/tos>. [Fecha de consulta: 8 de mayo de 2024].

Aplicando este artículo, el usuario seguirá el procedimiento de reclamación, pudiendo aportar las pruebas, motivos y alegaciones que sustenten sus afirmaciones y la ubicación electrónica exacta del NFT presuntamente dañoso, entre otros datos (art. 16.2 RSD). Estudiada esta notificación, que permite considerar legalmente que la plataforma ha tenido conocimiento efectivo de la eventual ilegalidad[263] (art. 16.3 RSD), dicha plataforma valorará la denuncia privada y actuará en consecuencia, borrando, ocultando o realizando acciones que considere adecuadas, como la restricción de visibilidad de perfiles y retirada de contenidos accesibles (por ejemplo, impedir el acceso al NFT supuestamente lesivo), entre otras[264] (arts. 16 y 17.1 RSD). Tomada la decisión sobre las medidas a aplicar, la plataforma deberá presentar al usuario afectado los fundamentos legales y otras motivaciones, si conoce los datos de contacto pertinentes (arts. 17.1 y 17.2 RSD).

Por su parte, los usuarios afectados dispondrán de información sobre las vías de recurso, ya sea a través del sistema interno de reclamaciones, mediante sistemas de resolución extrajudicial de conflictos, o sobre su derecho a recurrir judicialmente la decisión de la plataforma ante un tribunal (art. 17.3.f RDS). En cuanto a los usuarios que reiteradamente alojen contenidos ilícitos o que envíen con frecuencia avisos infundados, después de recibir una advertencia por parte de la plataforma, podrán verse privados de la prestación de servicios de intermediación por un período razonable (art. 23.2 RSD). El RSD introduce otra novedad: la figura de los alertadores fiables, que son entidades aprobadas por el coordinador de servicios digitales del Estado miembro donde estén establecidas que enviarán avisos a las plataformas sobre contenidos presuntamente ilícitos alojados en plataformas en línea (art. 22 RSD). Estos alertadores pueden ser de utilidad a la hora de detectar posibles infracciones de derechos mediante la oferta de NFT en *marketplaces* abiertos. El uso de inteligencia artificial por parte de plataformas mercado de NFT y de plataformas de pago nos parece otra vía interesante de detección de potenciales fraudes en el mercado de «criptoarte» en NFT[265].

---

263 El RSD establece que el carácter ilícito de los contenidos, productos, servicios y actividades vendrá determinado por el derecho de la Unión y de cada Estado miembro (art. 3, letra h).

264 El RSD también considera otras actuaciones que puede adoptar la plataforma, como la suspensión o terminación de mecanismos de pago o de toda o parte de la prestación del servicio de intermediación, o la suspensión o cancelación de la cuenta del usuario denunciado (art. 17.1 RSD).

265 Mastercard ya ha anunciado el lanzamiento de una nueva herramienta de inteligencia artificial para ayudar a las entidades financieras a luchar contra el fraude

Por otro lado, las plataformas digitales que ofrecen servicios de «minteado» de NFT (las cuales suelen funcionan a su vez como plataformas mercado) habitualmente cuentan en sus términos y condiciones con limitaciones y exenciones de responsabilidad tales como aceptaciones del servicio «tal cual está» y «tal y como se presta». Aunque el usuario de la plataforma haya suscrito estas cláusulas, es interpretable que, de acuerdo con los artículos 8.1 y 8.2 de la Ley 7/1983 de Condiciones Generales de la Contratación, algunas de ellas sean nulas por impedir la interposición de acciones que permitan el resarcimiento por daños y perjuicios sufridos por falta de diligencia o prestaciones defectuosas del operador de plataforma, o limitar el importe de la compensación[266] (arts. 1101,1106, 1107, 1255, 1258 y 1911 CC).

---

en pagos y estafas. Mediante el análisis de datos, el sistema podría predecir si un usuario está intentando realizar una trasferencia de fondos a cuentas previamente autorizadas a estafas. Según informaciones de Mastercard, nueve de los mayores bancos de Reino Unido (entre ellos, Lloyds Bank, Halifax Bank of Scotland, Natwest, TSB y Monzo) se habrían interesado formalmente en esta solución.

266 Como ejemplo, esta cláusula de la plataforma Opensea: «13. Limitation of Liability. (...). NOTWITHSTANDING ANYTHING TO THE CONTRARY CONTAINED HEREIN, IN NO EVENT SHALL THE MAXIMUM AGGREGATE LIABILITY OF OPENSEA ARISING OUT OF OR IN ANY WAY RELATED TO THESE TERMS, THE ACCESS TO AND USE OF THE SERVICE, CONTENT, NFTS, OR ANY OPENSEA PRODUCTS OR SERVICES EXCEED THE GREATER OF (A) $100 OR (B) THE AMOUNT RECEIVED BY OPENSEA FOR ITS SERVICE DIRECTLY RELATING TO THE ITEMS THAT ARE THE SUBJECT OF THE CLAIM. THE FOREGOING LIMITATIONS WILL APPLY EVEN IF THE ABOVE STATED REMEDY FAILS OF ITS ESSENTIAL PURPOSE». Términos de servicio disponibles en: <https://opensea.io/tos>. [Fecha de consulta: 8 de mayo de 2024].

Capítulo 3

Fuentes de información jurídica relativas a los NFT y, particularmente, al «criptoarte» en NFT

En este capítulo nos interesamos en la información a la cual debería poder tener acceso el adquirente de un NFT respecto de los riesgos y utilidades tanto del token como de su activo subyacente, y de sus derechos de uso y disfrute sobre el activo adquirido. Sepa el lector que esta información no siempre se facilita al adquirir un NFT y, de hacerlo, puede encontrarse en ubicaciones dispersas y no siempre sencillas de localizar. Por otra parte, esta información puede ser incompleta o resultar susceptible de alteraciones. La generalización de un libro blanco que acompañara a las emisiones y que incorporase una serie de contenidos mínimos solventaría, a nuestro juicio, gran parte de los problemas planteados.

1. INFORMACIÓN JURÍDICA DEL NFT

Como hemos adelantado, un NFT no siempre va asociado a un conjunto de cláusulas reguladoras de los derechos y facultades conferidos a su titular o de posibles responsabilidades derivadas de su tenencia, almacenamiento y uso. Idealmente, la información que acompañase a un NFT debería ser, a nuestro parecer, la siguiente:

1. Efectos de la configuración del smart contract de un NFT y eventuales peculiaridades del activo subyacente y de su almacenamiento: el usuario debe conocer los efectos prácticos de la configuración del NFT, así como las características del activo subyacente digital, para poder deducir sus consecuencias legales. Dada la amplia variedad de posibilidades que ofrece la técnica, la configuración puede afectar a aspectos tan relevantes como la pervivencia del activo (riesgos derivados del almacenamiento del archivo, codificaciones de temporalidad, entre otras), su mutabilidad, transferibilidad, límites al despliegue en entornos digitales, diseño de cobro de porcentajes sobre reventas o cualesquiera otras condiciones que puedan

afectar a la transmisión, uso y disfrute de dicho NFT y del activo al cual representa[267].

2. Riesgos propios de la naturaleza del NFT como activo. Existen riesgos asociados al funcionamiento del *hardware* y *software* que sustentan el ecosistema NFT y que no dependen directamente de la plataforma «minteadora» o intermediaria, así como riesgos asociados a la volatilidad de su valor y a su relación con la apreciación o depreciación de las principales criptomonedas (en especial, BTC y ETH)[268]. Las Autoridades Europeas de Supervisión (es decir, el conjunto de autoridades denominado ESA, que integra la Autoridad Bancaria Europea, la Autoridad Europea de Valores y Mercados y la Autoridad Europea de Pensiones y Seguros de Jubilación)

---

267 Véase apartado «Clasificación de los NFT según su configuración», en capítulos anteriores de este mismo trabajo.

268 Estudios económicos destacan que el mercado de los NFT se ve afectado directamente por el precio de las criptomonedas bitcoin y ether. El mercado de NFT, menor que el de las criptomonedas, parece verse influido por el valor de las criptomonedas porque con ellas se adquieren los NFT, con lo cual una bajada en el precio implica una pérdida de poder adquisitivo y una consecuente bajada en el mercado NFT, mientras que cuando las criptomonedas registran una apreciación de valor, los inversores buscan nuevas oportunidades de inversión y el mercado NFT repunta. Esta teoría parece haberse demostrado de forma práctica en el año 2023, tas el declive del valor de los NFT una vez acontecidas considerables depreciaciones del bitcoin y de otras de las principales criptomonedas del mercado. Para más detalle, nos remitimos a: DOWLING, Michael, «Is non-fungible token pricing driven by cryptocurrencies?», *Finance Research Letters*, Vol. 44, 2022, pp. 1-6. Disponible en: <https://doi.org/10.1016/j.frl.2021.102097>. [Fecha de consulta: 8 de mayo de 2024]. y a ANTE, Lennart, «The non-fungible token (NFT) market and its relationship with Bitcoin and Ethereum», *BRL Working paper Series [en línea]*, núm. 20, 2021. Disponible en: <https://ssrn.com/abstract=3861106>. [Fecha de consulta: 8 de mayo de 2024].Como contraposición a los estudios anteriores, al parecer también existen datos aportados por otros informes en los que parece que el mercado de NFT va independizándose progresivamente de las afectaciones de la cotización de las criptomonedas. Al respecto, nos remitimos a DAPPRADAR, *What Do Consumers Want from NFTs?* [en línea], febrero de 2023. Disponible en: < https://dappradar.com/blog/behavior-report-what-do-consumers-want-from-nfts#Chapter-2>. [Fecha de consulta: 2 de abril de 2023]. En cuanto a la volatilidad de los precios de los NFT, resulta interesante esta cláusula de riesgos que suscriben los usuarios de OpenSea: «The value of an NFTs is subjective. Prices of NFTs are subject to volatility and fluctuations in the price of cryptocurrency can also materially and adversely affect NFT prices. You acknowledge that you fully understand this subjectivity and volatility and that you may lose money». Términos de servicio disponibles en: <https://opensea.io/tos>. [Fecha de consulta: 8 de mayo de 2024].

han publicado una serie de advertencias para los consumidores de los riesgos que comparten muchos criptoactivos[269] (y entre estos, el NFT, como subcategoría de criptoactivo). Según dicha autoridad, los principales peligros que presentan los criptoactivos para los consumidores son:

- las fluctuaciones extremas de precios, con riesgo de pérdida del total de la inversión efectuada;
- la información engañosa, poco clara, incompleta, inexacta, engañosa o sesgada con la que muchos criptoactivos se ofrecen al público, principalmente a través de redes sociales;
- la ausencia de protección para aquellos adquirentes de criptoactivos no regulados;
- la complejidad de algunos productos;
- el riesgo de fraude o actividades maliciosas cometidas mediante criptoactivos;
- la manipulación del mercado, falta de transparencia de precios y escasa liquidez;
- y problemas operativos y de ciberseguridad.

Estos riesgos pueden ser conocidos para un inversor experto en NFT[270], pero, desde nuestro punto de vista, deberían incluirse como información

---

269 La ESA define criptoactivo como una representación digital de valor o derechos que pueden transferirse y almacenarse electrónicamente, mediante el uso de la tecnología de registro distribuido o tecnología similar. Más información en la publicación en el sitio web oficial de la CNMV, *Los reguladores financieros de la UE advierten a los consumidores sobre los riesgos de los criptoactivos*, 2022. Disponible en: <https://www.cnmv.es/portal/verDoc.axd?t=%7Bae8ca3f2-fe42-4b49-ad3f-806187ab94ff%7D>. [Fecha de consulta: 8 de mayo de 2024].

270 A lo largo de este trabajo, entiéndase el concepto de inversor en un sentido amplio que excede del inversor profesional (aquel cliente con más capacidad para comprender la naturaleza y los riesgos de los mercado, productos y servicios de inversión) y del inversor entendido en un sentido estricto jurídico (aquel sujeto que accede a los servicios y actividades de inversión regulados por la Ley del Mercado de Valores y Servicios de Inversión). Compréndase, pues, incluido el inversor minorista, categoría que alcanza a inversores particulares y a aquellos con menos conocimientos y experiencia en mercados de valores y en criptoactivos, definido como aquel que «normalmente opera en un ámbito ajeno a su actividad comercial, empresarial, oficio o profesión, y que puede carecer de los conocimientos y experiencia necesarios para tomar sus propias decisiones de inversión y valorar los riesgos de las mismas». FONTICIELLA HERNÁNDEZ, Beatriz, *La protección*

esencial del NFT cuando sea objeto de relaciones de consumo. En este sentido, recordemos que el contexto del NFT es cambiante, complejo y de por sí inseguro, con configuraciones de NFT únicas y personalizables en cada emisión. Por este motivo, consideramos muy atrevido aplicar con generalidad la doctrina del «consumidor experto», y abogamos por la facilitación de información clara y transparente sobre riesgos del NFT al adquirente (sea susceptible o no de considerarse consumidor), entre ellas información sobre sus características esenciales, posibilidad de transmisión y derechos de explotación del activo digital, configuración y demás límites al uso y despliegue, siendo bienvenidas cualesquiera propuestas normativas o de ética conductual al respecto.

En este sentido, si el usuario es un consumidor[271] (según se define por la normativa de derecho de consumo) y en el marco de relaciones de con-

---

del inversor minorista en el panorama fintech: crowdfunding, criptomonedas e initial coin offerings (ICO), Madrid, 2021, pp. 31-32.

271 Coincidimos con la propuesta de mejora del concepto jurídico actual de «consumidor medio», relativo a la imagen de referencia de la normativa de consumo correspondiente a una «persona razonablemente informada, atenta y perspicaz». Este concepto tiene su origen en la STJUE de 16 de julio de 1998 (TOL9.935.551), asunto (C-210-96) *Gut Springenheide GmbH y Tusky*. Esta sentencia fue completada con la STJUE de 13 de enero de 2000, (C-220/98), *Estée Lauder Cosmetics GmbH&-Co.OHG/Lancaster Group GmbH*. Posteriormente, este concepto se recoge de manera expresa en el art. 5.2 de la Directiva 2005/29/CE del Parlamento Europeo y del Consejo, de 11 de mayo de 2005, relativa a las prácticas comerciales desleales de las empresas en sus relaciones con los consumidores del mercado interior, que modifica la Directiva 840/450/CEE del Consejo, las Directivas 97/7/CE, 98/27/CE y 2002/65/CE del Parlamento Europeo y del Consejo y el Reglamento (CE) núm. 2006/2004 del Parlamento Europeo y del Consejo (Directiva sobre las prácticas comerciales desleales). Nos sumamos a la opinión de HUALDE y PEÑA en cuanto al acercamiento de este concepto a la realidad del consumidor europeo que demuestran estudios empíricos inspirados por la economía conductista. Dichos estudios, realizados por encargo de la Unión Europea, se refieren a las causas generadoras de la debilidad o vulnerabilidad en los consumidores europeos. En concreto, puede destacarse el Informe de 2016 elaborado por las instituciones London Economics, VVA Consulting e IPSOS, *Consumer vulnerability across key markets in the European Union* [en línea]. Disponible en: <https://op.europa.eu/en/publication-detail/-/publication/79b42553-de14-11e6-ad7c-01aa75ed71a1>. [Fecha de consulta: 8 de mayo de 2024]. Así, existiría un tipo de consumidor vulnerable que afectaría a todos los consumidores europeos sin distinciones, inspirado en la legislación canadiense: el consumidor «confiado e inexperto» y «apresurado», que se comporta de manera muy diferente al consumidor medio. Esta nueva categoría define al consumidor como una persona «que confía en las explicaciones y en la información que el proporciona el empresario», que «carece de la expe-

sumo, opinamos que debe garantizarse su derecho básico de información, con el fin de permitirle un adecuado uso y disfrute del producto adquirido (art. 8.d TRLGDCU). En caso contrario, podría aplicarse en su beneficio la normativa sobre cláusulas abusivas limitadoras de derecho básicos (art. 86.1 TRLGDCU), en especial cuando al consumidor le resulte imposible dirigirse al proveedor por falta de conformidad con el bien, contenido o servicio digital (art. 125 TRLGDCU), así como otras disposiciones en materia de consumo que tengan carácter imperativo[272].

Además del contenido anterior, el adquirente debería revisar los términos y condiciones de la compraventa del token, así como de cualquier otro negocio jurídico al que pueda someterse ese NFT. Tenga en cuenta el lector que los NFT pueden ser objeto de variados negocios jurídicos a través de automatizaciones del *smart contract* (alquiler, hipoteca, póliza de seguros, pago de regalías o de derechos de participación sobre reventa...), o con intermediación de plataformas específicas para llevar a cabo operaciones especializadas que tengan por objeto un NFT. En cualquier caso, las plataformas que actúen como *marketplace* o como facilitadoras de otros negocios jurídicos que tengan por objeto los NFT pueden incorporar derechos y obligaciones para el adquirente que, en su propio interés, este

riencia necesaria respecto del objeto del contrato para poder ir más allá de las informaciones literales y de las impresiones generales», y que «no se va a detener el tiempo suficiente en analizar el producto o servicio». Al respecto, véanse PALAU RAMÍREZ, Felipe, «El consumidor medio y los sondeos de opinión en las prohibiciones de engaño en el Derecho español y europeo. A raíz de la sentencia del TJUE de 16 de julio de 1998 "Gut Springenheide"», *Actas de derecho industrial y derecho de autor,* Tomo 19, 1998, pp. 367-396; HUALDE MANSO, Teresa, *Del consumidor informado al consumidor real. El futuro del Derecho de Consumo Europeo,* Madrid, 2016, pp. 59 y ss.; y PEÑA LÓPEZ, Fernando, «El consumidor vulnerable en el mercado financiero», *Mecanismos de protección del consumidor de productos y servicios financieros,* Natalia Álvarez, Fernando Peña (eds.), Navarra, 2021, pp. 23-58.

272 No es nuestra intención este trabajo efectuar un tratamiento exhaustivo de la aplicación del derecho de consumo al comercio de NFT, sino que, por motivos de extensión, pretendemos que el lector obtenga una panorámica general sobre la problemática jurídico-privada de algunas de sus utilidades. No obstante, para más detalle sobre derecho de consumo y tókenes no fungibles, nos remitimos a ROSSELLÓ-RUBERT, Fca. M., «Activos digitales en *non-fungible tokens* (NFT): riesgos jurídicos, plataformas mercado e (in)aplicación del derecho de consumo», en *Contratación mercantil: digitalización y protección del cliente/consumidor,* Luís María Miranda Serrano, Javier Pagador López (Dirs.), Madrid, 2023, pp. 536-547. Además, recogemos algunas cuestiones relacionadas con el derecho de consumo y los NFT en el apartado «Breve referencia al NFT como bien de consumo», en este mismo trabajo.

debe conocer. Sin embargo, se corre el riesgo de que el NFT se desvincule, en algún momento de su vida útil, de ese *marketplace* y, por ende, pueda disociarse de los términos legales que lo acompañan.

Tras lo expuesto, aplicable a la generalidad de NFT, consideramos igualmente adecuado que los NFT cuyo activo subyacente sea una obra artística recojan, además de los aspectos anteriores y como mínimo, previsiones relacionadas con la propiedad intelectual del activo subyacente: principalmente, debería facilitar prueba de que el emisor es titular de los derechos de propiedad intelectual sobre el contenido que se desea incorporar al token (condición comprobable, en principio, a partir del historial de transacciones que se originan en la dirección pública de la *wallet* del creador del token). Asimismo, deberían ponerse en conocimiento del adquirente los términos concretos en los que se ceden derechos de autor sobre el activo subyacente. Puesto que cada lanzamiento de NFT tiene amplias posibilidades de configuración y tratándose de activos mercantilizados en entornos virtuales de alcance global[273], el adquirente necesita conocer el contenido de eventuales derechos de explotación del activo subyacente al NFT.

2. FUENTES DE INFORMACIÓN JURÍDICA DEL NFT

Como habrá deducido el lector en este punto del estudio, nos encontramos ante un consumidor expuesto, aun siendo experto, a una serie de riesgos económicos y legales inherentes al entorno de los criptoactivos. Por este motivo, la información resulta un aspecto esencial en la protección de los intereses no solo del consumidor, sino también, a nuestro modo de ver, de cualquier adquirente de NFT.

Consideramos que el adquirente de un NFT puede encontrar información al respecto de las anteriores cuestiones, aunque de forma dispersa y no homogénea, en las siguientes fuentes:

- en datos codificados en el *smart contract*;
- en el *whitepaper* que puede presentar el proyecto de lanzamiento del token o tókenes;
- en el sitio web del emisor o del creador, y en los mensajes publicitarios que acompañen el lanzamiento del NFT o que promocionen su adquisición;

273 Véase apartado «Clasificación de los NFT según su configuración», en capítulos anteriores de este trabajo.

- en otros documentos o enlaces anexos al NFT;
- y en los términos de servicio de la plataforma o mercado.

Al respecto de lo anterior, puede observarse cómo se trata de información dispersa y no homogénea. Por sus particularidades, nos centraremos en aquella que suele encontrarse en el *smart contract* y, de redactarse por el emisor, en el libro blanco.

2.1. Informacion contenida en el smart contract

Por defecto, el *smart contract* de un NFT suele contener la siguiente información criptográfica:

- el identificador único del token (token ID);
- la dirección de *wallet* de su creador único;
- la dirección única del *smart contract;*
- el historial de transacciones.

Además, cuando su activo sea una obra de arte digital, el NFT puede contener en sus datos y metadatos, cuando así se configure en su «minteado»:

- información sobre el creador: puede incluir el nombre del artista, su dirección de correo electrónico o sitio web;
- la descripción de la obra: título, tamaño, técnica utilizada y otros detalles relevantes;
- la obra de arte digital (*on-chain*) o el identificador que dirige al archivo de la obra, e información criptográfica identificadora de la unicidad o escasez de la obra;
- datos sobre la creación de la obra y enlaces a archivos asociados con la obra de arte digital o su proceso creativo;
- historial de propiedad, con información sobre propietarios anteriores y datos sobre la transacción: fecha, precio...
- la dirección del *smart contract;*
- y cláusulas contractuales de licencia de uso y cesión de derechos de explotación sobre la obra de «criptoarte tokenizada» e información sobre derechos de autor que eventualmente se encuentren reservados.

2.2. *Informacion contenida en el libro blanco*

Como hemos comentado, una fuente de información relevante y típica de emisiones de criptoactivos es el denominado «libro blanco» o *whitepaper*. Si bien no suele acompañar a NFT únicos, es frecuente que se redacte para informar sobre proyectos de NFT coleccionables o fraccionados y presentarlos a otros operadores y/o potenciales inversores. El libro blanco es un documento con información de contenido variable sobre el lanzamiento, con una descripción técnico-económica del proyecto NFT enfocado a la captación de inversores, explicando, por lo general y entre otras cuestiones: el equipo que lo desarrolla, la finalidad de la emisión, el número de tokens que se emiten y su reparto, las etapas de desarrollo del proyecto y sus plazos, las perspectivas de desarrollo del proyecto a largo plazo, las fuentes de financiación y los beneficios que se prevén obtener[274]. Al redactarse la mayoría de veces por expertos programadores e informáticos, en ocasiones en colaboración con economistas, es habitual que estos documentos carezcan de contenidos legales, no enumeren con detalle los riesgos de su adquisición ni se refieran a la ubicación de los fondos una vez emitidos los criptoactivos.

A nuestro parecer, si no existe el indicado *whitepaper* o si su redacción no es completa y adecuada, pueden surgir dificultades a la hora de averiguar la finalidad y utilidad del token y el contenido de los derechos u obligaciones que se derivan de la posesión de ciertos NFT. En tal caso, deberá estarse a lo codificado en sus metadatos o a cualquier otro documento o elemento que pueda dar indicios sobre tales extremos y que se anexe a cada NFT en particular.

Los emisores de NFT podrían estar obligados a redactar estos *whitepapers* con requisitos de contenido si les resultase aplicable el Reglamento MiCA[275], cuando por sus características queden enmarcados en su ámbito de aplicación (arts. 2 y 4) y con las indicaciones que, al respecto, faciliten las autoridades competentes, al considerarse los NFT dentro de la amplia y residual categoría de «criptoactivos distintos a fichas referenciadas a ac-

---

274 Como ejemplo, el *whitepaper* de la colección de NFT *Linfed Collection*, con 100 artistas y la emisión de 10.000 NFT. Este documento carece de contenidos jurídicos o advertencias al adquirente sobre eventuales riesgos. Disponible en: <https://mhouse.club/linked/linked-whitepaper/>. [Fecha de consulta: 8 de mayo de 2024].

275 Nos referiremos con detalle en la cuestión de la aplicabilidad del Reglametno MiCA en el capítulo "El «criptoarte» en NFT y su uso como captación de inversión", en este mismo trabajo.

tivos o fichas de dinero electrónico»[276]. El libro blanco deberá cumplir, en tal caso, con los contenidos y forma de los Considerandos 24 y 25, el artículo 6 y el Anexo I del Reglamento MiCA. Concretamente, deberá incluir la siguiente información de forma imparcial, clara y no engañosa, sin ninguna omisión sustancial y presentada de forma concisa y comprensible (art. 6.2 MiCA):

a) información sobre el oferente o la persona que solicite la admisión a negociación;

b) información sobre el emisor, cuando difiera del oferente o la persona que solicite la admisión a negociación;

c) información sobre el operador de la plataforma de negociación en los casos en que elabore el libro blanco de criptoactivos;

d) información sobre el proyecto de criptoactivos;

e) información sobre la oferta pública del criptoactivo o su admisión a negociación;

f) información sobre el criptoactivo;

g) información sobre los derechos y obligaciones vinculados al criptoactivo;

h) información sobre la tecnología subyacente;

i) información sobre los riesgos; e

j) información sobre los principales efectos adversos sobre el clima y otros efectos adversos relacionados con el medio ambiente del mecanismo de consenso utilizado para emitir el criptoactivo.

El mencionado libro blanco de criptoactivos no contendrá ninguna afirmación sobre el valor futuro del criptoactivo, pero sí indicará, de forma clara e inequívoca, que (arts. 6.4 y 6.5):

a) el criptoactivo puede perder su valor total o parcialmente;

---

[276] Como apunta MARTÍNEZ NADAL, esta categoría residual se pretende que sea de aplicación a presentes y futuros productos que tengan cabida en la noción general de criptoactivo del Reglamento MiCA y que no sean fichas referenciadas o dinero electrónico. MARTÍNEZ NADAL, Apol·lònia, «Ámbito de aplicación y conceptos esenciales de la propuesta de Reglamento relativo a los mercados de criptoactivos: la noción de criptoactivo y sus subcategorías (arts. 2 y 3)», p. 60, en AA.VV., *Guía de criptoactivos MiCA*, Agustín Madrid Parra, Carmen Pastor Sempere (Dirs.), María Jesús Blanco Sánchez, Ana Cediel (Coords.), Navarra, 2021, 373 pp.

b) el criptoactivo puede no ser siempre negociables;

c) el criptoactivo puede no ser líquido;

d) cuando la oferta pública se refiera a una ficha de consumo, esa ficha puede no ser canjeable por el bien o servicio prometido en el libro blanco de criptoactivos, especialmente en caso de fracasar o interrumpirse el proyecto de criptoactivos;

e) el criptoactivo no está cubierto por los sistemas de indemnización de los inversores con arreglo a la Directiva 97/9/CE del Parlamento Europeo y del Consejo;

f) el criptoactivo no está cubierto por los sistemas de garantía de depósitos con arreglo a la Directiva 2014/49/UE.

El libro blanco de criptoactivos contendrá la fecha de su notificación y un índice, se redactará en una lengua oficial del Estado miembro de origen o en una lengua de uso habitual en el ámbito de las finanzas internacionales y estará disponible en un formato de lectura mecánica.

Además, deberá destacarse en la primera página del libro blanco que «Este libro blanco de criptoactivos no ha sido aprobado por ninguna autoridad competente de ningún Estado miembro de la Unión Europea. El oferente del criptoactivo es el único responsable del contenido de este libro blanco de criptoactivos» (art. 6.3 del Reglamento MiCA). Asimismo, contendrá una declaración del órgano de dirección del oferente, la persona que solicite la admisión a negociación o el operador de la plataforma de negociación que confirmará que el libro blanco cumple los requisitos del mencionado artículo 6 y que, según el leal saber y entender del órgano de dirección, la información presentada en dicho libro blanco es imparcial, clara y no engañosa y que el libro blanco de criptoactivos no incurre en ninguna omisión que pueda afectar a su contenido. Sumado a lo anterior, el libro blanco de criptoactivos contendrá un resumen, insertado después de las anteriores declaraciones, que proporcionará, de forma sucinta y sin tecnicismos, información relevante acerca de la oferta pública del criptoactivo o de su admisión prevista a negociación. El resumen será fácil de comprender y se presentará y aparecerá en un formato claro y completo, utilizando caracteres de tamaño legible, y ofrecerá información adecuada sobre las características del criptoactivo en cuestión a fin de que los potenciales titulares puedan tomar una decisión fundada (art. 6.7 Reglamento MiCA)[277].

---

[277] Indica el artículo reseñado que, en el resumen, se advertirá de lo siguiente: a) el resumen debe leerse a modo de introducción del libro blanco de criptoactivos;

A tenor de los Considerandos 10 y 11 y del artículo 4 del Reglamento MiCA, los emisores de NFT que puedan considerarse como fungibles o no únicos, o emitidos en amplias series o colecciones, o que representen activos o derechos no fungibles o únicos, o cuyas características de hecho o usos de facto los conviertan en no únicos o fungibles, de acuerdo con los criterios que establezcan en su caso las autoridades competentes, quedarían obligados por el Reglamento MiCA. En nuestra opinión, a falta de criterios precisos emitidos por las autoridades competentes, resultará necesario un análisis casuístico que clarifique las emisiones a las cuales alcanzaría el ámbito de aplicación objetivo del Reglamento MiCA. Nos referiremos a ello en posteriores capítulos de esta obra[278].

Con todo, el libro blanco puede elaborarse por cualquier emisor de NFT de forma voluntaria, con lo cual sería recomendable, en nuestra opinión y en pro de la buena fe contractual y la mayor transparencia, su redacción generalizada en cualesquiera lanzamientos de NFT fraccionados o en colecciones de considerable volumen de unidades (art. 4.8). Al respecto, y como referencia que puede tenerse en cuenta en futuras interpretaciones o adopciones de criterios sobre la aplicabilidad del Reglamento MiCA en lanzamientos de NFT semifungibles o fraccionados, de acuerdo con el apartado segundo del artículo 4 y el Considerando 26 del mencionado Reglamento, no están obligados a elaborar, notificar ni publicar el mencionado libro blanco aquellos emisores de «criptoactivos distintos a fichas referenciadas a activos o fichas de dinero electrónico» que efectúen ofertas públicas a menos de 150 personas físicas o jurídicas por Estado miembro (cuando estas actúen por cuenta propia); cuando, a lo largo de un período de doce meses, que comienza al principio de la oferta, la contraprestación total de la oferta pública de un criptoactivo en la Unión no exceda de 1.000.000 EUR (o cantidad equivalente en otra divisa o criptoactivo); o cuando la oferta vaya dirigida exclusivamente a inversores cualificados y

---

b) el potencial titular debe basar su decisión de compra del criptoactivo en el contenido de la totalidad del libro blanco de criptoactivos, y no únicamente en el resumen; c) la oferta pública del criptoactivo no constituye una oferta o invitación para la adquisición de instrumentos financieros, que únicamente puede hacerse mediante un folleto u otro documento de oferta en virtud del Derecho nacional aplicable; d) el libro blanco de criptoactivos no constituye un folleto a tenor del Reglamento (UE) 2017/1129 del Parlamento Europeo y del Consejo ni ningún otro tipo de documento de oferta en virtud del Derecho de la Unión o nacional.

278 Nos referiremos con detalle en la cuestión de la aplicabilidad del Reglamento MiCA en el capítulo "El «criptoarte» en NFT y su uso como captación de inversión", en este mismo trabajo.

únicamente estos puedan ser titulares de dichos criptoactivos. Tampoco estarían obligados a elaborar, notificar o publicar el libro blanco aquellos emisores de criptoactivos gratuitos, criptoactivos creados automáticamente como recompensa por el mantenimiento del registro distribuido o la validación de operaciones; NFT que sean fichas de consumo que proporcionen acceso a un bien o servicio que exista o esté en funcionamiento, o cuando el titular del criptoactivo solo tenga derecho a utilizarlo a cambio de bienes y servicios en una red limitada de comerciantes con acuerdos contractuales con el oferente (Considerando 27 y art. 4.3).

Dicho lo anterior, cabe destacar la importancia del apartado 4 del artículo 4 del Reglamento MiCA, en el que se establece que las excepciones recogidas en los apartados 2 y 3 del artículo 4 no se aplicarán cuando el oferente u otra persona en su nombre dé a conocer su intención de solicitar la admisión a negociación de dichos criptoactivos en una plataforma de negociación de criptoactivos (lo cual se entiende como «admisión a negociación», según el artículo 1.2.a de la misma norma), definiéndose el servicio de «gestión de una plataforma de negociación de criptoactivos» como «la operación de uno o varios sistemas multilaterales que reúnen o permiten reunir, dentro del sistema y de conformidad con sus normas, intereses de adquisición y venta de criptoactivos de múltiples terceros para dar lugar a contratos , bien mediante el canje de criptoactivos por fondos o bien mediante el canje de criptoactivos por otros criptoactivos». Por tanto, por nuestra parte entendemos que, cuando una emisión de NFT entre dentro del objeto de aplicación del Reglamento MiCA y se pretende que sea objeto de negociación en la Unión Europea a través de plataformas de negociación (por ejemplo, *marketplaces* o *Exchanges* específicos de NFT), deberá cumplir con los requisitos del artículo 5 del Reglamento MiCA, entre los cuales está la elaboración, notificación y publicación del referenciado libro blanco.

En aquellos casos en los que el oferente, emisor u operador de la plataforma (figuras a las que se refiere el párrafo primero del artículo 6, en las letras a, b y c) no elabore el libro blanco de criptoactivos dicho libro blanco incluirá también la identidad de la persona que haya elaborado el libro blanco de criptoactivos y la razón por la que dicha persona lo ha elaborado (último párrafo del artículo 6.1).

Por añadidura, los oferentes, las personas que soliciten la admisión a negociación de criptoactivos o los operadores de plataformas de negociación de criptoactivos distintos de fichas referenciadas a activos o fichas de dinero electrónico, notificarán su libro blanco de criptoactivos a la autoridad competente de su Estado miembro de origen al menos veinte días hábiles antes de la fecha de publicación del libro blanco (art. 8 Reglamento MiCA). Esta notificación se acompañará de una explicación de los motivos por los que el criptoactivo descrito en él no debe considerarse: a) un criptoactivo excluido del ámbito de aplicación del presente Reglamento en virtud del artículo 2, apartado 4; b) una ficha de dinero electrónico, o c) una ficha referenciada a activos. La autoridad competente del Estado miembro de origen comunicará a la Autoridad Europea de Valores y Mercados (AEVM) la información recibida, así como la fecha de inicio de la oferta pública prevista o la admisión prevista a negociación, en el plazo de cinco días hábiles a partir de su recepción por parte del oferente o de la persona que solicite admisión a negociación. La AEVM pondrá a disposición el libro blanco de criptoactivos en un registro de libros blancos de criptoactivos, con arreglo al artículo 109, apartado 2 del Reglamento MiCA.

Para finalizar con las disposiciones relativas al libro blanco recogidas en el Reglamento MiCA, queremos destacar que los artículos 14 y 15 recogen una serie de obligaciones y responsabilidades para oferentes y personas que soliciten la admisión a negociación de criptoactivos distintos de fichas referenciadas a activos o fichas de dinero electrónico:

a) actuarán con honestidad, imparcialidad y profesionalidad;

b) se comunicarán con los titulares y los potenciales titulares de los criptoactivos de manera imparcial, clara y no engañosa;

c) detectarán, prevendrán, gestionarán y comunicarán todo conflicto de intereses que pueda surgir; y

d) mantendrán todos sus sistemas y protocolos de acceso seguro en conformidad con los niveles de exigencia pertinentes de la Unión;

e) serán responsables frente al titular del criptoactivo de cualquier pérdida sufrida como consecuencia de información que no sea completa, imparcial o clara o que sea engañosa y que se haya facilitado en su libro blanco. Así, se aplicarán normas de responsabilidad civil a los oferentes y a las personas que soliciten la admisión a negociación, así como a los miembros de sus órganos de dirección, con respecto a la información facilitada al público a través del libro blanco de criptoactivos (Considerando 39). Esta responsabilidad se extiende también a operadores de plataformas de negociación, excepto en aquellos casos en los que el operador de la plataforma de negociación elabore el libro blanco de criptoactivos y las comunicaciones publicitarias con base a información facilitada por el oferente que no sea completa, imparcial o clara o que sea engañosa (arts. 15.1 y 15.2). Toda exclusión o limitación contractual de responsabilidad civil contraria a lo anterior carecerá de efectos jurídicos (art. 15. 2 del Reglamento MiCA) y estas obligaciones se entenderán sin perjuicio de cualquier otra responsabilidad civil en virtud del Derecho nacional aplicable (art. 15.6).

Resulta interesante la disposición del artículo 15 del Reglamento MiCA, en la cual se dispone que cuando un oferente, una persona que solicite la admisión a negociación, o el operador de una plataforma de negociación hayan infringido el artículo 6 (regulador del libro blanco y las obligaciones relacionadas con este) serán considerados responsables frente al titular del criptoactivo de cualquier pérdida sufrida como consecuencia de dicha infracción, destacándose que Toda exclusión o limitación contractual de responsabilidad civil contraria a lo contemplado en el apartado 1 carecerá de efectos jurídicos (art. 15, apartados 1 y 2). Cuando sea el operador de la plataforma quien elabore el libro blanco de criptoactivos de conformidad con el artículo 5, apartado 3, la persona que solicite la admisión a negociación también será responsable en caso de que la información facilitada sobre su activo sea incompleta, parcial, confusa o engañosa (art. 15, apartado 3). Además, a dichos operadores les obliga a actuar atendiendo al mejor interés de los titulares de los criptoactivos y a brindarles un trato equitativo, salvo que en el libro blanco y, en su caso, en las comunicaciones publicitarias, consten tratos preferenciales a titulares específicos y se indiquen las razones de ello (art. 14.2 Reglamento MiCA).

Por otra parte, si las autoridades interpretasen que un NFT presenta un uso equiparable en parámetros legales al de un valor negociable, su emisión debería cumplir con los requisitos establecidos por la normativa sobre instrumentos financieros. Como demuestra la práctica, esta situación no es descartable en casos de fraccionamiento o grandes tiradas de «criptoarte» en NFT, si bien tendrá que analizarse en cada caso el cumplimiento de los parámetros necesarios para tal consideración[279]. Asimismo, quedarán fuera del ámbito de la Circular 1/2022 de la CNMV los tókenes no fungibles que encajen en estos términos: «criptoactivos que sean únicos y no fungibles con otros criptoactivos, cuando aquellos representen activos coleccionables, obras con propiedad intelectual o activos cuyo único fin sea su utilización en juegos o competiciones, de forma que no sean ofrecidos

[279] Al respecto, véase el capítulo «El criptoarte en NFT y su uso como captación de inversión», en esta misma obra.

masivamente como mero objeto de inversión[280]» (norma 3 de la Circular), presumiéndose que se ofrecen en masa cuando la publicidad haga referencia a su rentabilidad, precio o valor. La exclusión de su aplicación a obras de «criptoarte» únicas o escasas en NFT eximiría a sus emisores de cumplir con los requisitos que se exigen para publicitar criptoactivos[281], aunque deberá analizarse, en cada caso, si se cumple o no con los criterios de exclusión de la norma[282].

---

280 El informe del Comité Consultivo sobre el proyecto de Circular de la CNMV relativo a la publicidad de criptoactivos califica el uso del criterio de la fungibilidad como «poco adecuado» para excluir la aplicación de la Circular sobre publicidad de criptoactivos: «La introducción de esta circular señala que excluye de la aplicación de la norma los activos no fungibles. Creemos que utilizar la fungibilidad o no de los activos como uno de los criterios no es adecuado, ya que podría excluir de la aplicación de este conjunto de normas algunos activos de inversión, que son transmisibles de forma masiva, participan en mercados bilaterales secundarios y son objeto de campañas publicitarias. Los tokens condicionales de Gnosis o los mercados predictivos son algunos ejemplos de estos tokens no fungibles con objeto de inversión. En estos casos, creemos que su publicidad debería estar sujeta a las mismas normas que las actividades publicitarias del resto de tokens fungibles, ya que también son objeto de inversión». CNMV. *Informe preceptivo del comité Consultivo sobre el Proyecto de Circular de la CNMV sobre publicidad de criptoactivos*. Disponible en: <https://www.cnmv.es/DocPortal/AlDia/CNMV_Circular_pub_criptoactivos.pdf>. [Fecha de consulta: 8 de mayo de 2024].

281 Coincidimos con el comentario de ARANGOA respecto de que la CNMV no tuvo en cuenta en el momento de redacción de esta Circular la clara tendencia de burbuja especulativa que parece rodear al mercado del arte en NFT, y coincidimos en la conveniencia, en su momento, de incluir los NFT que pudieran ser objeto de especulación (a nuestro parecer, ello se da en la gran mayoría del «criptoarte» en NFT). Nos remitimos a su interesante Trabajo de Final de Grado sobre la materia, en el cual el autor explica esta tendencia y recoge los trabajos de autores doctrinales multidisciplinares (GALINDO, VALVERDE, CAPURRO) al respecto. ARANGOA CARO, Roberto M., «La comercialización del arte digital y su legitimación por NFTs» [en línea], *Repositorio digital de Trabajos de Fin de Grado de la Universidad Pontificia Comillas, Grado en Administración de Empresas y Grado en Derecho*. Disponible en: < https://repositorio.comillas.edu/xmlui/handle/11531/58978>. [Fecha de consulta: 8 de mayo de 2024].

282 Por lo general, las comunicaciones comerciales de NFT se efectúan por medio de redes sociales, sitios web u otros entornos virtuales. Al respecto de las comunicaciones comerciales de criptoactivos, véase lo comentado sobre la norma MiCA y la Circular 1/2022 de la CNMV, en el capítulo «El criptoarte en NFT y su uso como captación de inversión». Asimismo, en caso de comunicaciones comerciales efectuadas a través de plataformas de intercambio de vídeos, acúdase a lo establecido en la Ley 13/2022, de 7 julio, General de Comunicación Audiovisual; en caso de que se promocionen NFT en el marco de actividades de juego (se entiende por

Además de en el libro blanco, recordemos que también puede configurarse información legal asociada a un NFT en los propios contratos inteligentes, mediante metadatos registrados en la *blockchain* o a través de un enlace permanente a la información legal a ese NFT, vía archivos externos a la cadena de bloques[283]. Por ejemplo, la configuración de cobros automáticos en concepto de retribución al autor por cada transferencia del NFT efectuada[284].

Para una comunicación óptima, opinamos que la información jurídica asociada a los derechos, obligaciones y riesgos de la adquisición del NFT debería estar redactada en lenguaje natural, ser accesible en todo momento al adquirente, presentarse actualizada y permanecer indisociable al NFT al cual se refiere. A falta de normativa armonizada específica, el suministro de esta información se podría fundamentar asimismo en los principios de buena fe contractual y transparencia, lo cual supondría una mejor toma de decisiones para los sucesivos adquirentes y redundaría en una mayor seguridad jurídica en el ecosistema NFT.

---

juego toda actividad en la que se arriesguen cantidades de dinero u objetos económicamente evaluables en cualquier forma sobre resultados futuros e inciertos, dependientes en alguna medida del azar, y que permitan su transferencia entre los participantes, con independencia de que predomine en ellos el grado de destreza de los jugadores o sean exclusiva o fundamentalmente de suerte, envite o azar. Los premios podrán ser en metálico o especie dependiendo de la modalidad de juego (art. 2 Ley 13/2011, de 27 de mayo, de regulación del juego). Véase el Real Decreto 958/2020, de 3 de noviembre, de comunicaciones comerciales de las actividades de juego, y, subsidiariamente, acúdase a la normativa genérica sobre publicidad (principalmente, Ley 34/1998, de 11 de noviembre, General de Publicidad y Ley 3/1991, de 10 de enero, de Competencia Desleal).

283 Por ejemplo, uniendo el NFT, a través de sus metadatos, con un archivo fuera de la *blockchain*. Sería preferible que el almacenamiento tuviera carácter descentralizado (tipo *InterPlanetary Filing System* o IPFS).

284 Nos detendremos en esta cuestión en el capítulo "«Criptoarte» en NFT como mecanismo de soporte de cesiones de derechos de autor".

PARTE II
ESTUDIO FUNCIONAL DEL «CRIPTOARTE» EN NFT

Capítulo 4

Estudio funcional del «criptoarte» en NFT. Su uso como certificado de autenticidad, originalidad y titularidad

En los primeros capítulos de esta obra hemos efectuado una aproximación a las principales características técnicas del formato NFT y hemos propuesto una definición que engloba tales aspectos. En cuanto a la naturaleza jurídica de los tókenes no fungibles, algunos autores se han pronunciado sobre la compleja esencia del NFT, siendo considerados, a su vez, un activo digital («información en formato electrónico que es creada, grabada, transmitida y almacenada en formato digital») y un criptoactivo («representación de un valor o de un derecho a través de la tecnología de bloques»); más concretamente, se los considera un activo digital encriptado que representa derechos («representan o incorporan un bien o derecho existente, físico o digital, frente a las monedas digitales o cripto-monedas [sic.] que básicamente representan un valor»); un bien en el sentido del artículo 333 CC (una «cosa que proporciona una ventaja o utilidad y que es susceptible de apropiación en cuanto se puede transmitir y adquirir integrándose en el patrimonio del titular»), y, dentro de los bienes, un bien no fungible cuando representa un activo subyacente único y no fraccionado (en este caso, el activo subyacente pierde su cualidad de no fungible y puede asemejarse a valores negociables)[285]. Nos sumamos a estas consideraciones y profundizaremos sobre ellas en los siguientes párrafos.

Como añadidura a las anteriores apreciaciones, en nuestra opinión no resultaría acertado centrar su regulación desde un concepto legal unívoco ni conviene atribuírseles una naturaleza jurídica genérica y universalmente válida. Resulta una solución más adecuada, a nuestro modo de ver, que legisladores y operadores jurídicos tengan en consideración, por una

---

285 LLORENTE SANSEGUNDO, María Inmaculada, «Non Fungible Token: la réplica en el mundo digital de la originalidad, la autenticidad y la exclusividad de los objetos físicos», en *De Iure Mercatus. Libro homenaje Al prof, Dr. H. c. Alberto Bercovitz Rodríguez-Cano*, José Antonio García Cruces (Coord.), Valencia, 2023, pp. 969 y ss.

parte, la finalidad y utilidades que se pretenden de un determinado token no fungible con su «minteado», y, por otra parte, la naturaleza del activo subyacente y/o el conjunto de derechos que represente (comúnmente: derechos reales, derechos de propiedad intelectual y, en ocasiones, derechos de crédito respecto de otros bienes y/o servicios del emisor[286]). Puesto que las utilidades de un NFT pueden ser combinables entre sí, convergiendo en un mismo NFT diferentes regulaciones, la conceptualización unívoca de su naturaleza jurídica podría conducir a imprecisiones o a una noción fragmentada que no reflejaría por completo el alcance del formato NFT, según nuestro punto de vista.

Los tokens se vienen clasificando en cuatro categorías. Los *currency token* o token de pago, como las criptomonedas bitcoin (BTC) o ethereum (ETH) tienen como finalidad servir de método de pago y funcionar de manera independiente respecto de instituciones financieras. Los *security* tokens son «instrumentos de inversión que permiten al adquirente «participar en una empresa descentralizada y obtener dividendos, similares a acciones». Por otro lado, los *utility tokens* permiten adquirir bienes y disfrutar de los servicios de la empresa o plataforma que los ha emitido[287]. Por último, los *asset-backed tokens* «representan o incorporan un bien o un derecho existente, sea entero, sea una parte, sea un derecho de crédito o un derecho real»[288].

---

286 Sin embargo, como hemos visto, esta se trata de una enumeración abierta y se encuentra en constante evolución, al ir estrechamente ligada los avances técnicos del ecosistema NFT.

287 Como ejemplos de *utility token*, DEL OLMO FONS destaca, por una parte, los *fan tokens*, ofrecidos principalmente por equipos deportivos profesionales de primer nivel a sus seguidores para que estos puedan acceder a descuentos en sus productos o a servicios preferentes en sus instalaciones, como forma ágil de fidelización. Estos tokens pueden estar negociándose en mercados ajenos al del emisor, con lo cual tendrían liquidez y son susceptibles de constituirse en una forma de inversión. Por otra parte, existen otros tokens que proveen descuentos al contratar algunos de sus servicios, o que permiten acceder a ciertos servicios exclusivos. En este caso, las emisiones pueden esconder motivaciones especulativas, por ejemplo, cuando en la fase de venta privada previa participan inversores institucionales que no utilizarán esos descuentos o acceso exclusivo. DEL OLMO FONS; Francisco José, «La consolidación de los criptoactivos», en *Información Comercial Española, ICE: Revista de Economía* (ejemplar dedicado a «El futuro del dinero y la transformación digital del sector financiero», núm. 926, 2022, pp. 7-17.

288 NASARRE AZNAR, Sergio, «Naturaleza jurídica y régimen civil de los "tokens" en "blockchain"», en *La Tokenización de bienes en blockchain* (coord. GARCÍA TERUEL, Rosa María).pp. 78 ss.

En base a dicha referencia, consideramos que la mayoría de NFT son asimilables a la tipología conocida como *asset-backed tokens,* puesto que «representan o incorporan un bien o un derecho existente, sea entero, sea una parte, sea un derecho de crédito o un derecho real»[289]. En nuestra opinión, el uso más extendido del «criptoarte» en NFT es aquel donde el NFT representa la creación artística digital, pudiéndose considerar *soft asset-backed tokens*[290], es decir, activos que representan bienes intangibles e (inicialmente) no fungibles[291]. No obstante, si un NFT se emite de manera fraccionada y en masa, tendría que valorarse caso por caso si su naturaleza equivaldría a la de valor negociable de acuerdo con nuestra normativa nacional[292].

Sobre estos bienes intangibles recaen derechos de propiedad intelectual (art. 43 y ss. del Texto Refundido de la Propiedad Intelectual, en adelante TRLPI[293]), siendo habitual en la práctica que se «tokenice» la titularidad de algunos de ellos. Asimismo, generalmente existe en el adquirente del NFT una expectativa de retorno de la inversión efectuada que puede fundarse en la reventa de la obra artística o en la obtención de rendimientos a partir de su explotación, así como interés en exhibir dicha obra de arte. Por otro lado, existen NFT con funciones híbridas, como los NFT avata-

---

289 NASARRE AZNAR, Sergio, «Naturaleza jurídica y régimen civil de los "tokens" en "blockchain"», pp. 78 y ss., y 106; y GARCÍA TERUEL, Rosa María, NASARRE AZNAR, Sergio, «La propiedad y las situaciones de comunidad en la "tokenización" de bienes », pp. 145-146. Ambos en *La Tokenización de bienes en blockchain* (coord. GARCÍA TERUEL, Rosa María), Navarra, 2020.

290 No debe confundir el lector el mencionado concepto de *soft asset-backed token* con el concepto de *asset-referenced token* definido en el Reglamento MiCA, traducida como «ficha referenciada a activos»: «un tipo de criptoactivo que no es una ficha de dinero electrónico y que pretende mantener un valor estable referenciado a otro valor o derecho, o a una combinació de ambos, incluidas una o varias monedas oficiales». Las fichas referenciadas a activos definidas en el Reglamento MiCA se pretenden criptoactivos estables, al referenciarse su valor con el valor de activos físicos, criptomonedas, monedas *fiat* o una mezcla de estos. Para más detalle sobre el Reglamento MiCA y los NFT, véase apartado «El «criptoarte» en NFT y la regulación del mercado de criptoactivos no calificables como instrumentos financieros. El Reglamento MiCA y la Circular 1/2022 de la CNMV», en este mismo trabajo.

291 Para más detalle sobre este matiz, véase apartado «Reflexiones previas sobre la fungibilidad de los NFT», en este mismo trabajo.

292 Al respecto, véase el capítulo «El «criptoarte» en NFT y su uso como captación de inversión», en la presente obra.

293 Real Decreto Legislativo 1/1996, de 12 de abril, por el que se aprueba el Texto Refundido de la Ley de Propiedad Intelectual.

res, que presentarían, a nuestro parecer, usos simultáneos de *utility token* y de *soft-asset-backed* token, con peculiaridades específicas derivadas de tales funcionalidades. En este sentido, podemos entender los *utility tokens* como aquellos tókenes que permiten adquirir bienes y disfrutar de los servicios de la empresa o plataforma que los ha emitido[294].

Tras las consideraciones previas, podemos mencionar que un NFT puede emitirse representando un derecho real completo (entiéndase el sentido de un derecho «no fraccionado»), con la vocación de que ese derecho circule «tokenizado» en la *blockchain* y disfrute de las ventajas de esta red (seguridad, rapidez, rastreabilidad, entre otras[295]). Somos del parecer que ello concuerda con los principios de libertad de forma y libertad de contratación (art. 1255 CC), precisando que[296]:

- el derecho representado en ese token no alteraría *per se* la naturaleza jurídica del token (por ejemplo, no puede convertirlo en un valor negociable, porque para ello el token deberá cumplir con los requisitos legales que establece cada normativa nacional para serlo);
- y que, en materia de derechos de propiedad intelectual, en lo que respecta a la titularidad y transmisibilidad del derecho, deberá considerarse si se trata de derechos registrados o no registrados.

Tras presentar en apartados previos el «criptoarte» en NFT y sus riesgos y ventajas[297], en este apartado del trabajo centraremos nuestra atención en

---

294 NASARRE AZNAR, Sergio, «Naturaleza jurídica y régimen civil de los "tokens" en "blockchain"», en *La Tokenización de bienes en blockchain* (coord. GARCÍA TERUEL, Rosa María), pp. 78 y ss., y p. 106.

295 Para más detalle, vuélvase el apartado «Cadena de bloques (*blockchain*) y tecnología de registros distribuidos (DLT)», en el capítulo «Aproximación técnico-descriptiva a los tókenes no fungibles», en este mismo trabajo.

296 NASARRE AZNAR, Sergio, «Naturaleza jurídica y régimen civil de los "tokens" en "blockchain"», en *La Tokenización de bienes en blockchain* (coord. GARCÍA TERUEL, Rosa María), pp. 98 y ss.; SALVEYEV, Alexander, «Some risks of tokenization and blockchainization of private law», Computer Law and Security Review, Vol. 34 (2018), p. 866. Téngase en cuenta, asimismo, que la creación y transmisión *inter vivos* de derechos reales respecto de bienes físicos muebles e inmuebles se realizará conforme a las reglas de la *lex rei sitae,* (art. 10.1 CC), establecidas en el artículo 609 CC.

297 Al respecto, véase capítulo "NFT y activo digital subyacente. «Criptoarte» en NFT. Breve referencia a NFT ilícitos y a la falta de responsabilidad jurídica de las plataformas de intermediación y «minteado»".

las tres utilidades que consideramos principales del «criptoarte» en NFT y su marco normativo: como certificado de originalidad, autenticidad y titularidad de un activo único; como mecanismo para efectuar cesiones de uso y la gestión automatizada de cobros sobre reventas (en obras gráficas); y como instrumento de captación de inversión.

Por otra parte, en el presente capítulo reflexionaremos brevemente sobre la «no fungibilidad» entendida como característica intrínseca del NFT. Al respecto, es cierto que en la mayoría de casos el creador del NFT optará por configurarlo como transmisible, puesto que la obtención de ganancias en la compraventa especulativa de arte digital aumenta su liquidez y suele ser ventajosa para sus creadores. Sin embargo, las posibilidades que ofrece la técnica permiten configurar la «intransferibilidad» de un NFT o su transmisibilidad solo por un tiempo limitado o un determinado número de veces: este tipo de diseño permite al artista jugar con un añadido margen imaginativo que puede amoldar al lanzamiento de su obra[298]. Analizaremos también los NFT fraccionados (f-NFT) o emitidos en grandes colecciones, ya que algunas emisiones podrían verse sujetas a la normativa reguladora de valores negociables o bien sujetas al Reglamento MiCA de mercados de criptoactivos, cuando tales NFT se emitan con fines de captación de financiación y su configuración permita que se distribuyan para un gran público.

Antes de abordar la función del NFT como sistema de garantía o certificación de ciertos extremos relacionados con el propio NFT o con su activo subyacente, siendo esta la cuestión jurídica nuclear del presente capítulo, nos detendremos en su uso como representación de derechos patrimoniales.

1. LA PROPIEDAD DEL NFT COMO REPRESENTACIÓN DE DERECHOS PATRIMONIALES

El token no fungible se considera jurídicamente una tipología de criptoactivo, entendiendo este término como «una representación digital de valor o derechos que puede transferirse y almacenarse electrónicamente, mediante la tecnología de registro descentralizado o una tecnología simi-

---

298 El creador, al «mintear» el NFT, podría restringir la transmisión de la obra como plasmación de su libertad creativa. Asimismo, un NFT puede tener usos combinados con fines de entretenimiento, como sucedería con el juego virtual con NFT «Hot Potato».

lar» (definición según el Reglamento MiCA, artículo 3.1.2)[299]. Traigamos a colación ahora lo comentado en apartados previos: entendemos como NFT aquella representación digital de un activo o derecho (o conjunto de derechos) subyacente y, generalmente, no fungible, tratándose de una unidad de datos encriptados única e irrepetible registrada, por lo general, en una *blockchain*. A continuación, conjuguemos ambas ideas.

Gracias a la tecnología que lo soporta, un NFT, entendido como criptoactivo, es susceptible de ser objeto de apropiación: tal y como hemos expuesto anteriormente, la adquisición de un NFT generalmente se posibilita mediante el traspaso, con origen en la dirección de *wallet* titularidad del transmitente y destino a la dirección *wallet* titularidad del adquirente, de una unidad de datos encriptados única e irrepetible registrada en una *blockchain*; esta transacción se realiza a través de un *smart contract* y se registra como parte de los datos de un bloque de la cadena[300]. En este sentido, que un bien o derecho se instrumentalice mediante un token no altera la naturaleza jurídica de dicho token (por ejemplo, que pueda ser por sí mismo objeto de derechos de propiedad o que sea susceptible de considerarse un instrumento de captación de inversión)[301].

---

299 Definición de «criptoactivo» efectuada por el artículo 3, párrafo 1, núm. 2 del Reglamento Europeo y del Consejo relativo a los mercados de criptoactivos y por el que se modifica la Directiva (*UE*) 2019/1937, conocida como MiCA, cuyo principal objetivo es la regulación del mercado de aquellos criptoactivos que quedan fuera de la legislación financiera de la UE, creando un marco regulatorio que dé seguridad jurídica y protección a los operadores del mercado (especialmente a inversores y consumidores), y que favorezca su implementación y desarrollo, y garantizar la estabilidad financiera frente a la entrada de criptomonedas estables.

300 Véase el capítulo «Aproximación técnico-descriptiva a los tókenes no fungibles», en este mismo trabajo. Opina también que el NFT es objeto susceptible de derechos de propiedad el abogado RAMOS GIL DE LA HAZA, Andy (socio de Pérez-Llorca Despacho de abogados). «La web3: una aproximación jurídica», en Revista Jurídica Pérez-Llorca [en línea], núm. 8, 2022. Disponible en: <https://ojs.perezllorca.com/index.php/revista-juridica-perez-llorca/article/view/la-web3-una-aproximacion-juridica>. [Fecha de consulta: 8 de mayo de 2024]. A mayor abundamiento, véase también LACRUZ MANTECÓN, Miguel Luís, «Metaverso y NFT de obras artísticas e intelectuales», en *Revista de Estudios Jurídicos y Criminológicos*, núm. 8, 2023, pp. 15-44.

301 NASARRE AZNAR, Sergio, «Naturaleza jurídica y régimen civil de los "tokens" en "blockchain"», en *La Tokenización de bienes en blockchain* (coord. GARCÍA TERUEL, Rosa María), p. 98. En cuanto al estudio del NFT utilizado como valor negociable, véase capítulo «El «criptoarte» en NFT y su uso como captación de inversión».

A diferencia de otros criptoactivos, hemos comentado la particularidad de los NFT: se fundamentan en un activo o en derechos que recaen sobre un activo (presumiblemente, un activo no fungible), que existen de forma previa a su «minteado» y que se vinculan al token a través de diferentes sistemas[302]. Sabemos que los tókenes no fungibles pueden representar derechos sobre activos patrimoniales que pueden ser digitales o físicos; en este sentido, podemos encontrarnos con NFT que codifican y representan:

- bienes tangibles: por ejemplo, obras de arte físicas[303]; (hablaremos entonces de *hard asset-backed tokens); y de*

[302] De acuerdo con los esquemas de los estándares ERC 721 y ERC-1155, la URI (el vínculo a los metadatos asociados al NFT y que lo conectan con el activo o derechos que representa) puede enlazar a una de estas tres ubicaciones: a un servidor centralizado perteneciente a un individuo o compañía; a un almacenamiento descentralizado (IPFS) o a un archivo codificado en el *smart contract* del NFT (codificado mediante el esquema JSON). En el primer caso, que sucede en la gran mayoría de los NFT comprados en *marketplaces*, los datos sobre los servidores centralizados pueden modificarse y redirigirse. En el segundo caso, cuando hablamos de IPFS, sigue siendo mutable, aunque la dificultad de modificación es bastante más elevada. Sin embargo, los datos almacenados en el *blockchain*, es decir, un almacenamiento *on-chain*, son inmutables. La mutabilidad de los NFT se concibió como una ventaja desde sus inicios, como describe el estándar ERC-721: «The URI may me mutable (i.e. it changes from time to time). We considered an NFT representing ownership of a house, in this case metadata about the house (image, occupants, etc.) can naturally change». Sin embargo, cuando al NFT se le da uso de mecanismo de prueba sobre, por ejemplo, obras de arte inmateriales, la modificabilidad se convierte en un serio inconveniente jurídico. Para su uso como prueba o certificado de un activo inmutable, consideramos más adecuado el uso de sistemas descentralizados o codificados en el propio *smart contract*. RAMEEREZ, «Problems and technical nuances of NFT inmutability and IPFS» [en línea], *Rameerez Blog*, 2022. Disponible en: <https://rameerez.com/problems-and-technical-nuances-of-nft-immutability-and-ipfs/>. [Fecha de consulta: 8 de mayo de 2024].

[303] Asimismo, cuando los NFT representen *hard assets*, se deberá considerar la posibilidad de que el bien deje de existir o sufra modificaciones en su esencia, ya sea por cuestiones físicas (por ejemplo: se destruye, se deteriora, se sustrae) o por motivos legales (por ejemplo: es embargado o incautado por autoridades competentes). En estos casos, se deberá aplicar el derecho de obligaciones en caso de pérdida de la cosa y responsabilidad del deudor (arts. 1156, 1122, 1182 y 1183 CC). Mientras el NFT, que representa el activo, se mantiene inalterado y podría seguir transmitiéndose, la utilidad y valor de dicho NFT se verían afectadas. Con más detalle y respecto de *asset-backed* tokens, NASARRE AZNAR, Sergio, *La Tokenización de bienes en blockchain, op. cit.*, pp. 99 y ss.

- bienes intangibles: imágenes, texto, bits de código y otros archivos digitales como «originales»[304]; nombres de dominio[305]; o i*n-game-items* en videojuegos[306], plataformas de metaverso y demás entornos de realidad virtual, con utilidad dentro de esos entornos[307]; (nos referiremos en estos casos a *soft asset-backed tokens*[308]).

La creación y transmisión de derechos depende de cada ordenamiento jurídico (en España, art. 1089 CC para las fuentes de obligaciones y art. 609 CC para la adquisición de derechos reales). El ordenamiento jurídico español resulta flexible al respecto, dados el *numerus apertus* de creación de derechos reales y los principios de libertad de pactos (art. 1255 CC, sin infringir los límites establecidos —que no sean contrarios a las leyes, a la moral y al orden público—) y libertad de forma (arts. 1278 y 1280 CC)[309]

304 La sensación de escasez y exclusividad que el NFT otorga se debe a que, independientemente de las copias digitales que puedan existir de un activo digital, el NFT vincula esa imagen a un único y genuino propietario, certificándole como titular «legítimo» de una obra «original» distinta al resto de copias existentes, al igual que se haría con una obra de arte física.

305 A diferencia de las páginas web tradicionales, los NFT cuyo activo subyacente es un nombre de dominio no basan su estructura en la red de Internet sino en la tecnología *blockchain* distribuida y en los *smart contracts.* Son direcciones que se almacenan en la *wallet* del adquirente y almacenan la información contenida en ese sitio «web».

306 Al respecto de los NFT en videojuegos y activos del tipo cajas botín, cabe decir que la Ley 23/2022, de 2 de noviembre, por la que se modifica la Ley 13/2011, de 27 de mayo, de regulación del juego, añade una disposición décima a la antigua Ley 13/211, en la que se establece un mandato al Gobierno para que elabore una serie de directrices para garantizar su uso más seguro. Estas directrices, en cuya elaboración deberá contarse con todas las autoridades afectadas y con la participación del sector de juego de ámbito estatal y de los videojuegos, incluirán, como mínimo: el régimen de las comunicaciones comerciales de estos productos; la necesaria información al consumidor en relación con los riesgos de su uso y abuso y las medidas de seguridad necesarias para su correcto almacenamiento. Por motivos de concisión y extensión de la presente obra no abordaremos el tratamiento de esta cuestión.

307 La plataforma de metaverso Decentraland tiene su propio *marketplace* con activos digitales.

308 NASARRE AZNAR, Sergio, «Naturaleza jurídica y régimen civil de los "tokens" en "blockchain"», en *La Tokenización de bienes en blockchain, op. cit.*, p. 64.

309 En el mismo sentido, NASARRE AZNAR, Sergio, «Naturaleza jurídica y régimen civil de los "tokens" en "blockchain"», p. 77; y SIMÓN MORENO, Héctor, «La tokenización de bienes en blockchain», p. 113, ambos en *La Tokenización de bienes en blockchain* (coord. GARCÍA TERUEL, Rosa María).

en los negocios jurídicos[310]. Puesto que el NFT se someterá a la normativa relativa a su activo subyacente (entre otros aspectos, a lo relativo a derechos de propiedad y transmisión de dicho activo); al hilo del tema que nos ocupa interpretamos extensiblemente el concepto de bienes muebles de nuestro artículo 333 CC, entendiendo que alcanza a los bienes intangibles codificados digitalmente[311]. De nuestra interpretación amplia se desprendería que no existe impedimento a que puedan ser «tokenizadas» obras de arte digital.

La utilidad y valor de un NFT dependerá, en la mayoría de ocasiones, de la existencia u operabilidad de su activo subyacente, pero ello no es obstáculo para la existencia y circulación en el mercado del propio token. Por este motivo, si fuese el caso, debería concretarse la responsabilidad por la desaparición de dicho activo o por la imposibilidad del despliegue de sus utilidades[312]. Del mismo modo, puede entenderse que la «tokenización» será ineficaz en aquellos casos en los que el creador del token no tenga poder de disposición sobre el activo subyacente y capacidad legal para lle-

---

310 La Dirección General de Seguridad Jurídica y Fe Pública (antes Dirección General de los Registros y del Notariado) es el órgano competente en establecer, en su caso, límites o requisitos a la inscripción registral de nuevos derechos reales.

311 Interpretamos «bien digital» como «todo aquel contenido que se encuentre codificado en señales binarias, y que por tanto requiere la intervención de una máquina para disfrutar o disponer del mismo», añadiéndose que los bienes digitales son calificables como «bienes muebles, que requieren para su existencia de un soporte físico [entiéndase lo anterior, como consideración nuestra y en cuanto a los bienes representados mediante NFT, su soporte a través de alojamiento en la nube, en servidores o discos duros, o su replicado en múltiples nodos de una *blockchain*] y que no son propiedad intelectual *per se*, si bien su objeto sea susceptible de serlo y además resulten óptimos para tal finalidad [es decir, si ese bien digital consiste en una obra artística, literaria o científica]», y que «la naturaleza del uso y disfrute de los bienes digitales traspasa las barreras físicas tradicionales de otros bienes, y sus posibilidades de aprovechamiento se encuentran por definición vinculadas al estado de la técnica, adaptándose a las posibilidades que esta permita». Respecto del referido concepto de «bien digital», y a su aptitud para ser integrado dentro de un patrimonio (ex. arts. 659 y 1347 CC), nos remitimos a HIDALGO CEREZO, Alberto, *Propiedad y patrimonio en el medio digital: fundamentos jurídicos y tecnológicos*, Navarra, 2021, pp. 310 y ss. En el mismo sentido pero en referencia a los NFT se pronuncia LLORENTE SANSEGUNDO, Inmaculada, «Non Fungible Token: la réplica en el mundo digital de la originalidad, la autenticidad y la exclusividad...», *op. cit.*, p. 958.

312 NASARRE AZNAR, Sergio, «Naturaleza jurídica y régimen civil de los "tokens" en "blockchain"», en *La Tokenización de bienes en blockchain* (coord. GARCÍA TERUEL, Rosa María), p. 102.

var a cabo dicho acto de disposición (arts. 246 y 1160 CC) o cuando la prestación representada por el NFT no fuera posible legal o materialmente desde su origen (art. 1272 CC).

Por otra parte, en entornos de *blockchain* pública caracterizados por la no intervención de autoridades, creemos que sería de conveniencia la adopción de mecanismos tipo «oráculo» u otros sistemas que permitan aportar garantías sobre la operatividad del token como representación de un bien físico adecuadamente conservado[313]. Asimismo, hemos comentado cómo los bienes digitales vinculados a un NFT pueden presentar problemas de desprogramación y mutabilidad derivados del almacenamiento *off-chain* y «minteados» peculiares, lo cual desvirtúa su uso como certificado de titularidad del activo subyacente si no se complementa con garantías añadidas sobre las características esenciales que le dan valor (originalidad, accesibilidad, integridad o utilidad, entre otras). Como se comentó anteriormente, el almacenamiento del activo digital subyacente puede tener lugar totalmente *on-chain*, en cuyo caso los enlaces almacenados en la *blockchain* redirigen a algún punto dentro de la misma *blockchain*. Con este sistema, como se observó, el adquirente tendrá mayores garantías en cuanto a la inmutabilidad y permanencia del activo porque, en principio, tal información no se puede editar y se prevé que exista permanentemente en la *blockchain*, al funcionar la cadena de bloques como registro distribuido.

Al contrario de lo que sucede en el sistema *on-chain*, en el almacenamiento *off-chain* los metadatos del activo digital se alojan en servidores de terceros. Esta circunstancia, como se ha visto, puede poner en riesgo la pervivencia, el acceso y el disfrute del activo digital adquirido, ya que lo convierte en mutable o modificable, y también en suprimible, independientemente del formato de «minteado». Si bien no ocurre con todos los NFT, el almacenamiento *off-chain* de activos subyacentes de NFT resulta habitual en ventas a través de plataformas de comercialización tipo *marketplace*: el NFT se vincula con un enlace al servidor de almacenamiento, generalmente centralizado en la propia plataforma comercializadora del

[313] La misma solución podría aplicarse a NFT que representen obras de arte físico o archivos almacenados *off-chain*. NASARRE propone, en casos de tokenización de bienes físicos, el uso de servicios de auditoría privada, que actúan como fiduciarios y que verifican la existencia y condiciones del bien «tokenizado». NASARRE AZNAR, Sergio, «Naturaleza jurídica y régimen civil de los "tokens" en "blockchain"», en *La Tokenización de bienes en blockchain* (coord. GARCÍA TERUEL, Rosa María), p. 102.

token[314] o en servidores de terceros (por ejemplo, un enlace a cuentas de almacenamiento en la nube pública[315]). Lo anterior supone un riesgo para el usuario, ya que, como hemos mencionado, en caso de quiebra de la plataforma de mercado en línea o por motivos de decisión o gestión del operador responsable del alojamiento[316], ese archivo digital puede ser alterado o borrado[317]. En otras palabras: si se producen incidencias con el servidor que almacena de forma *off-chain* los metadatos del activo digital subyacente o su operador, pueden desaparecer el valor y utilidad del token no fungible.

Si se diera esta situación, el NFT carecería de conexión con el activo digital subyacente, con lo cual únicamente se poseería un «título de propiedad» digital y registrado en la *blockchain* pero que no se refiere a ningún activo existente[318]. El adquirente diligente tomará consciencia de la necesidad de conocer las garantías asociadas a la mutabilidad y al almacenamiento del activo digital subyacente al NFT, y minimizará este riesgo adquiriendo activos *on-chain* o asegurando su activo mediante servicios accesorios

---

314 El NFT de la obra «Crossroad» de Beeple se vendió en la plataforma Nifty Gateway por 66.666 dólares, como puso de manifiesto en su día el experto desarrollador Jonty Wareing (@jonty) en Twitter el 17 de marzo de 2021, el NFT está vinculado a un archivo JSON que no está alojado en la propia *blockchain* ni en el *smart contract*, sino en los servidores del *marketplace*. En caso de que cese la prestación de servicios de la plataforma digital o se den incidentes con sus servidores, los metadatos de este archivo JSON pueden quedar inaccesibles , en cuyo caso el NFT perdería mayormente su valor y utilidad.

315 Tipo Dropbox, Google Drive o OneDrive. En nuestra obra ROSSELLÓ RUBERT, Francisca María, *Cloud Computing. Régimen jurídico para empresarios*, Navarra, 2018, 444 p, ofrecemos un tratamiento exhaustivo del régimen jurídico del almacenamiento en la nube pública, enfocado principalmente en el usuario empresario.

316 Sería el caso de ataques maliciosos o impago de las cuotas del servicio de almacenamiento remoto.

317 La artista digital Harriet Davey, en colaboración con la plataforma de servicios de almacenamiento en la nube Dropbox y patrocinada por la comunidad de artistas «Its Nice That», ha lanzado la colección de NFT y los comparte y almacena en su cuenta de Dropbox a modo de sistema de almacenamiento centralizado *off-chain*. En nuestra opinión, la elección de una plataforma de nube pública como almacenamiento de NFT de alto valor no resulta una opción segura respecto de la inmutabilidad o permanencia de los activos digitales subyacentes. En cuanto a los riesgos técnicos, organizativos y jurídicos de la nube pública para sus usuarios, en su momento escribimos sobre ellos. ROSSELLÓ RUBERT, Francisca María, *Cloud Computing. Régimen jurídico para empresarios*, Navarra, 2018, pp. 77-82.

318 Como sucedió con Editional App. Véase apartado «NFT y activo digital subyacente. Utilidades del NFT».

y seguros de almacenamiento remoto[319]. Las anteriores circunstancias de pérdida o mutabilidad del archivo pueden suceder sin la autorización o el conocimiento del adquirente y del actual propietario, y el hecho de que acontezcan tampoco entorpece, como hemos destacado, la transferibilidad del token. Lo anterior dificulta enormemente cualquier reclamación de responsabilidad, indemnización por daños o restauración del activo. Para solventar esta cuestión, deberá acudirse a lo establecido en los términos de servicio del operador encargado del almacenamiento y a las causas de la alteración o borrado del archivo, con el fin de comprobar si se ha incumplido el deber de diligencia del operador, así como a la normativa en materia de conformidad de contenidos digitales (aplicable en relaciones de consumo) y a eventuales condiciones en materia de responsabilidad que pudieran establecer los términos legales que, en su caso, acompañen al NFT[320]. Por otra parte, hemos manifestado anteriormente la idoneidad de que el adquirente conozca si el almacenamiento del activo digital subyacente al NFT tiene lugar *on-chain* u *off-chain*, así como la identidad, en su caso, del proveedor responsable de custodiar dicho activo fuera de la cadena de bloques.

Cuando un NFT integre creaciones artísticas (*corpus mysticum*) exteriorizadas mediante un archivo digital (*corpus mechanicum*), el NFT puede servir, además, como mecanismo de acceso del titular del token a dicha obra digitalmente codificada, a través de un enlace al activo digital incorporado en los metadatos del NFT. Por estas razones, resulta importante analizar la localización del almacenamiento de dicho activo digital para evaluar los efectos sobre la validez del NFT como título de propiedad, así como eventuales limitaciones que afecten a su uso y disfrute.

La «tokenización» del dominio suele implicar una serie de beneficios derivados del registro en la *blockchain*, siendo destacables la seguridad del título (gracias a la protección criptográfica), la constancia de eventuales cargas y gravámenes en una misma base de datos y la agilidad en la transmi-

---

319 Existen sitios web, como <looksmutable.com> o <https://checkmynft.com/>, que permiten al usuario comprobar si el almacenamiento de un NFT se encuentra *on-chain* u *off-chain*. Sobre soluciones de almacenamiento, véase apartado «NFT y activo digital subyacente. Utilidades del NFT»..

320 Para conocer cuáles son estos términos, deberá acudirse a las diferentes fuentes de información jurídica que pueden acompañar al NFT. Al respecto, véase el capítulo "Fuentes de información jurídica relativas a los NFT y, particularmente, al «criptoarte» en NFT".

sión de los derechos representados en los NFT[321]. No obstante, raramente la adquisición de un NFT conlleva una inmediata adquisición de la propiedad ordinaria del activo subyacente representado[322]. A este respecto,

---

321 GARCÍA TERUEL, Rosa María, NASARRE AZNAR, Sergio, «La propiedad y las situaciones de comunidad en la "tokenización" de bienes », en *La Tokenización de bienes en blockchain* (coord. GARCÍA TERUEL, Rosa María), pp. 174.

322 La anterior afirmación toma como referencia nuestro ordenamiento jurídico. En otros Estados, los tribunales han asimilado el NFT como «propiedad» en un sentido legal. Así sucedió en Reino Unido, en la resolución del caso Osbourne v Persons Unknown & Anor [2022] EWHC 1021 (Comm). La demandante, Lavinia Ousbourne, abrió una cuenta en la plataforma OpenSea (operada por Ozone Inc.) y adquirió varios FNT. Tras circunstancias un poco confusas (según afirma la propia resolución), personas desconocidas sustrajeron de la wallet de la Sra. Osbourne dos NFT con un valor aproximado de mercado aproximado de 4.000 libras inglesas, pero que, para la demandante, tenían un valor personal especial ("personal and unique value to [Lavinia] which extends beyond their mere Fiat currency value"). Tras deducir la jueza que su jurisdicción era adecuada para conocer del asunto (al concluir que los criptoactivos deben tratarse a efectos legales como si estuvieran ubicados en el lugar donde está domiciliado el propietario). Esta resolución sienta un precedente importante en el reconocimiento del estatus legal de los NFT como propiedad y permitirá a los propietarios y operadores jurídicos adoptar medidas para recuperar o restaurar el control de sus NFT, permitiendo que esta tipología de criptoactivos sean objeto de una «orden de congelación» (*freezing order*) y, consecuentemente, de otros mecanismos legales que permitan proteger a sus titulares o demás derechohabientes. Decisión de la England and Whales High Court disponible en <https://www.bailii.org/ew/cases/EWHC/Comm/2022/1021.html>. En un sentido similar, la resolución de la Corte de Singapur en el caso Janesh s/o Rajkumar v Unknown Person [2022] SGHC 264. En este otro caso, un NFT con el Bored Ape Yatch Club #2162 se utilizó como garantía para un préstamo en criptomonedas y el litigio trata sobre la legitimidad de su «ejecución hipotecaria». A pesar de que se desconocía el domicilio, la residencia y la ubicación actual del prestamista, el Tribunal consideró que tenía competencia para conocer de la demanda pesar de la naturaleza descentralizada de las cadenas de bloques y dedujo, de los hechos disponibles, ese tribunal era el tribunal de Singapur, al ser lugar de domicilio y del establecimiento mercantil del demandante. Respecto de la asimilación del NFT como propiedad, el tribunal sostuvo que los criptoactivos NFT eran propiedad, tal y como se había afirmado respecto de los Bitcoin en el caso inglés de *AA v. Persons Unknown* ([2019] EWHC 3556 (Comm), dirimido por la Queen Benchs Division el 13 de diciembre de 2019). El principal fundamento esgrimido fue que los NFT cumplían con los cuatro criterios establecidos en el caso *National Provincial Bank Ltd v Ainsworth* [1965] AC 1175 ("Ainsworth"); criterios previamente utilizados para decidir si los criptoactivos son propiedad (también conocidos como criterios de Ainsworth). Consisten en determinar si el criptoactivo a valorar es definible (puede aislarse de otros activos, ya sean del mismo tipo o de otros tipos y, por lo

la adquisición de un NFT vinculado a un activo digital no se corresponde con la adquisición de un archivo descargable o ejecutable en los equipos propios del adquirente, sino únicamente al registro de metadatos en la cadena de bloques que dan acceso digital al activo almacenado en un servidor remoto[323]. En la práctica general, los NFT con activos digitales subyacentes frecuentemente representan la titularidad de derechos de uso de dicho activo subyacente, otorgados mediante cesiones efectuadas por el titular de los derechos. Por ello, no sería extraño que el adquirente de NFT confundiera la adquisición de la titularidad de un NFT como criptoactivo

---

tanto, identificarse); es identificable por terceros (tiene un titular que puede ser reconocido como tal por terceros); es susceptible, por su naturaleza, de asumirse su propiedad por terceros (esto implica dos aspectos: los terceros deben respetar los derechos del propietario sobre ese bien, y el bien debe ser potencialmente deseable); y si tiene algún grado de permanencia o estabilidad. Al aplicar los criterios de Ainsworth, la High Court concluyó que los NFT también cumplían los cuatro criterios establecidos. En primer lugar, los NFT se podían definir porque los metadatos permitían distinguir un NFT de otro. En segundo lugar, los titulares de los NFT podían ser reconocidos como tales por terceros. En lo que respecta a los NFT, el propietario sería, presuntamente, quien controlara la *wallet* vinculada al NFT. Al igual que con las criptomonedas, la «excluibilidad» se logra porque no se puede operar con NFT sin la clave privada del propietario. En tercer lugar, el NFT es un criptoactivo que permite al propietario ejercitar sus derechos de propiedad frente a terceros y entiende los NFT como algo potencialmente deseable, debido a que la naturaleza de la tecnología *blockchain* otorga al propietario la capacidad exclusiva de transferir NFT a terceros mediante la comunicación de la clave privada y porque los NFT fueron claramente objeto de negociación activa en mercados especializados. En cuarto lugar, la *High Court* valora que los NFT poseen cierto grado de permanencia o estabilidad, equiparándolos el Tribunal al dinero en cuentas bancarias que existen en forma electrónica. En cuanto a la ejecución hipotecaria, esta fue paralizada por el Tribunal mediante una medida cautelar, atendiendo así a la petición del demandante, puesto que el contrato entre las partes contenía una clausula que establecía que el prestamista no podía utilizar la opción de «ejecución hipotecaria» del NFT sin otorgarle primero al prestatario oportunidades razonables para realizar el pago total del préstamo, y estas oportunidades, al parecer, habían sido ignoradas. Al respecto, la *High Court* tuvo en cuenta la dificultad de recuperar el NFT una vez fuese transferido a terceros, teniendo en cuenta el funcionamiento intrínseco de la *blockchain*. Resolución disponible en: <https://www.judiciary.gov.sg/judgments/case-briefs-by-smu/janesh-s-o-rajkumar-v-unknown-person>. [Fecha de consulta: 8 de mayo de 2024].

323 De modo simplificado, podríamos decir que, en el caso de activos digitales, el NFT es una representación en una *blockchain* que afirma que «la persona X posee el activo digital 123. El activo digital 123 puede encontrarse AQUÍ», siendo «AQUÍ» un hipervínculo que enlaza a la ubicación remota del servidor donde se encuentran almacenados los metadatos del archivo digital asociado al NFT.

con la adquisición del activo digital en sí, generándose expectativas sobre la utilidad del NFT y los derechos de uso y disfrute del bien digital subyacente que no sean acordes con las consecuencias jurídicas asociadas a una «compraventa»[324], calificación negocial que, por otra parte, suele ser habitual en promociones al público de NFT[325]. Por añadidura, el hecho de que el NFT, como formato digital autónomo, pueda desvincularse de la documentación contractual no configurada en la *blockchain* cuando se transmite fuera de una concreta plataforma o mercado contribuye a generar aún mayor inseguridad jurídica respecto del contenido contractual anexo a los derechos transmitidos[326]. Recordemos, asimismo, que el tipo de «minteado» puede implicar igualmente restricciones al uso y disfrute del adquirente (por ejemplo, si se configura como un activo temporal, alterable o intransferible), con lo cual pueden desvirtuarse, como hemos comentado, la inmutabilidad y permanencia del activo existente en el momento de creación del NFT.

La transmisión y adquisición de dicha propiedad se regirán de acuerdo con las reglas de los bienes (tangibles o intangibles) que compartan la naturaleza del bien «tokenizado». Así, como hemos avanzado, no puede entenderse que la condición de propietario del NFT le otorga a su titular el poder absoluto sobre el bien subyacente ni engloba cualquier facultad de uso y disfrute, disposición o gravamen (art. 348 CC)[327]. En este sentido,

---

324 Afirma también APARICIO VAQUERO que la normativa de consumo y su confluencia con derechos de propiedad intelectual "induce a confusión a los eventuales consumidores de obras protegidas respecto del contenido digital adquirido y su posible cesión a reventa". APARICIO VAQUERO, «La tipificación del contrato de suministro de contenidos y servicios digitales: entre la propiedad intelectual y el derecho de consumo», *Revista de Educación y Derecho*, núm. 24, 2021.

325 Como muestras de la confusión que se puede crear al adquirente, la plataforma "Leofy", que ofrece «NFTs a la venta», o la plataforma OpenSea que se promociona diciendo «Browse, create, *buy*, sell, and auction NFTs using *OpenSea* today». [Fecha de consulta: 8 de mayo de 2024].

326 Veremos esta cuestión con más detalle en este mismo trabajo, en el capítulo "«Criptoarte» en NFT como mecanismo de soporte de cesiones de derechos de autor»".

327 El concepto de propiedad es divergente de acuerdo con los diferentes regímenes jurídicos nacionales, y, según algunos Estados, no es posible adquirir la propiedad de un NFT. Por ejemplo, la sección 90, 903 del Código Civil alemán (*Bügerliches Gesetzbuch* o BGB) impide que algunos NFT se puedan considerar propiedad, debido a la falta de materialidad que presentan los tókenes puramente digitales; (la propiedad solo puede recaer sobre objetos físicos, y para considerarse como tales deben ser tangibles y definibles en términos espaciales. Además, esta descripción se produce

se considerará la existencia de los presupuestos jurídicos para la validez de la transmisión: que el «minteador» el derecho de reproducción de la obra artística digital, y que concurran los elementos de título y modo para transmitir la propiedad (art. 609 CC)[328].

En principio, con la adquisición de un token no fungible, el adquirente tendrá derecho a:

- incorporar el NFT en su *wallet;*
- transferir el NFT (siempre que la configuración inicial del *smart contract* no limite su transferibilidad), y a
- usar y disfrutar el activo subyacente en los términos acordados.

En cuanto a la tradición o *traditio* (entrega o traspaso posesorio de la cosa con ánimo de transmitir y adquirir el dominio) como elemento necesario para adquirir la propiedad del token no fungible, somos favorables a la interpretación amplia del concepto de uso recogido en el artículo 1464.2 CC[329]. Por otra parte, la posesión de un NFT serviría de indicio respecto de su titularidad, ya que el comprobante de propiedad del NFT

en términos de *númerus clausus*, lo cual impide interpretaciones extensivas a objetos no corpóreos. En un sentido opuesto, el *UK High Court* reconoció en mayo de 2022 que los NFT son «legal property» en sí mismos, pero que este estatus no se extiende al activo subyacente del NFT; todo ello a raíz del caso *Osbourne vs. Persons Unknown* [2022] EWCH 1021 (*Commercial Court*), y siguiendo la línea de un caso anterior (*AA vs. Persons Unknown, Re Bitcoin* [2019] EWCH 3556) en el que estableció que un criptoactivo puede ser objeto de reclamaciones por «*proprietary injuction*» (daños a la propiedad): en este último caso, el Alto Tribunal siguió el criterio de otro asunto precedente (*National Provincial Bank vs Ainsworth* [1965] 1 AC 1175), según el cual existen cuatro criterios que establecen la «propiedad»: ser definible, ser identificable por terceros, que su naturaleza haga posible la apropiación por terceros y que cuente con cierto grado de permanencia. En el caso *Osbourne vs. Persons Unknown,* el Alto Tribunal inglés recordó asimismo que, como había manifestado anteriormente (*Ion Science Ltd. Vs Persons Unknown and Others* [2020], *unreported,*–Commercial Court), entendía que la *lex rei sitae* de un criptoactivo es el lugar donde está domiciliada la persona o compañía que lo posee.

328 LLORENTE SANSEGUNDO, Inmaculada, «Non Fungible Token: la réplica en el mundo digital de la originalidad, la autenticidad y la exclusividad...», *op. cit.,* p. 958.

329 Nos sumamos así a lo apuntado por LLORENTE SANSEGUNDO, en cuanto a que «el depósito del código generado e inscrito en la cadena de bloque en la wallet del comprador equivale a la puesta a disposición del comprador del NFT (art. 438 CC) confiriéndole las facultades de uso requeridas». LLORENTE SANSEGUNDO, Inmaculada, «Non Fungible Token: la réplica en el mundo digital de la originalidad, la autenticidad y la exclusividad...», *op. cit.,* p. 982.

se transfiere a través de la dirección pública del adquirente y formará parte del historial de transferencias del token, con lo cual el adquirente podrá acceder al token y transferirlo a través de su clave privada; el token en sí mismo indicaría que esa «copia» del archivo digital es considerada como el original, al acuñarse así por el creador, a quien se le supone legitimidad suficiente para ello.

Los derechos sobre el activo subyacente que puede adquirir el nuevo titular del NFT vendrán determinados por tres factores:

- la naturaleza del activo subyacente,
- la configuración del *smart contract*
- y las condiciones asociadas a la adquisición: tanto las cláusulas dispuestas por el emisor sobre el negocio jurídico (vía *smart contract* o documentación anexa[330]) como los términos de servicio suscritos en la plataforma o mercado de NFT que ha habilitado la transferencia.

Puesto que tales factores varían en cada emisión de NFT, creemos que no puede hablarse de un conjunto de derechos uniformes ni de una naturaleza contractual única respecto de la transferencia o adquisición del NFT. La creación y transmisión de los derechos reales *inter vivos* sobre un bien físico «tokenizado» se regirán, como hemos mencionado, por las reglas de la *lex rei sitae* (art. 10.1 CC), independientemente de la forma tecnológica que se emplee, de acuerdo con el principio de neutralidad tecnológica[331]. Respecto del «criptoarte» en NFT, el emisor del token deberá contar, en su caso, con la autorización necesaria para ejercitar derechos de explotación de la creación (arts. 2, 10 y 11 TRLPI, y artículo 1.4 Tratado OMPI[332]), y

---

330 Para conocer cuáles son estos términos, deberá acudirse a las diferentes fuentes de información jurídica que pueden acompañar al NFT. Al respecto, véase el capítulo "Fuentes de información jurídica relativas a los NFT y, particularmente, al «criptoarte» en NFT".

331 NASARRE AZNAR, Sergio, «Naturaleza jurídica y régimen civil de los "tokens" en "blockchain"», en *La Tokenización de bienes en blockchain* (coord. GARCÍA TERUEL, Rosa María), 2020, p. 99.

332 En las Declaraciones Concertadas relativas al Tratado de la OMPI sobre Derecho de Autor, respecto del artículo 1.(4) de dicho Tratado se recoge que «El derecho de reproducción, tal como se establece en el Artículo 9 del Convenio de Berna, y las excepciones permitidas en virtud del mismo, son totalmente aplicables en el entorno digital, en particular a la utilización de obras en forma digital. Queda entendido que el almacenamiento en forma digital en un soporte electrónico de una obra protegida, constituye una reproducción en el sentido del Artículo 9 del Convenio de Berna», y, por tanto, añadimos, el almacenamiento de una obra en

será aplicable el derecho de propiedad intelectual que determinen las diferentes normas de conflicto de derecho internacional privado, de acuerdo con los principios de territorialidad e independencia generalmente compartidos a escala internacional[333].

2. UTILIDAD DEL NFT COMO CERTIFICADO DIGITAL DE AUTENTICIDAD, ORIGINALIDAD Y TITULARIDAD DE LA OBRA DE ARTE DIGITAL

Una de las principales virtudes asociadas a un NFT es que permite satisfacer una utilidad de coleccionismo, al habilitar la transmisión y obtención de rendimientos a través de la venta especulativa de obras digitales artísticas. En este sentido, un NFT tendría un uso de recibo, comprobante o, si se prefiere, de «certificado digital» asociado al activo subyacente (por ejemplo, un archivo digital en formato JPEG que contiene la obra de arte), pudiendo servir de garantía respecto de varios aspectos: principalmente, su autenticidad, su originalidad y su titularidad, con un valor equiparable, a nuestro parecer, al de un documento privado en el sentido de los artículos 1216 y 1225 a 1230 CC y, en sus aspectos procesales, en lo establecido por los artículos 324 a 334 LEC.

A continuación, analizaremos algunas consideraciones respecto del uso del NFT como certificado de autenticidad, originalidad y propiedad del activo subyacente, centrándonos en activos que consistan en una creación artística.

2.1. NFT como certificado de autenticidad de la obra artística subyacente

Puede entenderse que un NFT se usa como certificado de autenticidad[334] cuando se hace servir para garantizar que la obra de arte subyacente

---

formato digital necesitará de autorización expresa del creador de la obra, salvo que se den circunstancias que permitan aplicar las excepciones del propio Convenio a tal requerimiento.

333 Al respecto, véase DE MIGUEL ASENSIO, Pedro Alberto, «La legislación de derechos de autor y su ámbito de aplicación: perspectiva europea», *Anuario dominicano de propiedad intelectual*, núm. 2, 2015, pp. 115-154; y OMPI, *Confluencia del Derecho internacional privado con el Derecho de la propiedad intelectual. Guía para jueces* [en línea]. Disponible en: <https://www.wipo.int/edocs/pubdocs/es/wipo_pub_1053.pdf>. [Fecha de consulta: 8 de mayo de 2024].

334 Respecto de la idea de autenticidad aplicado a obras de arte en NFT, consideramos que es dificultoso acuñar un concepto preciso de su significado. Así lo reco-

proviene efectivamente de un determinado creador, a quien se le reputa esa obra como parte de su catálogo y descartando que se trate de un plagio, copia no autorizada, falsificación o imitación. Este uso, por lo general, se pretende equivalente al uso de certificados homólogos en el mundo físico para obras de arte conceptuales.

No obstante, un NFT no constituye un sistema de garantía infalible. El registro de la *blockchain* de un NFT puede indicar la posesión del activo digital que representa, al vincularla a una *wallet*, pero no verifica la identidad del poseedor originario, lo cual no impide apropiaciones de creaciones de terceros mediante NFT. Se han dado casos de usurpaciones de identidad o apropiaciones ilícitas[335] de creaciones mediante NFT «minteados» sin consentimiento del autor[336]. La dirección de la *wallet* del titular originario del NFT puede comprobarse a través de la *blockchain*, pero esta *wallet* no siempre estará vinculada a una identidad real verificada, ya que se enmarca en entornos seudoanónimos. En otras palabras: las cuentas registradas no revelan información sobre la identidad auténtica de quien las controla, con lo cual no puede verificarse la identidad del poseedor originario del

---

nocen también otros autores: «In the case of a unique artwork, it usually means the work is or will be included in the artist's catalog raisonne. In the case of an artwork created in a mechanically reproducible medium, it usually means the particular copy you purchased is part of a "authentic" limited edition. (...) Certificates of authenticity exist in order to facilitate transactions in the art market that reflect ownership claims the art market has collectively agreed to recognize, irrespective of the law. Certificates of authenticity matter because they reflect the art market's practical needs. One might productively analogize to the law of secured transactions, in which formalized documents facilitate the transfer of assets. NFTs fetishize the mechanics of certificates of authenticity, while ignoring their purpose. They are intended to enable secure transactions in artworks by ensuring that work is authentic. But they can't actually accomplish that purpose, because they lack any meaningful connection to the work they are supposed to authenticate. NFTs are gangbusters at authenticating themselves, but utterly incapable of authenticating anything else. Knowing who owns an NFT tells you nothing about who owns the artwork it ostensibly authenticates. Or at least, nothing you didn't already know». FRYE, Brian L., «NFTs & the Death of Art», 2021, SSRN [en línea]. Disponible en: <http://dx.doi.org/10.2139/ssrn.3829399>. [Fecha de consulta: 8 de mayo de 2024].

335 Existe una cuenta de Twitter dedicada a denunciar estafas en la autoría de NFT: <https://twitter.com/NFTtheft>. [Fecha de consulta: 8 de mayo de 2024].

336 Como muestra, una supuesta obra de arte en NFT, presuntamente del artista Bansky y disponible en la página web del artista, por la que un coleccionista británico abonó en 2021 más de 336.000 dólares. Curiosamente, el estafador devolvió voluntariamente el dinero percibido.

NFT únicamente con este registro, debiendo corresponderse esta identidad con la del autor de la obra para que un NFT pueda funcionar eficazmente como certificado de garantía[337].

Al respecto, las plataformas mercado podrían jugar un papel interesante, si se les requiere a identificar al titular de los derechos de autor; al respecto, nos remitimos al análisis de la cuestión efectuado en apartados anteriores[338]. Otra opción a este problema sería adoptar una solución técnica, dotando al NFT de una capa de identidad: un complemento que aumenta las garantías del NFT como certificado de autenticidad y amplía su abanico de utilidades. A través de los estándares de tipo «soulbound» (ERC-6551[339]) o mediante estándares de identidad soberana descentralizada (*self-sovereign* o SSI) y sus credenciales verificables (*verified credentials* o VC), es posible vincular un NFT con una identidad verificada. En relación con esta materia, la Unión Europea está trabajando en un nuevo modelo de identidad digital, mediante *wallets* basadas en estándares de intercambio de credenciales verificables. El Reglamento eIDAS 2 pretende dar acceso al mercado interior de *wallets* de identidad europea (*European Digital Identity Wallets*), que se considerarán soluciones de identidad electrónica altamente seguras y fiables, basadas en la identidad legal de los ciudadanos, residentes y otras entidades jurídicas, emitidas por organismos acreditados del sector público o privado designados por los Estados miembros[340].

---

337 Pongamos un ejemplo ilustrativo: imaginemos que vamos a una exposición de arte pictórico con una cámara fotográfica, tomamos una fotografía de alta resolución a una de las obras expuestas, la digitalizamos y procedemos a «mintear» un NFT que la represente, a través de una plataforma o mercado. El NFT se registra en la *blockchain* y se vincula a nuestra *wallet*, con lo cual podría acreditarse que somos los poseedores de dicha obra digital tokenizada. La técnica actual no nos impide transferir o comunicar públicamente esa imagen digital usurpada a través del NFT.

338 Concretamente, véanse los apartados «NFT ilícitos y falta de responsabilidad de las plataformas de intermediación y "minteado"», y «Las reservas de derechos de propiedad intelectual y la información al adquirente. Las plataformas como facilitadoras de información sobre licencias de uso y otros extremos de la relación comercial».

339 El estándar ERC-6551 permite usar el formato NFT como un identificador único global, asociándolo a cuentras verificadas. MALDONADO, José, «Qué es ERC-6551, el estándar que dota de habilidades bancarias a los NFT» [en línea], *Observatorio Blockchain*, 26 de mayo de 2023. Disponible en: <https://observatorioblockchain.com/nft/el-estandar-erc-6551-dota-de-habilidades-bancarias-a-los-nfts/>. [Fecha de consulta: 8 de mayo de 2024].

340 Reglamento (UE) 2024/1183 del Parlamento y del Consejo, de 11 de abril de 2024, por el que se modifica el Reglamento (UE) 910/2014 en lo que respecta

La futura aplicación de las *wallets* de identificación europea se presenta como un gran avance en la confianza dentro de entornos digitales, incluidos los ecosistemas NFT, y podría desarrollar utilidades que obstaculicen la usurpación de arte digital, por ejemplo, acreditando con máxima confianza la identidad del emisor. Con todo, deberemos estar a la espera de su implementación, para comprobar la compatibilidad técnica entre la *wallet* europea y los NFT, ya que, en la actualidad, no todas las *wallets* del mercado admiten transacciones con NFT.

2.2. NFT como certificado de originalidad de la obra artística subyacente

El uso de un NFT como certificado de originalidad se fundamenta en la presunción de que el token, además de «mintearse» por una fuente altamente confiable (como hemos visto al analizar el uso del NFT como certificado de autenticidad), identifica el activo subyacente como original, individual, único (o escaso) y diferente de otras copias[341]. En este sentido, algunos autores han considerado al NFT como «firma o certificado de exclusividad digital», puesto que permite a la obra artística subyacente acuñada como NFT convertirse en «única, exclusiva e insustituible (infungible)»[342].

La instrumentalización de un NFT como certificado de originalidad puede presentar asimismo problemas de garantía porque existe la posibilidad técnica de que se «minteen» varios NFT sobre el mismo activo digital en diferentes cadenas de bloques. En obras de arte digitales, la originalidad se crea artificialmente; (de hecho, los sistemas de almacenamiento IPFS reparten copias entre las computadoras conectadas a dicha red como

---

al establecimiento de un marco para una Identidad Digital Europea (eIDAS 2). El acceso a estas *wallets* se conjuga como un derecho gratuito y voluntario con el cual compartir información identificativa (nombre completo, dirección, números de identificación personal tipo DNI, NIE o pasaporte, por ejemplo), así como otros documentos o títulos relevantes (carné de conducir, certificados médicos, titulaciones académicas o diplomas profesionales, certificaciones bancarias, entre otros) en múltiples contextos. Estarán disponibles a través de aplicaciones para dispositivos móviles y otros dispositivos on-line u off-line, y permitirán realizar una amplia variedad acciones con utilidades en el sector público y privado, con garantías de confianza certificada.

341 No debe confundirse la originalidad de la obra con su carácter originario, en el sentido de que la obra originaria es aquella primigeniamente creada y sin relación de dependencia con otra preexistente, como sí ocurre con las obras derivadas

342 LLORENTE SANSEGUNDO, Inmaculada, «Non Fungible Token: la réplica en el mundo digital de la originalidad, la autenticidad y la exclusividad...», *op. cit.*, p. 958.

parte del sistema de almacenamiento distribuido) con lo cual, como hemos comentado, es difícil asegurar que una obra «minteada» es canónicamente la original, y, no digamos ya, la única existente[343].

Técnicamente, la huella *hash* única registrada en la cadena de bloques es aquello que vincula al NFT con el archivo único (por ejemplo, la obra de arte). Un *hash* criptográfico convierte los bytes de un archivo en una huella digital única a través de un algoritmo[344]. Esta huella única es la identidad del archivo. Dos archivos con diferentes contenidos no pueden generar un mismo *hash*. Sin embargo, pueden existir NFT diferentes que representen una obra aparentemente idéntica, por ejemplo, cambiando atributos prácticamente imperceptibles a simple vista (se nos ocurre una leve modificación de color, o la alteración de varios píxeles). En este caso, cada NFT tendría su propio identificador único (es decir, su propio *hash*) y su propio conjunto de metadatos (incluida la huella digital única que representa la obra artística) registrado en la *blockchain*, y sería objeto, si fuese el caso, de su propia cadena de transacciones. El creador o titular de los derechos de la obra de arte podría emitirlas, cuando se reserve el derecho de reproducción o cuando emita tókenes en series limitadas, en cuyo caso el adquirente debería conocer, según opinamos, el número de copias disponibles presentes o futuribles en el mercado, ya que esto afecta al potencial valor de una obra que se presume como única o escasa, y, por ello, puede ser un factor importante para el adquirente/consumidor en la toma de decisiones relacionadas con su inversión. Pero también, como se ha visto, podría emitir copias un tercero que usurpase la obra del artista.

Por otra parte, téngase en cuenta que, en el entorno NFT, conviven múltiples plataformas de minteado y emisión de NFT, así como diferentes redes *blockchain*, con lo que podían existir diferentes *smart contracts* que se refieran al mismo activo digital subyacente. En otras palabras: una misma obra de arte digital puede estar representada y ser transferida por múlti-

---

343 Recogemos, al respecto, esta reflexión, predicada de la obra de Beeple «Everyday's» en un artículo de opinión: «Christie's no ha vendido la obra de arte "Everydays". Tampoco ha vendido un ejemplar único de "Everyday's". Tampoco ha vendido una pieza de tecnología que sea capaz de identificar una copia única de "Everydays". Simplemente se vende un NFT». Véase comentario original (traducción propia al español) en: RAUSTIALA, Kal, SPRIGMAN, John C., «The One Redeeming Quaity of NFTs Might Not Even Exist», *Slate* [en línea]. Disponible en: <https://slate.com/technology/2021/04/nfts-digital-art-authenticity-problem.html>. [Fecha de consulta: 8 de mayo de 2024].

344 Uno de los algoritmos más populares utilizados para este menester es el SHA-256, que produce un *hash* de 256 bits.

ples NFT individuales en la *blockchain*, o en *blockchains* diferentes, con lo cual varios titulares de NFT podrían poseer «originales» de una misma obra de arte tokenizada mediante NFT y pretendidamente única. Ante este conflicto de convergencia de certificados independientes y posiblemente contradictorios, resultaría dificultoso determinar cuál de ellos merece una protección preferente frente al resto sin perjudicar a otros operadores de buena fe.

Considerando la originalidad del activo del NFT en su aspecto jurídico, podemos mencionar que el TRLPI reconoce al autor el derecho exclusivo a realizar copias de su obra (derecho de reproducción, art. 18 TRLPI), con lo cual el autor debería renunciar al ejercicio de este derecho a través de contrato escrito (art. 45 TRLPI) con el fin de garantizar la unicidad de la obra. Esta renuncia es independiente del uso de un NFT como sistema de representación y transmisión de la obra digital pretendidamente única, con lo cual opinamos que el NFT debería acompañarse de un compromiso o declaración unilateral de la unicidad de la obra y de la abstención de la realización de posteriores copias digitales.

La legislación actual no prevé la atribución de un derecho de exclusividad *de iure* (en el sentido del artículo 48 del TRLPI: como exclusión de otras personas en cuanto a las facultades de explotación de la obra y respecto de réplicas que puedan existir en el mercado) al titular de un NFT que pueda mitigar estas situaciones, y, como se ha observado, la exclusividad *de facto* no puede garantizarse por el mero hecho de poseer «criptoarte» en NFT. No obstante, opinamos que, tanto el creador de la obra como el titular de un NFT que ostente derechos afectados, podrán interponer las acciones previstas en el TRLPI y, en su caso, aquellas previstas en los órdenes civil y penal, siendo aplicables también las normas en materia de incumplimiento contractual en aquellos casos en los que se infrinja un acuerdo explícito de exclusividad por parte del creador.

Al respecto, es recomendable que se distinga, en el caso de obras plásticas tokenizadas en NFT, la casuística relativa a la doble venta, prevista en el artículo 1473 CC, en la que un vendedor vende la misma cosa a diferentes compradores de buena fe a través de diferentes contratos de traslación del dominio, y donde la norma resuelve que se atribuya la propiedad al primero de los adquirentes que haya tomado posesión del bien mueble con buena fe, habilitando al otro comprador al ejercicio de una acción por incumplimiento (arts. 1124 y 1101 CC), de la venta de cosa ajena, consistente en «el supuesto del vendedor que no tiene la propiedad en el momento de producirse la entrega, y que genera un incumplimiento contractual», pudiendo el comprador de buena fe acceder a la propiedad mediante el régimen de adquisiciones *a non domino* (art. 464 CC)[345].

2.3. NFT como certificado de titularidad de la obra artística subyacente

Asimismo, al NFT se le suele asignar un uso de «certificado de titularidad», que nosotros entendemos como garantía de posesión del auténtico, original y único o escaso token, que avala, mediante registro en la *blockchain,* que dicho token está depositado en la cuenta de la *wallet* del adquirente, y que, por lo general, permite su transferencia y, eventualmente, el

345 VEGA GARCÍA, Paula, «La comercialización de obras plásticas digitales tokenizadas», *Revista Aranzadi de Derecho y Nuevas Tecnologías* [en línea], núm.63, 2023. Afirma la autora, en aquellos en los cuales el activo subyacente sea una obras cuyo soporte fuera físico, puede darse la circunstancia de que la venta se produzca, por un lado, a través del NFT y, por otro, mediante el soporte físico, y en estos casos no se puede considerar una doble venta porque se trata de copias distintas. Lo mismo sucedería cuando se tratase de tokenizaciones sobre el mismo ejemplar en distintos NFT, por ejemplo, mediante diferentes plataformas: opina la autora que ya que no se trataría de la misma cosa u objeto, sino de diferentes copias de esta, y, por tanto, no se podría considerar tampoco una doble venta. Solo podría admitirse la existencia de una doble venta cuando aquello tokenizado corresponda a un mismo y único ejemplar físico, descartando que este haya sido reproducido, y siempre que concurran los demás presupuestos legalmente establecidos al respecto de la doble venta. Por el contrario, en cuanto se trate de obras digitales sometidas a diferentes tokenizaciones, solo existiría doble venta cuando el mismo vendedor acuñe exactamente la misma copia digital de la obra en diferentes tókenes, sin embargo, entendemos nosotros que, en esta situación, es dificultoso identificar cuál de las obras digitales subyacentes coexistentes puede o debería reconocerse como el ejemplar original y único. Un caso diferente al anterior es el de la venta de la cosa ajena mediante NFT, donde la clave radica en determinar si el vendedor es el propietario legítimo del soporte de la obra acuñada. En este sentido, afirma la autora que «quien haya adquirido una copia física o digital en calidad de propietario —no quien haya adquirido una mera licencia de uso o solo los derechos de explotación sobre ella—, podría acuñar esa copia y venderla», siendo este un caso de reproducción no autorizada y venta de tal reproducción, y sin mediar consentimiento ni retribución al autor. En estos casos, la autora excluye la posibilidad de la adquisición a non domino (art. 464 CC) y lo equipara a una «privación ilegítima» que permitiría al titular legal la recuperación de la obra y el posible ejercicio de la acción de cesación del art. 139 TRLPI. Queremos adelantar que, a nuestro parecer y como estudiaremos en el comentario de la sentencia sobre el caso Mango en el apartado pertinente, el creador debería tener opción de negarse a la reproducción y difusión de su obra en formato NFT, por diferentes motivos legítimos, y que esta facultad debería reconocerse en futura normativa o mediante pertinentes interpretaciones jurisprudenciales de la normativa actual.

despliegue de otros usos o el ejercicio de otros derechos asociados a dicho activo. Los metadatos del NFT proporcionarán a su titular, por lo general, un enlace a la ubicación de la obra de arte digital subyacente para darle acceso y poder visualizarla, exhibirla y/o explotarla según lo acordado en la cesión de derechos predispuesta por el creador[346].

El uso del NFT como certificado de titularidad tiene sentido en conexión con su uso como «certificado de autenticidad» y «certificado de originalidad» de la obra subyacente[347]. Como sucede con ambos usos, se presume que se han cumplido los requisitos del *smart legal contract* para que un NFT esté en posesión legítima de su titular, y que así ha sucedido en todas las transacciones previas, de la cuales podría hacerse un seguimiento histórico, vía *blockchain* pública hasta el titular originario, a quien se supone creador de la obra o emisor autorizado del NFT (véase *ut supra* lo afirmado respecto de la seudonimización de entornos *blockhain* y las *wallets* basadas en SSI).

Respecto del título, somos de la opinión que el *smart legal contract*[348] (entendido como aquel acuerdo que da sentido a los códigos autoejecutables de un *smart contract* y cuyas cláusulas se incorporan en un soporte electrónico) puede considerarse un título válido con base en los principios de neutralidad tecnológica y libertad de forma[349]: el adquirente del NFT

---

346 Al respecto, véase el capítulo "Fuentes de información jurídica relativas a los NFT y, particularmente, al «criptoarte» en NFT".

347 El precio pagado por la obra de arte digital de Beeple equivaldría, a nuestro modo de ver, al precio obtenido por el certificado original de autenticidad del archivo JPEG donde esta obra está representada. Otra copia cualquiera de la obra que pueda estar disponible en Internet deja de tener valor como original, porque no viene acompañada de dicho certificado.

348 El *smart legal contract* se contrapone al *smart code contract*, referido a las secuencias de datos y códigos autoejecutables sin intervención de las partes ni de terceros. LEGERÉN MOLINA, Antonio, «Los contratos inteligentes en España. La disciplina de los *smart contracts*», *Revista de Derecho Civil*, Vol. 5, núm. 12, 2018, p. 196.

349 Afirma PASTOR SEMPERE, con quien coincidimos, que ciertos tókenes, como aquellos que representan activos físicos, equivaldrían a los títulos de tradición, que facultan a exigir la restitución de determinadas mercancías y confieren la posesión mediata y el poder de disposición. Mientras, los *utility tokens* se asemejarían más a títulos de legitimación o impropios. Por otra parte, los *security tokens* son los que mayores preocupaciones presentan para los reguladores: representan una inversión con expectativa de ganancia, y, si su emisión reúne las características de una oferta pública de valores, deberán someterse a la normativa del mercado de valores. PASTOR SEMPERE, Carmen, «Criptomonedas y otras clases de tokens: aspectos mercantiles», en *Blockchain: aspectos tecnológicos, empresariales y legales*, An-

dispondría de fundamentos jurídicos para acreditar en sede judicial que es el titular del token (ya que el NFT estará incorporado a una *wallet* titularidad del adquirente) y de los derechos asociados a su tenencia, equiparándose la unidad de código generada e inscrita a favor del adquirente en la *blockchain* a la *traditio* del derecho que representa[350].

Respecto de la entrega de la obra de arte subyacente, como cosa vendida, se aplicará el régimen de los bienes incorporales (arts. 10.1 y 1464 CC)[351], por lo que nosotros interpretamos que la *traditio* puede tener lugar por dos vías[352]: bien a través de la entrega del NFT, cuyo *smart legal contract* actuaría como título de pertenencia, tal y como hemos comentado; bien por el uso que haga el adquirente de su derecho (por ejemplo, disfrutando la obra y transfiriéndola mediante el NFT que la representa como original), con el consentimiento del transmitente del NFT. No obstante, esta última vía se habilitará, por lo general, mediante el acceso técnico al activo subyacente tras incorporarse el NFT a la *wallet* del adquirente.

Siguiendo con NFT que representen activos digitales (tipo obra de arte digital, GIF, tarjeta coleccionable o activo especialmente diseñado para desplegarse en plataformas de videojuego o de metaverso), hemos observado en las líneas anteriores que la idea de permanencia del NFT nos parece errónea cuando nos referimos a un activo digital subyacente almacenado *off-chain*, porque la existencia del nexo entre el NFT y su activo, y la posibilidad de acceso del titular a dicho archivo digital dependen de un servidor centralizado gestionado por terceros ajenos a la relación contrac-

---

drés Vilarroig Moya, Carmen Pastor Sempere (Dirs.), Navarra, 2018, p. 163. En el mismo sentido, NASARRE AZNAR, Sergio, «Naturaleza jurídica y régimen civil de los "tokens" en "blockchain"», en *La Tokenización de bienes en blockchain* (coord. GARCÍA TERUEL, Rosa María), 2020, pp. 79-104.

350 Sin embargo, el funcionamiento de la *blockchain* no evitaría que el bien representado pudiera, eventualmente, transmitirse *off-chain* (por ejemplo, con un acuerdo de transferencia de la titularidad documentado en papel y un certificado manuscrito de autenticidad de una obra de arte conceptual), supuesto que podría ser más frecuente en casos en los que la obra de arte pudiera comercializarse independientemente del NFT que lo identifica como único, como por ejemplo, en obras de arte con soporte físico representadas mediante un NFT. En el mismo sentido, respecto de *asset backed tokens* en general, SIMÓN MORENO, Héctor, «La "tokenización" de bienes en blockchain», *op. cit.*, p. 116.

351 SIMÓN MORENO, Héctor, «La "tokenización" de bienes en blockchain», *op. cit.*, pp. 119-120;

352 Entiéndase que lo anterior se aplica para ventas que no se realizan por escritura pública, ya que, de lo contrario, se aplicaría el artículo 1462 CC.

tual de adquisición[353]. En este sentido, entendemos que el certificado de titularidad de un NFT asociado a un activo *off-chain* no puede considerarse plenamente operativo porque su emisor no puede acreditar mediante el NFT el acceso permanente o la inmutabilidad del activo digital, ni tampoco prever su pervivencia tras futuras transacciones[354]. Otro inconveniente del NFT como certificado digital de titularidad es la posibilidad de robos de NFT como consecuencia de ciberataques exitosos. Aunque en este caso opinamos que su tratamiento jurídico no difería del tratamiento que pudiera recibir la transferencia de una obra de arte física con certificado de originalidad obtenida ilegítimamente, carecería igualmente de validez el correspondiente certificado de titularidad[355].

En definitiva, opinamos que deben tenerse en cuenta una serie de cautelas respecto del uso del NFT como certificado de autenticidad, originalidad y titularidad del activo subyacente. En especial, si el NFT soporta el activo subyacente en un almacenamiento *off-chain*, el certificado tendrá un valor similar al de un certificado digital de titularidad de contenidos alojados «en la nube», con lo cual las garantías asociadas dependerán de las condiciones

353 Muchos adquirentes entienden que el NFT supone un acceso seguro y perpetuo al archivo digital, desconociendo que no siempre los metadatos del activo subyacente se almacenan *on-chain*. Sobre las consecuencias y riesgos, véase RAMEEREZ, «No, your NFT is not on the blockchain», *Rameerez blog* [en línea], 2022. Disponible en: <https://rameerez.com/no-your-nft-not-on-the-blockchain/>. [Fecha de consulta: 8 de mayo de 2024].

354 Una de las soluciones que se está implementando es el protocolo IPFS o *InterPlanetary File System*. El IPFS permite enlazar archivos a la *blockchain* sin tener que almacenarlos en ella. El IPFS no redirecciona el NFT a un único servidor sino a una red de servidores y permite que se localice ese archivo en la medida en que algún otro usuario de la red IPFS lo replique y hospede. Con todo, este sistema ha demostrado no ser, por ahora, totalmente eficaz en el replicado y la recarga de los archivos. BENSON, Jeff, «Yes, your NFTs can go missing. Here's what you can do about it», *Decrypt News* [en línea], 2021. <https://decrypt.co/62037/missing-or-stolen-nfts-how-to-protect>. [Fecha de consulta: 8 de mayo de 2024].

355 Sirva de ejemplo el robo de un NFT que representaba un Bored Ape Yatch Club al director ejecutivo de la plataforma Cameo, Steven Galanis. Este NFT, adquirido por Galanis en su momento a un precio de 310.000 dólares, fue vendido por el hacker por un precio sustancialmente inferior. En este caso, la plataforma OpenSea, bloqueó el NFT para evitar que pudiera volver a transferirse en dicha plataforma por su nuevo propietario. Véase noticia en: SPANGLER, Todd, «Cameo CEO Says Someone Stole his Bored Ape NFT Then sold It for $130.000», *Variety* [en línea], 8 de agosto de 2022. Disponible en: <https://variety.com/2022/digital/news/bored-ape-nft-stolen-cameo-1235335733/>. [Fecha de consulta: 8 de mayo de 2024].

de preservación, mantenimiento y acceso a los contenidos que se recojan en los términos contractuales que el adquirente haya suscrito al respecto, bien con el proveedor de servicios que aloje esos contenidos en sus servidores (plataforma de mercado en línea u otros), bien directamente con el emisor del NFT, en cuya posición contractual se subroga[356]. Efectuamos esta consideración con los matices previamente mencionados respecto del uso del NFT como certificado de titularidad del activo subyacente.

Por el contrario, sí consideramos apropiado el uso del NFT como mecanismo de acreditación o certificado (con los efectos jurídicos que en su caso permita la normativa aplicable) de toda aquella información registrada en la *blockchain* (fechas, identificadores únicos de cada NFT, cadenas de transacciones, cuentas de *wallets* de origen y destino, importes de transacciones, *smart contracts,* entre otros datos, metadatos o registros adicionales), siempre y cuando dicha información sea legítimamente introducida en la cadena de bloques[357]. Recordemos que la pretendida inmutabilidad de la *blockchain* como red distribuida gestionada automáticamente por múltiples nodos dificultará cualesquiera correcciones que se pretendan realizar en sus registros, y que la documentación incluida en el *smart contract* o almacenada en documentos accesorios a la *blockchain* se considera un documento privado (arts. 1216 CC y 317 LEC, *a sensu contrario*), con lo cual no se puede controlar *a priori* la legalidad de su contenido ni se obtiene la fuerza probatoria que otorga la normativa al documento público (art. 1218 CC)[358].

3. BREVE REFERENCIA AL NFT COMO BIEN DE CONSUMO

Hemos comentado que, unas veces, el NFT incorpora el activo digital almacenándolo en la *blockchain* (es decir, *on-chain*), mientras que, en otras ocasiones, el NFT suele limitarse a designarlo mediante un enlace o *hash,* puesto que el archivo subyacente se encuentra almacenado *off-chain.* Esta

[356] Ello puede tenerse en cuenta en cuanto a la aplicación de las complementarias Directivas 2019/770 y 2019/771 en materia de conformidad con los bienes o contenidos recibidos y puesta a disposición sin interrupciones del contenido digital, aunque deberán analizarse, para determinar la aplicación de la normativa, los vínculos contractuales entre el creador del NFT, que es quien suscribe el contrato de almacenamiento con el servidor, y el tercero adquirente, presumiblemente subrogado en dicha relación contractual aunque pocas veces conocedor de esta.

[357] Ya que, como se ha puntualizado, se han dado algunos casos de ataques maliciosos en *blockchains.*

[358] SIMÓN MORENO, Héctor, «La "tokenización" de bienes en blockchain», *op. cit.*, p. 124.

realidad es susceptible, a nuestro parecer, de calificación jurídica distinta del negocio que afecta al activo subyacente al NFT. Por ello, los consumidores o usuarios de NFT deberían contar con protección diferenciada y los operadores involucrados en su creación y comercialización (entre ellos, las plataformas que presten servicios relacionados con ese NFT) con obligaciones no completamente equivalentes y adecuadamente repartidas.

Por una parte, somos de la opinión que los tókenes NFT pueden considerarse, en sí mismos, un contenido digital[359]: «datos producidos y suministrados en formato digital», entendiéndose este concepto en un sentido amplio, que abarcaría nuevas formas de suministrar contenidos digitales[360]

---

359 Nos referimos a contenidos digitales en el sentido de la normativa de consumo (arts. 2.1 Directiva (UE) 2019/770 del Parlamento Europeo y del Consejo, de 20 de mayo de 2019, relativa a determinados aspectos de los contratos de suministro de contenidos y servicios digitales; art. 2.6 Directiva (UE) 2019/771 del Parlamento Europeo y del Consejo, de 20 de mayo de 2019, relativa a determinados aspectos de los contratos de compraventa de bienes, por la que se modifican el Reglamento (CE) núm. 2017/2394 y la Directiva 2009/22/CE y se deroga la Directiva 1999/44/CE; y art. 59 *bis* 1 *d* Real Decreto Legislativo 1/2007, de 16 de noviembre, por el que se aprueba el Texto Refundido de la Ley General para la Defensa de los Consumidores y Usuarios y otras leyes complementarias), según la cual «los contenidos digitales son datos producidos y suministrados en formato digital»: entre otras cosas, dice el Considerando 19 DCSD, se refieren a «programas informáticos, aplicaciones, archivos de vídeo, archivos de audio, archivos de música, juegos digitales, libros electrónicos u otras publicaciones electrónicas».

360 En el sentido de la Directiva 2019/770 del Parlamento Europeo y del Consejo de 20 de mayo de 2019 relativa a determinados aspectos de los contratos de suministro de contenidos y servicios digitales. Según su Considerando 19, la Directiva la presente Directiva debe aplicarse, entre otras cosas, a «programas informáticos, aplicaciones, archivos de vídeo, archivos de audio, archivos de música, juegos digitales, libros electrónicos u otras publicaciones electrónicas, así como a servicios digitales que permitan la creación, el tratamiento, el acceso o el almacenamiento de datos en formato digital, incluido el programa (software) como servicio, tales como el intercambio de vídeos y audio y otro tipo de alojamiento de archivos, el tratamiento de textos o los juegos que se ofrezcan en el entorno de computación en nube y las redes sociales. Dado que existen numerosas formas de suministrar contenidos o servicios digitales, como la transmisión en un soporte material, la descarga por los consumidores en sus dispositivos, la transmisión a través de la web, el permiso para acceder a capacidades de almacenamiento de contenidos digitales o el acceso al uso de redes sociales, la presente Directiva debe aplicarse con independencia del soporte utilizado para la transmisión de contenidos o servicios digitales o para dar acceso a estos». Nos resulta especialmente destacable, [y añadimos: en lo que a NFT se refiere], que la Directiva precise que el concepto de contenido digital «permite prescindir del medio o soporte en el que se en-

(Considerando 9 y art. 2.1 Directiva 2019/770). A su vez, sabemos que los NFT pueden representar una amplia variedad de bienes digitales[361]: a través de aquellos tókenes NFT que incorporen el bien (que será necesariamente intangible) en la *blockchain* se produce, a nuestro modo de ver, la compraventa de dicho bien digital: este se entregaría en un único acto al adquirente, a través de la transferencia del NFT entre *wallets* mediante una red distribuida que se prevé inmutable y permanente[362].

Por otra parte, la transmisión del NFT cuyo activo digital subyacente esté almacenado en sistemas *off-chain* que involucren servidores remotos de terceros proveedores, aunque representa igualmente un bien digital, tendría un mejor encuadre como subrogación convencional de un contrato de servicio de suministro, en la posición del acreedor (art. 1209 y ss. CC): el NFT transmitido contiene un enlace que se presume activo y útil, aunque la utilidad y pervivencia de ese archivo dependerá de la prestación de un proveedor de almacenamiento remoto fuera de la cadena de

---

cuentran guardados o almacenados tales contenidos, siendo lo relevante la *forma* en que son suministrados (no tanto, producidos) a la contraparte (consumidor) los datos». APARICIO VAQUERO, «La tipificación del contrato de suministro de contenidos y servicios digitales: entre la propiedad intelectual y el derecho de consumo», *Revista de Educación y Derecho*, núm. 24, 2021, p. 5

361 Interpretamos «bien digital» como «todo aquel contenido que se encuentre codificado en señales binarias, y que por tanto requiere la intervención de una máquina para disfrutar o disponer del mismo», añadiéndose que los bienes digitales son calificables como «bienes muebles, que requieren para su existencia de un soporte físico [entiéndase lo anterior, como consideración nuestra y en cuanto a los bienes representados mediante NFT, su soporte a través de alojamiento en la nube, en servidores o discos duros, o su replicado en múltiples nodos de una *blockchain*] y que no son propiedad intelectual *per se*, si bien su objeto sea susceptible de serlo y además resulten óptimos para tal finalidad [es decir, si ese bien digital consiste en una obra artística, literaria o científica]», y que «la naturaleza del uso y disfrute de los bienes digitales traspasa las barreras físicas tradicionales de otros bienes, y sus posibilidades de aprovechamiento se encuentran por definición vinculadas al estado de la técnica, adaptándose a las posibilidades que esta permita». Respecto del referido concepto de «bien digital», y a su aptitud para ser integrado dentro de un patrimonio (ex. arts. 659 y 1347 CC), nos remitimos a HIDALGO CEREZO, Alberto, *Propiedad y patrimonio en el medio digital: fundamentos jurídicos y tecnológicos*, Navarra, 2021, pp. 310 y ss.

362 En el mismo sentido, LÓPEZ LAPUENTE, Leticia, NIETO BRACKELMANNS, Enrique, SAINZ DE AJA TIRAPU, Borja, SEIJO BAR, Álvaro, TEROL CHÁFER, Sofía, «Non fungible tokens (NFTs)», en *Blockchain: aspectos jurídicos de su utilización*, Eduardo VALPUESTA GASTAMINZA, Juan Carlos HERNÁNDEZ PEÑA (Dirs.), Madrid, 2022, p. 158.

bloques, quien probablemente sea ajeno a la relación contractual entre el transmitente del NFT y su adquirente, y siendo necesaria la prestación de tal servicio para que el NFT conserve su valor y utilidad. En este sentido y por cómo se demuestra en la práctica, entendemos que el *smart contract* habilita la subrogación estableciéndola «con claridad» (art. 1210 CC), con lo cual no se impediría el surgimiento de sus efectos ni la continuidad en el tiempo de la prestación. Por otra parte, recordemos la doctrina pacífica en cuanto a que «los contratos son lo que son y no lo que digan las partes contratantes», siendo irrelevante el *nomen iuris* y teniendo que acudirse al contenido efectivo del contrato y a la voluntad real de las partes[363].

En relaciones de consumo, los artículos 59 bis 1 f y 59 bis 2 del TRLGDCU establecen que la compraventa únicamente puede recaer sobre cosas muebles corporales, reduciéndose así el alcance del artículo 335 CC. En este sentido, y siguiendo a ARROYO AMAYUELAS, opinamos que en que «no hay razón alguna para considerar que sobre un bien inmaterial o intangible [tanto un NFT en sí mismo como un activo digital representado mediante un NFT[364]] no pueda adquirirse la propiedad o, si se prefiere, la titularidad indefinida, sin perjuicio de que, como sucede con los contenidos digitales, esa titularidad no impida retener la suya al creador, como es propio de los bienes que no son rivales»[365].

Sobre la misma cuestión se pronuncia APARICIO VAQUERO, quien afirma que «si el contenido digital está fijado en un soporte (o forma parte o está conectado con un bien con elemento digital, dispositivo o hardware cuyo funcionamiento hace posible, ex Directiva (UE) 2019/771 y art. 59 bis b TRLGDCU), hay compraventa del mismo, con transmisión de su propiedad si se suministra para su disfrute sin límite temporal a cambio de un precio; pero si, en esas mismas condiciones, el contenido es suministrado por Internet, sin soporte, continuamos en esa indefinición normativa, en la que el tipo (venta, licencia de uso, alquiler) le es indiferente al legislador de consumo, preocupado solo de garantizar la posición del usuario»[366].

---

363 Al respecto, LASARTE ÁLVAREZ, Carlos, *Contratos. Principios de Derecho Civil*, 14 ed., Madrid, 2019, pp. 121 y 154; HIDALGO CEREZO, Alberto, *Propiedad y patrimonio en el medio digital: fundamentos jurídicos y tecnológicos*, Navarra, 2021, pp. 348 y ss.

364 Los corchetes y su contenido son nuestros.

365 ARROYO AMAYUELAS, Esther, «Entra en vigor el Real Decreto Ley 7/2021 (compraventa de bienes de consumo y suministro de contenidos y servicios digitales al consumidor)», *Revista CESCO de Derecho de Consumo*, núm. 41/2022, p. 18.

366 APARICIO VAQUERO, Juan Pablo, «La tipificación del contrato de suministro de contenidos y servicios digitales: entre la propiedad intelectual y el derecho de consumo», *op. cit.*

Como consecuencia de lo anterior, el adquirente de un NFT que tenga consideración de consumidor quedaría amparado por la normativa de derecho de consumo, complementándose esta por la normativa sobre comercialización de bienes a distancia o a través de comercio electrónico[367] y por la normativa sobre condiciones generales de la contratación y cláusulas abusivas, cuando estos NFT incorporen disposiciones contractuales[368]. Opinamos que esta regulación aplicada al NFT debería contemplar, entre otros aspectos, especialidades en cuestiones como la información precontractual que debe acompañarlo, el cumplimiento del suministro de contenidos digitales, la conformidad de contenidos digitales, así como garantías y remedios jurídicos frente prestaciones defectuosas, derivando en obligaciones para su emisor/creador.

La consideración del NFT bajo la perspectiva del derecho de consumo resulta especialmente relevante en cuanto a la información precontractual sobre las utilidades, despliegue, compatibilidad e interoperabilidad del NFT (art. 60 LGDCU), y, en especial, si la adquisición del NFT únicamente se refiere a licencias de uso o si esta abarca cesiones de derechos de explotación, delimitando claramente los derechos que se reserva el creador o aquellos que puedan corresponder a terceros debido a cesiones anteriores[369]. Recuérdese, como hemos destacado, que el adquirente de un NFT no adquiere los derechos de autor de la obra subyacente, sino únicamente aquellos licenciados expresamente por el artista (en el *smart contract*, en acuerdos de licencia vinculados al token o a través de términos de uso de la plataforma o mercado consentidos por el autor), además de los derechos a poseer el token en su *wallet* y, en la mayoría de casos, el derecho a transferir el token (siendo lo habitual la reventa del token y la expectativa de obtener lucro con dicha reventa).

Coincidimos con APARICIO VAQUERO en que el legislador europeo debería aclarar la calificación de suministros puntuales onerosos de con-

---

367 Principalmente recogida por la Ley 34/2002, de 11 de julio, de servicios de la sociedad de la información y de comercio electrónico (LSSI).

368 Al respecto, véase el capítulo "Fuentes de información jurídica relativas a los NFT y, particularmente, al «criptoarte» en NFT".

369 En el mismo sentido, LÓPEZ LAPUENTE, Leticia, NIETO BRACKELMANNS, Enrique, SAINZ DE AJA TIRAPU, Borja, SEIJO BAR, Álvaro, TEROL CHÁFER, Sofía, «Non fungible tokens (NFTs)», en *Blockchain: aspectos jurídicos de su utilización,* (Dirs. Eduardo VALPUESTA GASTAMINZA, Juan Carlos HERNÁNDEZ PEÑA), Madrid, 2022, pp. 158.

tenidos digitales[370] como compraventas (lo cual podría alcanzar a los NFT que incorporan activos digitales *on-chain*), como sucede, según opinamos, con aquellos NFT que representan creaciones artísticas mediante archivos digitales[371]. Añadimos, siguiendo con nuestro objeto de análisis, que los NFT que incorporan activos digitales *off-chain* deben contar con garantías extendidas para el adquirente, para así dar cobertura a situaciones prolongadas en el tiempo y fuera del control del adquirente en que pueda afectarse a la conformidad del bien, abarcando los casos en los que el uso o valor del NFT pueda verse alterado por problemas con el almacenamiento remoto, acceso o pervivencia del activo digital subyacente.

Por el momento, durante los dos años siguientes a la entrega de un NFT (por lo general, esta se produce de manera instantánea gracias a la programación del *smart contract* del NFT encargado de ejecutar la transferencia del contenido, registrándose la transacción en la cadena de bloques para que el NFT se asocie a la *wallet* del adquirente una vez efectuado el pago)

---

370 El autor se refiere a contenidos digitales en el sentido de la normativa de consumo (arts. 2.11 DDC3; arts. 2.1 Directiva (UE) 2019/770 del Parlamento Europeo y del Consejo, de 20 de mayo de 2019, relativa a determinados aspectos de los contratos de suministro de contenidos y servicios digitales; art. 2.6 Directiva (UE) 2019/771 del Parlamento Europeo y del Consejo, de 20 de mayo de 2019, relativa a determinados aspectos de los contratos de compraventa de bienes, por la que se modifican el Reglamento (CE) núm. 2017/2394 y la Directiva 2009/22/CE y se deroga la Directiva 1999/44/CE; y art. 59 *bis* 1 *d* Real Decreto Legislativo 1/2007, de 16 de noviembre, por el que se aprueba el Texto Refundido de la Ley General para la Defensa de los Consumidores y Usuarios y otras leyes complementarias), según la cual «los contenidos digitales son datos producidos y suministrados en formato digital: entre otras cosas, dice el Considerando 19 DCSD, se refieren a programas informáticos, aplicaciones, archivos de vídeo, archivos de audio, archivos de música, juegos digitales, libros electrónicos u otras publicaciones electrónicas.

371 APARICIO VAQUERO, *Revista de Educación y Derecho*, núm. 24, 2021, pp. 23 ss.; p. 31. En su momento, nos referimos con mayor detalle al derecho de distribución en relación a los NFT; véase ROSSELLÓ RUBERT, Francisca María, «Activos digitales en non-fungible tokens (NFT): plataformas comercializadoras, propiedad intelectual y límites al uso y disfrute», en *Aportaciones jurídicas a la economía de plataformas*, MARTÍNEZ NADAL, Apol·lònia (Dir.), Navarra, 2023, pp. 107-127. Al respecto, existen posiciones contrarias a la nuestra, que prefieren conservar la posición tradicional del TJUE respecto del derecho de distribución y su vinculación a objetos tangibles: POLICY DEPARTMENT FOR CITIZENS' RIGTHS AND CONSTITUTIONAL AFFAIRS, «Intellectual Property Rights and Distributed Ledger Tecnology», octubre de 2022, p. 36. Disponible en: <https://www.europarl.europa.cu/thinktank/en/document/IPOL_STU(2022)737709. [Fecha de consulta: 8 de mayo de 2024].

del emisor (con consideración de empresario) al consumidor, el NFT deberá cumplir con los requisitos de conformidad de los artículos 115 bis y ter del TRLGDCU, en relación a las cualidades de funcionalidad, compatibilidad, accesibilidad, continuidad y seguridad (propios de contenidos similares) que el consumidor pueda esperar razonablemente de acuerdo con el pretendido uso del NFT y las comunicaciones efectuadas por el emisor de acuerdo con su oferta.

Consideramos necesario analizar, para cada supuesto, cuándo puede entenderse que se trata de una entrega puntual que configure un contrato de tracto único (por ejemplo, la compraventa de un NFT de «criptoarte» cuyo activo digital se almacena *on-chain*) y cuándo, además de la compraventa del NFT, el almacenamiento *off-chain* del activo digital subyacente se presenta como un servicio digital de conservación de dicho activo; cuándo se acompaña de un derecho de acceso a otros bienes o servicios (lo cual sucedería en casos de NFT avatares u otros considerables como *utility NFT*); y cuándo este servicio de custodia viene prestado por el mismo emisor del NFT[372]. En este último caso, el período de conformidad podría alargarse si se considerase una prestación de servicio de tracto sucesivo, lo cual sería deseable dada la expectativa de larga vida digital que se pretende de un NFT. No obstante, el hecho de que el NFT haya sido remunerado en una única contraprestación (el momento del pago del NFT) y la falta de acuerdos contractuales expresos al respecto de la ejecución de una prestación continuada pueden dificultar la fundamentación de la existencia de una equiparación de la conservación del activo subyacente del NFT al suministro de servicios digitales. Con todo, el emisor únicamente podrá limitar los requisitos objetivos para la conformidad si el usuario ha sido informado de manera específica y ha aceptado de forma expresa y por separado (art. 115 ter TRLGDCU y art. 8.5 Directiva 770/2019).

En el caso de remedios por falta de conformidad (arts. 117, 119 y 119 bis TRLGDCU), por lo general se requerirá la creación de un nuevo NFT en

---

[372] En el mismo sentido, LÓPEZ LAPUENTE, Leticia, NIETO BRACKELMANNS, Enrique, SAINZ DE AJA TIRAPU, Borja, SEIJO BAR, Álvaro, TEROL CHÁFER, Sofía, «Non fungible tokens (NFTs)», *op. cit.*, p. 161. Respecto de los remedios por falta de conformidad cuando confluyen diferentes tipos contractuales debido a una pluralidad de prestaciones de diferente naturaleza (por ejemplo, compraventa de bienes digitales y contratación de servicios digitales), nos remitimos a ARNAU RAVENTÓS, Lídia, «Remedios por falta de conformidad en contratos de compraventa y de suministro de elementos digitales con varias prestaciones», en *El Derecho privado en el nuevo paradigma digital*, ARROYO AMAYUELAS, Esther, CÁMARA LAPUENTE, Sergio (Dirs.), 2020, pp. 79-99.

la cadena de bloques y la inhabilitación (o «quemado») del NFT no conforme. Ello puede suponer costes para el emisor, a la vez que contradice el carácter presuntamente único del NFT, incompatible con su reproducción[373].

Respecto de la reducción del precio de NFT que se consideren contratos de trato único (art. 119 bis), nos encontramos con la dificultad de la valoración objetiva de un NFT, especialmente cuando se trate de activos no fungibles de alta volatilidad. Este problema será extensible a las situaciones en las que deba acudirse al remedio último de resolver el contrato de adquisición de NFT (art. 119 ter, TRLGSCU), ya que el empresario deberá reembolsar el precio o una parte proporcional al consumidor. Nos parece lo más sencillo, en este caso, que también se inhabilite (se «queme») el NFT, lo cual podrá requerir la colaboración del usuario, pero pueden adoptarse otras soluciones que requieran la puesta a disposición del NFT a terceros o que precisen de procesos que ayuden a su desprogramación.

---

[373] En el mismo sentido, LÓPEZ LAPUENTE, Leticia, NIETO BRACKELMANNS, Enrique, SAINZ DE AJA TIRAPU, Borja, SEIJO BAR, Álvaro, TEROL CHÁFER, Sofía, «Non fungible tokens (NFTs)», *op. cit.*, p. 161.

Capítulo 5

«Criptoarte» en NFT como mecanismo de soporte de cesiones de derechos de autor

El «criptoarte» en formato NFT ha alterado significativamente la transmisión y la propiedad del arte. Como hemos visto en el anterior capítulo, el formato NFT supone para los creadores de contenidos digitales (programadores, artistas gráficos, músicos, marcas...) la posibilidad de comercializar con sus obras digitales únicas o escasas, y permite a los adquirentes e inversores en arte contar con una especie de «certificado digital» de su titularidad y autenticidad.

Por otro lado, la adquisición de un NFT no equivale jurídicamente a una licencia de uso. Como veremos, siguiendo nuestra tradición jurídica nacional el comprador de una obra de arte suele convertirse en el «propietario» del soporte y el creador ostentará los derechos de explotación de su obra en cualquier forma, y, en especial, los derechos de reproducción, distribución, comunicación pública y transformación (art. 17 TRLPI). El formato NFT permite fijar una obra digital para hacerla accesible a terceros (encajando, opinamos, con el derecho de reproducción recogido en el art. 18 TRLPI) y también habilita la puesta a disposición del público de un original de la obra con su venta (pudiendo entenderse como un ejercicio del derecho de distribución del art. 19.1 TRLPI)[374]. Asimismo, el creador

---

374 VEGA GARCÍA resume acertadamente el panorama de la comercialización de obras plásticas en NFT de la siguiente manera: «Así pues, aplicando los escenarios anteriores a los casos de comercialización de obras plásticas en formato digital, se puede afirmar que no existen limitaciones para la acuñación de NFTs cuando se realice por quien es titular originario de una obra plástica. En cambio, cuando la acuñación la pretendan realizar propietarios del soporte digital o cesionarios de derechos de explotación sobre la obra, dependerá de cómo se realice la tokenización y de qué. Así, si en el proceso de acuñación solo se hace referencia al derecho —de propiedad o de explotación— del que es titular quien tokeniza, no parece haber por qué impedir su negociación a través de esta vía. Ello permitiría, por ejemplo, a propietarios de obras plásticas acudir a un nuevo mercado y a licenciatarios de derechos de explotación cederlo por completo o sublicenciar las facultades que tiene

del NFT (quien deseablemente sería el artista que ha originado la obra de arte o un derechohabiente de este) tiene facultades para configurar la obtención de rendimiento económico por la obra digital (a modo, por ejemplo, de participación en la reventa), una vez que esta sea representada en formato NFT, ya que este formato permite automatizar el cobro de porcentajes cada vez que se produce un cambio de titularidad[375].

A nuestro modo de ver, interpretamos el NFT como el soporte o *corpus mechanicum* del activo digital subyacente, es decir, es el «contenedor» (o «recipiente digital», si se prefiere) de la obra intelectual, mientras que la obra digital en sí es equiparable al *corpus mysticum*[376]. Según nuestra doctrina consolidada, el *corpus mysticum* se protege por los derechos de autor, mientras que el *corpus mechanicum* otorga a su titular un derecho de propiedad ordinaria[377].

En este sentido, interpretamos que los derechos de autor del activo digital subyacente al NFT son independientes, compatibles y acumulables con la propiedad y otros derechos que tengan por objeto al propio NFT como

---

de manera más ágil. Lo relevante es que dicha tokenización no implique incorporar al NFT una copia digital de la obra a la que cualquiera pueda acceder cuando no se haya contemplado tal posibilidad al adquirir los derechos que sea. En tal caso, la acuñación implicaría un acto de comunicación pública de una creación que debe ser autorizado por el autor o el titular de derechos sobre la obra. De igual modo, quienes puedan explotar una creación lícitamente solo lo pueden hacer de los modos autorizados por su titular en el contrato de cesión, de tal modo que no se podrá acudir al mercado de los NFTs salvo que expresamente se haya permitido. Y, por supuesto, cualquiera que simplemente tenga acceso a la copia de una obra, sin ningún derecho sobre ella, no podrá en ningún caso acuñarlas». Nos detendremos con detalle en analizar estas cuestiones en el presente capítulo. VEGA GARCÍA, Paula, «La comercialización de obras plásticas digitales tokenizadas», *Revista Aranzadi de Derecho y Nuevas Tecnologías* [en línea], núm.63, 2023.

375 Al respecto, el formato NFT permite a vendedores y compradores efectuar transacciones con obras digitales identificadas como «originales» y «únicas». Para ello, se presume que la creación de ese NFT (o «minteado») es legítima porque la ha realizado el titular de los derechos de propiedad intelectual del activo subyacente. Ver apartado «Utilidad del NFT como certificado digital de autenticidad, originalidad y titularidad de la obra de arte digital» de la presente obra.

376 En el mismo sentido, VEGA GARCÍA, quien ofrece una explicación más detallada sobre la cuestión. VEGA GARCÍA, Paula, «Aplicación de las normas para ejemplares únicos de obras plásticas digitales acuñadas con NFT», R*evista de Derecho Civil,* Vol. 11, núm 1, 2014, pp. 202-203, 209.

377 PALAU RAMÍREZ, F.; PALAO MORENO, G., *Comentarios a la Ley de Propiedad Intelectual,* Valencia, 2017, pp. 51, 96 a 99. Nos remitimos a las referencias que se aportan en esta obra para mayor detalle de la doctrina acorde a tal consideración.

soporte (art. 3.1 LPI). Así, nos encontramos que la propiedad de una obra artística subyacente al NFT es un tipo de propiedad especial en el sentido de los artículos 428 y 429 de nuestro Código Civil[378]. Por otra parte, la adquisición de un NFT como continente seguiría, a nuestro parecer, el principio básico del artículo 56 TRLPI: la adquisición del *corpus mechanicum* que contiene la obra no otorga al adquirente ningún derecho sobre el *corpus mysticum* más allá de la propiedad material del soporte (en este caso, del NFT), así como su derecho de exhibición en aquellas situaciones en las que el activo digital sea asimilable a una obra de arte plástica o fotográfica[379].

Sucede habitualmente con las obras de arte físicas (y, especialmente, en las obras de arte plásticas) que *corpus mechanicum* y *corpus mysticum* están intrínsecamente unidos y son inseparables. Sin embargo, la distinción entre ambos *corpus* puede no resultar clara en entornos NFT. Una de las razones radica en la diversidad de configuraciones del activo digital subyacente: algunos NFT pueden representar o transformar obras preexistentes sujetas a derechos de autor, otros NFT pueden representar creaciones totalmente originales, mientras otros NFT pueden digitalizar y comercializar obras de dominio público. Esta circunstancia dificulta proceder a generalizaciones de derechos de autor que puedan resultar aplicables de manera uniforme a cualquier NFT que represente obras de arte. Por ello, dedicaremos este capítulo a identificar los eventuales conflictos de derechos e intereses en cada una de las situaciones enunciadas y a proponer soluciones fácticas o de *lege ferenda* que puedan resultar de ayuda para solventar tal problemática entre titulares. Entre otras reflexiones que consideramos de interés, en este capítulo examinaremos la primera y esperada sentencia en nuestro país sobre NFT y propiedad intelectual: la sentencia del Juzgado de lo Mercantil número 9 de Barcelona, de 11 de enero de 2024 (TOL9.855.407), conocida como el caso del Grupo Mango contra VEGAP, que pretende resolver un conflicto en el cual los titulares de ambos *corpus* son diferentes y ven colisionar sus derechos tras la creación de varios *lazy minted NFT*[380].

---

[378] A mayor abundamiento, en cuanto a NFT y propiedad intelectual, aunque bajo la perspectiva del derecho argentino, véase FERNANDO LETURIA, Mauro; EMIR GOCHICOA, Adrian, «Protección de los derechos intelectuales de obras digitales (cripto-arte) no fungibles (NFT) cotizadas en criptomonedas», en *Anuario de Propiedad Intelectual,* núm. 2022, 2023, pp. 271-287.

[379] Salvo que el autor expresamente hubiera excluido este derecho en el acto de compraventa o pueda oponerse a esta exposición si se perjudican sus derechos al honor o reputación profesional (art. 56.2 TRLPI).

[380] En el entorno de NFT , el concepto técnico de *lazy minted NFT* no es claramente unívoco, pero entiéndase un *lazy minted NFT* en este contexto y en el de posterio-

Adelantamos aquí que se trata de una sentencia controvertida y que, según nuestra opinión personal, no consigue tal propósito.

1. EL NFT EN SÍ MISMO COMO OBJETO DE PROPIEDAD INTELECTUAL: BREVES REFLEXIONES

Como punto de partida de este capítulo, compartimos con el lector unas breves pero sugerentes reflexiones sobre si el NFT puede ser, como token individualizado, objeto de protección bajo la normativa de propiedad intelectual (como base de datos o programa de ordenador, o como una creación artística en sí misma)[381].

Hemos visto en anteriores apartados de este trabajo que el NFT se presenta como un activo en sí mismo, diferente y adicional al activo al cual representa. A nuestro parecer, la consideración de un NFT como objeto de protección mediante propiedad intelectual en sí mismo (es decir, con independencia de si resulta o no protegible la obra artística que conforma su activo digital subyacente) carece de sentido en entornos donde la estructura técnica de los principales estándares suele tener formato abierto, es decir, se comparte con el público para promover su expansión dentro de *blockchains* distribuidas[382] y en beneficio de toda la comunidad de desarrolladores y usuarios. Además, opinamos que el código de un NFT no presenta una complejidad análoga a la de otros sistemas informáticos, lo cual impide que pueda considerarse «programa de ordenador» en un sentido jurídico: un programa de ordenador se crea para solucionar un concreto problema, y plasma distintas funciones mediante programación, con ins-

---

res apartados como aquel NFT que, aunque ya se encuentra asociado a su activo subyacente, todavía está fuera de la cadena de bloques, es decir, no se ha registrado en ella como parte de un bloque verificado por los correspondientes nodos. Generalmente, se trata de creaciones desarrolladas en entornos de plataformas de «minteado» que funcionan a modo de mercados especializados en la creación y venta de NFT (tipo OpenSea). Veremos más sobre ellos en el correspondiente apartado *ad hoc* del presente capítulo.

381 Estas reflexiones fueron compartidas por el investigador predoctoral José Cabrera Rodríguez en la conferencia en línea «Seguridad jurídica y NFTs (non-fungible tokens)», impartida el 15 de noviembre de 2022, en la sede de la Universidad Pontificia Comillas (Madrid) y organizada por el Centro de Innovación del Derecho y la Fundación Notariado, en el marco de la Cátedra ICADE.

382 Como Ethereum.

trucciones complejas y afirmaciones lógicas y matemáticas que concentran la verdadera fase creativa[383].

Si lo que se pretende es la asimilación de un NFT a una base de datos, opinamos que dicha equiparación tampoco resultaría exitosa, dado que un NFT es solo un elemento (bloque) de una estructura o conjunto de datos mayor (la cual identificaríamos como *blockchain*), y que aquello que procedería ser susceptible de parangón sería el conjunto de datos completo, con las salvedades pertinentes[384]. Sin embargo, recordemos que los entornos de despliegue de los NFT se presentan, por lo general, en *blockchains* de acceso público y descentralizadas: según opinamos, estas características son contrarias a la protección de bases de datos como objeto de propiedad intelectual asociada a un creador o a un conjunto de ellos.

Aunque no procederemos a un análisis detallado por exceder del objeto de este estudio, cabría reflexionar además sobre la categorización del propio NFT como «creación artística» en sí misma cuando esta pueda considerarse el resultado de un proceso de creación intelectual o artística. En este sentido, podría pensarse en la originalidad de la idea de selección y presentación de un determinado objeto para ser «minteado» y posteriormente transferido mediante el formato NFT, siendo esa su mayor novedad e impacto artístico. En tal caso, opinamos que el NFT sí sería susceptible de

383 Al hilo de lo anterior, entiéndase como programa de ordenador el concepto recogido por el artículo 96 del TRLPI: «toda secuencia de instrucciones o indicaciones destinadas a ser utilizadas, directa o indirectamente, en un sistema informático para realizar una función o una tarea o para obtener un resultado determinado, cualquiera que fuere su forma de expresión y fijación». AA.VV., *Comentarios a la Ley de propiedad intelectual*, Felipe Palau Ramírez, Guillermo Palao Moreno (Dirs.), Valencia, 2017, pp. 1207-1290. El programa de ordenador obtiene una protección asimilada a la de las obras literarias, de acuerdo con el artículo número 4 del Tratado de la OMPI adoptado en Ginebra el 20 de diciembre de 1996, el cual fue aprobado en nombre de la Unión Europea mediante la Decisión 2000/278/CE del Consejo, de 16 de marzo del 2000.

384 Tomamos como referencia el concepto de base de datos recogido por el artículo 12.2 del TRLPI: «las colecciones de obras, de datos, o de otros elementos independientes dispuestos de manera sistemática o metódica y accesibles individualmente por medios electrónicos o de otra forma», siendo objeto de protección del artículo 133 «la inversión sustancial, evaluada cualitativa o cuantitativamente, que realiza su fabricante». AA.VV., *Comentarios a la Ley de propiedad intelectual*, Felipe Palau Ramírez, Guillermo Palao Moreno (Dirs), Valencia, 2017, pp. 1535-1580.

ser considerado en sí mismo una obra de arte, sin que resultase necesariamente objeto de protección el activo subyacente tokenizado[385].

2. EL NFT COMO SOPORTE DE CESIONES DE DERECHOS DE PROPIEDAD INTELECTUAL

El NFT que representa obras de arte se puede utilizar como mecanismo para ceder derechos de propiedad intelectual sobre dicha obra. El adquirente accede a la propiedad del soporte al que se habrá incorporado la obra: en este supuesto, el soporte adquirido consistiría en un archivo digital artístico representado mediante un NFT. Según nuestra legislación actual, tal adquirente no ostentaría, por este solo título, ningún derecho de explotación sobre la obra digital (art. 56.1 TRLPI). A efectos ilustrativos y salvando las distancias, opinamos que la adquisición de «criptoarte» en NFT podría entenderse de forma similar a lo que sucede, por lo general[386], cuando se adquiere un libro digital: el «comprador» de un NFT cuyo activo subyacente es una obra de arte—exteriorizada mediante un archivo digital— pasa a ser «propietario» del soporte —el archivo digital— (al igual que lo sería el titular del libro digital) y el emisor del token (o editor del libro digital), quien legítimamente sería el titular de los derechos de propiedad intelectual susceptibles de cesión, conservará aquellos derechos que no haya cedido expresamente.

---

385 Sirva de ejemplo ilustrativo el célebre urinario presentado a una exposición artística por el creador Marcel Duchamp en el año 1917, aportando una muestra interesante de cómo la idea de seleccionar y presentar un objeto cotidiano y utilitario y asimilarlo a una obra de arte por el artista podría ser tenida en cuenta a la hora de considerar un NFT en sí mismo como resultado o exteriorización de un proceso creativo susceptible de ser protegido. Este ejemplo fue aportado por el investigador CABRERA RODRÍGUEZ en la mencionada conferencia «Seguridad jurídica y NFTs (non-fungible tokens)».

386 Debe precisarse que no siempre que se «adquiere» un libro digital el «comprador» se convierte en propietario. El TJUE, sentencia de 19 de diciembre de 2019, Tom Kabinet, C-263/2018, EU:C:2019:1111, apartado 57, concluyó que la venta de libros electrónicos usados, en su modalidad de puesta a disposición interactiva, no es un acto de distribución, sino un acto de comunicación al público. En este sentido, el adquirente derivativo de este libro digital en el mercado secundario no se posicionaría como propietario, sino como usuario de esa copia digital. Estudia también el caso, en relación con los NFT, VEGA GARCÍA, «Aplicación de las normas para ejemplares únicos...», *op. cit.*, pp. 220 y ss.

El emisor del token no fungible, a quien se presume legitimado para lanzar ese NFT[387], podrá determinar el alcance de la cesión de derechos de propiedad intelectual respecto de la «creación artística» y original[388] que el NFT represente, y podrá hacerlo a través de la configuración del *smart contract* y de la documentación contractual[389]. En este sentido, no consideramos que el *smart legal contract* pueda dar cumplimiento por sí mismo al requisito de formalización exigido por el artículo 45 del TRLPI: forma escrita para la cesión de derechos de propiedad intelectual. El *smart contract* se escribe en código informático y se contiene en un soporte electrónico, sirviendo de complemento a la formalización y ejecución de acuerdos de voluntades, aunque no puede, a nuestro modo de ver, servir como reemplazo de un contrato escrito en los términos legales del TRLPI. Fundamentamos nuestra postura en que, a diferencia de lo que sucede con un contrato electrónico[390], un *smart contract* necesitaría la traducción a lenguaje natural de dicha cesión de derechos, incluyendo las concretas cláusulas que vienen exigidas legalmente y la firma de cedente y cesionario, independientemente de que su carácter automatizado dé cumplimiento a condiciones contractuales preestablecidas. En el caso que nos ocupa, opinamos que un *smart contract* integrado en un NFT que represente una obra de «criptoarte» necesitará combinarse con otros sistemas documentales que sí den cumplimiento completo a los requisitos exigidos. Si el acuerdo contractual de cesión de derechos de propiedad intelectual entre emisor de NFT y adquirente no se recoge en la *blockchain* o en un enlace permanentemente vinculado e indisociable al NFT, para que se mantenga en las

---

387 Hablaremos sobre la legitimación para el «minteado» de NFT en posteriores apartados del presente capítulo.

388 Al respecto de la originalidad de la obra, nos referimos brevemente a ella en el apartado «Utilidad del NFT como certificado digital de autenticidad, originalidad y titularidad de la obra de arte digital».

389 En cuanto a la documentación contractual y el *smart contract* como soporte, véase también el capítulo "Fuentes de información jurídica relativas a los NFT y, particularmente, al «criptoarte» en NFT".

390 Sirva de referencia la definición de contrato electrónico aportada por DÁVARA: «Contrato electrónico es aquel que se realiza mediante la utilización de algún elemento electrónico cuando este tiene, o puede tener una incidencia real y directa sobre la formación de la voluntad o el desarrollo o interpretación futura del acuerdo», siendo la contratación informática «aquella que se realiza mediante la utilización de algún elemento electrónico cuando éste tiene, o puede tener, una incidencia real y directa sobre la formación de la voluntad o el desarrollo o interpretación futura del acuerdo». DAVARA RODRÍGUEZ, Miguel .A., *Manual de Derecho Informático*, Ed. Aranzadi, Pamplona 1997, pág. 165.

eventuales futuras transmisiones de la obra, será recomendable que conste en documentación anexa al NFT, en aras de una mayor seguridad jurídica para las partes[391].

De manera complementaria al pacto privado entre creador y posteriores adquirentes del «criptoarte» en NFT, consideramos relevantes también los términos y condiciones del proveedor de la plataforma o mercado, cuyas condiciones generales pueden establecer un conjunto de límites al alcance de la transferencia del NFT ofertado o adquirido mediante su *marketplace*. Tales términos deben conjugarse con las disposiciones de la ley de propiedad intelectual que pueda resultar aplicable según la normativa de derecho internacional privado, especialmente en lo referente a la duración, territorio y alcance de la cesión, a falta de pacto expreso[392].

A continuación, veamos la relación entre las diferentes etapas de creación y transferencia de un NFT y los derechos de integridad, transformación, reproducción y comunicación al público.

2.1. «Minteado» de «criptoarte» en NFT y derechos de autor: derecho del autor al «minteado». El caso Mango contra Vegap

Nos postulamos a favor de interpretar que el derecho al «minteado» de un NFT que represente una obra de arte correspondería únicamente al autor de la obra artística subyacente (o sus derechohabientes, en su caso) o a quien este haya autorizado en términos escritos, siendo esta acción un ejercicio del derecho de reproducción (arts. 18 y 45 TRLPI, 1.4 Tratado OMPI). El derecho de reproducción resulta un derecho patrimonial especialmente relevante en este contexto, a nuestro modo de ver, y nos detendremos en explicarlo con detalle en los apartados siguientes.

No obstante, en este punto queremos manifestar nuestra postura en aquellos casos en los que el autor quisiera negarse a la representación de su obra en formato NFT. Somos del parecer que debe respetarse la decisión creativa de aquel autor que, de manera expresa, manifieste su contra-

391 Esta cuestión no se resuelve pacíficamente en nuestro panorama doctrinal. Como muestra, SIMÓN MORENO mantiene una postura favorable a la consideración de un *smart contract* como documento privado en «forma escrita». SIMÓN MORENO, Héctor, «La adquisición, transmisión y extinción de los derechos reales «tokenizados», *op. cit.*, p. 117.

392 En el mismo sentido, LÓPEZ LAPUENTE, Leticia, NIETO BRACKELMANNS, Enrique, SAINZ DE AJA TIRAPU, Borja, SEIJO BAR, Álvaro, TEROL CHÁFER, Sofía, «Non fungible tokens (NFTs)», *op. cit.*, p. 152.

riedad a divulgar, distribuir o comunicar públicamente su obra mediante un formato NFT, especialmente frente a eventuales derechos que puedan alegar terceros y que confluyan sobre la misma creación artística. El autor originario podría alegar motivos que nos parecen de suficiente peso como para ser tenidos en consideración, y, de los muchos posibles, se nos ocurren los siguientes: que desconfíe o desconozca esta tecnología, que muestre preocupaciones relacionadas con la inseguridad jurídica asociada a la reserva o licencia de sus derechos de autor, que tema su eventual impacto en la exclusividad y valor de la obra subyacente, que el formato no encaje con su visión personal del arte, que mantenga reticencias relacionadas con el impacto medioambiental de los entornos *blockchain* o que no se llegue a un acuerdo con otros titulares legítimos para codificar mediante el NFT cobros automatizados por reventas. En la sentencia del Juzgado de lo Mercantil número 9 de Barcelona, de 11 de enero de 2024 (TOL9.855.407), al dirimir el caso Grupo Mango vs. VEGAP, echamos en falta una referencia al consolidado derecho de retirada de la obra del mercado y su reconocimiento a los autores (o sus derechohabientes), si quedara probado que su traslado al formato NFT perjudica sus derechos a la divulgación, comunicación pública, reproducción y distribución de su obra.

Una vez efectuada esta reflexión, veamos a continuación con mayor detalle el proceso técnico de «minteado» para poder efectuar varias consideraciones y matices relacionados con dicha interpretación.

2.1.1. Acciones previas al «minteado» de un NFT: el *lazy minted NFT*

Como hemos avanzado en la introducción de esta obra, entendemos como «minteado» de NFT al proceso consistente en codificar un símbolo o un certificado digital de un archivo que se inserta en una cadena de bloques, convirtiéndolo así en un token no fungible[393]. El proceso de minteado de un NFT, explicado de forma sencilla y breve, sería el siguiente: el titular del activo digital (en nuestro caso, la obra artística) decide representar su obra o contenido mediante un token no fungible. Para ello, por lo general, bien lo creará directamente en la cadena de bloques (para lo cual requerirá conocimientos técnico-informáticos específicos), bien (siendo esto lo más común) seleccionará una plataforma especializada en la creación y venta de NFT o un mercado que permita «mintear» un NFT. Técnicamente, este proceso pasa por generar metadatos que describen el

393 Véase el apartado «Conceptualización técnica del NFT. tecnología conexa al NFT», en el capítulo «Aproximación técnico-descriptiva a los tókenes no fungibles».

NFT; entre otros: información sobre el autor y la obra, fecha de creación, rareza, dirección donde se pretende almacenar el NFT (que puede tener lugar, como sabemos, *on chain* u *off-chain*), características específicas (fraccionabilidad, cobro automatizado de regalías o términos de licencia, por ejemplo) y asignación del propietario inicial. Una vez se han generado los metadatos, se procede a registrar en NFT en la cadena de bloques. Esta etapa del proceso generalmente implica el pago de una tarifa o comisión por la introducción de ese nuevo NFT en la cadena (denominada popularmente «gas» o «*gas fee*»)[394]. Insertado el nuevo NFT en la *blockchain*, el proceso de «minteado» se considera completo y el NFT se convierte en único. Si así se ha configurado, el token pasa a estar disponible para su compraventa o intercambio en mercados especializados de NFT, y puede transferirse a un tercero mediante la cadena de bloques. Este tercero pasaría a convertirse en nuevo propietario del token no fungible.

La mayoría de plataformas y mercados de NFT exigen cargar una imagen en la red para observar la creación subyacente al NFT ofertado. Al efectuar esta acción de carga del archivo digital, podemos entender que se está llevando a cabo un acto de «reproducción» de acuerdo con la Directiva 2001/29/CE y el artículo 18 del TRLPI[395].

Asimismo, como hemos visto, el «minteado» de un NFT no puede considerarse completo hasta que se implementa en una cadena de bloques. No obstante, existen NFT que no han alcanzado este estado y se encuentran en su fase previa, denominados *lazy minted NFT*. Se trata de NFT creados desde un inicio fuera de la cadena de bloques, gracias a una plataforma o

---

394 Como hemos visto en la introducción a la presente obra, la creación de un NFT en la *blockchain* y también sus posteriores transacciones dentro de esta tienen un coste asociado, en forma de comisión que se les paga a los «mineros» titulares de los nodos de la red, y que varía según las condiciones de mercado. A esta comisión se la conoce como «gas» (en las cadenas Ethereum y Binance Smart Chain). Cuando se crea un nuevo NFT, la cadena de bloques suele cobrar una comisión por la creación y registro del *smart contract* asociado a ese NFT. Cuando exista un elevado número de transacciones pendientes por registrar en la *blockchain*, el precio del «gas» se eleva porque los mineros priorizan las transacciones que les proporcionan una comisión más sustanciosa.

395 Art. 18 TLRPI: «Se entiende por reproducción la fijación directa o indirecta, provisional o permanente, por cualquier medio y en cualquier forma, de toda la obra o de parte de ella, que permita su comunicación o la obtención de copias». Además, en nuestro artículo 43.5 TRLPI se establece que la transmisión de derechos de explotación «no alcanza a las modalidades de utilización o medio s de difusión inexistentes al momento de la cesión».

mercado especializados en crear y comercializar NFT que admita esta posibilidad de «minteado perezoso». Esta tipología de NFT ofrece flexibilidad al propietario original del NFT: puede preparar y crear el NFT antes de comprometerlo con su incorporación en la cadena de bloques, permitiéndole recudir costes de su NFT. Además, al crear este tipo de maquetas o simulaciones, el emisor cuenta con una herramienta de negocio muy interesante, ya que, gracias a las estadísticas y funcionalidades que le ofrecerá la propia plataforma o mercado (visualizaciones, etc.) puede evaluar el interés de posibles compradores, inversores o coleccionistas en su emisión, y tomar decisiones más informadas sobre el momento o el precio más convenientes para implantar el NFT en la *blockchain* y lanzarlo con presteza al mercado.

Las acciones previas a la carga y oferta del NFT en plataformas y mercados, y en especial la creación de *lazy minted NFT*, igualmente pueden interferir, a nuestro modo de ver, con el derecho de reproducción de la creación representada[396]. En especial, cuando el titular de los derechos de autor de la obra artística no ha otorgado derechos de reproducción a los creadores del NFT y a sus futuribles adquirentes, la reproducción no autorizada de la obra por parte de los titulares de los NFT podría constituir una violación de los derechos de autor, a nuestro modo de ver. Volveremos a esta cuestión en párrafos posteriores, al examinar la sentencia en primera instancia del Grupo Mango contra VEGAP.

2.1.2. Las obras artísticas representadas en NFT almacenados *off-chain*

Otra circunstancia que generaría dudas al respecto de los derechos sobre la obra artística digital es aquella en la que un NFT contiene un enlace que lo vincula la obra almacenada fuera de la cadena de bloques, es decir, *off-chain*. En este caso, tal obra se sube a un repositorio digital donde es almacenada y se crea para ello una dirección URL que se adjunta al NFT y que habilita el acceso a dicho repositorio. A nuestro modo de ver, nos encontramos, del mismo modo que en situaciones anteriormente expuestas, frente a un acto de reproducción. Atendiendo a la normativa actualmente vigente, este acto necesitaría de autorización previa del autor para ser lícito (art. 18 TRLPI) en el caso en que no concurran las excepciones del artícu-

---

396 POLICY DEPARTMENT FOR CITIZENS' RIGTHS AND CONSTITUTIONAL AFFAIRS, «Intellectual Property Rights and Distributed Ledger Tecnology», octubre de 2022, p. 32. Disponible en: <https://www.europarl.europa.eu/thinktank/en/document/IPOL_STU(2022)737709. [Fecha de consulta: 8 de mayo de 2024].

lo 37 TRLPI (entre otras, la reproducción para copia privada, ilustraciones con fines educativos o de investigación científica, información de actualidad, grabaciones técnicas o parodia).

Este mismo acto de reproducción, a nuestro parecer, difícilmente puede considerarse un acto de comunicación pública (art. 20 TRLPI), de acuerdo con la interpretación del término «público» en el sentido de la Directiva 2001/29/CE) efectuada por el TJUE[397] al definir el derecho de comunicación al público. Así, la Directiva recoge de este término que «se refiere a un número indeterminado de destinatarios potenciales e implica, por lo demás, un número considerable de personas». Por ello, aunque puedan no existir circunstancias externas que concreten el número de personas que puedan tener acceso al archivo digital que contiene la obra, la publicación de la dirección URL en un entorno de servidores cerrado difícilmente puede considerarse que promueva o habilite el acceso a un número tan significativo de personas como para considerarse «acceso público». Aun así, opinamos que no estaría de más comprobar si desde el acceso público que otorga la *blockchain* a los metadatos del NFT[398] se permite una visualización de la obra desde el enlace URL o si esta visualización queda restringida a los sucesivos tenedores del NFT[399]. A nuestro modo de ver, el primer caso sería más susceptible de ser considerado un acto derivado del derecho de comunicación al público, en el sentido recogido por la Directiva 2001/29/CE. Sin embargo, para que tal interpretación estuviese adecuadamente fundamentada, sería recomendable mayor concreción por parte de las autoridades legisladoras o judiciales competentes, facilitando la tarea interpretativa el establecimiento de criterios orientativos sobre visualizaciones que pudieran entenderse que conformen «un número considerable de personas». Antes de ello, sería conveniente también una reflexión episte-

---

397 Sentencias del TJUE de 13 de febrero de 2014, Svensson y otros, C466/12, EU:C:2014:76, apartado 21, de 14 de junio de 2017, Stichting Brein, C610/15, EU:C:2017:456, apartado 27, y de 7 de agosto de 2008, Land Nordrhein-Westfalen and Dirck Renckoff, Caso C-161/17, ECLI:EU:C:2018:634, apartado 22.

398 Nos sumamos a la idea de que la configuración de metadatos en formato JSON no se consideraría acto de comunicación al público ni acto de reproducción. POLICY DEPARTMENT FOR CITIZENS' RIGTHS AND CONSTITUTIONAL AFFAIRS, «Intellectual Property Rights and Distributed Ledger Tecnology», octubre de 2022, p. 33. Disponible en: <https://www.europarl.europa.eu/thinktank/en/document/IPOL_STU(2022)737709. [Fecha de consulta: 8 de mayo de 2024].

399 Ello no sucede, por ejemplo, con los denominados *lazy minted NFT*, como veremos en posteriores párrafos, ya que se trata de NFT que no han sido introducidos en la cadena de bloques.

mológica sobre la conveniencia o no, en entornos de *blockchain* pública, de aplicar las disposiciones relativas al derecho de comunicación al público, y deliberar si esta interpretación y otras relacionadas podrían entorpecer el desarrollo y promoción de tales entornos digitales y sus correspondientes mercados de activos.

Nuestra posición al respecto es la de promover una intervención mínima: en tales entornos digitales, el requerimiento de autorizaciones puede resultar complejo (entornos seudomimizados, etc.). En este sentido, su requerimiento puede interferir en el uso de la cadena de bloques y de la expansión de los NFT y su mercado. Siendo conscientes en ello, consideramos pertinente valorar la relevancia de la autorización de ciertos actos en la reputación del autor, en la visualización de su obra o en los rendimientos que pudiera obtener de esta. En el caso de la copia con fines exclusivos de almacenamiento y la comunicación pública de obras almacenadas *off chain*, consideramos que son actuaciones que, por lo general, presentan un escaso impacto en la esfera moral y patrimonial del autor original, especialmente en aquellos casos en los que el derecho moral de divulgación se hubiera agotado y el derecho de paternidad se encontrase salvaguardado.

Sin embargo, no afirmamos lo mismo respecto del ejercicio de otros actos que entorpezcan al autor de la obra para la obtención de rédito u otros beneficios que se pudieran generar particularmente de su conversión al formato NFT, como sucedería con vulneraciones de otros derechos de explotación, como el derecho de reproducción o de distribución.

2.1.3. Las obras artísticas representadas en NFT almacenados *on chain* y los NFT registrados en una *blockchain pública*

Nos parece que las reflexiones relacionadas con los derechos de divulgación, reproducción, distribución y comunicación pública efectuadas en las líneas precedentes pueden extenderse asimismo a los NFT almacenados *on chain* y a los NFT ya implementados en una *blockchain* pública. Concretemos ahora con detalle tal afirmación.

El hecho de que el NFT como token ya «minteado» se registre en la *blockchain* con su identificador único no se consideraría un acto de reproducción porque el trabajo como tal no se está copiando o reproduciendo. A nuestro parecer, cuando esta acción no fuera acompañada de una publicación en una plataforma o mercado de NFT, tampoco constituiría una puesta a disposición al público, ya que será necesario, para acceder al NFT con el fin de acceder a la obra, obtener su número de identificador[400]. Si la persona que «mintea» un NFT cuya obra de arte subyacente se almacena *off-chain* no es la titular de los derechos de reproducción y comunicación al público o no está autorizada a ejercer estos derechos, es susceptible de estar infringiéndolos, con lo cual puede ser objeto de reclamaciones legales por parte del creador o sus derechohabientes. Cuando el «minteado» se lleve a cabo con almacenamiento *on-chain*, dicho almacenamiento *per se* no sería considerable como comunicación al público por los motivos mencionados en párrafos anteriores. Sin embargo, sí se trataría, en nuestra opinión, de una reproducción de la obra (como se ha comentado en relación a los NFT *off-chain*), con lo cual se necesitaría autorización expresa del autor para ejecutar legítimamente esta acción[401]. Al respecto, consideramos deseable, efectuar la valoración del impacto en la esfera moral y patrimonial del autor derivada de esta actuación, así como de otras que, como hemos argumentado, puedan menguar sus derechos consolidados, y ponderarla con la idea de intervención mínima para evitar someter al emisor del NFT a cargas excesivas y no fundamentadas. Con todo, estos problemas se solucionarían con una adecuada licencia escrita de cesión de derechos que considere entornos de NFT para soportar arte digital.

2.1.4. El «minteado» en *lazy minted NFT* de obras físicas preexistentes transformadas por terceros: el caso del Grupo Mango contra VEGAP

Respecto del «minteado» de obras plásticas físicas y los derechos asociados de transformación y exhibición pública, nos encontramos en España con el primer litigio en materia de NFT y propiedad intelectual, conocido popularmente como el caso del Grupo Mango contra VEGAP. Sucedió que, para la inauguración de esta tienda física de Mango en la Quinta Avenida de Nueva York, su filial, Punta Na, S.A. cedió temporalmente a la de-

---

400 En el mismo sentido, POLICY DEPARTMENT FOR CITIZENS' RIGTHS AND CONSTITUTIONAL AFFAIRS, «Intellectual Property Rights and Distributed Ledger Tecnology», octubre de 2022, p. 33. Disponible en: <https://www.europarl.europa.eu/thinktank/en/document/IPOL_STU(2022)737709. [Fecha de consulta: 8 de mayo de 2024].

401 En el mismo sentido, POLICY DEPARTMENT FOR CITIZENS' RIGTHS AND CONSTITUTIONAL AFFAIRS, «Intellectual Property Rights and Distributed Ledger Tecnology», octubre de 2022, p. 34. Disponible en: <https://www.europarl.europa.eu/thinktank/en/document/IPOL_STU(2022)737709. [Fecha de consulta: 8 de mayo de 2024].

mandada Punto Fa, S.A[402] dichas obras para que fueran expuestas durante la inauguración, donde se presentarían junto con otras obras nuevas en formato digital encargadas a determinados criptoartistas. Las nuevas obras originales fusionarían el arte, la moda y la cultura mediterránea. La entidad de gestión colectiva de derechos de artistas plásticos Visual Entidad de Gestión de Artistas Plásticos (más conocida como VEGAP), formuló demanda en representación de los titulares de los derechos patrimoniales y morales sobre las obras pictóricas. Si bien se había dictado previamente un auto con la adopción de medidas cautelares[403], el litigio finalizó en primera instancia con una sentencia pionera en enero de 2024[404].

---

402 Mango es una de las principales empresas de la industria textil a nivel europeo. Según datos aportados por la propia compañía, finalizó el ejercicio 2023 duplicando su resultado neto, que pasa de 81 a más de 172 millones de euros, con una facturación de más de 3000 millones de euros. El resultado neto de la compañía se situó en 82 millones de euros, el mayor beneficio en casi una década. Recientemente ha presentado un plan estratégico que incluirá la apertura de 500 nuevos establecimientos hasta 2026, con la pretensión de alcanzar unos resultados de facturación de 4000 millones de euros. MANGO FASION GROUP, «Mango bate récord de ventas en 2023 y presenta un nuevo plan estratégico para superar los 4000 millones en 2026» [en línea], 11 de marzo de 2024. *Mango pressroom.* Disponible en: <https://www.mangofashiongroup.com/w/mango-bate-r%C3%A9cord-de-ventas-en-2023-y-presenta-un-nuevo-plan-estrat%C3%A9gico-para-superar-los-4.000-millones-en-2026>. [Fecha de consulta: 8 de mayo de 2024].

403 El Juzgado Mercantil núm. 9 de Barcelona (ponente: Montserrat Morera Ranzsanz), con fecha 21 de octubre de 2022 (TOL9.293.366), dictó un auto de medidas cautelares acordando el depósito judicial de las obras (RES:468/2022, REC:89/2022, ROJ AJM B 1900/2022; ECLI ES:JMB:2022:1900A). Exponemos a continuación los antecedentes de hecho con detalle. En mayo de 2022, la demandada Punto Fa S.L. (sociedad del Grupo Mango) conmemoró la apertura de un nuevo establecimiento físico de venta de ropa en la ciudad de Nueva York con el lanzamiento de cinco NFT de copias digitales de los cuadros *Oiseau volant vers le soleil* y *Tète et Oiseau*, de Joan Miró, *Ulls i Creu* y *Esgrafiats*, de Antonio Tàpies, y *Dilatation*, de Miquel Barceló. La demandada, es propietaria de los soportes físicos, es decir, de los cuadros de dichas obras. Los NFT se publicaron en la plataforma OpenSea, se expusieron en la tienda física inaugurada y en la plataforma de metaverso Decentraland, sincronizándose los tres eventos y con una duración de 11 días la exhibición en la tienda física y en el metaverso, y de 37 días hasta que fueron retirados de la plataforma OpenSea. Se dio difusión a la exhibición de las obras y a la inauguración de la nueva tienda física a través de redes sociales, pero no se llegaron nunca a acuñar los NFT, en el sentido que no se registraron en la *blockchain.* La demanda de VEGAP contenía: a) una acción declarativa de infracción de derechos de autor morales (de integridad y divulgación) y patrimoniales (de reproducción, transformación y comunicación pública);b) una acción de cesación de la conducta, con la retirada de los NFT de todos aquellos elementos en

los que se reproduzcan las obras, incluyendo la retirada de los NFT de la plataforma OpenSea; y c) una acción de indemnización, con petición de 875.000 euros en concepto de daños patrimoniales, de 500.000 euros en concepto de daños morales y 320,21 euros por gastos de investigación; peticiones sustentadas en los artículos 138 a 140 TRLPI. La demandante consideraba en sus alegaciones que la demandada había utilizado indebidamente y sin autorización las creaciones visuales objeto de la demanda, al «mintear» y publicar en redes sociales (Linkedin, Instagram y TikTok) y en la plataforma o mercado los NFT. La demandada no solicitó autorización a los autores de esas tres obras plásticas, ni a sus derechohabientes, ni a VEGAP para exhibir las obras físicas ni para la creación de las obras nuevas. Además de alegar falta de legitimación activa para ejercitar la acción de cesación, la demandada negó haber cometido ninguna infracción, ya que: a) ostentaba el derecho de exposición pública de las obras, al ser la propietaria de su soporte físico; b) que la creación de obras digitales a partir de otras originales suponía un «uso inocuo» que no infringía derechos patrimoniales ni morales de sus autores, que no causaba a estos ningún perjuicio y que no requería de autorización; c) que las publicaciones realizadas por la demandante informaban de que se trataba de «reinterpretaciones» de las obras originales de dichos autores, d) que los NFT no se habían llegado a registrar en ninguna *blockchain*, sino que únicamente se podían visualizar en la plataforma OpenSea, pero no descargar, reproducir ni adquirir; e) que los NFT no se llegaron a acuñar y, por tanto, no se habían transferido a ninguna *wallet* titularidad del Grupo Mango, con lo cual la demandada no puede acceder a ellos mientras estén en la plataforma OpenSea, y f) que no existe daño indemnizable o que, en caso de existir, es de inferior cuantía a la reclamada por la actora. El auto se dictó conta la plataforma OpenSea (considerada por el mismo auto como "el principal *marketplace* de venta e intercambio de NFT's y criptoactivos") para que, en el plazo de dos días, transfiriese los NFT a la *wallet* física que la actora designase y ponerlos en custodia del Letrado de la Administración de Justicia hasta el fin del procedimiento judicial. Esta transferencia de los NFT a una *wallet* supondría tener que acuñar previamente esos NFT, registrándolos en la *blockchain*, lo cual implicaría que, al dar cumplimiento a la medida cautelar acordada, se generan riesgos de custodia que el auto pretende neutralizar: el primero, terminando de acuñar y registrando el NFT en la *blockchain*; el segundo, incorporándolo a una *wallet* cuyas garantías de custodia pueden presentar iguales o mayores riesgos de sustracción que los planteados por la plataforma o mercado. Asimismo, esta medida no impone el borrado de los archivos digitales del servidor de origen (el de la plataforma o mercado), lo cual puede suponer que el archivo pase a guardarse en dos servidores diferentes (el de la plataforma o mercado y el servidor bajo control del Letrado de la Administración de Justicia). La juez alegó la existencia de cierto *periculum* parcial y relativo: parcial, porque tras la retirada voluntaria por parte de la demandada de los soportes físicos de las obras y de sus reproducciones en las redes sociales y en el metaverso, el *periculum* quedó reducido a los NFT subidos a la plataforma Opensea. Y relativo porque existía un cierto riesgo de inefectividad de la sentencia estimatoria que pudiera dictarse, puesto que no existía certeza sobre el modo en que la plataforma está custodiando los

La jueza quiso equilibrar los derechos de propiedad intelectual del artista original y los nuevos derechos de transformación del propietario nacidos a partir del formato NFT, y resulta especialmente interesante su interpretación en relación al derecho de crear nuevas obras de arte inspiradas en obras preexistentes de terceros. No obstante, recuerde el lector que las nuevas obras integradas estaban en un formato de *lazy minted* NFT (es decir, no habían sido registradas en la *blockchain)* ya que Mango nunca llegó a cargar los NFT en la cadena de bloques. Por ello, las obras subyacentes no se podían adquirir, ni descargar ni reproducir, sino que solamente estaban a disposición del público mediante su visualización, ni tampoco se comercializaron. Como hemos comentado, este estado anterior al «minteado» completo puede tener especiales ventajas en cuanto a análisis previo del mercado del NFT y al ahorro de costes. Por otra parte, la demandada no solicitó autorización a los autores de esas tres obras plásticas, ni a sus derechohabientes, ni a VEGAP para exhibir las obras físicas (tampoco, opinamos en conformidad con la sentencia, debía hacerlo, pues le ampara el derecho a la exhibición pública al ser titular del soporte de obra plástica física) ni para la creación de las obras nuevas ni para representa estas en NFT o exhibirlas en los contextos físico, digital y virtual.

En el momento de interposición de la demanda, las obras ya no estaban expuestas al público, ni manera física (en la tienda inaugurada), ni virtual (en el metaverso Decentraland) ni digital (en la plataforma OpenSea[405]).

NFT, lo cual impidió afirmar con rotundidad que se encontraban protegidos y que nadie podía acceder a ellos. Estas dudas sobre la garantía de la imposibilidad de acceso a los NFT por parte de cualquier persona (la demandada o terceros) se acrecentaba al acreditarse por la actora la existencia de distintos ataques a las cuentas de Opensea para la sustracción de NFT de otras grandes empresas que estaban en esa misma plataforma. Si bien la plataforma Opensea opera de modo centralizado, no puede excluirse de modo absoluto que la plataforma sea objeto de actos de piratería o hackeo y que los NFT fueran sustraídos, siendo entonces muy difícil su recuperación y quedando fuera del alcance de las partes. Por último, cabe mencionar que la acción de cesación se ejercitó sin efectos prácticos, puesto que el Grupo Mango ya había retirado la exposición de las obras en los entornos físico, digital y virtual en el momento en el cual se interpuso la demanda con petición de medidas cautelares.

404 Juzgado de lo Mercantil núm. 9 de Barcelona; ponente: Montserrat Morera Ranzsanz, con fecha 11 de enero de 2024, RES:11/2024, REC:776/2022, ROJ SJM B 1/2024; ECLI ES:JMB:2024:1.

405 Quede por dicho que, aunque OpenSea es una plataforma descentralizada, sigue viéndose sometida, al menos actualmente, a los requerimientos y decisiones de autoridades gubernamentales y judiciales de diferentes naciones. Por otra parte,

Por ello, las medidas cautelares adoptadas en el auto únicamente consistieron en el depósito ante el Juzgado de los NFT que la demandada había subido a la plataforma *OpenSea* y que seguían estando en dicha plataforma. No obstante, tras la adopción de esta medida cautelar, la propia actora reconoció que no era necesaria, pues mientras *OpenSea* mantuviera retirados los NFT, se evitaría cualquier riesgo de sustracción o transferencia a terceros. Por este motivo, la jueza acordó el alzamiento de la medida cautelar acordada, porque nunca había concurrido el peligro en la demora procesal que justificó la adopción parcial de la medida y porque, de hecho, si la medida cautelar se ejecutaba en los términos en que se solicitó y se adoptó (es decir, transfiriendo los NFT a una *cold wallet*) se estaba generando un peligro, y, por lo tanto, una vez retirados por la plataforma OpenSea no podían transferirse ni venderse en entornos virtuales o digitales ni por la

---

y como sucede con otras muchas empresas del sector digital, no se responsabiliza ni por infracciones de propiedad intelectual de sus usuarios ni por mantener la disponibilidad, accesibilidad u oferta de los NFT que formen parte de su catálogo. Muestra de ello son sus términos y condiciones: «You also represent and warrant that you will comply with all applicable laws (e.g., local, state, federal and other laws)in connection with using the Service. In order to comply with our legal obligations and keep our users and platform safe, we may need to restrict, suspend, or terminate your access to the Service. You acknowledge that OpenSea is under no obligation to disclose the details of its decision to take such action with you. (...) As a peer-to-peer web3 service, OpenSea helps you explore NFTs created by third parties and interact with different blockchains. OpenSea does not make any representations or warranties about this third-party content visible through our Service, including any content associated with NFTs displayed on the Service, and you bear responsibility for verifying the legitimacy, authenticity, and legality of NFTs that you purchase from third-party sellers. We also cannot guarantee that any NFTs visible on OpenSea will always remain visible and/or available to be bought, sold, or transferred. Users are solely responsible for any content related to their NFTs. (...) You are solely responsible for the content and metadata associated with NFTs and digital items you create. You represent and warrant that such content does not contain material subject to copyright, trademark, publicity rights, or other intellectual property rights, unless you have necessary permission or are otherwise legally entitled to post the material and to grant OpenSea the license described above, and that the content does not violate any laws». En el mismo sentido se posiciona el abogado experto en tecnología Pablo Maza. MAZA, Pablo, «Medidas cautelares judiciales en NFT. [Caso Mango vs. VEGAP-Jurisprudencia]» [en línea]. *Blog Pablo Maza, 28 de enero de 2024.* Disponible en: <https://pablomazaabogado.es/propiedad-intelectual/medidas-cautelares-judiciales-en-nft-caso-mango-jurisprudencia/>. [Fecha de consulta: 8 de mayo de 2024]. Términos de servicio de OpenSea disponibles en: <https://opensea.io/es/tos>. [Fecha de consulta: 8 de mayo de 2024].

demandada ni por terceros. En cambio, si estos *lazy minted* NFT se transfieriesen a una *cold wallet* (como así había acordado dicho auto), la plataforma OpenSea tendría devolver el control de los NFT a la demandada y se volverían visibles a través de la *blockchain* pública.

La principal controversia del litigio se centraba en determinar el alcance de los derechos del Grupo Mango como titular de la obras físicas originales. La incógnita a resolver, pues, sería si convertir una obra plástica en un NFT supone una modificación de la obra que pueda afectar a los derechos de su autor (según alegó la parte actora, los derechos morales de integridad y divulgación y los derechos patrimoniales de reproducción, transformación y comunicación pública, recogidos todos por los artículos 14 a 17 TRLPI) o si, por el contrario, la titularidad sobre una obra física ampara el transformarla en NFT, y, más concretamente, en determinar si el uso que hizo Mango (transformar las obras en varios *lazy minted NFT* y exponerlas públicamente en el mundo físico, digital y virtual) podría considerase un uso inocuo que no requiriera autorización de los autores.

Del conjunto de derechos afectados según la demandante, la juez no se pronuncia en la sentencia sobre el derecho moral de la obra ni sobre el derecho patrimonial de reproducción, puesto que, según argumenta la sentencia, el reconocimiento del derecho de transformación excluye tanto el derecho a la reproducción del artículo 17 TRLPI como el derecho a la integridad del artículo 14.4, y porque de los antecedentes de hecho se desprende que se trataba de una transformación de las cinco obras plásticas preexistentes por parte de criptoartistas contratados por el Grupo Mango, dando lugar, según la sentencia, a unas obras de arte nuevas y originales, lo cual encajaría con la definición de transformación del artículo 21 TRLPI[406]. Al respecto de tal argumento, somos reacios a apreciar que el dere-

---

[406] Textualmente, dice la sentencia que «En efecto, si existe reproducción, no puede existir transformación, y viceversa. Y si existe transformación tampoco puede existir ataque a la integridad de la obra. En el presente caso, se imputa a la demandada haber creado una obra nueva, derivada de las obras preexistentes. Por lo tanto, no estamos ante una reproducción de las obras (que implicaría replicarlas sin introducir elementos nuevos), sino ante una trasformación de las obras preexistentes, en cuanto aquellas cinco obras han sido alteradas por criptoartistas contratados por la demandada para crear unas obras de arte nuevas, distintas a las preexistentes, dotándolas de originalidad, distinta a la de aquellas. Ésta es la definición de transformación que contiene el art. 21 TRLPI, según el cual "La transformación de una obra comprende su traducción, adaptación y cualquier otra modificación en su forma de la que se derive una obra diferente". Por lo tanto, se trata de un supuesto de transformación de las obras originales, que excluye

cho a la integridad se vea desplazado por el derecho de transformación en el momento en que aparece una nueva obra. Ambos derechos se corresponden con facultades distintas y asociadas a esferas diferentes: el derecho a la integridad de la obra es de orden moral, mientras que el derecho de transformación incumbe al ámbito patrimonial de su titular[407]. El derecho a la integridad permite al autor exigir respeto frente a la forma en la cual su obra se hizo accesible al público por primera vez, en base al ejercicio del derecho a la divulgación de su autor. Relacione esto el lector con lo afirmado respecto al reconocimiento de un eventual derecho al «minteado» del artista: un autor puede tener razones de peso para querer impedir la divulgación o transmisión de su obra en formatos distintos a los inicialmente pensados o utilizados para hacer su obra accesible al público. El derecho de respeto a la integridad, según doctrina consolidada, se manifiesta con la facultad de un autor de prohibir o autorizar «cualquier deformación, modificación, alteración o atentado contra ella que suponga perjuicio a sus legítimos intereses o menoscabo a su reputación[408] Ello abarcaría sin mayores dificultades argumentos de autores reticentes a asociar obras artísticas con entornos NFT. Además, la redacción de la norma es amplia en cuanto a la enumeración de la actos infractores, y el concepto de la afectación de los legítimos intereses del autor y de su reputación es, asimismo, un requisito flexible en cuanto a la apreciación de motivos argumentados por el autor.

---

la reproducción, de modo que ningún pronunciamiento haré sobre este derecho patrimonial, que no se ha podido lesionar porque no ha existido reproducción de las obras. Y precisamente porque la actuación de la demandada dio lugar a unas obras de arte nuevas, distintas a las cinco obras originales objeto de este pleito, tampoco procede hacer pronunciamiento alguno respecto al derecho moral a la integridad de la obra que la actora alega que también se ha infringido, pues el derecho moral a la integridad de la obra es excluyente del derecho patrimonial a la transformación de la obra, ya que el primero actúa sobre la obra que ha sido deformada o alterada afectando a su integridad, pero sin que resulte de ello una obra nueva y diferente, y el segundo actúa sobre la obra nueva creada partiendo de otra original pero derivando en una creación distinta, con originalidad propia, que es lo que ha sucedido en el presente caso».

407 La misma reflexión es destacada por BRAGADO. La autora igualmente considera que «la transformación de una obra no implica *per se* un ataque a su integridad». BRAGADO HERRERA DE EGAÑA, Carla, «La sentencia nº 11/2014 del Juzgado de lo Mercantil nº 9 de Barcelona de 11 de enero de 2024 (VEGAP c/ Mango): el frustrado asunto sobre los non-fungible tokens y la frustrante interpretación del derecho de autor español», Revista Lex Mercatoria, núm. extraordinario, 2024, p. 12.

408 AA.VV., *Comentarios a la Ley de propiedad intelectual*, Felipe Palau Ramírez, Guillermo Palao Moreno (Dirs), Valencia, 2017, pp. 294 y ss.

En este sentido, la jurisprudencia ha entendido que es suficiente que la conducta considerada sea objetivamente idónea para afectar a los intereses morales del autor en relación con su obra, admitiéndose la acción de prohibición cuando estos se infrinjan[409]. Así, la transformación de la obra con una versión similar para incluirla en un *lazy NFT* constituiría, a nuestro parecer y en el caso de autos, una modificación tanto directa (se usa una versión íntegra de los originales, complementada con otras imágenes) como indirecta de las obras pictóricas. Y entendemos como modificación indirecta el hecho de situar dichas obras en contextos publicitarios (y potencialmente comerciales) de entornos NFT: entornos que no fueron previstos por los autores en un inicio y, por tanto, no puede entenderse, opinamos, modificaciones que los autores autorizaran ni consintieran tácitamente, y que, aun así, son claramente susceptibles de vulnerar sus intereses económicos y/o reputacionales[410]. Por otra parte, la sentencia ignora que la transformación de la obra y el germen de obras derivadas pueden ser perfectamente resultado de infracciones al derecho a la integridad del autor.

Si el Grupo Mango contase con la titularidad del derecho a la transformación de las obras originarias, ello le dejaría margen al uso de una versión modificada de la obra sin requerir autorización del autor, como hemos comentado. No obstante, no consideramos que el derecho de transformación impida al autor manifestarse sobre la modificación contextual y, en su caso, impedirla: parece probado que las obras se abren a nuevos entornos digitales de publicitación y comercialización. Para ello, los criptoartistas contratados por la demandada utilizan los *corpus mysticum* o sustancia de las obras primigenias, en nuestra opinión, de forma similar a la reproducción y excediendo la mera inspiración que pudiera eximir de recabar la autorización del autor, aunque añadiéndoles elementos complementarios (hecho que debería valorarse por el juzgador con la finalidad de determinar si las obras resultantes son objetiva o relativamente originales en modo suficiente como para crear obras derivadas independientes) e integrándolos en entornos digitales a través de una forma de exteriorización diferente: el formato *lazy NFT*. En cualquier caso, el juzgador debería ponderar los múltiples intereses en conflicto (del autor, del titular de otros derechos, como el de propiedad sobre el soporte de la obra plástica, y el

---

409 STS de 17 de julio de 2008, TOL 1.378.497.

410 Respecto de la modificación indirecta o contextual, véase la SAP Barcelona (Sección 15ª) de 17 de noviembre de 2005, TOL 926.598, respecto de la utilización de una versión modificada de la obra musical de Tom Waits para un anuncio publicitario de coches.

interés público) antes de decantarse por la prevalencia de derechos de terceros frente al derecho moral a la integridad del autor o por el descarte, como sucede en la sentencia y sin mediar adecuado fundamento, del derecho a la integridad del autor.

Manifestado nuestro razonamiento, creemos que la sentencia frustra al autor de la obra transformada que pretenda invocar el derecho a la integridad y defender su creación de supresiones, adiciones o modificaciones que la alterasen, vaciando por completo de contenido al derecho a la integridad. Parecida reflexión predicamos del derecho a la reproducción: carece de sentido que una obra derivada posterior, que utiliza en mayor o menor grado elementos de la obra preexistente, permita negar la aplicación del derecho de reproducción cuando tal utilización resulta, en sí misma, un acto de reproducción. En ambos casos se requeriría autorización según el TRLPI, contrariamente a lo que establece la sentencia del Grupo Mango contra VEGAP.

La juez examina detalladamente tres usos que hizo el Grupo Mango de las cinco obras plásticas preexistentes[411]: la divulgación, la comunicación pública y la transformación de las obras en nuevas obras digitales expuestas al público durante un breve período en las dimensiones física, digital y virtual. Respecto del derecho moral a la divulgación, de la interpretación literal del artículo 4 TRLPI se desprende que, tras la primera exhibición al público, el derecho se agota. Por tanto, puesto que las cinco obras originales ya se habían exhibido por sus propios autores, sus derechohabientes no pueden ahora impedir divulgaciones posteriores, ni tampoco el Grupo Mango necesita autorización para ello. Además, siendo obras plásticas, el adquirente del soporte físico tiene derecho a la exposición pública de la obra aunque esta no hubiese sido divulgada por el autor (art. 56.2 TRLPI.

En cuanto al derecho patrimonial a la comunicación pública, al cual nos referiremos con más detalle en próximos apartados *ad hoc*, el Grupo Mango expuso a un número indeterminado de personas tanto las obras originales como las obras nuevas creadas a partir de estas en entornos físico, digital y virtual, uso que encaja en la definición de comunicación pública recogido en el artículo 20 TRLPI. No obstante, puesto que era titular

---

[411] No obstante, de las dos obras de Miró únicamente se puede analizar la comunicación pública debido a que, cuando falleció el artista, todavía no eran aplicables ni la LPI de 1987 ni el TRLPI actual, sino la LPI de 1879, la cual no reconocía ni los derechos morales del autor ni el derecho patrimonial a la transformación de la obra.

del *corpus mechanicum* (es decir, del soporte físico) de las obras plásticas originales, el derecho a la exhibición pública que el artículo 56.2 TRLPI, ya comentado, confiere al propietario del soporte físico limita el derecho a la comunicación pública de la obra que ostenta el artista, salvo que este hubiera excluido expresamente este derecho en el acto de enajenación o en aquellos casos en los que la exhibición pudiera perjudicar su honor o reputación profesional[412]. Este conflicto de intereses se resuelve mediante la aplicación preferente del derecho de exposición pública del dueño del soporte físico original de las obras del artículo 56.2 TRLPI sin que se necesitara autorización o consentimiento del artista o sus derechohabientes para exponer públicamente las obras adquiridas en cualquiera de los tres entornos. No obstante, la sentencia obvia, a nuestro parecer, la perspectiva del derecho patrimonial de distribución que permitiría al autor decidir sobre la distribución digital de la obra, más allá de la distribución física. Opinamos que el alcance del derecho concede al autor no solo control decisorio sobre cualquier forma de venta o transmisión de la obra, sino sobre el formato de distribución, incluida aquella que pudiera efectuarse en formato NFT, aunque no en el prematuro estadio de *lazy NFT*.

Recordará el lector que, en los antecedentes del caso, los NFT controvertidos no reproducían las obras originales de manera íntegra, sino la obra transformada por criptoartistas, quienes se inspiraron en los originales preexistentes. Este matiz resulta clave en para una adecuada interpretación de la sentencia. En cuanto al derecho patrimonial de transformación

[412] Reconoce la sentencia que en el caso del Grupo Mango, la exposición pública se realizó reconociendo la autoría de las obras originales y «con absoluto respeto a la reputación de sus autores y al espíritu y valor de aquellas obras, cuya integridad se ha respetado completamente, pues las obras que se realizaron por encargo de la demandada partieron de esas obras originales pero son obras distintas, no una simple modificación, alteración o modificación de las mismas, que hubiera podido conllevar un ataque a la integridad de la obra o al honor y reputación de sus autores. Esto no ha sucedido. La demandada actuó con absoluto respeto al prestigio de los tres autores y a la integridad de sus cinco obras, y por ello expuso las obras originales junto con las obras digitales nuevas, (...)». Reflexionan sobre la aplicación del régimen general de programas de ordenador recogido en nuestro TRLPI a plataformas de Metaverso, y sobre la extensión de lo regulado en dicha norma en cuanto a cualquier género de obras expuestas en el metaverso (obras literarias, audiovisuales, coreografías, esculturas, fotografías y demás), entre otras interesantes cuestiones, MARTÍNEZ CRESPO y MOLINA ÁLVAREZ. MARTÍNEZ CRESPO, , Álvaro; MOLINA ÁLVAREZ, Inés, «La propiedad intelectual en el metaverso», en *Comunicaciones en propiedad industrial y derecho de la competencia*, núm. 97, 2022, pp. 89-89 y 98.

de la obra, el artículo 21 TRLPI exigiría autorización del artista o sus derechohabientes, como hemos comentado. Sin embargo, y aunque los límites materiales a los derechos del autor (arts. 31 y ss. TRLPI) están tipificados, la sentencia dice acudir a la doctrina del uso inocuo de tradición en nuestro ordenamiento jurídico, aunque en el texto no detalla cómo aplica concretamente esta doctrina ni recoge antecedentes o argumentos específicos. A nuestro parecer, la sentencia sustituye sin distinciones el examen que fundamentaría la aplicación de esta doctrina por el análisis de una excepción de tradición anglosajona (más concretamente, norteamericana[413]) a los derechos de autor, denominada «fair use» (traducible como «uso legítimo o razonable») y que había sido aplicada en precedentes ocasiones por nuestro Tribunal Supremo[414]. Esta excepción fue alegada por el Grupo Mango para defender la licitud del uso de las obras artísticas objeto del pleito[415], e incorpora la conocida como «prueba de tres pasos», y la sen-

[413] Concretamente, la excepción del «fair use» a los derechos de autor está recogida en la Sección 107, capítulo 1, título 17 de la *Copyright Act USA*.

[414] La sentencia de apelación había aplicado esta excepción en su sentencia de 3 de abril de 2012 (Caso Google) para interpretar nuestro artículo 40 bis TRLPI.

[415] La introducción de esta nueva excepción *ad hoc*, ajena a nuestro ordenamiento jurídico, fue defendida por el Tribunal Supremo (Sala Primera) en la sentencia 173/2012, de 3 de abril de 2012 (TOL2.554.634), caso Google Spain S.L., frente a alegaciones de infracción del sistema de fuentes recogido por el artículo 1 CC. En este sentido, afirma el Tribunal Supremo lo siguiente: *«No es cierto que la sentencia recurrida decida el litigio alterando el sistema de fuentes mediante una aplicación del derecho estadounidense, porque su referencia al «fair use» (uso justo, limpio o leal) se enlaza con la que dentro del mismo párrafo se hace al «ius usus inocui» (derecho al uso inocuo del derecho ajeno), que no puede sostenerse seriamente resulte ajeno al ordenamiento jurídico español, porque a su reconocimiento por la doctrina y la jurisprudencia españolas (por ej. SSTS 20-3-89, 14-3-03 y 29-409) se unen la configuración constitucional de la propiedad como un derecho delimitado por su función social, de acuerdo con las leyes (art.33.2 de la Constitución), la doctrina del Tribunal Constitucional sobre la utilidad individual y la función social como elementos que definen inescindiblemente el contenido del derecho de propiedad sobre cada categoría o tipo de bienes (STC 37/1987) o, en fin, que con arreglo al art. 7.2 CC el intento de prohibir el uso inocuo de un derecho pueda rechazarse si a su vez ese intento constituye un ejercicio antisocial del propio derecho. En suma, este argumento del recurso equivale a mantener que la aplicación de la doctrina del «levantamiento del velo» en materia de sociedades vulnera también el sistema de fuentes del ordenamiento jurídico español por no tener su origen en España. El recurrente presenta la cuestión litigiosa como si todo aquello que no aparezca en la letra de la ley fuese inexistente. Sin embargo la proliferación de normas y la creciente incorporación al ordenamiento jurídico español de normas supranacionales e internacionales no es incompatible, sino más bien al contrario, con que las dudas que suscite la letra de la ley especial se resuelvan mediante normas de carácter más general que, a su vez, incorporan principios antes reconocidos por la doctrina científica y la*

jurisprudencia. Ejemplo especialmente significativo de estas últimas es el art. 7 CC, que a partir del año 1974 dotó de reconocimiento legislativo general a lo que ya venía resolviendo la jurisprudencia en materia de ejercicio de los derechos conforme a la buena fe y prohibición del abuso del derecho. Es más, hoy puede decirse que a medida que crece el número de normas escritas mayor relevancia adquieren los principios, ya que, por un lado, se multiplican las posibilidades de antinomias y, por otro, siempre quedarán casos sin regular de una forma inequívoca. (...) Es cierto que conforme al art. 31.1 TRLPI interpretado de acuerdo con el art. 5.1 de la Directiva 2001/29/CE del Parlamento Europeo y del Consejo, relativa a la armonización de determinados aspectos de los derechos de autor y derechos afines a los derechos de autor en la sociedad de la información, la puesta a disposición de la copia «caché» (mucho más dudosamente la de algunos fragmentos de la página, dada su insignificancia y su finalidad de orientar al usuario) requeriría en principio la autorización del autor de la página web; como también lo es que un sistema de protección de derechos fundado en la necesidad de autorización del titular salvo que concurra alguna de las excepciones establecidas por la ley, siguiendo el método del catálogo o lista exhaustiva, es un sistema cerrado, en el sentido de no admitir más excepciones a la necesidad de autorización que las expresamente establecidas. Sin embargo no es menos cierto que el art. 40 bis TRLPI , como disposición común a todas las del capítulo primero del título III, en el que se encuadra el art. 31, tiene un valor interpretativo no solo y exclusivamente negativo («Los artículos del presente capítulo no podrán interpretarse...»), sino también positivo, en cuanto enuncia los principios que justifican la propia excepcionalidad de los límites o, si se quiere, la necesidad de la licencia del autor como regla general («perjuicio injustificado a los intereses legítimos» o «detrimento dela explotación normal de las obras»). Esto permite que la denominada regla, prueba o test» de los tres pasos» contenida en el art. 40 bis pueda considerarse como manifestación especial en la TRLPI de la doctrina del ius usus inocui, del principio general del ejercicio de los derechos conforme a las exigencias de la buena (art. 7.1 CC), del principio asimismo general de la prohibición del abuso del derecho o del ejercicio antisocial del mismo (art.7.2 CC) y de la configuración constitucional del derecho de propiedad como derecho delimitado, lo que a su vez exige, en caso de litigio, que el tribunal analice la concreta pretensión del autor demandante para comprobar si en verdad la reproducción puede causar algún perjuicio a sus intereses «legítimos», por remoto o indirecto quesea este perjuicio, o bien atentar contra la explotación «normal» de su obra, o, por el contrario, favorece esos mismos intereses y esa misma explotación «normal», pues de suceder esto último la pretensión formalmente amparada en la letra del art. 31 TRLPI y en el carácter cerrado de un sistema de excepciones carecerá de amparo en el ordenamiento jurídico por estar dirigida en realidad no a la protección del derecho de autor, finalidad del catálogo exhaustivo o cerrado de excepciones, sino a perjudicar al demandado no solo sin obtener el autor provecho alguno sino incluso sufriendo él mismo el perjuicio de una menor difusión de su página web. En definitiva, esta Sala considera que, aun cuando los límites al derecho de autor deban interpretarse restrictivamente, ninguno de los dos artículos en cuestión de la TRLPI, el 31.1 o el 40 bis, es excluyente de la doctrina del ius usus inocui para permitir el uso inocuo con arreglo a los propios principios de la TRLPI ni, menos aún, de la consideración de los arts. 7 CC, 11 LOPJ y 247.2 LEC. Antes bien, la pretensión de que se cierre el buscador de Google o de que se condene a esta demandada a pagar una indemnización por una actividad que beneficia al demandante, al facilitar en general el acceso a su página web y el conocimiento de su contenido, debe considerarse

tencia del Juzgado de lo Mercantil número 9 de Barcelona que nos ocupa procede al examen de los cuatro factores que la Sección 107 de la *Copyrignt Act* norteamericana exige valorar para efectuar la consideración de si el uso de una obra protegida por derecho de autor por un tercero sin autorización del derechohabiente es o no «justo». Para acompañar al lector en la explicación del análisis jurídico efectuado por la sentencia, seguiremos el mismo orden de fundamentación recogido en esta.

En primer lugar, procede examinar cuál es el carácter y propósito del uso realizado por la parte que defiende el «fair use». En cada caso, se equilibrará el propósito y el carácter del uso con los restantes tres factores de examen, siendo destacable que, en la práctica judicial estadounidense, un uso educativo o un uso no comercial sin ánimo de lucro no son de por sí «justos» (aunque sea lo más probable), ni tampoco los usos comerciales de la obra, por el solo hecho de serlo, dejan de considerarse «fair use». Asimismo, recuerda la sentencia que los tribunales norteamericanos muestran cierta tendencia a apreciar que «los usos que añadan algo nuevo, con una finalidad ulterior o de carácter diferente y que no sustituye el uso original de la obra» (o usos «transformadores) son usos «justos»[416]. Aplicando lo anterior al caso del Grupo Mango, la jueza analiza los usos de las obras por parte de la demandada, y concluye que se trata de un «fair use», fun-

---

prohibida por el apdo. 2 del art. 7 CC, como abuso del derecho de autor o ejercicio antisocial del mismo, por cuanto al amparo de la interpretación restrictiva de los límites al derecho de autor pretende perjudicar a Google sin obtener ningún beneficio propio, como no sea fama, notoriedad o la propia indemnización pedida en la demanda».

[416] Al respecto, la sentencia cita, por su similitud con el caso objeto de pleito, una sentencia referente al litigio entre The Andy Warhol Foundation y una fotógrafa profesional, dictada por la Corte de Apelación del 2º Circuito de los Estados Unidos. La fotógrafa realizó una fotografía del cantante Prince que posteriormente fue licenciada a una revista (Vanity Fair). La revista encargó al artista Andy Warhol una ilustración en la que tal fotografía sirviese de inspiración, y la obra resultante fue publicada con referencia expresa a la fotógrafa. Sin embargo, Andy Warhol creó, posteriormente, otras obras también inspiradas en la fotografía original, no amparadas por la licencia concedida para el encargo. La demandada (The Andy Warhol Foundation) sostenía el uso legítimo de la obra y la aplicación del «fair use». Y aunque en primera instancia se falló a favor de la demandada, por entenderse que la obra «derivada» transformaba suficientemente la original y se apreció ese «fair use», en apelación se entendió que el uso no tenía un carácter y propósito suficientemente distintos del original: tanto la obra de la fotógrafa como la de Warhol son obras de arte visual, conformadas por retratos del mismo sujeto (el cantante Prince) y ambas fueron usadas en revistas para ilustrar historias similares sobre el cantante. La Corte Suprema confirmó la decisión de la Corte de Apelaciones.

damentando su argumentación en que la exposición de las obras no tuvo ánimo de lucro ni fin comercial[417] (afirmaciones que hemos puesto en duda en reflexiones previas) ni tampoco (sorprendentemente, en nuestra humilde opinión[418]) un uso publicitario[419]. Descartadas las anteriores

---

417 Así dice la sentencia: «pues la puesta a disposición del púbico de las obras originales y de los archivos digitales creados por los criptoartistas lo fue a los meros efectos de exposición en la tienda física y de visualización en la plataforma *Opensea* y en el metaverso *Decentreland,* sin ningún fin comercial, y por ello no se convirtieron los archivos digitales en NFT's, pues no llegaron a acuñarse en la cadena de bloques, y no se podrían transmitir, descargar ni reproducir. Los archivos digitales en ningún momento se han comercializado y la demandada no ha obtenido ningún rédito o beneficio económico por la exhibición pública de los mismos, sino todo lo contrario, pues soportó sin compensación alguna los costes derivados de la propia creación de las obras digitales y su exposición pública».

418 Parecida y acertada reflexión crítica del argumento esgrimido por el órgano juzgador efectúa BRAGADO, al recordarnos que «Sea como fuere, no hay que olvidar que el ánimo de lucro no es un elemento definitorio del derecho exclusivo de explotación: una explotación puede ser efectuada a título gratuito, y no por ello deja de estar sometida al derecho de autor. De ahí que, de ninguna manera, debiera exigirse como dice la Sentencia que la parte actora tuviera que alegar y acreditar el ánimo de lucro o el fin publicitario perseguido por la demandada». BRAGADO HERRERA DE EGAÑA, Carla, «La sentencia nº 11/2014...», *op. cit.*, p. 16.

419 Al respecto de su eventual uso publicitario, la jueza aprecia lo siguiente «pues no consta que a causa de la exposición de aquellas cinco obras plásticas hayan aumentado las ventas en la tienda que se inauguró. En la demanda se hace solamente una breve referencia al respecto, afirmándose que la demandada convirtió la sobras en un elemento publicitario de sus prendas de vestir haciendo que se conviertan en un reclamo, pero se trata de una afirmación huérfana de toda prueba. Ciertamente, es difícil adivinar que exista una relación de causalidad entre la visualización de dichas obras y la decisión de adquirir o no adquirir una prenda de vestir. En todo caso, tanto el ánimo de lucro como el fin publicitario eran unos extremos que correspondía alegar y acreditar a la actora, y nada de ello ha sucedido». Personalmente, discrepamos de esta interpretación, ya que, con independencia de las ventas resultantes en artículos de moda que pudieran atribuirse a la presentación de las obras de arte en la inauguración de la tienda física de Nueva York, y al margen cuestiones derivadas de la falta de prueba, resulta difícil de obviar la existencia de una correlación fáctica entre la exhibición de obras de arte de tan reconocidos artistas internacionales en las tres dimensiones y la voluntad del Grupo Mango de divulgar y extender la noticia de la presentación de una nueva tienda de la marca en una ciudad vanguardista como es Nueva York (y, quizás, aunque no nos consta de lo aportado en la sentencia como antecedentes de hecho, la intención de promocionar los artículos de moda que pudieran adquirirse en aquel establecimiento físico o en otros del mismo Grupo, o también en sitios web de comercio electrónico de la marca que operan globalmente). Reforzaría esta idea el hecho de que la mercantil Grupo Mango invirtiera en los costes

finalidades procede la sentencia a examinar si las obras preexistentes y los archivos digitales derivados de estas cumplen con el mismo propósito. Interpreta la jueza que el propósito no resulta coincidente, lo cual refuerza la apreciación del «fair use» en el presente caso, basándose en que las obras originales eran expresión de la creatividad de sus autores (lo cual no es incompatible, afirma, con la pretensión comercial al venderlas a la filial Punto Na S.A.), mientras que la pretensión de la demandada, según aprecia la jueza, respondería a «motivos puramente sentimentales» que dan lugar a obras especial y únicamente destinadas al evento de inauguración de la nueva tienda física de la marca[420]. Por nuestra parte, manifestamos una opinión que no resulta coincidente con la anterior interpretación: independientemente de que la demandada hiciera un encargo a criptoartistas para que crearan nuevas obras inspiradas en las obras preexistentes, no consideramos tan lejanas en concepto las finalidades de «expresión de la creatividad de sus autores». En cuanto a que la demandada carecía de propósito comercial, opinamos, como hemos mencionado, que esta circunstancia no puede desprenderse únicamente del acto de creación de un *lazy*

(suponemos que considerables, aunque no nos consta información al respecto) derivados del encargo de nuevas obras a criptoartistas reconocidos y en la exhibición multidimensional de las obras derivadas con ánimo meramente altruista o cultural (según nos consta, no es una entidad mercantil que se caracterice por actuaciones similares precedentes ni tenga ese objeto social como principal) y sin interés o expectativa alguno de beneficio o contraprestación, aunque este no consistiese específicamente en lucro, sino en aspectos no dinerarios con mayor dificultad de cuantificación (se nos ocurren algunos como aumentar el prestigio de la marca, dar mayor visibilidad a sus establecimientos físicos, digitales y virtuales o publicitar algunos de sus productos comercializables).

420 Recoge la sentencia que la intención de la demandada era «"cumplir el sueño" del dueño del Grupo Mango, de inaugurar una tienda en Nueva York y para ello, por motivos puramente sentimentales, decidió hacer algo especial con ocasión de dicho evento, y por ello acogió la idea que le propuso su equipo de plasmar y fusionar sus tres grandes pasiones (la moda, el arte y la cultura mediterránea) en unas obras de arte digitales que se crearían sobre la base de aquellas cinco obras plásticas. (...). La apreciación de este argumento de carácter sentimental, en nuestra opinión y en la de otros autores (cifr., BRAGADO HERRERA DE EGAÑA, Carla, «La sentencia nº 11/2014...», op. cit., p. 17), resulta irrelevante para la resolución del litigio: «En consecuencia, no se da el requisito que justamente sirvió a la Corte Suprema de EE.UU. para sentenciar a favor de la fotógrafa Manuela en el caso antes referido [Caso Google Spain S.L.], pues en nuestro caso los usos y el propósito al que se dirigían las obras originales eran completamente distintos a los usos y al propósito al que se dirigían los archivos digitales creados por encargo de la demandada».

NFT porque que este formato no puede identificarse *per se* con un producto totalmente finalizado y de imposible comercialización o transferencia, contrariamente a lo que sucedería, por ejemplo, cuando los NFT se hubieran configurado como intransferibles en el momento de la programación inicial de su *smart contract*. Así, consideramos endeble el argumento de que no se podían comercializar las obras en NFT por tratarse de archivos representados mediante *lazy NFT* y no codificados en la *blockchain*, basándose en el argumento de la demandada de que no existía intención de comercializarlos. Según nos parece, la sentencia debería haber puntualizado que este estado prematuro de configuración del formato NFT, aunque no se pudiera comercializar en ese momento, tampoco impedía posteriores comercializaciones y que, de hecho, tal formato suponía interesantes ventajas a la demandada, entre ellas sopesar el interés que producían en el mercado sus NFT y otra información relevante en la toma de decisiones relacionadas con su futurible comercialización. Esta futura y eventual comercialización, por otra parte, podría haber tenido lugar en la práctica sin que hubiera mediado autorización (a nuestro parecer, preceptiva), y, consecuentemente, la obtención de lucro, aunque, de ser así, sería susceptible de considerarse ilegítima y no «justa». Por tanto, no consideramos que el uso de las obras en un formato *lazy minted NFT* debiera aceptarse como efectivo escudo protector de la demandada (si se nos permite la metáfora) cuando claramente supone para ella ventajas de negocio y cuando tal formato no descarta, en modo alguno, la comerciabilidad de los NFT.

En cuanto al antes comentado «uso transformador», según la sentencia resulta predicable al caso puesto que se añaden elementos nuevos en las obras «derivadas» (propios, según la sentencia, del mundo de la moda y de la cultura mediterránea), respecto de las obras preexistentes[421], consi-

---

421 Textualmente, la sentencia recita lo siguiente: «Descartado el uso comercial, el uso publicitario y el fin de lucro, debe examinarse si las obras preexistentes y los archivos digitales creados a partir de ellas compartían esencialmente el mismo propósito. La respuesta tiene que ser negativa, pues el propósito de las obras originales era la expresión de la creatividad de sus autores (incluso un uso comercial, con el fin de vender sus obras, como así sucedió, pues las vendieron a Punta Na,S.A.), mientras que el propósito de la demandada era el de "cumplir el sueño" del dueño del Grupo Mango, de inaugurar una tienda en Nueva York y para ello, por motivos puramente sentimentales, decidió hacer algo especial con ocasión de dicho evento, y por ello acogió la idea que le propuso su equipo de plasmar y fusionar sus tres grandes pasiones (la moda, el arte y la cultura mediterránea) en unas obras de arte digitales que se crearían sobre la base de aquellas cinco obras plásticas. Tales extremos constan acreditados en autos y, en especial, con la decla-

derándolo otro argumento favorable a la apreciación de la excepción del «fair use». Traemos a colación aquí lo manifestado en párrafos previos: la sentencia no plantea el reconocimiento a los autores de los originales el derecho de retirada, sino que se les impediría oponerse a la distribución de sus obras transformadas en formato NFT. Si bien es cierto que los autores no son parte directa del litigio, se podría haber procurado una mayor investigación sobre su opinión al respecto, cuando esta no pudiera desprenderse de las pruebas presentadas por la demandante, dada la relevancia de esta cuestión en un caso como el acontecido.

La sentencia pasa a valorar a continuación la naturaleza de la obra protegida por los derechos de autor, siguiendo con la tradición de la práctica norteamericana[422]. En el caso enjuiciado, se trata de obras de arte plásticas físicas preexistentes, en contraposición a las imágenes digitales creadas a partir de estas. Ambas fomentarían de manera similar la expresión creativa, argumento que fundamentaría la apreciación del «fair use», según se desprendería de la práctica judicial norteamericana. Añade la sentencia que el Grupo Mango en todo momento hizo referencia y dio reconoci-

ración del citado testigo D. Higinio, que intervino personalmente en la gestación y desarrollo de esta iniciativa y que expuso los hechos de manera muy clara y contundente. En consecuencia, no se da el requisito que justamente sirvió a la Corte Suprema de EEUU para sentenciar a favor de la fotógrafa Manuela en el caso antes referido, pues en nuestro caso los usos y el propósito al que se dirigían las obras originales eran completamente distintos a los usos y al propósito al que se dirigían los archivos digitales creados por encargo de la demandada. Ello enlaza con un argumento más a favor del uso justo en relación con este primer factor, y es el uso "transformador", que vimos que los tribunales norteamericanos son proclives a considerar como uso justo, en cuanto añade algo nuevo, con una finalidad ulterior o de carácter diferente y que no sustituye el uso original de la obra. Esto es plenamente aplicable al caso que aquí nos ocupa, pues el uso de las obras preexistentes no sólo no sustituyó al uso original (de exposición y de dar a conocer la obra al público) sino que añadió algo nuevo (elementos propios del mundo de la moda, como maniquíes, y elementos propios de la cultura mediterránea, como el mar, la arena y una puesta de sol), transformando la obra preexistente con una finalidad diferente, cual es crear una obra especial con ocasión de un evento especialmente emocionante para el dueño de la tienda que se estaba inaugurando».

422 Respecto de la práctica judicial norteamericana, recuerda la sentencia lo siguiente: «Este factor impone analizar el grado en que la obra utilizada sirve para fomentar la expresión creativa, de modo que es menos probable que se considere justo el uso de una obra creativa o imaginativa (como una novela, una película o una canción) que el de una obra no tan creativa (como un artículo técnico o una noticia). También por ello es menos probable que el uso de una obra inédita se considere justo».

miento a la autoría de los pintores, e interpreta que se respetó su espíritu en las obras transformadas. Según se aprecia, la exhibición y transformación de esas obras de arte permitió poner en valor las creaciones originales y darles mayor visibilidad como objetos culturales, desde el momento en que la mercantil decidió incorporarlas al evento de inauguración y darle la mayor difusión. Si bien la sentencia lo suma al resto de argumentos a favor de considerar el uso «justo», a nuestro parecer el respeto del creador de una obra derivada al derecho moral a la paternidad de la obra original da cumplimiento a una obligación legal (en concreto, la del artículo 14 del TRLPI) que subsiste incluso transcurridos los lapsos temporales que permiten explotar dicha obra. Además, el reconocimiento a la paternidad de la obra no afecta, a nuestro modo de ver, a la consideración de su uso como justo o injusto, ya que puede reconocerse la autoría de una obra de arte original e inspiradora de obras derivadas y, a su vez, que ello no obste a obtener beneficios derivados de su uso, sino que en ocasiones, como sucedería con obras de tan reconocidos autores como Miró, Tápies o Barceló, sería más bien al contrario: el resorte del renombre de tan insignes creadores fácilmente podría convertirse en incentivo para promocionar o publicitar la obra «derivada»[423]. En cuanto al respeto del espíritu de las obras, la sentencia lamentablemente no entra en mayor detalle sobre los motivos que fundamentan tal apreciación.

Otro elemento que la sentencia examina para valorar el uso justo es la cantidad y sustancialidad de la parte utilizada en relación con la obra protegida por derechos de autor en su conjunto[424]. De las consideraciones efec-

---

423 De hecho, creemos que, en cierta manera la sentencia se contradice cuando, en apreciaciones iniciales manifiesta que la intención de uso se debía a motivos puramente sentimentales y en párrafos posteriores se reconoce que las obras resultaron muy beneficiosas para sus autores o derechohabientes «por el reconocimiento y protagonismo que las cinco obras plásticas tuvieron en un evento tan innovador y con tanta difusión». Por nuestra parte, nos preguntamos: ¿se debió, tal reconocimiento y difusión por redes sociales, y otros mecanismos publicitarios, únicamente a motivos sentimentales del dueño del Grupo Mango relacionados con la inauguración del nuevo establecimiento, o quizás existía cierto ánimo promocional de las obras derivadas, de la marca o de alguna de sus colecciones o productos representados en dichas obras?

424 Nos recuerda la sentencia lo siguiente, en relación a la interpretación generalizada de este aspecto por parte de tribunales norteamericanos: «Este factor impone analizar tanto la cantidad como la calidad de la obra utilizada. Si el uso incluye una gran parte del trabajo protegido por derechos de autor, es menos probable que se considere uso justo, mientras que si el uso emplea sólo una pequeña parte de la obra protegida, es más probable que el uso se considere legítimo. Ahora

tuadas en cuanto a lo que suele apreciase por tribunales norteamericanos se desprende la falta de un criterio uniforme que conecte un grado más o menos elevado de cantidad de obra con la apreciación del «fair use». Las obras preexistentes fueron utilizadas en su integridad (apreciación que iría en detrimento de la apreciación del uso «justo», a nuestro modo de ver y contrariamente a cómo se interpreta en la sentencia), aunque añadiendo, como hemos comentado, algunos elementos nuevos. El resultado es, según la jueza, una transformación suficientemente significativa de las obras originales, y suma este razonamiento al conjunto de apreciaciones entendidas como favorables al «fair use». A nuestro modo de ver, la sentencia no profundiza suficientemente en la valoración de los elementos diferenciadores entre las obras preexistentes y las digitales derivadas. Esta apreciación habría sido más que interesante, opinamos, puesto que podrían efectuarse reflexiones sobre si las creaciones preexistentes sufren una transformación suficientemente relevante como para privar a sus titulares originarios de derechos morales y patrimoniales.

Por último, y para finalizar con el estudio definido por la Sección 107 norteamericana, la sentencia examina el efecto del uso sobre el mercado potencial o el valor de la obra protegida[425]. Utiliza la jueza este argumento para respaldar las anteriores conclusiones sobre el uso «justo» de las obras por parte del Grupo Mango, afirmando que la demandada ya contraprestó las obras plásticas a los autores en el momento de adquirir su *corpus mechanicum*. Asimismo, destaca de nuevo la falta de comercialización de las obras derivadas en formato NFT, y que no fueron expuestas para promover su compraventa, con lo cual no podrían interferir en el mercado presente o futurible de las obras preexistentes, y que lo único que generó su creación fueron costes derivados del interés sentimental del dueño del Grupo Mango y efectos beneficiosos para los titulares de los derechos de propiedad intelectual de los originales. Como hemos expuesto, estamos en desacuerdo con tal posicionamiento, por sus deficientes fundamentación jurídica y

---

bien, algunos tribunales han considerado justo el uso de una obra completa en determinadas circunstancias y, en otros contextos, han considerado que utilizar incluso una pequeña parte de la obra protegida no ser justo porque la selección era una parte importante ("el corazón") de la obra».

425 Recoge la sentencia que, según interpreta la tradición judicial estadounidense: «Este factor impone analizar si el uso sin licencia daña el mercado presente o futuro para la obra original del propietario de los derechos de autor y, si lo daña, en qué medida lo hace. Así, se valora si el uso está perjudicando el mercado actual de la obra original (por ejemplo, al desplazar las ventas del original) y/o si el uso podría causar un daño sustancial si llega a generalizarse».

examen fáctico, e independientemente de la falta de pruebas aportada por la demandante.

La conclusión a la que llega la sentencia tras valorar los cuatro elementos de la doctrina del «fair use» es que el Grupo Mango llevó a cabo «un uso legítimo y justo de las cinco obras plásticas objeto de este pleito» y que «los razonamientos expuestos al valorar estos cuatro factores sirven también para afirmar que se ha realizado un uso inocuo de las mismas, por cuanto lejos de perjudicar los legítimos intereses de los autores, estos han sido beneficiados», de lo que se desprendería que la demandada actuó desde el primer momento con buena fe (art. 7 CC). Por ello, el fallo es favorable al Grupo Mango y a su derecho a la exposición pública, como propietaria del soporte físico de las obras de arte plásticas, de las creaciones representadas en formato *lazy NFT*. La consecuencia de esta afirmación es que se exime a la demandante de solicitar consentimiento o autorización algunos a los titulares de las obras preexistentes respecto de la comunicación pública ni de la transformación de tales obras[426]. Como hemos mencionado, se descartan los derechos a la reproducción y a la divulgación de los creadores. Por añadidura, la sentencia impone a la actora las costas en base al artículo 394 LEC por haber actuado con mala fe y temeridad, aspectos que, aun sin conocer las fundamentaciones periciales de tal afirmación, no apreciamos con rotundidad[427].

---

426 Según concluye la sentencia, la demanda se desestima porque la demandada «ha realizado un uso justo, legítimo e inocuo de las mismas, sin causar perjuicio alguno a los autores de dichas obras ni a sus derechohabientes, sino todo lo contrario, pues con ello ha puesto en valor y ha dado a conocer a un mayor público (tanto estadounidense como universal, a través del metaverso) unas obras que, aunque transformadas, muy probablemente no habrían tenido una difusión como la que tuvieron a raíz de este evento inaugural». Es más, añade la desproporcionalidad de solicitar consentimiento o autorización de los titulares de las obras preexistentes por suponer un coste o carga excesivos: «Por ello, por tratarse de un uso legítimo, justo e inocuo de las cinco obras objeto de este pleito, no era necesario el consentimiento ni la autorización de los titulares de los derechos de propiedad intelectual sobre las mismas, pues requerir su consentimiento o el pago de una licencia supondría un sacrificio desproporcionado para el propietario del soporte material de dichas obras, que no puede exigírsele cuando se trata de realizar un uso justo e inocuo como el que ha realizado la demandada en este caso, al amparo de su derecho de exposición pública de las obras que le reconoce el art. 56.2 TRLPI, ejercitado de buena fe».

427 En su fundamento de derecho noveno, el fallo es el siguiente: «En cuanto a las costas, se imponen a la actora, no sólo por el principio del vencimiento objetivo que establece el art. 394 LEC, sino también por la mala fe y temeridad que se

Referencia especial requiere la mención de la anterior sentencia al metaverso[428], respecto del tema que nos ocupa. En tal sentido, la sentencia recuerda que, aunque las obras destinadas a este entorno no estén específicamente protegidas como parte del listado de obras del TRLPI y puedan generar nuevas modalidades de explotación de derechos de propiedad intelectual, el metaverso permite albergar todas las obras del artículo 10 TRLPI[429], con lo cual pueden infringirse derechos de autor (pues la LPI establece los actos infractores como un listado abierto), ya sea mediante obras creadas en el metaverso por un usuario/avatar, ya sea obras creadas en entornos físicos y posteriormente insertadas en el metaverso, como es el caso que ocupa la sentencia. Para la protección de cada elemento creativo, deberá acudirse, entonces, a la protección específica según la tipología de obras del TRLPI, independientemente de la eventual protección que pueda obtener el metaverso como entorno asimilado a un programa de ordenador. Por tanto, los archivos digitales creados por los criptoartistas contratados por el Grupo Mango merecen protección independientemente de la dimensión en la cual se hallen (física, digital o virtual) y sin ninguna

---

aprecia en su actuación, pues además de rechazar todos los intentos de solución amistosa ofrecidos por la demandada, que incluían el pago de una licencia, pese a su convencimiento de no necesitar licencia ni autorización alguna para realizar los usos que se pretenden infractores y que se han declarado plenamente legítimos, sometió a la demandada aun procedimiento judicial cautelar que finalmente la propia actora pidió alzar, cuando ya la reputación de la demandada había quedado afectada, motivo por el cual se impusieron a la actora las costas del procedimiento cautelar. Y en cuanto al procedimiento principal, la temeridad de la actora queda patente por el hecho de obligar a la demandada a desplegar toda la actividad probatoria, cuando el esfuerzo probatorio de la actora ha sido mínimo».

428 La sentencia adopta la siguiente definición de metaverso: «un universo virtual que incluye diversos mundos virtuales (p.ej, *Decentralando The Sansbox* o *Axie Infinity*) que son una simulación digital del mundo real, en que las personas pueden interactuar en tiempo real a través de avatares digitales y en los que coexisten objetos, obras y creaciones que pueden estar protegidos por derechos de autor, entre otros derechos». Afirma de este tipo de entorno que «puede albergar todas las obras del art. 10 TRLPI, pues podemos encontrar obras literarias, composiciones musicales, coreografías, esculturas, obras arquitectónicas, obras fotográficas o incluso obras audiovisuales (...)». Así, interpreta la sentencia, a nuestro parecer adecuadamente, que «para la protección de cada elemento (sus avatares, mapeados, activos digitales, construcciones...) deberá acudirse a la protección específica que a cada elemento otorga la LPI, con independencia de que el propio metaverso pueda estar protegido, por ejemplo como programa de ordenador».

429 Principalmente, según la sentencia, obras literarias, musicales, coreografías, esculturas, obras arquitectónicas, obras fotográficas y obras audiovisuales.

especialidad (al menos por ahora, recalca la sentencia), tal y como se vienen protegiendo infracciones cometidas en entornos digitales de Internet o de videojuegos.

Este planteamiento no nos parece bien fundamentado por la sentencia, lo cual hace que nos sigamos preguntando si el adquirente de una obra física, por el mero hecho de ser el titular del soporte, está legitimado a digitarla, transformarla y reproducirla en un NFT, y que se le prive de derechos consolidados por nuestra tradición jurídica. De la sentencia resulta susceptible deducir, a nuestro parecer, erróneamente, que el autor de la obra artística, de repente y sin ser consciente de ello, en algún momento anterior a la aparición de los NFT, habría renunciado a parte de los derechos morales y patrimoniales que nuestro TRLPI (y la doctrina y jurisprudencia anteriores al fenómeno NFT) lleva entendiendo que tiene adquiridos y consolidados, privándole de cualquier poder de decisión al respecto de si su obra puede convertirse en un formato diferente o de si puede ser transformada en mayor o menor medida. Aceptar lo anterior implicaría vaciar de contenido contratos de cesión de derechos donde el autor concreta los formatos y soportes (y, dependiendo del tipo de obra artística, idiomas) que entiende, en su caso, como aceptables para transformar, reproducir, comunicar al público y explotar su obra.

Aunque es cuestión de tiempo que se lleven a cabo más pronunciamientos legislativos y judiciales al respecto[430], tras la sentencia del Grupo Mango

---

[430] La entidad de gestión VEGAP, el 22 de enero de 2024, tras conocer la sentencia del Juzgado de los Mercantil núm. 9 de Barcelona, manifestó en un comunicado su intención de interponer «de manera inmediata» recurso de apelación frente a la audiencia Provincial de Barcelona. Afirma que « Esta campaña publicitaria se ha realizado mediante la difusión de las obras en todo tipo de medios, incluidos los digitales y su explotación en el metaverso; así como la previa transformación y la alteración de estas obras sin el conocimiento ni autorización de los titulares. La sentencia judicial contraviene la Ley de Propiedad Intelectual invocando figuras jurídicas norteamericanas que no son aceptadas ni en el derecho de la Unión Europea ni en el derecho español. La Ley no ampara el parasitismo, ni el aprovechamiento ilícito del esfuerzo ajeno. La ausencia de una sana interpretación de las normas jurídicas no puede consagrar ni el abuso de Derecho, ni el fraude de Ley, que están prohibidos por nuestro ordenamiento jurídico. La tutela judicial solicitada por VEGAP no ha sido atendida pese al atropello sufrido por los titulares en sus derechos morales y patrimoniales. VEGAP no tiene otra alternativa que recurrir esta sentencia. Es necesario para restablecer la protección legal, no solo de los artistas afectados, sino también de todos los demás. Es preciso proteger a los artistas del abuso del Derecho». Declaraciones disponibles en su sitio web oficial: VEGAP, *Proteged al artista* [en línea], 22 de enero de 2024. Disponible en:

existirían muchas lagunas y preguntas sin resolver. Además de las dudas jurídica expuestas durante su análisis, queda por dilucidar todavía el alcance de los derechos del autor de obras de arte originales respecto de usos relacionados con su incorporación en un NFT que efectivamente sea transferible y comercializable, y cuáles son los criterios que permitirían apreciar que una transformación es suficientemente relevante como para dar lugar a la creación de una nueva obra de arte digital incorporada en un NFT (la cual, en sí misma considerada, podría ser, o bien una reproducción o copia digital de la obra física, o bien, como estima la sentencia del Caso Mango, obras derivadas u obras independientes, generadoras estas últimas de derechos de terceros)[431] y, por ello, eximir al «minteador» de solicitar autorización al creador de la obra inspiradora original. En nuestra opinión, decantarse por una de dichas opciones pasaría por distinguir los efectos e impacto sucedidos durante las diferentes fases de «minteado» de un NFT y por determinar, como hemos comentado, si puede entenderse un NFT como «creación artística» en sí misma[432].

Finalizado en este punto el examen jurídico de la sentencia en primera instancia del caso «Grupo Mango», permitirá el lector que nos tomemos la licencia de manifestar una última reflexión al respecto, en esta ocasión, a modo de opinión personal. Al tratarse de un ecosistema escasamente regulado, creemos que la jurisprudencia tiene un relevante papel para abrir senderos que consoliden la futura legislación de los entornos NFT y de la Web3, con lo cual las primeras interpretaciones judiciales deberían cobrar conciencia de ello y procurar pronunciamientos especialmente claros y con el mayor conocimiento de la tecnología subyacente, el mejor equilibrio de intereses entre los operadores involucrados y, especialmente, buscando huir de cualesquiera razonamientos tildables de controvertidos e, incluso, de extravagantes. Se trata de otorgar mayor seguridad jurídica a

---

<https://vegap.es/2024/01/22/proteged-al-artista/>. [Fecha de consulta: 8 de mayo de 2024].

431 Y, de ser así, es decir, si se entiende que esta conversión implica una modificación de la obra de arte que puede afectar a los derechos de autor, deberá determinarse si existen usos al «mintear» un NFT (como el que realizó la demandada, sin registrarlo en la *blockchain* ni ofrecerlo para descarga, reproducción o adquisición en la plataforma OpenSea, sino solo para su visualización) que puedan entenderse como «uso inocuo» y, por ello, que puedan eximirse de requerir autorización de los autores.

432 Como hemos mencionado, es una consideración plausible si se basa la idea de originalidad en el hecho de la elección de una determinada obra de arte para ser objeto de «minteado».

las nuevas dimensiones tecnológicas y ello no pasa, a nuestro parecer, por «deconstruir» arbitrariamente derechos del titular de obras preexistentes, derechos que, por otra parte, están pacíficamente consolidados en nuestra tradición jurídica en materia de propiedad intelectual. Nuestro sentir es que habría sido buena opción acudir al TJUE con alguna cuestión prejudicial, con el fin de orientar con razonamientos sólidos la adaptación de nuestra regulación al nuevo paradigma digital.

2.2. *Transferencia de «criptoarte» en NFT y derechos de autor*

Aquel acto previo a la primera transacción consistente en publicar el NFT en una plataforma o mercado sería susceptible de considerarse un acto de comunicación al público, como hemos observado en el análisis de sus fases de «minteado»[433].Recordemos que el TRLPI incluye, entre los derechos exclusivos de explotación que corresponden al autor, el derecho de comunicación pública de su obra, entendido como «todo acto por el cual una pluralidad de personas pueda tener acceso a la obra sin previa distribución de ejemplares a cada una de ellas» (arts. 17 y 20 TRLPI), y, concretamente, la exposición pública de obras de arte o sus reproducciones; la puesta a disposición del público de obras, por procedimientos alámbricos o inalámbricos, de tal forma que cualquier persona pueda acceder a ellas desde el lugar y en el momento que elija; y el acceso público en cualquier forma a las obras incorporadas a una base de datos, aunque dicha base de datos no esté protegida por las disposiciones del TRLPI (art. 20.2, letras h, i, j)[434].

Según nos consta, resulta imprescindible mostrar una imagen de la obra representada por el NFT para poder ofrecer un NFT en una plataforma

433 Nos referimos concretamente al derecho de comunicación pública en los almacenamientos *on chain* y *off chain*, estudiados en el apartado "«Minteado» de «criptoarte» en NFT y derechos de autor. El caso Grupo Mango contra VEGAP. Véase también esta afirmación en el informe POLICY DEPARTMENT FOR CITIZENS' RIGTHS AND CONSTITUTIONAL AFFAIRS, «Intellectual Property Rights and Distributed Ledger Tecnology», octubre de 2022, p. 34. Disponible en: <https://www.europarl.europa.eu/thinktank/en/document/IPOL_STU(2022)737709. [Fecha de consulta: 8 de mayo de 2024].

434 En cuanto al análisis de la sentencia Mango-VEGAP, la calificación de la modalidad de comunicación pública de obras es criticable, ya que, a nuestro parecer, es más cercana al uso «en entornos digitales y virtuales» recogida en el apartado i) del precepto que a la referenciada por el órgano juzgador, quien se refiere a la modalidad recogida en el apartado h) y relativa a la «exposición pública de obras de arte o sus reproducciones». En el mismo sentido lo aprecia también BRAGADO HERRERA DE EGAÑA, Carla, «La sentencia nº 11/2014...», *op. cit.*, p. 13.

o mercado. Esta muestra implica un acto de reproducción y un acto de comunicación al público, con lo cual precisaría, como se ha observado previamente, de autorización expresa del autor. Sostenemos esta afirmación, aunque la Directiva 2001/29/CE permitiera la excepción de autorización «cuando el uso tenga la finalidad de anunciar la exposición pública o la venta de obras de arte, en la medida en que resulte necesaria para promocionar el acto, con exclusión de cualquier otro uso comercial», si bien no era obligatoria la implementación de dicha excepción en los Estados miembro. Fundamentamos nuestra postura en que nos parecen asimilables la venta y promoción en una galería de arte a la venta y promoción en una plataforma o mercado de NFT, pues en ambos casos la imagen se incorpora a un catálogo a disposición de futuros adquirentes que resulta accesible para el público en general.

El cambio efectivo de titular que se produce cuando se transfiere entre *wallets* un NFT no se debería entender, a nuestro parecer, como un acto de comunicación al público (no generaría una nueva o mayor audiencia), ni implica una nueva reproducción de la obra.

Al respecto de la excepción recogida por el artículo 56.2 TRLPI, que determina que «el propietario del original de una obra de artes plásticas o de una obra fotográfica tendrá el derecho de exposición pública de la obra [art. 20.2.h TRLPI], aunque ésta no haya sido divulgada [art. 14.1 TRLPI], salvo que el autor hubiera excluido expresamente este derecho en el acto de enajenación del original», está ya analizada en el estudio de la sentencia del Grupo Mango contra VEGAP. Añadimos al respecto que, según entendemos, este artículo se refiere únicamente al soporte originario)[435].,

---

[435] Destacable es la acotación de VEGA GARCÍA, en cuanto a eventuales actos de explotación diferentes a los inicialmente autorizados por el titular del derecho de exhibición: «Y es que no se debe olvidar un principio básico en este ámbito y consagrado en el artículo 23 TRLPI: los derechos patrimoniales del autor son independientes entre sí. Como consecuencia del apuntado principio, la autorización para la realización de ciertos actos de explotación de la obra —en el caso analizado, autorización legal para exhibir la obra, en virtud del artículo 56.2 TRLPI—, solo permite aquello expresamente previsto y permitido. Cualquier acto de explotación diferente debe ser consentido adicionalmente por el autor o, en su caso, por terceros que puedan tener cedidos los derechos de explotación sobre la creación que se trate. En el supuesto analizado [acuñación de ejemplar único de una obra gráfica mediante NFT], la existencia de un cambio en el soporte de la obra implica introducir esta en un ámbito nuevo, distinto de aquel para el que se creó y que supone una forma de exhibición diferente de la prevista. Se debe entender, por tanto, que, a falta de acuerdo ulterior con el autor, la autorización para la exhibición prevista en el artícu-

siendo aquel soporte en el cual la obra ha sido exteriorizada en un primer momento, y esta presunción de autorización se mantendrá en posteriores transmisiones del soporte original, vía propiedad ordinaria[436].

A nuestro parecer, entendemos aceptable una interpretación que hiciese extensible esta excepción a una imagen o archivo digital estático (es decir, sin soporte físico como obra plástica, sino concebido originalmente en formato digital), representado por el NFT como mecanismo que habilitaría a la propiedad de la obra única y calificada por el propio autor como ejemplar «original» y «auténtico»[437], así como a su disfrute, con base en el principio de neutralidad tecnológica[438]. El ejercicio del derecho de exposición de una imagen digital en NFT exigirá la reproducción (digital) de la obra para que el público pueda acceder a ella, lo cual debería considerarse lícito cuando el autor o los titulares de derechos no se hayan reservado expresamente el derecho de reproducción (tanto genérico como específico para el formato NFT), y cuando la finalidad de tal reproducción sea la de anunciar o posibilitar la exposición pública de la obra. En este sentido, somos partidarios de que aquel autor que no se niega expresamente a que el adquirente ejerza el derecho de exposición pública (tanto genérico como específico para el formato NFT) no puede conseguirlo oponiéndose a la reproducción de la obra cuando esta sea necesaria para posibilitar el acceso a la exposición[439]. Con todo, sería ideal que el adquirente del token no

---

lo 56.2 TRLPI se limita a aquella acorde con la naturaleza de la obra en el momento de su transmisión, impidiendo la realización de cualquier tipo de reproducción ulterior para su comunicación pública por medios diferentes, por mucho que en el marco de las excepciones a los derechos de autor sea lícita la obtención de dichas reproducciones para disfrute privado». VEGA GARCÍA, «Aplicación de las normas para ejemplares únicos...», *op. cit.*, p.232.

436 AA.VV., *Comentarios a la Ley de propiedad intelectual*, Felipe Palau Ramírez, Guillermo Palao Moreno (Dirs.), Valencia, 2017, pp.881-883. En el mismo sentido lo interpreta la sentencia del Juzgado de lo Mercantil núm. 9 de Barcelona en el marco del caso del Grupo Mango contra VEGAP (TOL2.554.634), como se ha observado en apartados precedentes de este mismo capítulo.

437 Al respecto del uso de NFT como certificado de originalidad, autenticidad y titularidad, véase el capítulo 4.

438 Respecto de solicitud de autorización de las plataformas mercado de NFT a los titulares de derechos de autor para proceder a su comunicación pública o puesta a disposición del público, nos remitimos al apartado “NFT y activo digital subyacente. «Criptoarte» en NFT. Breve referencia a NFT ilícitos y a la falta de responsabilidad jurídica de las plataformas de intermediación y «minteado»”.

439 En el mismo sentido, en su interpretación del artículo 56 del TRLPI, PALAU RAMÍREZ, y fundamentando su argumentación también en una interpretación te-

fungible contara con una cesión expresa del derecho de exposición pública de la creación artística y del derecho de reproducción con finalidades promocionales o de inserción en catálogos[440].

En cuanto a la transmisión de la propiedad del archivo digital como soporte de la creación artística, opinamos que tiene lugar en un momento simultáneo a la transmisión de la propiedad del token, salvo acuerdo contrario previo. Una interpretación diferente provocaría el riesgo de desvirtuar la consideración del archivo digital que contiene la creación artística como su *corpus mechanicum*, que está representado a través del NFT, además de entrar en contradicción con la utilidad del NFT como certificado de autenticidad, originalidad y titularidad[441].

3. LAS RESERVAS DE DERECHOS DE PROPIEDAD INTELECTUAL Y LA INFORMACIÓN DEL ADQUIRENTE. LAS PLATAFORMAS COMO FACILITADORAS DE INFORMACIÓN SOBRE LICENCIAS DE USO Y OTROS EXTREMOS DE LA RELACIÓN COMERCIAL

La tipología de activo digital subyacente al NFT (música o imagen digital, entre otros) claramente afectará a los derechos de propiedad inte-

---

leológica de la norma. No obstante, existen posturas doctrinales contrarias a esta interpretación, con base a criterios como el principio de interpretación restrictiva de cesión de derechos, de la excepción configurada en el artículo 56.2 TRLPI y de los límites a los derechos de autor. AA.VV., *Comentarios a la Ley de propiedad intelectual*, Felipe Palau Ramírez, Guillermo Palao Moreno (Dirs.), Valencia, 2017, pp. 884-886.

440 PALAU RAMÍREZ, Felipe, «Artículo 56. Transmisión de derechos a los propietarios de ciertos soportes materiales», en AA.VV., *Comentarios a la Ley de propiedad intelectual*, Felipe Palau Ramírez, Guillermo Palao Moreno (Dirs.), Valencia, 2017, pp. 884-886.

441 Discrepamos, en este sentido, con la opinión de FUENTES LAHOZ, quien argumenta que la autorización implícita no depende de la adquisición del NFT sino de una previa o alternativa transmisión de la propiedad ordinaria sobre el soporte nacida *ex contractu*. FUENTES LAHOZ, David, «Aproximación jurídica a los tókens no fungibles y su problemática. Especial referencia a su relación con la propiedad intelectual», en *Nuevas tendencias en el derecho de la competencia y de la propiedad industrial III*, Tato Plaza, Costas Comesaña, Fernández Carballo-Calero, Torres Pérez, Louredo Casado (Dirs.), Madrid, 2022, pp. 283-284. 280. Véase también lo tratado en ROSSELLÓ RUBERT, Francisca María, «Activos digitales en non-fungible tokens (NFT): plataformas comercializadoras, propiedad intelectual y límites al uso y disfrute», en *Aportaciones jurídicas a la economía de plataformas*, MARTÍNEZ NADAL, Apol·lònia (Dir.), Navarra, 2023, pp. 107–127.

lectual que se transmitan[442]. Lo habitual es que las transmisiones de «criptoarte» en NFT, aunque puedan ofertarse como compraventas de archivos «jpg» (o similares)[443], equivalgan a un certificado de titularidad de licencia exclusiva sobre derechos de explotación, generalmente personales y no comerciales, junto con el derecho a transferir ese NFT a terceros en una plataforma de mercado en línea[444]. Bajo estos términos, el adquirente puede obtener ganancias con la reventa el NFT, y a exhibir la obra de arte digital en aplicaciones o sitios web compatibles y/o destinados a tal efecto[445]. Tenga presente el lector que los derechos de explotación y modificación de la obra digital transmitida vía NFT dependerán de los términos y condiciones de la venta del NFT y de los derechos de explotación que el autor haya cedido sobre la obra subyacente. La amplia y variada casuística obligará a revisar las cláusulas contractuales contenidas en cada acuerdo que tenga por objeto un NFT o su obra subyacente, con el fin de determinar el alcance de cada cesión[446].

---

442 Al respecto, véanse los artículos 6 Convenio de Berna; la Directiva 2019/790 del Parlamento Europeo y del Consejo de 17 de abril de 2019 sobre los derechos de autor y derechos afines en el mercado único digital y por la que se modifican las Directivas 96/9/CE y 2001/29/CE; y los artículos 14 y 15.1 del Real Decreto Legislativo 1/1996, de 12 de abril, por el que se aprueba el Texto Refundido de la Ley de Propiedad Intelectual (en adelante, TRLPI).

443 Al respecto, nos remitimos al estudio de la plataforma GALAXY «A survey of NFT Licenses: Facts and Fictions», de agosto de 2022, en el cual se pone de manifiesto el uso de términos engañosos en la promoción de en algunas colecciones de NFT (como los Bored Apes o los Cryptopunks), en los que el comprador puede entender que adquiere derechos de explotación cuando las licencias asociadas son mucho más restrictivas. Disponible en: <https://www.galaxy.com/research/insights/a-survey-of-nft-licenses-facts-and-fictions/>. Véase también la noticia «La gente compra NFTs pensando que también adquiere su propiedad intelectual: es mentira, pero los vendedores fomentan esta idea», agosto de 2022. Disponible en: <https://www.genbeta.com/actualidad/gente-compra-nfts-pensando-que-tambien-adquiere-su-propiedad-intelectual-mentira-vendedores-fomentan-esta-idea>. [Fecha de consulta: : 8 de mayo de 2024].

444 Algunas de las plataformas más populares son OpenSea, Zora, Rarible, Mintable o Nifty Gateway.

445 Si hablamos de los reconocidos monos de BAYC, el informe de Galaxy calificó algunos mensajes relacionados con su licencia como potencialmente engañosos. En este sentido, se afirma que los adquirentes del token reciben como mensaje «eres el dueño del Simio Aburrido (o Bored Ape) subyacente, el Arte, completamente'».

446 El proyecto NFT License, creado en 2018 por Dapper Labs para el uso de los CryptoKitties, presenta un modelo de licencia para NFT que pretende ser un recurso abierto para promover la adopción del estándar ERC-721. En estas licencias, por ejemplo, se permiten usos personales y algunos usos comerciales del activo digi-

Aprovechando el formato NFT, existen proyectos que pretenden transferir todos los derechos de propiedad intelectual a los titulares derivativos del NFT[447]. Recordemos en este punto que, según algunas legislaciones, como la española, los derechos morales como los de paternidad e integri-

---

tal (por ejemplo, el titular del token tiene derecho a vender *merchandising* sobre esa obra de «criptoarte», siempre que los beneficios no excedan de los 100.000 dólares estadounidenses al año) [CryptoKitties uses the NFT License to define what you can do with your CryptoKitties and the related art. You can: Use the art for your own personal, non-commercial use; Use the art when you're on a marketplace that allows the purchase and sale of your NFT, so long as the marketplace cryptographically verifies that you are the owner; Use the art when you're on a third-party website or app that allows the inclusion, involvement, or participation of your NFT, so long as the website or app cryptographically verifies that you are the owner, and the art doesn't stay on the website or app after you've left; and Use the art to commercialize your own merchandise, provided that you aren't earning more than $100,000 in revenue each year from doing so (...)], aunque no se cede el derecho de modificación del activo ni reproducir, registrar o vender el arte a terceros [There are a few things you can't do. They include: Modifying the art; Using the art to market or sell third-party products; Using the art in connection with images of hatred, violence, or other inappropriate behavior; or Trying to trademark your art, or otherwise acquire intellectual property rights in it. What's different about owning a CryptoKitty versus owning physical art or a traditional collectible? Like a Magic the Gathering card, a baseball card, or even a Monet painting, if you own a CryptoKitty, you own it fully. You can sell, trade, or give it away, in any marketplace, as you see fit. But, if you own a Sammy Sosa card, a Black Lotus in Magic, or Monet's Poppies painting, you can't start creating prints of the art, or its likeness. You aren't granted any rights to the associated images. However, with a CryptoKitty, there are personal-use rights associated with the art and commercial rights up to $100,000 per year.(...)] Por otra parte, se permite el uso de los CryptoKitties en juegos y experiencias creadas expresamente. [There's a lot you can do with your Kitty beyond plastering its art on all your worldly possessions. There's also a universe of games and experiences you can bring your Kitty into, with more coming out every day. We created the KittyVerse to support and accelerate the development of those experiences. KittyRace: Pit your Kitty against its peers to see who's got the quickest cat; KittyHats: Further customize your Kitty with a broad selection of outfits and accessories; KittyBattles: Enter your Kitty in the ring for (perfectly safe, non-injurious) pillow combat against other cats. A CryptoKitty is a ticket to an ever-expanding amusement park. Once you have one, you can take any ride you want]. Véase en <www.nftlicense.org>. Los términos de uso de los CryptoKitties también están disponibles en su sitio web <https://www.cryptokitties.co/blog/post/when-you-purchase-a-cryptokitty-you-get-both-the-kitty-and-its-art/>. [Fecha de consulta: 8 de mayo de 2024].

447 Sería el caso de la colección de NFT World of Women, disponible en el Marketplace especializado OpenSea. Puede verse el proyecto en su sitio web <https://www.worldofwomen.art/>. [Fecha de consulta: 8 de mayo de 2024].

dad o el derecho de participación, son intransferibles e irrenunciables (art. 14 LPI), con lo cual es posible que parte de este tipo de acuerdos carezca de validez desde el punto de vista del derecho nacional que resulte aplicable.

3.1. Smart contracts y presunción de consentimiento de derechos de autor

En la práctica, es posible que las cesiones de derechos de autor se codifiquen en el *smart contract* del NFT. En este sentido, se puede entender que el consentimiento obtenido por el tenedor del token tiene, presumiblemente, un origen lícito y proveniente del autor de la obra (o de sus derechohabientes), siendo rastreable dicho origen a través de la *blockchain*. La idea de presunción de consentimiento se refuerza cuando se tiene en cuenta que los *smart contracts* de un NFT pueden programarse de manera en que podrían limitarse o no permitirse posteriores reventas del NFT, así como la participación económica del creador en posteriores transferencias del NFT a través de cobros automatizados (hecho que podría dar a entender el consentimiento del autor a que se efectúen reventas de la obra).

No obstante, recuerde el lector que existe la posibilidad de que el creador del NFT no sea en realidad el autor de la obra de arte, ni que ostente los derechos de distribución, comunicación al público u otros derechos de explotación, en cuyo caso el adquirente podría intentar reclamar al no autorizado tenedor previo. No obstante, para ello antes deberá poder identificarlo en un entorno que, como hemos comentado, en ocasiones es seudonimizado.

3.2. Términos de uso de las plataformas o mercados referentes a derechos de propiedad intelectual de los NFT ofertados por los usuarios

Hemos comentado que los derechos de uso pueden encontrarse codificados en el *smart contract*, dispuestos en una licencia contenida en el *whitepaper* u otra documentación anexa al NFT, en un acuerdo directo entre creador y adquirente, y/o en términos de uso de las plataformas que hayan suscrito tanto el autor del NFT como el adquirente, en sus roles de usuarios de la plataforma. Algunas de las plataformas más populares establecen claramente que no forman parte de ningún acuerdo entre usuarios y que únicamente proporcionan servicios de intermediación, excluyendo cualquier responsabilidad sobre contenidos de terceros que puedan aparecer visible en su catálogo, delegando en el usuario la responsabilidad de verificación de la legitimidad y autenticidad y la declaración de responsabilidad del cumplimiento con derechos de autor preexistentes sobre la obra artística[448], y prohibiendo el uso de la plataforma a aquellos que pretendan o lleguen a infringir derechos de propiedad intelectual con el minteado de «criptoarte» en NFT[449]. Algunas plataformas obtienen de los usuarios licencias relacionadas con el arte subyacente, más o menos limitadas, para poder desplegar los usos que se les presume como intermediarias y que, según afirman, no les otorgarían derecho de propiedad alguno[450].

---

448 Términos de uso de Opensea, (versión actualizada por última vez el 4 de abril de 2023), apartado 1, párrafo 3: «OpenSea is not party to any agreement between any users. You bear full responsibility for verifying the identity, legitimacy, and authenticity of NFTs that you purchase from third-party sellers using the Service and we make no claims, guarantees, or recommendations about the identity, legitimacy, functionality, or authenticity of users or NFTs (and any content associated with such NFTs) visible on the Service».

449 Términos de uso de Opensea, (versión actualizada por última vez el 4 de abril de 2023), apartado 6, párrafo 2: «You agree that you will not violate any law, contract, intellectual property or other third-party right, and that you are solely responsible for your conduct and content, in connection with using the Service. You also agree that you will not: (...) Use the Service to buy, sell, or transfer stolen items, fraudulently obtained items, items taken without authorization, and/or any other illegally obtained items; Infringe or violate the intellectual property rights or any other rights of others; (...)».

450 Términos de uso de Opensea, (versión actualizada por última vez el 4 de abril de 2023), apartado 7, párrafo 2: «By using the Service in conjunction with creating, submitting, posting, promoting, or displaying content, or by complying with OpenSea's metadata standards in your metadata API responses, you grant us a worldwide, non-exclusive, sublicensable, royalty-free license to use, copy, modify, and display any content, including but not limited to text, materials, images, files, communications, comments, feedback, suggestions, ideas, concepts, questions, data, or otherwise, that you submit or post on or through the Service for our current and future business purposes, including to provide, promote, and improve the Service. This includes any digital file, art, or other material linked to or associated with any NFTs that are displayed on the Service. OpenSea does not claim that submitting, posting, or displaying this content on or through the Service gives OpenSea any ownership of the content. We're not saying we own it. We're just saying we might use it and show it off a bit.» Los términos de la plataforma Foundation Labs versión actualizada por última vez el 22 de diciembre de 2022), apartado 7, párrafo 2: establecen claramente que la adquisición del token no implica la adquisición de derechos de autor, excepto los que permite la licencia de la propia plataforma: «User hereby expressly and affirmatively grants to Foundation, and its Affiliates (as defined below) and its and their successors, a non-exclusive, world-wide, transferable, sublicensable, perpetual, irrevocable, and royalty-free license to (a) reproduce, display, perform, distribute and transmit the Art Content or Non-Foundation Content underlying such Digital Artwork, and

Cuando las cesiones de derechos de autor se incorporan en los términos de uso de la plataforma o mercado en línea donde se «mintea» el NFT, existe el problema de la pérdida del nexo entre NFT y documento de cesión: si el NFT deja de vincularse al entorno en el cual se creó, podría desprenderse de las condiciones de la licencia de la plataforma original, creando inseguridad respecto del marco jurídico aplicable a ese NFT y a su activo digital subyacente. Es más, si el NFT se vende posteriormente en otra plataforma diferente a aquella donde se «minteó», pueden darse situaciones en las que las licencias sean diferentes e, incluso, contradictorias[451]. Los términos de servicio de algunas plataformas delegan en el vendedor la responsabilidad de comunicar los derechos de propiedad intelectual asociados a los NFT que vende[452], y si bien el adquirente diligente estará atento a cuáles son los términos de servicio asociados al NFT que adquiere[453], en ocasiones deberá recabar esta información porque puede

Collection Content, for the purpose of operating and developing the Platform, and (b) use and incorporate the Art Content or Non-Foundation Content underlying such Digital Artwork, and Collection Content, or derivative works of any of the foregoing, on any marketing materials, and to reproduce, display, perform, display and transmit such marketing materials on any media whether now known or later discovered for the purposes of operating, promoting, sharing, marketing, and advertising the Platform. The foregoing licenses include, without limitation, the express rights to: (i) display or perform the Art Content or Non-Foundation Content underlying such Digital Artwork, and Collection Content, on the Platform, a third party platform, social media posts, blogs, editorials, advertising, market reports, virtual galleries, museums, virtual environments, editorials, or to the public; (ii) index the Art Content, Non-Foundation Content and Collection Content in electronic databases, indexes, and catalogues; and (iii) host, store, distribute, and reproduce one or more copies of such Art Content and Collection Content within a distributed file keeping system, node cluster, or other database (e.g., IPFS) or cause, direct, or solicit others to do so».

451 BODÓ, B., GIANNOPOULOU, A., QUINTAIS, J.P. Y MEZEI, P., «The Rise of NFTs: These Aren't the Droids you're looking For», *European Intellectual Property Review*, 44, 2022, pp.16. Disponible en: <https://papers.ssrn.com/sol3/papers.cfm?abstract_id=4000423>. [Fecha de consulta: 8 de mayo de 2024].

452 Así sucede, por ejemplo, con los términos de servicio de la plataforma Opensea.

453 Pueden existir dificultades a la hora de comprender las licencias asociadas a un NFT. Por ejemplo, el software Avastart NFT Collection permite crear avatares únicos de forma aleatoria. El software y los avatares que se crean a través de ella se licencian con distintos derechos de uso. Licencias disponibles respectivamente en: < https://github.com/NFT42/Avastars-Contracts/blob/master/README.md> y <https://nft.substack.com/p/the-digital-asset-ownership-license>. BODÓ, B., GIANNOPOULOU, A., QUINTAIS, J.P. Y MEZEI, P., «The Rise of NFTs...», *op. cit.*, p. 16. Disponible en: <https://papers.ssrn.com/sol3/papers.cfm?abstract_

no estar disponible o completa en la plataforma de mercado en línea[454]. En regulaciones futuras, una propuesta de solución pasaría por obligar al creador a manifestarse sobre los derechos de autor que cede y cuáles se reserva cuando su obra sea objeto de representarse mediante un NFT. Esta tarea podría facilitarse a través de funcionalidades *ad hoc* de las propias plataformas y mercados que permitan mintear arte en NFT.

3.3. Información sobre cesiones de derechos de autor relativas a la obra de «criptoarte» en NFT

Es habitual encontrarse con omisiones o falta de información de los vendedores respecto de los derechos que se ceden con un NFT. La información generalmente suele ser accesible desde el sitio web del creador o del proyecto de emisión del NFT, y cuyo enlace, como se ha dicho, suelen facilitar las plataformas de mercado en línea de NFT. Sin embargo, con este sistema de comunicación de la licencia o cesión de derechos, los emisores/cedentes podrían modificar las condiciones de la cesión de manera unilateral, al reservarse derechos de propiedad intelectual, y, eventualmente, con ello podrían perjudicar a los adquirentes de NFT[455].

A este respecto y en relaciones de consumo, opinamos que debería habilitarse un remedio legal equivalente a aquel que faculta a los consumi-

---

id=4000423>. [Fecha de consulta: 8 de mayo de 2024]. Para un estudio más detallado de los derechos de autor de obras creadas por algoritmos, nos remitimos a NAVAS NAVARRO, Susana, «Creación original e inteligencia artificial», en NAVAS NAVARRO (Dir.), *Nuevos desafíos para el derecho de autor. Robótica, inteligencia artificial, tecnología*, Reus, 2019, pp. 27-46; y NAVAS NAVARRO, Susana, «Obras generadas por algoritmos. En torno a su posible protección jurídica», *Revista de Derecho Civil*, Vol. 5, núm. 2, 2018, pp. 273-291.

454 Siguiendo con el ejemplo anterior, los detalles de venta del Avastar·#4440 en la plataforma OpenSea únicamente establecen, respecto de su licencia de uso, lo siguiente: «Avastars come licensed for use commercially by their owners», sin enlace o referencia alguna a más detalles. Disponible en: <https://opensea.io/assets/ethereum/0xf3e778f839934fc819cfa1040aabacecba01e049/4440>. [Fecha de consulta: 8 de mayo de 2024]. BODÓ, B., GIANNOPOULOU, A., QUINTAIS, J.P. Y MEZEI, P, «The Rise of NFTs...», *op. cit.*, p. 16.

455 Como ejemplo, Yuga Labs, empresa emisora de la colección de NFT Moonbirds, cambió una licencia de uso comercial por una licencia *Creative Commons* sin consentimiento de la comunidad. Si el emisor se reserva el derecho de actualización o alteración unilateral de la licencia, puede suponer el paso a una licencia mucho más permisiva, prácticamente equivalente al dominio público, pudiendo provocar una devaluación del token.

dores a resolver el contrato por modificación de los contenidos o servicios digitales frente a modificaciones unilaterales no justificadas de las condiciones de licencia del emisor (artículos 126 y 126 bis del TRLGDCU[456]). Esta propuesta de solución adquiere especial relevancia en aquellos casos en los que el consumidor europeo no haya sido informado adecuadamente de esta posibilidad de modificación unilateral de los términos contractuales. En el caso de relaciones que no fuesen de consumo, y a falta de normativa *ad hoc,* podría acudirse a la aplicación de los genéricos artículos 1091 y 1256 CC.

El papel de las plataformas de «minteado» y mercados en línea de NFT en la facilitación de información al adquirente, sea o no consumidor, nos parece esencial porque estos operadores cuentan con la adecuada capacidad técnica y organizativa para poner a disposición de los compradores interesados la información en materia de derechos y usos que se transmiten con la adquisición del NFT, de manera visible y localizable, y preferiblemente, en la ubicación virtual donde se presenta la oferta. Además, consideramos recomendable que el operador de plataforma informe expresamente al adquirente y de forma previa a la celebración del contrato de compraventa de NFT de que ese contrato se celebra con el oferente y no con la plataforma, lo cual deviene obligatorio en contratos con consumidores, (*ex* artículo 60.b TRLGDCU). Resultará sumamente aconsejable, considerando las exenciones de responsabilidad de los *marketplaces* respecto de la relación contractual entre vendedor y adquirente de NFT, que cualquier interesado en comprar un NFT se informe sobre los derechos de propiedad intelectual que se le ceden, teniendo en cuenta la falta de homogeneidad en la licenciación de «criptoarte» en NFT, y, además, asegurarse de conocer la normativa nacional que pueda ser aplicable en adquisiciones transnacionales, a efectos prestar un consentimiento inequívoco e informado[457]. En este sentido, es destacable

---

456 Este Título IV del libro segundo del TRLGDCU fue redactado por el apartado siete del artículo decimosexto del Real Decreto-ley 7/2021, de 27 de abril, de transposición de directivas de la Unión Europea en las materias de competencia, prevención del blanqueo de capitales, entidades de crédito, telecomunicaciones, medidas tributarias, prevención y reparación de daños medioambientales, desplazamiento de trabajadores en la prestación de servicios transnacionales y defensa de los consumidores.

457 Los términos de uso que se facilitan al adquirente no siempre dejan claras sus facultades. Como ejemplo, las condiciones de la colección de NFT «Bored Ape Yatch Club»: «You Own the NFT. Each Bored Ape is an NFT on the Ethereum blockchain. When you purchase an NFT, you own the underlying Bored Ape, the Art, completely. Ownership of the NFT is mediated entirely by the Smart Contract

en relaciones de consumo la aplicación del artículo 97 bis 1 d) del TRLGDCU, que obligaría al operador de plataforma a informar al consumidor que opera en su mercado en línea sobre el reparto de obligaciones contractuales entre el oferente del NFT y la propia plataforma.

La información que debería facilitarse al consumidor en la oferta comercial debe proporcionarse en términos claros, comprensibles, veraces, y en formatos adecuados y accesibles (art. 20.2 TRLGDCU). Defendemos lo anterior especialmente en adquisiciones de NFT por dos motivos. El primer motivo se debe a que, en el contexto del mercado de compraventa de NFT, los derechos de propiedad intelectual no se aplican o ceden uniformemente o de manera generalizada, sino que cada NFT puede configurarse con diferentes cesiones a voluntad del emisor del token y/o del titular de los derechos de autor, en los márgenes permitidos por la normativa nacional que pueda resultar aplicable de acuerdo con las normas de derecho internacional privado[458]. El segundo motivo es que la información sobre los derechos de propiedad intelectual asociada al activo subyacente del NFT impacta de

---

and the Ethereum Network: at no point may we seize, freeze, or otherwise modify the ownership of any Bored Ape». Sin embargo, los párrafos siguientes al mencionado son licencias de uso del activo subyacente, lo cual revela, como afirma GUADAMUZ, que no se han transmitido los derechos de autor y que ese párrafo únicamente se refiere al NFT como soporte de estos. GUADAMUZ, Andrés, «Platform is Law: The cautionary tale of stolen NFTs», [en línea], *Technollama*.co.UK. Disponible en: <https://www.technollama.co.uk/platform-is-law-the-cautionary-tale-of-stolen-nfts>. [Fecha de consulta: 8 de mayo de 2024].

458 Sobre el foro competente y la ley aplicable, nos remitimos a HORRACH ARMO, Josep, «Los acuerdos atributivos de jurisdicción en el ámbito de los *smart contracts* y la tecnología blockchain», *Revista Electrónica de Estudios Internacionales REEI*, núm. 42, 2021, DOI: 10.17103/reei.42.11; HORRACH ARMO, Josep, «Los smart contracts y la tecnología Blockchain en el marco del Derecho Internacional Privado», en *Nuevos escenarios del Derecho Internacional Privado de la contratación*, Valencia, 2021, pp. 683-708; a DE MIGUEL ASENSIO, Pedro, «Blockchain and Smart Contracts: Relating to Copyright Jurisdiction and Applicable Law», en *La tecnología bockchain e il diritto d'autore: miraggio o realtà*, Roma, 2020, pp. 41-53; a LÓPEZ RODRÍGUEZ, Ana M., «Competencia judicial internacional en controversias relativas a tokens no fungibles (NFT)», *Revista Española de Derecho Internacional*, vol. 74, núm. 2, julio-diciembre de 2022, pp. 299-322; DOMÍNGUEZ PADILLA, Carlos, «La responsabilidad contractual y extracontractual de los NFTs desde la perspectiva europea», *Actualidad Jurídica Iberoamericana*, núm. 18, febrero de 2023, pp. 1198-1217; DE MIGUEL ASENSIO, Pedro Alberto, «La legislación de derechos de autor y su ámbito de aplicación: perspectiva europea», *Anuario dominicano de propiedad intelectual*, núm. 2, 2015, pp. 115-154; y OMPI, *Confluencia del Derecho internacional privado con el Derecho de la propiedad intelectual. Guía para jueces* [en línea].

manera directa sobre la decisión de adquisición de un NFT por parte del consumidor, porque aporta pleno conocimiento del uso y disfrute del activo subyacente y porque facilita una adecuada valoración del activo que adquiere en relación con el precio que abona y con otros intereses.

Somos partidarios de que, siempre que la adquisición de NFT pueda tener la consideración de una relación de consumo, (lo cual no resulta exento de dificultad), los derechos de propiedad intelectual asociados al activo subyacente del NFT deberían formar parte de la información necesaria en la oferta comercial de bienes y servicios recogida por el artículo 20.1.b y 97 bis. d del TRLGDCU, concretamente como parte de las características esenciales del bien o servicio en los términos de la redacción introducida por el Real Decreto-Ley 24/2021, de 2 de noviembre[459].

Como se verá en posteriores apartados, en el caso de los NFT (y del «criptoarte» en NFT) podrían ser aplicables normas específicas respecto de la información que debe facilitarse a potenciales adquirentes, si dichas emisiones de NFT cumplen una función de captación de recursos y tienen un amplio potencial de extensión dentro del mercado de inversión[460]. Fuera de esta normativa, el adquirente deberá responsabilizarse por obtener la información adecuada respecto de los riesgos económicos y técnicos que asume y sobre las restricciones de uso y explotación que puede realizar con su NFT, para valorar adecuadamente la toma de decisiones en cuanto a su adquisición.

4. OBRAS GRÁFICAS EN NFT: DERECHO DE PARTICIPACIÓN Y CONFIGURACIONES AUTOMÁTICAS DE COBROS SOBRE REVENTAS DEL SOPORTE

Queremos referirnos ahora a las prácticas de configuración del *smart contract* que establecen remuneraciones en concepto de derechos de pro-

---

Disponible en: < https://www.wipo.int/edocs/pubdocs/es/wipo_pub_1053.pdf>. [Fecha de consulta: 8 de mayo de 2024].

459 Real Decreto-ley 24/2021, de 2 de noviembre, de transposición de directivas de la Unión Europea en las materias de bonos garantizados, distribución transfronteriza de organismos de inversión colectiva, datos abiertos y reutilización de la información del sector público, ejercicio de derechos de autor y derechos afines aplicables a determinadas transmisiones en línea y a las retransmisiones de programas de radio y televisión, exenciones temporales a determinadas importaciones y suministros, de personas consumidoras y para la promoción de vehículos de transporte por carretera limpios y energéticamente eficientes.

460 Véase el Capítulo 6: «El «criptoarte» en NFT y su uso como captación de inversión».

piedad intelectual automatizados sobre el importe de futuras transmisiones del NFT[461]. En muchas ocasiones, las herramientas de «minteado» cuentan con una configuración predeterminada mediante la cual el creador del NFT puede codificar en el *smart contract* cobros automatizados consistentes en un porcentaje sobre el importe de cada transmisión que se efectúe de un NFT vinculado a la obra, que se puede cobrar a perpetuidad[462], (es decir, mientras exista el token registrado en la *blockchain* y esté en circulación asociado a *wallets* activas). Recordemos al lector que el receptor de dichos importes es generalmente el autor del NFT, persona que no tiene por qué coincidir con el artista creador de la obra subyacente, con lo cual estos cobros pueden implicar daños morales y daños patrimoniales que se generarán en la esfera del autor (como lucro cesante, entendemos en este último caso), cada vez que el NFT se revenda en el mercado secundario[463].

El derecho de participación en las reventas de obras de arte (conocido también como *droit de suite*) asigna a los autores de obras de arte gráficas o plásticas un porcentaje calculado sobre el precio de las reventas de su obra posteriores a la primera cesión (art. 24 TRLPI, en transposición de la Directiva 2001/84/CE[464]). Este derecho incluiría las imágenes y piezas de video arte digital y otras obras susceptibles de considerarse «obras gráficas o plásticas», pero, en atención a la letra de la norma, dejaría fuera otras creaciones artísticas que no pueden considerarse «obra gráfica o plástica»[465]. En cuanto a las imágenes digitales estáticas, objeto de este estudio

---

461 Plataformas como OpenSea permiten al creador de un NFT codificar en su smart contract un porcentaje sobre cada venta, que suele establecerse en torno al 0.5-10% y que se tomaría del importe de cada venta para ingresarse en la *wallet* del creador.

462 Sirva la plataforma Rarible como ejemplo para «mintear» NFT retribuciones automatizadas a los autores. A menudo, los porcentajes de los cobros que se configuran a través de plataformas de «minteado» se mueven entre un 5 y un 10% sobre el importe de cada transacción.

463 POLICY DEPARTMENT FOR CITIZENS' RIGTHS AND CONSTITUTIONAL AFFAIRS, «Intellectual Property Rights and Distributed Ledger Tecnology», octubre de 2022, p. 39. Disponible en: <https://www.europarl.europa.eu/thinktank/en/document/IPOL_STU(2022)737709>. [Fecha de consulta: 8 de mayo de 2024].

464 Directiva 2001/84/CE del Parlamento Europeo y del Consejo, de 27 de septiembre de 2001, relativa al derecho de participación en beneficio del autor de una obra de arte original.

465 El derecho de participación se reconoce a los autores de «obras de arte gráficas o plásticas, tales como los cuadros, collages, pinturas, dibujos, grabados, estampas, litografías, esculturas, tapices, cerámicas, objetos de cristal, fotografías y piezas de vídeo arte, tendrán derecho a percibir del vendedor una participación en el precio de toda reventa que de las mismas se realice tras la primera cesión realizada

cuando se representan mediante NFT, opinamos que pueden encajar en el concepto de «obra de arte gráfica», ya que esta se integra por elementos visuales que se plasman en un archivo digital mediante elementos informáticos, que resultan imprescindibles para la producción, exteriorización y exhibición de la creación artística e intelectual. Entendemos que el precepto procede a una enumeración ejemplificativa (al decir textualmente «tales como...»), en la que cabría interpretar que pueden incardinarse las representaciones en NFT de obras gráficas de imágenes digitales[466]. Por otra parte, quedarían en el limbo normativo otros tipos de «criptoarte» en NFT distintos a las obras gráficas y plásticas, cuyos autores son susceptibles de sufrir agravios comparativos con los primeros, situación que aconsejaría asimismo futuras reflexiones del legislador.

El derecho de participación se reconoce al titular de la obra original y a sus derechohabientes y se encuentra regulado actualmente en el TRLPI (art. 24): es alienable e irrenunciable (art. 24.2), se transmitirá únicamente por sucesión mortis causa y se extinguirá transcurridos setenta años a contar desde el 1 de enero del año siguiente a aquel en que se produjo la muerte o la declaración de fallecimiento del autor (art. 24.9); y se aplicará a todas las reventas en las que participen, «como vendedores, compradores o intermediarios, profesionales del mercado del arte tales como salas de venta, salas de subastas, galerías de arte, marchantes de obras de arte y, en general, cualquier persona física o jurídica que realice habitualmente actividades de intermediación en este mercado (art. 24.4)», incluyéndose los casos en los que «los profesionales del mercado del arte lleven a cabo las actividades descritas a través de prestadores de servicios de la sociedad de la información» (art. 24.5)[467]. Así, este derecho, que nace de reventas iguales o superiores a 800 euros (o su equivalente en criptomonedas u otra divisa, según interpretamos) aplica un porcentaje gradual de acuerdo con

por el autor. Los ejemplares de obras de arte objeto de este derecho que hayan sido realizados por el propio autor o bajo su autoridad se considerarán obras de arte originales. Dichos ejemplares estarán numerados, firmados o debidamente autorizados por el autor» (art. 24.1 TRLPI).

466 GARÍN ALEMANY, Felipe, «Artículo 24. Derecho de participación», en AA.VV., *Comentarios a la Ley de propiedad intelectual*, Felipe Palau Ramírez, Guillermo Palao Moreno (Dirs.), Valencia, 2017, pp. 1535-1580.

467 De acuerdo con el artículo 24.6, «se exceptúan de los apartados 4 y 5 los actos de reventa de la obra que haya sido comprada por una galería de arte directamente al autor, siempre que el período transcurrido entre esta primera adquisición y la reventa no supere tres años y el precio de reventa no exceda de 10.000 euros excluidos impuestos».

el precio obtenido por la reventa de la obra (con un tope equivalente a los 12.500 euros, según la norma).

Al respecto, hemos argumentado previamente que el archivo digital representado por el NFT sería, a nuestro parecer, el *corpus mechanicum* de la creación artística. Entonces, el Considerando 2 de la Directiva 2001/84/CE podría interpretarse extensivamente en favor de los autores de obras de arte en NFT[468], ya que, por los motivos expuestos, consideramos flexible la referencia textual expresa «al soporte material», cuando la norma, posteriormente, aclara que se trata del «soporte al cual se ha incorporado la obra protegida». Esta expresión da cabida, en aplicación del principio de neutralidad tecnológica, a un soporte consistente en un archivo digital (JPEG, JPG, GIF, entre otros formatos) identificable como «corpus mechanicum» del ejemplar único y original[469]. Recordemos que esta norma se redactó en una época previa al nacimiento del formato NFT en la que no era posible técnicamente la identificación de una obra digital como única y diferente de otras copias digitales, ni rastreables sus transmisiones, ni perceptibles sus frutos. Con el NFT se identifica aquella exteriorización de la obra original y única: un archivo digital concreto y representado en el NFT. Opinamos que el archivo digital, *corpus mechanicum* o soporte (digital) de la creación artística (también digital), se transmite a través de la venta del NFT, generalmente acompañado de una cesión de derechos de autor que recaen sobre el *corpus mysticum*. Expuesto lo anterior, la venta de un NFT puede considerarse una venta de la obra de arte original y única a la cual representa[470] (cuando así lo

---

468 Considerando 2 de la Directiva 2001/84/CE: «El derecho de participación, que es esencialmente un derecho a la percepción de frutos, permite al autor o artista percibir una remuneración a medida que se producen enajenaciones sucesivas de la obra; el objeto del derecho de participación es la obra material, a saber, el soporte al que se ha incorporado la obra protegida».

469 Se trata de una postura que no es compartida por otros autores doctrinales, quienes argumentan que la obra de arte digital debe estar almacenada en un soporte físico portátil (como un USB o un disco duro extraíble) como requisito previo al nacimiento del derecho, lo cual no sucede con el «minteado» del NFT. Véase, al respecto, POLICY DEPARTMENT FOR CITIZENS' RIGTHS AND CONSTITUTIONAL AFFAIRS, «Intellectual Property Rights and Distributed Ledger Tecnology», octubre de 2022, p. 39. Disponible en: <https://www.europarl.europa.eu/thinktank/en/document/IPOL_STU(2022)737709>. [Fecha de consulta: 8 de mayo de 2024].

470 VEGA GARCÍA puntualiza, muy acertadamente a nuestro parecer, que «No obstante, para que se pudiera considerar ejemplar una obra digital es necesario no solo que sea una reproducción, sino que esa reproducción se pueda encontrar en un soporte duradero y, sobre todo, que sea singular. Podría ser, por ejemplo, una

haya catalogado su autor) y sería, por ello, susceptible de reventa y de generar derechos de participación[471].

Según la letra de la norma, puede interpretarse que el derecho de participación se aplica en ventas efectuadas por profesionales del mercado del arte (art. 24.4), incluyendo sus actuaciones a través de prestadores de servicios de la sociedad de la información[472], como sucede con las plataformas o mercados de NFT (art. 24.5 TRLPI). El escollo en la aplicación de este derecho de manera automatizada, vía *smart contract*, recaería en la no inclusión en el artículo 24.4 de vendedores particulares u otras personas físicas o jurídicas que no «realicen habitualmente actividades de intermediación en este mercado». La práctica de codificación del cobro automatizado del derecho de participación no estaría amparada legalmente en estos casos. Esta situación necesitará de una reflexión y revisión de la normativa, preferiblemente a nivel europeo, con el fin de armonizar las normativas de los Estados miembro al respecto y dar mayor seguridad jurídica al tráfico global de «criptoarte» en NFT.

Los NFT representan piezas únicas digitales y son fácilmente rastreables gracias a su registro en la *blockchain*. Sin embargo, la norma asigna a las entidades de gestión (como VEGAP) la competencia de hacer efectivos los derechos de participación de los autores (art. 24.10 TRLPI). Este inciso también debería adecuarse para permitir la autogestión de derechos asimilables al derecho de participación, sistema ya implementado en la práctica,

copia identificada e identificable, diferente de cualesquiera otras, que no esté solo puesta a disposición en un entorno digital, sino que pertenezca a un determinado sujeto que, a su vez, lo pueda transmitir como si fuera su propietario. Esto es, una obra acuñada como NFT». VEGA GARCÍA, «Aplicación de las normas para ejemplares únicos...», *op. cit.*, pp. 215 y ss.

471 En el mismo sentido, PROHASKA-MARCHSRIED, Martin, «NFTs in the art market: Can digital artworks creators claim resale rights?» [en línea]. Disponible en: <https://www.taylorwessing.com/en/insights-and-events/insights/2022/01/nfts-in-the-art-market-austrian-perspective>, enero de 2022. [Fecha de consulta: 8 de mayo de 2024].

472 De acuerdo con la definición del anexo de la Ley 34/2002, de 11 de julio, de Servicios de la Sociedad de la Información y de Comercio Electrónico, siendo «servicios de la sociedad de la información, entre otros y siempre que representen una actividad económica, los siguientes: 1.º La contratación de bienes o servicios por vía electrónica. 2.º La organización y gestión de subastas por medios electrónicos o de mercados y centros comerciales virtuales. 3.º La gestión de compras en la red por grupos de personas. 4.º El envío de comunicaciones comerciales. (...)», y prestador de servicios «persona física o jurídica que proporciona un servicio de la sociedad de la información.»

gracias al control y rastreabilidad del soporte de la obra que permiten el formato NFT y el registro en la *blockchain* de las sucesivas transacciones e importes abonados, así como la sencilla configuración de los *smart contracts* mediante herramientas facilitadas por plataformas de «minteado».

Otro debate diferente sería la necesidad de la aplicación de derecho de participación en obras digitales. Resulta habitual que sea el propio artista quien suba y venda sus obras en mercados digitales, y que, a través de las propias plataformas de «minteado» de arte en NFT, se configuren y automaticen, vía *smart contract*, derechos asociados a un porcentaje sobre el precio final de la obra, que se cobran de forma automática entre *wallets* cada vez que se transfiere ese NFT y durante toda su vida útil. A nuestro modo de ver, el contenido y eventuales límites del ejercicio de esta suerte de derecho de participación autoconfigurado podría combinarse con una adaptación normativa, facilitando una mejor armonización, homogeneizando su implementación y otorgando al respecto una mayor seguridad jurídica. Asimismo, cabrá reflexionar sobre eventuales ejercicios del derecho de participación respecto de NFT fraccionados u otras configuraciones peculiares que puedan alterar significativamente el contenido económico asociado al ejercicio de este derecho. En este sentido, la automatización del derecho de participación puede afectar tanto a licencias de uso como a licencias de explotación, siendo lo idóneo que cualquier licenciatario tenga conocimiento de la existencia, porcentaje y funcionamiento concretos de dicho derecho de participación del autor en posteriores transmisiones del NFT.

Resumiendo lo comentado en este apartado: creemos que la automatización del cobro de derechos asimilables al derecho de participación es un debate abierto, si bien nosotros somos partidarios de su futura aceptación jurídica, la cual debe acompañarse de un adecuado ajuste legal[473]. Asimis-

---

[473] Es también partidaria de esta posición VEGA GARCÍA, quien afirma que "En general, la copia digital de una obra no es capaz de alcanzar un gran valor. Sin embargo, las copias digitales acuñadas en NFT, sí. Aun, aunque la «burbuja» de los NFT haya pasado, la certificación de ciertas reproducciones de obras plásticas digitales como las «auténticas» sigue teniendo interés para los consumidores de contenidos, a veces el suficiente como para que estén dispuestos a pagar por ellos. Si la suma es lo suficientemente considerable, habida cuenta que quizá otras vías para explotar esa misma obra pueden no ser tan lucrativas, puede defenderse el derecho del artista a recibir algún tipo de participación en las ganancias obtenidas en la reventa de esas «copias certificadas». Así pues, es posible plantearse que el resultado de la transmisión del archivo certificado concreto que contiene una obra por medios digitales pueda tener la consideración de «envío de un ejemplar», aunque su obtención se produzca a través de una comunicación pública, en

mo, somos del parecer que una adecuada formulación normativa ayudaría a equiparar derechos entre autores de obras de arte físicas y autores de obras de «criptoarte», en beneficio de la aplicación del principio de neutralidad tecnológica. Para finalizar este apartado, queremos anotar que estos mecanismos de remuneración tienen la limitación lógica de que carecen de efectos respecto de actos de explotación diferentes a la transmisión del NFT por parte de su titular, o de otros pactos que puedan existir *off-chain,* ya que estos últimos no se registran, en principio, en la *blockchain* y, por tanto, no pasan los filtros del *smart contract* que automatiza dichas prestaciones.

5. NFT SIN CESIONES DE DERECHOS DE AUTOR SOBRE EL ACTIVO DIGITAL SUBYACENTE

Opinamos que podría ser válida la adquisición de un NFT que no licencie derecho de explotación alguno al adquirente, porque, como hemos mencionado, la tenencia de un NFT no implica *per se* la cesión de derechos de propiedad intelectual. No obstante, la no homogeneidad de las emisiones de NFT podría generar en el potencial adquirente expectativas de que está adquiriendo, junto al NFT, algún derecho de explotación sobre el activo subyacente.

Si no se cediera ningún derecho de explotación respecto del activo subyacente al NFT que se oferta, interpretamos que esta información debe incluirse como información precontractual esencial en cuanto a las características del NFT como bien de consumo (en cumplimiento de lo establecido en los artículos 20.1.b y 97 bis del TRLGDCU en materia de protección al consu-

concreto, de una puesta a disposición. En tal supuesto, podría llegar a admitirse que, en ciertos contextos, una «obra digital» se distribuye por medio de «ejemplares» en el sentido del artículo 24 TRLPI, sobre todo cuando se vende de manera individualizada o en un número limitado, como sucede a través de su acuñación". Además, la autora efectúa una interesante reflexión sobre la necesidad de adecuación normativa en la cuestión de la gestión de derechos desempeñada por entidades de gestión de derechos de autor, reconociendo que "en la actualidad el cobro y posterior reparto de las cantidades derivadas de este derecho se realiza por medio de las entidades de gestión de derechos de autor, que pueden exigírselo a los «profesionales del mercado del arte» que intervengan en las transacciones. Por tanto, podría llegar a entenderse —de admitir que las obras digitales vendidas a través de un NFT son «ejemplares de obras de arte originales» a las que aplicar el régimen de participación— que no se ha pagado la cuota correspondiente a la entidad de gestión y generar un problema en las plataformas encargadas de la venta de estas obras". VEGA GARCÍA, «Aplicación de las normas para ejemplares únicos...», *op. cit.,* p. 222; pp. 222-225.

midor y los principios de buena fe y transparencia contractuales), con el fin de que el adquirente tenga pleno conocimiento de ello y, aun así, acepte adquirir ese NFT porque para él siga teniendo algún tipo de utilidad y/o valor.

6. EL «MINTEADO» DE OBRAS DE DOMINIO PÚBLICO

Algunas prácticas de «minteado» de obras de dominio público a través de NFT[474] nos llevan a plantearnos la validez legal de monetizar obras de dominio público o si nos encontramos, por el contrario, frente a una actividad fraudulenta. En nuestra opinión, si bien existe actualmente un claro vacío legal, la «tokenización» y consecuente privatización de obras de arte de dominio público es una práctica que contradice la propia naturaleza del dominio público: su uso y disfrute por toda la ciudadanía. Sin embargo, difícilmente podrá protegerse este dominio público cuando el acceso a la obra es legítimo, la obra está libre de derechos de propiedad intelectual y ninguna norma prohíbe, por ahora, la conversión en NFT de obras de dominio público para proceder a su comercialización[475]. Eso sí, al ser obras de dominio público son «libremente» convertibles en NFT por cualquiera, lo cual afectará, previsiblemente, al valor de ese NFT, si su única utilidad es la especulación o la «posesión» de ese activo. En estos casos, el valor podría residir, por ejemplo, en la calidad del activo subyacente o en el prestigio o popularidad del emisor original (o de sus posteriores transmitentes) [476], así como en la originalidad de la idea de «mintear» esa obra[477].

---

[474] En cuanto a la digitalización de obras de domino público y su régimen jurídico en materia de propiedad intelectual, nos remitimos a NAVAS NAVARRO, Susana, «Obras de dominio público, digitalización y preservación digital», Reus, 2021, 128 pp. También véase al respecto GUADAMUZ, Andrés, «Non-fungible tokens (NFTs) and Copyright» [en línea], *WIPO Magazine*, diciembre de 2021. Disponible en: <https://www.wipo.int/wipo_magazine/en/2021/04/article_0007.html>. [Fecha de consulta: 8 de mayo de 2024.

[475] En la misma línea, GUADAMUZ, Andrés, «Copyfraud and copyright infringements in NFTs», *Technollama* [en línea]. Disponible en: <https://www.technollama.co.uk/copyrfraud-and-copyright-infringement-in-nfts>. [Fecha de consulta: 3 de mayo de 2023]

[476] En su momento, tratamos este tema en ROSSELLÓ RUBERT, Francisca María, «Activos digitales en non-fungible tokens (NFT): plataformas comercializadoras, propiedad intelectual y límites al uso y disfrute», en *Aportaciones jurídicas a la economía de plataformas*, MARTÍNEZ NADAL, Apol·lònia (Dir.), Navarra, 2023, pp. 107–127.

[477] Tal y como hemos comentado en el apartado «El NFT en sí mismo como objeto de propiedad intelectual: breves reflexiones».

Capítulo 6

El «criptoarte» en NFT y su uso como captación de inversión

La flexibilidad en cuanto al diseño de criptoactivos supone un problema a la hora de proceder a una adecuada categorización regulatoria. El emisor del criptoactivo puede moldear a su antojo el contenido patrimonial del NFT (representaciones de valor, derechos, bienes o servicios), así como la utilidad que pretenda dar a dicho token y a las oportunidades que presenten para sus adquirentes/inversores. Lo anterior conlleva al necesario análisis casuístico en aras de determinar las funciones que, eventualmente, cumple un NFT en la práctica, con el fin de encontrar figuras jurídicas afines y averiguar si se encuadran en el ámbito objetivo de aplicación de la normativa vigente en materia de actividades financieras o de captación de inversión[478]

Con el ejemplo de la obra de Beeple queda patente que un NFT, y, en especial, el «criptoarte» en NFT, puede alcanzar un alto valor monetario. Por ello, es habitual que el adquirente albergue expectativas de que el NFT se revalorice y espere obtener retorno de su inversión en posteriores reventas en mercados secundarios especializados. Los agentes implicados tratarán de aprovechar todas las posibilidades que les ofrece el ecosistema NFT para maximizar el beneficio de sus obras o proyectos, lo cual, por otra parte, resulta perfectamente lícito.

Los lanzamientos de NFT pueden revestir una amplia casuística: desde NFT que representan activos únicos y verdaderamente no fungibles, pasando por NFT escasos y con pocas posibilidades de distribución para un gran público, hasta emisiones de NFT que en la práctica los convierten en activos «semifungibles» debido a grandes tiradas de ejemplares mediante colecciones o por su fraccionamiento en un considerable número de porciones. En acontecimientos de esta última categoría, dichos NFT pueden servir como captación de inversión, y sus emisores podrían verse sujetos

---

[478] En la misma línea, AA.VV., «Non fungible-Tokens (NFTs)» en *Blockchain: aspectos jurídicos de su utilización, op. cit.*, p. 163.

a la normativa que regula ciertos aspectos de emisiones de criptoactivos, como la publicidad o la información preceptiva a facilitar a los inversores (en especial, el Reglamento MiCA). En casos en los que una emisión de NFT o de otro tipo de criptoactivo pudiera utilizarse con fines homólogos a los de un instrumento financiero[479], se aplicará la normativa reguladora específica; concretamente, la Directiva MiFID II y aquella que rija la materia en cada Estado-miembro. En nuestro ordenamiento jurídico, esta regulación se contiene, principalmente, en la Ley 6/2023, de 17 de marzo, de los Mercados de Valores y de los Servicios de Inversión. Una y otra normativas podrán exigir a los emisores el cumplimiento de un conjunto de trámites de información al potencial inversor y administrativos.

En este apartado analizaremos, primeramente, en qué ocasiones sería matizable la no fungibilidad del NFT y la relevancia de este hecho en la sujeción a la normativa reguladora aplicable a supuestos de captación de inversión. Finalizadas estas reflexiones previas, procederemos al análisis del Reglamento MiCA y la normativa sobre instrumentos financieros (en especial, de nuestra normativa nacional), centrándonos en su potencial aplicabilidad a los NFT, lo cual dependerá de las características concretas de estos.

1. REFLEXIONES PREVIAS SOBRE LA FUNGIBILIDAD DE LOS NFT. NFT FRACCIONADOS Y EMITIDOS EN GRANDES SERIES

En referencia a la fungibilidad como cualidad de un token, se entiende que un token fungible carece de carácter exclusivo o peculiar, siendo sustituible por otro u otros de la misma especie, clasificación o descripción[480],

---

479 Por ejemplo, si una sociedad utiliza NFT para compartir acciones de la sociedad y dando derecho a dividendos, o emite préstamos participativos mediante NFT para financiar la compra de dichos inmuebles y, posteriormente, repartir beneficios entre los adquirentes. En estos casos, el emisor estaría emitiendo instrumentos financieros y debería aplicarse la normativa MiFID II, y, en nuestro ordenamiento nacional, la Ley 6/2023, de 17 de marzo, de los Mercados de Valores y de los Servicios de Inversión.

480 Podemos encontrar un ejemplo clásico de fungibilidad en las divisas tradicionales: un billete de 5 euros es intercambiable por otro porque cada unidad se ha emitido de igual manera. También es divisible: podemos cambiarlo por 5 monedas de euro, sin que cambie la percepción de su valor. Tampoco se pretende que el número de serie afecte a su valor como divisa, ni que en su reverso lleven el

para lo cual, generalmente, se cuentan[481]. Por lo general, la infungibilidad es considerada como una cualidad intrínseca a los tókenes no fungibles o NFT.

Dicho lo anterior, queremos resaltar que el uso y generalización del término «token no fungible» (y, consecuentemente, la utilización de las iniciales «NFT») resulta, a nuestro parecer, desafortunado[482]. La tecnología NFT pretendidamente se refiere a activos «únicos», en el sentido de «originales» e «insustituibles por otros»[483], pero esta consideración debe matizarse porque no concuerda siempre con la realidad práctica.

---

diseño de Alemania, España o Francia. Lo mismo sucede con una criptomoneda (como el bitcoin): es igualmente fraccionable y fungible.

481 Nos parece improbable, por ahora, que un criptoactivo fungible se pese o mida, como sí sucedería con otros bienes fungibles de acuerdo con la doctrina clásica. IGLESIAS, Juan, *Derecho Romano. Instituciones de Derecho Privado*, 2010, Barcelona, pp. 157-158.

482 El informe del Comité Consultivo sobre el proyecto de Circular de la CNMV sobre publicidad de criptoactivos ya calificó en su momento el uso del criterio de la fungibilidad como «poco adecuado» para excluir la aplicación de, en ese caso, la Circular sobre publicidad de criptoactivos: «La introducción de esta circular señala que excluye de la aplicación de la norma los activos no fungibles. Creemos que utilizar la fungibilidad o no de los activos como uno de los criterios no es adecuado, ya que podría excluir de la aplicación de este conjunto de normas algunos activos de inversión, que son transmisibles de forma masiva, participan en mercados bilaterales secundarios y son objeto de campañas publicitarias.(...). En estos casos, creemos que su publicidad debería estar sujeta a las mismas normas que las actividades publicitarias del resto de tokens fungibles, ya que también son objeto de inversión». Informe disponible en: <https://www.cnmv.es/DocPortal/AlDia/CNMV_Circular_pub_criptoactivos.pdf>. [Fecha de consulta: 8 de mayo de 2024].

483 El término fungible tiene varias acepciones, pudiendo utilizarse como sinónimo de «consumible» (según la RAE y el art. 337 CC, «que se consume con el uso», es decir, que sufre desgaste, siendo no fungibles el resto de bienes (considerándose el dinero como «consumible» en sentido jurídico, en contraposición a la consumición física que sufriría, por ejemplo, un alimento) y como «sustituible» por otros de la misma categoría en caso de destrucción o pérdida. Habitualmente, las cosas consumibles suelen ser a la vez fungibles (y viceversa), pero existen cosas consumibles no sustituibles (un pastel personalizado elaborado para unas nupcias de cierta pareja) y cosas sustituibles no consumibles (un automóvil no matriculado). IGLESIAS, Juan, *Derecho Romano. Instituciones de Derecho Privado, op. cit.*, pp. 157-158. AA.VV., *Comentarios al Código Civil.* Artículo 337. BERCOVITZ RODRÍGUEZ-CANO, Rodrigo (Coord.), 5ª edición, Navarra, 2021, p. 551; O'CALLAGHAN MUÑOZ, Xavier *Código Civil Comentado y con jurisprudencia*, 7ª Ed., Madrid, 2012, p. 409-410.

Ya desde los inicios de la concepción del NFT como token, la propia plataforma Ethereum (cuyos estándares ERC-20 y ERC 721, recordemos, fundamentan el despliegue y expansión de los *smart contract* en el ecosistema NFT) presenta la característica «no fungibilidad» de un NFT como algo relativo, debido a que es posible (y, añadimos nosotros, más que habitual) el intercambio de cualesquiera NFT en mercados de esta cadena de bloques[484], gracias a la compatibilidad técnica que incorpora la propia *blockchain.* No obstante, por lo general, un NFT no podrá identificarse con una divisa ni con una criptomoneda porque estas son, en esencia, fungibles y divisibles y porque sus emisiones tendrán, probablemente, finalidades diferentes: mientras las segundas se emiten para usarse como medio de pago[485], los NFT en general pueden presentar variadas aplicaciones, combinables entre ellas, y entre las cuales no son descartables usos como medio de cambio (cuando se pacte entre las partes un pago en especie que así lo

---

484 Afirma la propia plataforma Ethereum lo siguiente: «Los NFT son compatibles con cualquier cosa que usa Ethereum. Una entrada NFT para un evento puede intercambiarse en cualquier mercado de Ethereum por un NFT completamente diferente. ¡Podría intercambiar una pieza de arte por una entrada!» Disponible en: <https://ethereum.org/es/nft/>. [Fecha de consulta: 8 de mayo de 2024].

485 Tipo bitcoin o ether. Sin embargo, NFT y criptomonedas están interrelacionados, puesto que las plataformas digitales que funcionan como mercado de NFT permiten como método de pago, generalmente, criptomonedas y monedas *fiat.* De hecho, hay estudios económicos que analizan cómo el precio de los NFT puede verse alterado por la cotización de las principales criptodivisas. Afirma ANTE que, si se considera que los usuarios priorizan las criptomonedas como mecanismo de pago de NFT en grandes plataformas de mercado en línea como Opensea o Rarible, es razonable asumir que el mercado de criptodivisas afectará a un mercado menor como es el de los NFT. DOWLING, Michael, «Is non-fungible token pricing driven by cryptocurrencies?», *Finance Research Letters,* Vol. 44, 2022, p. 3. Disponible en: <https://doi.org/10.1016/j.frl.2021.102097>. [Fecha de consulta: 8 de mayo de 2024]; p. 3; ANTE, Lennart, «The non-fungible token (NFT) market and its relationship with Bitcoin and Ethereum», *BRL Working Paper Series,* núm. 20, 2021, p. 2. Ambos estudios muestran cómo los mercados de criptodivisas y los de NFT están interrelacionados. Para un estudio detallado del dinero electrónico y las criptodivisas, nos remitimos a MARTÍNEZ NADAL, Apol·lònia, «El dinero electrónico. Aproximación jurídica», Madrid, 2003, 253 pp; y a PASTOR SEMPERE, M. Carmen, «Dinero electrónico y criptodivisas: concepto, marco legal y nuevas funcionalidades», en MADRID PARRA, A. (Dir), en *Derecho Mercantil y tecnología,* Navarra, 2018, pp. 281-324. Asimismo, para un análisis detallado de los currency tokens como valores negociables, nos remitimos a NASARRE AZNAR, Sergio, «Naturaleza jurídica y régimen civil de los "tokens" en "blockchain"», en *La Tokenización de bienes en blockchain* (coord. GARCÍA TERUEL, Rosa María), 2020, p. 79.

contemple, arts. 1170 y 323 CC), de intercambio en mercados o de captación de recursos financieros, si bien tampoco son estas cualidades intrínsecas al NFT. En muchos casos, y especialmente en «criptoarte», el NFT crea escasez digital verificable cuya finalidad principal será poseer y transferir (entre otros eventuales derechos de propiedad intelectual) su activo digital subyacente único y original.

Desde el punto de vista de la estructura de un NFT, podría asociarse su unicidad o individualidad a su identificador digital único, que distingue un NFT de otros NFT dentro de la *blockchain* donde están registrados[486]. Pero, en la práctica, el hecho de contener un identificador único no implica *per se* que un token sea original, ni único[487]; ni tampoco evita que sea objeto de intercambio en mercados con otros tókenes, como sucede con los NFT fraccionados (f-NFT)[488]; ni impide que se emita en el marco de grandes tiradas, como sucede con las series lanzadas a modo de coleccionables. Los NFT fraccionados se popularizaron gracias al estándar ERC-1155, que combina los estándares de tókenes ERC-721 (estándar para crear tókenes no fungibles e indivisibles) y ERC-20 (estándar para crear tókenes fungibles). Con el ERC-1155 se permite almacenar y transferir múltiples tókenes a la vez, sin que sea necesario un contrato inteligente para cada token.

El uso de los f-NFT es conocido en el sector del «criptoarte», facilitando la copropiedad de la obra digital original de fracciones idénticas en uso y utilidad[489]. Los adquirentes de un token de «criptoarte» fraccionado

486 En cuanto a la unicidad y rareza como características del token y de su activo subyacente, nos remitimos a lo comentado en el apartado «Definición de NFT, características comunes y variables».

487 Véase, al respecto, el Capítulo 4: "Estudio funcional del «criptoarte» en NFT. Su uso como certificado de autenticidad, originalidad y titularidad".

488 Véase más sobre los tókenes fraccionados en el apartado «Clasificación de los tókenes según su configuración», dentro del Capítulo 1.

489 . Véase BERTOCCHI, Filippo, «Fraccionamiento de NFTs: haciendo accesibles los tokens no fungibles», *Coinbureau* [en línea], ca. 2022. Disponible en: <https://coinbureau.es/fraccionamiento-de-nfts/>. [Fecha de consulta: 8 de mayo de 2024]. Como ejemplos de arte digital fraccionado, la Galería Belvedere de Viena ha fraccionado en 10.000 fragmentos NFT una copia digital en alta resolución de la obra de arte física de Gustav Klimt titulada «El beso». El museo vende cada cuadrícula a un precio de 1850 euros. Si se venden todos los NFT, el museo recaudará 18,5 millones de euros. A través de la plataforma Freeport se anuncia la venta cuatro obras de arte «tokenizadas» del artista Andy Warhol como NFT. La colección incluye las obras "*Marilyn*" (1967), "*Double Mickey*" (1981), "*Mick Jagger*" (1975) y "*Rebelde sin causa (James Dean)*" (1985). Cada pieza consta de 10.000 fracciones «tokenizadas», con un mínimo de compra de 10 por persona, lo que per-

poseerán una porción del total de la obra, y el valor de dicha obra en el momento de su emisión equivaldrá al valor de cada token ERC-20 multiplicado por el número de tókenes ERC-20 emitidos[490]. Con el fraccionamiento se potencia la liquidez de la obra de «criptoarte» y su negociación en el mercado, lo cual resulta especialmente interesante en activos digitales de alto valor. Además, se facilita el retorno al artista, quien, en vez de tener que esperar un cierto período de tiempo a que su obra alcance el precio deseado y se venda, puede obtener recursos de numerosos inversores que adquieran fracciones a un precio mucho menor[491]. Por último, se habla de que el «criptoarte» en NFT fraccionados impulsa la «democratización de la inversión», permitiendo la entrada a pequeños inversores y coleccionistas en los mercados y participando en inversiones de NFT de autores especialmente reconocidos y/o cotizados, además de permitirse la acumulación de porciones hasta que se complete el activo original, aumentando de este modo su interés como coleccionable[492].

Frente a esta realidad, existen *marketplaces* y operadores del mercado NFT[493] que facilitan la emisión y venta de NFT por piezas o fraccionados con el propósito de que los creadores puedan ofrecer porciones más asequibles de un NFT que pudiera resultar especialmente valioso[494]. Pueden

---

mite que no más de 1.000 inversores posean una pieza. El precio de salida de cada lote de tókenes oscilará entre los 250 y los 860 dólares estadounidenses. Las obras se emiten a modo de *security tokens*, podrán revenderse en plataformas de finanzas descentralizadas y cuentan con el visto bueno de la Comisión de Bolsa y Valores de EE.UU (SEC). Información sobre el lanzamiento disponible en el sitio web de la plataforma Freeport: <https://pr.reblonde.com/freeport-sec-tokenized-art-platform-andy-warhol/>. [Fecha de consulta: 8 de mayo de 2024].

490 Las fracciones de NFT suelen ponerse a la venta por un precio fijo, bien durante un tiempo limitado, bien hasta que el momento en que se agotan.

491 En la práctica, un artista que emita un NFT de su «criptoarte» solo tendrá inversores si cuenta con cierto prestigio en el mundo real o virtual. Por este motivo, los NFT que se prefieren como inversión suelen ser aquellos cuyos autores ostentan mayor renombre, con precios iniciales más elevados que, a menudo, desincentivan a pequeños inversores. Con NFT fraccionados, se posibilita a pequeños inversores el acceso a la propiedad de parte de ese activo digital, incentivando la adquisición de porciones de la obra a precios mucho más asequibles.

492 Los NFT fraccionados tienen aplicaciones en sectores diferentes al criptoarte, como el sector inmobiliario (como ejemplo, el proyecto del Grupo Labs) o de los videojuegos (como ejemplo, el proyecto de la empresa Niftex).

493 Como las plataformas Nifty Gateway, Unic.ly, Freeport o Fractional.art.

494 En los comentarios recibidos durante la fase de consulta pública previa de la Circular sobre Publicidad de Criptoactivos, publicada por la CNMV ya se realizaron algunas advertencias sobre los NFT fraccionados. El Comité Legal del Consor-

adquirirse f-NFT mediante subasta o por precio fijo; más adelante, el inversor podrá revender esas porciones en el mercado secundario con expectativas de obtener rendimientos económicos, o someterlas a otros negocios jurídicos. Como puede deducirse de lo anterior, el f-NFT es una tipología de NFT que, debido a su formato de emisión, representa una nueva estrategia de inversión, independientemente del activo digital que subyazca. Por este motivo, consideramos interesante prestar atención a los estándares que sustentan el «criptoarte» en f-NFT, ya que algunos estándares no interoperables dificultan su negociabilidad[495]. Analizaremos la cuestión de su eventual uso como instrumento financiero en posteriores apartados.

---

cio de Red Alastria, por ejemplo, sugiere una mayor supervisión de la CNMV al respecto, ya que «al margen de la previsión inicial de la CNMV en su Circular, pueda convenir realizar consultas semejantes acerca de la inversión en determinados tókenes infungibles sobre *commodities* estándar o mercancías negociables, por razones cuya explanación excede con mucho del objeto de estas líneas». En la misma serie de respuestas a la consulta, la compañía BME no encuentra acertada la exclusión de ciertos NFT del ámbito de aplicación de la Circular y de otra normativa sobre criptoactivos, afirmando: «En cuanto a la exclusión de tokens no fungibles (o NFT), debe reflexionarse sobre la naturaleza de los mismos y tener en cuenta que los NFT se diferencian de los tokens fungibles debido a su naturaleza de representaciones de activos únicos tanto del mundo físico como virtual cuyas unidades no resultan intercambiables entre sí. Esta no fungibilidad se puede dar tanto en el caso de representaciones de activos escasos, o exóticos, y por tanto con pocas posibilidades de distribución para un gran público, pero también sobre tokens, o saldos de tokens, que simplemente tienen alguna carga (por ejemplo, un derecho de prenda sobre los mismos) y que, de esta manera pierden su fungibilidad con respecto al resto de una emisión. De hecho, el estándar ERC 1155 de Ethereum, por ejemplo, permite hacer emisiones combinadas de tokens fungibles y no fungibles entre sí. Por tanto, ante esa variedad de casuísticas, se considera que excluir a los tokens no fungibles de las mismas obligaciones que los fungibles podría ser una tarea difícil y, además, poco justificada. No obstante, podrían excluirse aquellos tokens que, además de no fungibles, sean únicos y poco susceptibles del tráfico generalizado». Documentos disponibles respectivamente en: < <https://www.cnmv.es/DocPortal/DocFaseConsulta/CNMV/2ALASTRIA.pdf> y <https://www.cnmv.es/DocPortal/DocFaseConsulta/CNMV/8BME.pdf>. [Fecha de consulta: 8 de mayo de 2024].

495 Por ejemplo, los NFT basados en el estándar ERC-1155 son indicativos de su «fraccionabilidad», a diferencia de los NFT basados en ERC-721, que refieren a NFT no fungibles. Asimismo, en nuestra opinión, NFT fraccionados pero basados en estándares que no estén ampliamente extendidos en el actual ecosistema NFT (el cual consideramos, a día de hoy, en evolución e inmaduro) o que no sean aceptados en las principales plataformas de mercado pueden encontrar dificultades de liquidez, debido a su falta de interoperabilidad, falta de competitividad e infrautilización.

Volviendo a la cuestión inicial de la no fungibilidad del NFT, esta puede referir no solo al identificador único del token, como se ha comentado, sino también a su activo subyacente único. Pero la unicidad del activo subyacente tampoco es una cualidad inherente a los NFT en general[496]. En apartados previos hemos hablado de la configuración de tókenes estáticos «semifungibles» (emisiones de serie limitada organizadas por categorías o a modo de coleccionables, cuyos NFT serían intercambiables entre sí cuando tengan las mismas utilidades para sus adquirentes)[497]. Estos NFT de serie limitada o coleccionables, a nuestro parecer, presentan carácter «semifungible» porque un cierto número de NFT iguales son fungibles con otros NFT de la misma categoría (por ejemplo: colecciones o series de NFT emitidos de manera agrupada[498]). Como en el caso de NFT fraccionados, nos encontramos aquí con una multitud de tókenes que probablemente tengan formato no fungible (basados en el estándar ERC-721, por lo general). A diferencia de aquellos, sin embargo, los NFT emitidos en series o colecciones no se lanzan como fracciones (la fungibilidad se originaba, recordemos, al configurar técnicamente el NFT como fraccionado): en el caso de NFT estáticos «semifungibles», la eventual «fungibilidad» vendría dada por el número de NFT completos y únicos que se emiten en el mercado (y que son adquiribles por terceros), dentro de la misma serie o colección, y en la finalidad del proyecto en el cual los enmarcan sus emisores

---

496 Otro caso en el que sería posible la convivencia en la práctica de diferentes NFT con el mismo activo subyacente se daría con la emisión de réplicas de «criptoarte» NFT en diferentes *blockchains*: dejando de lado la eventual falta legitimidad en su emisión, unos NFT serían sustituibles con otros porque presentarían las mismas características que los definen como «originales», si bien técnicamente debería permitirse la interoperabilidad entre *blockchains* para que esa fungibilidad se materializase. Igualmente, en la práctica se dan casos en los se acuñan réplicas de «criptoarte» en NFT con copias levemente modificadas y confundibles con la original, tenga o no su emisor los derechos sobre dicha obra. Como puede observar el lector, nos encontramos ante situaciones en las que un NFT cuyo activo subyacente pretendidamente único y original convive en la práctica con otros «dobles digitales». Al respecto, nos remitimos a lo comentado en el Capítulo 4: "Estudio funcional del «Criptoarte» en NFT. Su uso como certificado de autenticidad, originalidad y titularidad».

497 Véase más sobre los tókenes fraccionados en el apartado «Clasificación de los tókenes según su configuración técnica», en el Capítulo 1.

498 Para más detalle, nos remitimos a lo explicado sobre unicidad, rareza y configuraciones de NFT semifungibles o fraccionados, en el Capítulo 2: «NFT y activo digital subyacente. «Criptoarte» en NFT. Breve referencia a NFT ilícitos y a la falta de responsabilidad jurídica de las plataformas de intermediación y «minteado».

(constituir un simple objeto susceptible de apropiación, transmisión y disfrute, o servirse de su emisión para la captación de financiación externa).

A nuestro modo de ver, la fungibilidad como cualidad de un NFT se atribuiría en dos momentos: por una parte, en el momento de su creación, fraccionamiento o emisión[499], al «mintearse» con tal finalidad a través de estándares habilitantes y metadatos codificados en la *blockchain* (configuración técnica); y en segundo lugar, en el momento de ofrecerse como objeto de un negocio jurídico, ya que los eventuales términos precontractuales y contractuales pueden condicionar o permitir su intercambiabilidad, transmisibilidad o modificación de formato de emisión entre las partes o entre estas y terceros (configuración jurídica), así como desvelar la finalidad última que se pretende con la oferta del NFT. La configuración jurídica se podrá descubrir en documentos como el *whitepaper* del proyecto o los términos contractuales de adquisición del NFT, así como en la publicidad y otra documentación precontractual[500].

Tras las anteriores aclaraciones, somos partidarios de la apreciación de la fungibilidad como cualidad subjetiva, en la que dos o más cosas tienen, para un interesado o para varias partes contractuales, un valor económico y de uso equivalentes[501]. En conexión con lo fundamentado en párrafos

---

499 Las posibilidades del «criptoarte» en NFT lo convierten en un mecanismo dinámico que puede ampliar sus aplicaciones, siendo concebibles formatos cuya fungibilidad se cree a posteriori de su emisión inicial (como el fraccionamiento de un NFT de arte por sus tenedores y/o sucesivos adquirentes, lo cual será lícito si se permite en su licencia de uso).

500 Al respecto, véase Capítulo 3: "Fuentes de información jurídica relativas a los NFT y, particularmente, al «criptoarte» en NFT".

501 Existen posiciones divergentes entre autores que consideran que la voluntad de las partes es aceptada como vía para «desfungibilizar» cosas fungibles e incorporarlas en un negocio jurídico, y autores que defienden que la fungibilidad derivaría de la naturaleza de la propia cosa fungible, con lo cual no es alterable por la voluntad de las partes. En nuestra opinión, coincidimos con MOSCIATTI, quien afirma que la fungibilidad es una característica atribuida a las cosas (en el caso que nos ocupa, al «criptoarte» en NFT) por ley o por las partes, ya que es en una, u por las otras, donde se delimita la verdadera naturaleza del bien, a través de definirse su utilidad, y se establece la extinción del vínculo obligatorio por la satisfacción del acreedor. A tal efecto, opinamos que la fungibilidad o infungibilidad de un NFT será ponderable en cada emisión de NFT (con su configuración inicial, que le atribuirá un carácter más o menos fungible según su uso), pero también de acuerdo con los eventuales términos del negocio jurídico que tenga por objeto ese NFT en cuestión (por ejemplo, los derechos de explotación cedidos mediante licencia de uso, que pueden limitar su transferibilidad o permitir su explotación

anteriores, igualmente consideramos apropiado que la fungibilidad no se aprecie como atributo binario (no fungible-fungible), sino en formato de espectro («infungible»/ «semifungible» en diferentes grados/ fungible).

Una vez valoradas las configuraciones técnicas y el alcance de la (in) fungibilidad de los NFT, cabrá ponderar caso por caso si una emisión resulta o no subsumible bajo aquella normativa reguladora que utilice la fungibilidad como criterio de exclusión o inclusión de los NFT en su ámbito de aplicación. A nuestro parecer y ante la amplia variedad de casuística, existen diferentes aspectos, además de su (in)fungibilidad, que pueden resultar reveladores a la hora de considerar la subsunción de una emisión de NFT en normas como el Reglamento MiCA o la normativa reguladora de instrumentos financieros, siendo ilustrativos, entre otros:

- la finalidad principal de la emisión del NFT;
- si la emisión es poco susceptible del tráfico generalizado o si, por el contrario, se pretende su distribución para un gran público;
- derechos que se transmiten al adquirente, y si son asimilables a los que otorgaría un instrumento financiero (derecho de voto, capacidad de influencia en decisiones empresariales, participación económica en los beneficios del emisor, derecho a remuneraciones periódicas, entre otros);
- motivaciones de los adquirentes para adquirir ese NFT, en especial, si se tienen expectativas de obtener beneficios generados por el esfuerzo del proyecto empresarial que oferta los NFT, o si sus expectativas se fundamentan en el funcionamiento del mercado;
- las condiciones contractuales predispuestas, en especial aquellas que determinen cómo se permite operar al adquirente de dichos NFT, eventuales derechos de crédito frente al emisor y negocios jurídicos susceptibles de constituirse teniendo por objeto el NFT adquirido (créditos pignoraticios, entre otros);
- los términos utilizados en su promoción y el alcance de los medios a través de los cuales se han efectuado las comunicaciones comerciales; o

---

mediante el fraccionamiento). MOSCIATTI OLIVIERI, Piero, *Acerca de los criterios de caracterización de las cosas fungibles*, Revista de Derecho, Universidad Católica de la Santísima Concepción, núm. 24, 2011, pp. 89-95.

- el estándar o combinación de estándares utilizados al crearse (especialmente, si resulta indicativo de su consideración como *utility token* o f-NFT).

2. EL «CRIPTOARTE» EN NFT Y LA REGULACIÓN DEL MERCADO DE CRIPTOACTIVOS NO CALIFICABLES COMO INSTRUMENTOS FINANCIEROS: EL REGLAMENTO MICA Y LA CIRCULAR 1/2022 DE LA CNMV

Existen en el mercado casos de NFT de carácter híbrido por causa de su funcionalidad y tipo de emisión: hemos observado en párrafos previos cómo la técnica permite formatos f-NFT o el lanzamiento en grandes tiradas de NFT que, además de representar activos digitales y «criptoarte», pueden tener usos prácticos similares a los activos de inversión: ser transmisibles de forma masiva, participar en mercados bilaterales secundarios y ser objeto de campañas publicitarias dirigidas al público en general. Estas emisiones deberán analizarse para que el formato NFT no se use en fraude de ley con la intención de escapar de la regulación financiera a la que estarían sujetas determinadas emisiones.

En el momento de redacción de estas líneas, la normativa que podría aplicarse a los casos comentados de NFT (es decir, NFT de infungibilidad relativa) está fraccionada: por una parte, tenemos la regulación de instrumentos financieros, aplicable cuando los NFT sean asimilables a instrumentos financieros (generalmente, a valores negociables, como veremos más adelante). Por otra parte, el Reglamento MiCA se redactó con la intención de dar cobertura normativa a aquellos criptoactivos que pudieran emitirse a negociación y que generasen riesgos para el mercado y para potenciales inversores. Se trata de criptoactivos no equiparables a instrumentos financieros, huérfanos de regulación antes de la aprobación del Reglamento MiCA. Previamente a la aprobación del Reglamento MiCA, la CNMV emitió su Circular 1/2022, de 10 de enero, relativa a la publicidad sobre criptoactivos presentados como objeto de inversión. Nos detendremos en el estudio de estas normas más adelante.

2.1. El amplio concepto de criptoactivo en el reglamento MICA. Exclusión expresa de algunos tókenes no fungibles de su ámbito de aplicación objetivo

Como hemos avanzado en anteriores epígrafes, los NFT pertenecen al género de los criptoactivos, en el sentido de que son una representación digital de valores patrimoniales, bienes, derechos o servicios que utilizan tecnologías de registro distribuido para transferirse o almacenarse electrónicamente[502]. Los NFT están en el punto de mira en cuanto a su consideración como criptoactivos susceptibles de generar situaciones disruptivas en los mercados y como fuente de riesgos para adquirentes e inversores[503]. El texto del Reglamento europeo relativo a los mercados de criptoactivos (en adelante, norma MiCA o Reglamento MiCA)[504] deja fuera de su ámbito de aplicación a algunos tókenes no fungibles, mientras que otros po-

---

502 Al respecto, véanse los capítulos 1: «Aproximación técnico-descriptiva a los tókenes no fungibles» y 3: "Fuentes de información jurídica relativas a los NFT y, particularmente, al «criptoarte» en NFT".

503 Si bien no profundizaremos en ellos, dejamos anotado que han surgido recientes pronunciamientos del Banco de España y otras autoridades sobre los riesgos de los criptoactivos, como la Nota Conjunta de la Autoridades Europeas de Supervisión: «Los reguladores financieros de la UE a los consumidores sobre los riesgos de los criptoactivos», o el Comunicado conjunto del Banco de España, la CNMV y la DG de Seguros sobre la advertencia de los reguladores financieros europeos en relación con los riesgos de los criptoactivos», disponibles respectivamente en <https://www.bde.es/f/webbde/GAP/Secciones/SalaPrensa/InformacionInteres/EBA/Arc/Fic/2022-03-14-notaconjuntaautoridadesUE-cripto.pdf> y > < https://www.bde.es/f/webbde/GAP/Secciones/SalaPrensa/NotasInformativas/22/presbe2022_19.pdf>. [Fecha de consulta: 8 de mayo de 2024]. En el mismo orden de cosas, apuntamos también la noticia publicada por la Sala de Prensa del Parlamento Europeo «Peligros de las criptomonedas y beneficios de la nueva legislación de la UE», que se refiere también a otro criptoactivos que no son criptomoneda, como tókenes o criptoactivos estables. Disponible en: <https://www.europarl.europa.eu/news/es/headlines/economy/20220324STO26154/peligros-de-las-criptomonedas-y-beneficios-de-la-nueva-legislacion-de-la-ue>. Para más detalle, véanse BARRIO ANDRÉS, Moisés, «La nueva regulación de los criptoactivos en España», *Diario La Ley* [en línea], núm. 10010, 2022; BARRIO ANDRÉS, Moisés, *Criptoactivos. Retos y desafíos normativos*, Navarra, 2021, 360 pp. VON GERALD, Leopold, SALMON, John, «Non-fungible tokens: The NFT and the silence of the EU Legislator», *Lexology* [en línea], 2021. Disponible en: <https://www.lexology.com/library/detail.aspx?g=b30f43b8-0d8a-41e9-8837-10b3ff9713c8>. [Fecha de consulta: 8 de mayo de 2024].

504 Reglamento (UE) 2023/1114 del Parlamento Europeo y del Consejo, de 31 de mayo de 2023, relativo a los mercados de criptoactivos y por el que se modifican los Reglamentos (UE) nº 1093/2010 y (UE) nº 1095/2010 y las Directivas 2013/36/UE y (UE) 2019/1937. Esta norma, conocida como Reglamento MiCA, tiene como principal objetivo la regulación del mercado de aquellos criptoactivos que quedan fuera de la legislación financiera de la UE, creando un marco regulatorio que da seguridad jurídica y protección a los operadores del mercado (especialmente a inversores y consumidores), y en el que se favorezca su implementación y desarrollo, y garantizar la estabilidad financiera frente a la entrada de criptomonedas estables.

drían estar sometidos a esta regulación, dependiendo de si cumplen una serie de características, como veremos. Esperamos que la armonización legal que supondrá este Reglamento para las normativas de los distintos Estados-miembro reguladoras de los criptoactivos brinde mayor seguridad jurídica al entorno y mejore la protección de los inversores.

El Reglamento MiCA tiene varios objetivos regulatorios, según se desprende de su Exposición de Motivos[505]:

- la emisión y admisión a negociación de ciertos tipos de criptoactivos, teniendo en cuenta requisitos de transparencia, y divulgación de información para su ejercicio;
- la prestación de servicios de criptoactivos por parte de proveedores de estos servicios;
- la autorización y supervisión de proveedores de criptoactivos y de emisores de tokens específicos (referenciados a activos o tokens de dinero electrónico);
- la gobernanza de estos emisores y prestadores de estos servicios (operativa, organización y gobierno interno de emisores de tokens referenciados a activos y tokens de dinero electrónico y de proveedores de servicios de inversión);
- la instauración de medios de protección al consumidor frente a la emisión, negociación, intercambio y custodia de criptoactivos[506];
- y el establecimiento de medidas de prevención de abusos de mercado y situaciones que afecten a la integridad del mercado.

En los siguientes párrafos analizaremos el ámbito de aplicación objetivo de esta norma, con mención expresa a las peculiaridades que presentan los NFT (y, en especial, el «criptoarte» en NFT) como criptoactivos.

---

505 PWC, Informe *El impacto regulatorio de la Propuesta MiCA*, noviembre de 2022 [en línea]. Disponible en: https://www.pwc.es/es/auditoria/assets/impacto-regulatorio-mica-en%20los-criptoactivos.pdf>. [Fecha de consulta: 8 de mayo de 2024].

506 El Reglamento MiCA incluyó en sus redacciones iniciales el concepto de consumidor, si bien esta ha desaparecido de la lista de definiciones del texto definitivo. Para un análisis detallado de los tipos de adquirentes de criptoactivos (inversor cualificado, cliente profesional, consumidor de criptoactivos), nos remitimos a LOIS CABALLÉ, Ana Isabel, «Mecanismos de protección del consumidor en la propuesta de reglamento relativo a los mercados de criptactivos», pp. 25-40, en AA.VV., *Guía de criptoactivos MiCA*, Agustín Madrid Parra, Carmen Pastor Sempere (Dirs.), María Jesús Blanco Sánchez, Ana Cediel (Coords.), Navarra, 2021, 373 pp.

El Reglamento MiCA define «criptoactivo» como «una representación digital de un valor o de un derecho que puede transferirse y almacenarse electrónicamente, mediante la tecnología de registro distribuido o una tecnología similar »[507]. Como puede observar el lector, se trata de una definición amplia que abarca cualquier valor (criptomonedas y otros tókenes) basado en TRD (concretamente, *blockchain*), así como derechos que igualmente puedan transmitirse mediante tecnología TRD[508]. Tal amplitud es deliberada, ya que el Reglamento MiCA, como hemos comentado, pretende dejar fuera de su regulación únicamente aquellos criptoactivos ya regulados por otras normativas (normativas nacionales de instrumentos de pago o normativas de instrumentos financieros nacionales que desarrollen la Directiva MiFID II[509], entre otras) o aquellos que no supongan riesgos para la estabilidad financiera del mercado (como ciertos tipos de NFT, tal y como observaremos). Asimismo, es previsible que los NFT se regulen con detalle en normativa europea *ad hoc*.

Basándonos en la anterior definición de criptoactivo efectuada por el Reglamento MiCA, el «criptoarte» en NFT:

- supone una representación digital de valor. Esta cualidad se cumple en la mayoría de obras de arte digital en NFT, al ser objetos de interés artístico o coleccionables, en ocasiones de elevado valor;
- es electrónicamente transferible. Generalmente, los *smart contract* permiten transferir un NFT de manera automatizada y su acceso y operabilidad en plataformas mercado específicas de NFT[510], siendo esta cualidad algo deseable en la mayoría de emisiones de «criptoarte» en NFT. Sin embargo, recordemos el emisor puede configurar

---

507 Definición de «criptoactivo» por el artículo 3.1, apartado 5 del Reglamento Europeo y del Consejo relativo a los mercados de criptoactivos y por el que se modifica la Directiva (*UE*) 2019/1937.

508 La Autoridad Europea de Valores y Mercados (ESMA) definió «criptoactivo» como «un tipo de activo privado que depende principalmente de la criptografía y de la tecnología TRD o similar como parte de su valor percibido o inherente». ESMA, «Advice on Initial Coins Offerings and CryptoAssets», 9 de enero de 2019. Disponible en https://www.esma.europa.eu/sites/default/files/library/e sma50-157-1391_crypto_advice.pdf. A nuestro modo de ver, los NFT entran dentro del alcance de esta definición. [Fecha de consulta: 8 de mayo de 2024].

509 Directiva 2014/65/UE del Parlamento Europeo y del Consejo de 15 de mayo de 2014, relativa a los mercados de instrumentos financieros y por la que se modifican la Directiva 2002/92/CE y la Directiva 2011/61/CE.

510 Como Opensea o Rarible.

NFT intransferibles por diseño[511], o transferibles únicamente con permiso del emisor[512];

- es almacenable. Los tókenes no fungibles se almacenan mayoritariamente en una cadena de bloques, si bien pueden tener algunos datos guardados fuera de esta (en servidores externos de proveedores centralizados —en la nube— o descentralizados —tipo IPFS, como se ha visto al hablar de almacenamiento *off-chain*—); y se transfieren y gestionan, por lo general, a través de cuentas en *wallets;*
- utiliza TRD o tecnología similar. Los NFT se suelen sustentar en la *blockchain* Ethereum, aunque pueden sustentarse en otras TRD.

Como apreciará el lector, consideramos que la amplia mayoría de emisiones de NFT (entre ellos, el «criptoarte» en NFT) encajan en la amplia definición de criptoactivos efectuada por el Reglamento MiCA[513]. Por ello, quedamos a la espera de futuras interpretaciones y regulaciones que completen esta definición, siendo preferibles, respecto de los NFT, consideraciones relativas a las funcionalidades y los riesgos derivados de la inversión,

---

511 Aunque la transferibilidad suele ser una cualidad que interesa mantener en el «criptoarte» en NFT, al ser activos con alto interés especulativo, su limitación o inhabilitación para transmitirse a terceros es técnicamente posible. Nos remitimos a lo comentado en el apartado «Clasificación de los NFT según su configuración», en el Capítulo 1.

512 Por ejemplo, NFT usados como mecanismo de identificación personal o que dan acceso a comunidades cerradas (por ejemplo, un NFT avatar de un empleado de una empresa con presencia en una plataforma de metaverso), NFT que tengan utilidad de bono o tarjeta de descuentos frente al emisor, o NFT que sirvan como sistemas de acumulación de puntos para intercambiar por bienes, servicios u obtener beneficios exigibles solo ante quien los emite.

513 Asimismo, opinamos que la inmensa mayoría de NFT que representan «criptoarte» cumplen con los requisitos que permiten considerarlo como criptoactivo según la Financial Action Task Force (FATF). Las recomendaciones de la FATF, en su versión de febrero de 2023, establecen criterios añadidos para determinar si un activo puede considerarse criptoactivo, como el criterio de que puedan utilizarse como medio de pago o como inversión: «A virtual asset is a digital representation of value that can be digitally traded, or transferred, and can be used for payment or investment purposes. Virtual assets do not include digital representations of fiat currencies, securities and other financial assets that are already covered elsewhere in the FATF Recommendations». Recomendaciones disponibles en: <https://www.fatf-gafi.org/en/publications/Fatfrecommendations/Fatf-recommendations.html>. [Fecha de consulta: 8 de mayo de 2024]

más que aquellas basadas en la tecnología utilizada para su representación[514].

El Reglamento MiCA recoge y define tres subcategorías de criptoactivos[515]: fichas referenciadas a activos (art. 3.1.6 y Considerando 9[516]), fichas de dinero electrónico (art. 3.1.7 y Considerando 9[517]) y una tercera categoría que incluye cualesquiera otros criptoactivos que no puedan considerarse ni fichas de activos ni fichas de dinero electrónico (Considerando 9). Esta distinción se fundamenta en si esos criptoactivos buscan estabilizar su valor referenciándolo con otros activos. Así, serán fichas de dinero electrónico aquellos criptoactivos que, con una función similar al dinero

---

514 En la misma línea se manifestó el Grupo de Bolsas y Mercados Españoles (BME) en la «Consulta previa de la CNMV sobre la Circular de la publicidad de criptoactivos», en abril de 2021. Documento disponible en: <https://www.cnmv.es/DocPortal/DocFaseConsulta/CNMV/8BME.pdf>. [Fecha de consulta: 8 de mayo de 2024].

515 La pretensión del Reglamento MiCA es regular aquellos criptoactivos no regulados previamente. En redacciones iniciales del cuerpo legislativo, estas tres subcategorías no alcanzaban a dar cobertura a todos los criptoactivos que tendrían cabida en la definición general. En opinión de MARTÍNEZ NADAL «En efecto, pese a esta pretensión de amplitud, de la interpretación y aplicación conjunta de esta noción general y sus subcategorías, resulta que su ámbito de aplicación es más limitado, estando incluidos en el mismo solo determinados criptoactivos, con lo que el alcance final es más restrictivo». MARTÍNEZ NADAL, Apol·lònia, «Las denominadas criptomonedas estables: principales aspectos de su régimen jurídico en la MiCA», en *Dinero digital y gobernanza TIC en la UE* [en línea], Navarra, 2022. En la redacción final del texto, la categorización de «otros criptoactivos» en el Reglamento MiCA, como veremos, se matiza en el propio texto normativo, al restringirse la inclusión de ciertos tókenes no fungibles en su marco de aplicación objetivo.

516 Artículo 3.1.6 del Reglamento MiCA: «ficha referenciada a activos»: un tipo de criptoactivo que no es una ficha de dinero electrónico y que pretende mantener un valor estable referenciado a otro valor o derecho, o a una combinación de ambos, incluidas una o varias monedas oficiales». Para más información sobre las fichas referenciadas a activos, nos remitimos a PASTOR SEMPERE, Carmen, «Fichas con referencias a activos (stablecoin)», pp. 157-188, en AA.VV., *Guía de criptoactivos MiCA*, Agustín Madrid Parra, Carmen Pastor Sempere (Dirs.), María Jesús Blanco Sánchez, Ana Cediel (Coords.), Navarra, 2021, 373 pp.

517 Artículo 3.1.7 del Reglamento MiCA: «ficha de dinero electrónico»: un tipo de criptoactivo que, a fin de mantener un valor estable, se referencia al valor de una moneda oficial». Para más información sobre las fichas referenciadas a activos, nos remitimos a MADRID PARRA, Agustín, «Fichas de dinero electrónico. Del dinero electrónico al "viejo" dinero digital», pp. 219-244, en AA.VV., *Guía de criptoactivos MiCA*, Agustín Madrid Parra, Carmen Pastor Sempere (Dirs.), María Jesús Blanco Sánchez, Ana Cediel (Coords.), Navarra, 2021, 373 pp.

electrónico (servir como mecanismo de pago), se referencien a una única divisa *fiat*. En cambio, serán fichas referenciadas a activos aquellas que pretendan mantener su valor estable referenciándolo a cualquier otro valor o derecho, o una combinación de ambos, incluyéndose una o varias monedas *fiat*. Por último, la amplitud de la categoría «otros criptoactivos que no sean fichas de dinero electrónico o fichas referenciadas a activos» cubrirá gran parte de los restantes criptoactivos que alcancen a entrar en la ya holgada definición de «criptoactivo», incluyendo expresamente las denominadas fichas de consumo, cuya única finalidad es proveer de acceso a un bien o servicio facilitado por el emisor (art. 3.1.9[518]). En esta última categoría, como veremos, serían susceptibles de incardinarse ciertos modelos de NFT, como los NFT avatares.

Cada una de estas categorías de activos presenta diferentes requisitos en cuanto a su emisión y negociación. Consecuentemente, nos encontramos en el Reglamento MiCA con tres regímenes. El régimen menos estricto corresponde a la emisión de criptoactivos que no son considerados fichas referenciadas a activos o de fichas de dinero electrónico. Este régimen pretende proporcionar al adquirente datos relativos a la identificación del emisor y otros operadores significativos en la relación contractual, así como información precontractual técnico-jurídica adecuada y relevante sobre el criptoactivo, mediante publicación de un *whitepaper* o «libro blanco» (art. 5, con requisitos de contenido que varían en función del tipo de criptoactivo asociado), y cubriendo así la laguna jurídica previa existente que dejaba al adquirente de criptoactivos de esta categoría en una situación de vulnerabilidad debido a una eventual falta de información.

Pese a la comentada amplitud de la definición de «criptoactivo» efectuada por el Reglamento MiCA, algunos tipos de criptoactivos (y «criptoarte» en NFT) quedarán fuera de su ámbito de regulación, bien por remitirse a otra normativa preexistente (como el caso de NFT que puedan equipararse, por su uso, a un instrumento financiero), bien a la espera de futuras normas *ad hoc* (como la relativa a tókenes no fungibles únicos, cuyo estudio exige el propio Reglamento MiCA en su artículo 142, mediante la redacción de un informe y, eventualmente, una propuesta legislativa, que la Comisión deberá presentar al Parlamento Europeo antes de finalizar el año 2024[519]).

---

518 Artículo 3.1.9 del Reglamento MiCA: "«ficha de *consumo*»: un tipo de criptoactivo utilizado ***únicamente*** para dar acceso a un bien o *un servicio prestado* por su emisor".

519 Establece el artículo 142 del Reglamento MiCA lo siguiente: «A más tardar el 30 de diciembre de 2024, la Comisión, previa consulta a la ABE y la AEVM, presen-

En su artículo 2.2.a, el Reglamento excluye expresamente aquellos criptoactivos que sean «únicos y no fungibles con otros criptoactivos»[520]. Sin

---

tará un informe al Parlamento Europeo y al Consejo sobre los últimos desarrollos en materia de criptoactivos, en particular sobre las cuestiones que no trate el presente Reglamento, acompañado, si procede, de una propuesta legislativa. 2. El informe a que se refiere el apartado 1 contendrá, como mínimo, lo siguiente: a) una evaluación de la evolución de las finanzas descentralizadas en los mercados de criptoactivos y del adecuado tratamiento normativo de los sistemas de criptoactivos distribuidos que carecen de emisor o proveedor de servicios de criptoactivos, incluida una evaluación de la necesidad y viabilidad de regular las finanzas descentralizadas; b) una evaluación de la necesidad y viabilidad de regular la concesión y toma de préstamos de criptoactivos; c) una evaluación del tratamiento de los servicios asociados a la transferencia de fichas de dinero electrónico, si no se trataran en el contexto de la revisión de la Directiva (UE) 2015/2366; d) una evaluación de la evolución de los mercados de criptoactivos únicos y no fungibles y del adecuado tratamiento normativo de dichos criptoactivos, incluida una evaluación de la necesidad y viabilidad de regular a los oferentes de criptoactivos únicos y no fungibles, así como a los proveedores de servicios relacionados con dichos criptoactivos».

520 Considerando 10: «El presente Reglamento no debe aplicarse a los criptoactivos que sean únicos y no fungibles con otros criptoactivos, incluidos las colecciones y el arte digitales. El valor de dichos criptoactivos únicos y no fungibles es atribuible a las características únicas de cada criptoactivo y a la utilidad que otorga al titular de las fichas. Tampoco debe aplicarse el presente Reglamento a los criptoactivos que representen servicios o activos físicos únicos y no fungibles, como las garantías de productos o los bienes inmuebles. Aunque los criptoactivos únicos y no fungibles podrían negociarse en los mercados y acumularse con fines especulativos, no son fácilmente canjeables, y el valor relativo de un criptoactivo de este tipo con respecto a otro, siendo cada uno de los cuales único, no puede determinarse por comparación con un mercado existente o con un activo equivalente. Tales características limitan la medida en que dichos criptoactivos pueden tener un uso financiero, acotando así los riesgos para los accionistas y el sistema financiero, y justificando su exclusión del ámbito de aplicación del presente Reglamento». Considerando 11: «Las partes fraccionarias de un criptoactivo único y no fungible no deben considerarse únicas y no fungibles. La emisión de criptoactivos como fichas no fungibles en una amplia serie o colección debe considerarse un indicador de su fungibilidad. La mera atribución de un identificador único a un criptoactivo no es suficiente, en sí o por sí misma, para clasificarlo como único y no fungible. Para que un criptoactivo se considere único y no fungible, también los activos o derechos representados han de ser únicos y no fungibles. La exclusión de los criptoactivos únicos y no fungibles del ámbito de aplicación del presente Reglamento se entiende sin perjuicio de la consideración de dichos criptoactivos como instrumentos financieros. El presente Reglamento debe aplicarse también a los criptoactivos que parezcan únicos y no fungibles, pero cuyas características de hecho o cuyas características vinculadas a sus usos de facto los harían fungibles o

embargo, es en sus considerandos donde la norma da mayor detalle respecto de la inclusión o exclusión de los tókenes no fungibles en su ámbito objetivo de aplicación. Como puede apreciarse, el Reglamento MiCA ha dotado de relevancia al atributo de la fungibilidad, que aparece como un criterio orientativo de su inclusión o exclusión de ciertos criptoactivos en su ámbito regulador[521]. Aparentemente, la norma pone este concepto en relación con su cualidad de «intercambiable» con otros criptoactivos. Sin embargo, como hemos mencionado en apartados anteriores, resulta muy habitual que tókenes únicos o pretendidamente no fungibles se intercambien en mercados especializados con otros criptoactivos (como ether u otras criptomonedas, si así lo pactan las partes y lo permite su configuración). Por otra parte, una fracción de f-NFT sería, en principio y a nuestro parecer, «semifungible» con otra porción de f-NFT de la misma obra subyacente, siempre que se pueda considerar que comparten cualidades, derechos asociados y valor. Lo mismo sucedería con diferentes NFT emitidos dentro de una serie limitada o de coleccionables. Y, como se ha comentado, puesto que la fungibilidad presenta una faceta subjetiva, nada impide que dos partes contractuales, titulares de sendos NFT pretendidamente no fungibles, los intercambien cuando resulte técnicamente operativo.

A este respecto, reconoce el texto del Reglamento MiCA, en su Considerando 11[522], que la emisión en series o colecciones de NFT o su oferta como elemento fraccionado pueden considerarse indicios de su fungibilidad, con lo cual entendemos que estos podrían sujetarse a su ámbito de aplicación objetivo. No obstante, no se establecen los criterios que ayudarían a determinar cuándo un NFT se consideraría activo «suficientemente

---

no únicos. A este respecto, al evaluar y clasificar los criptoactivos, las autoridades competentes deben adoptar un enfoque en el que predomine el fondo sobre la forma, según el cual las características del criptoactivo en cuestión determinen la clasificación y no su designación por el emisor». Artículo 2.3: «El presente Reglamento no se aplicará a los criptoactivos que sean únicos y no fungibles con otros criptoactivos».

521 Esta referencia ha sido motivadora del apartado «Reflexiones previas sobre la fungibilidad de los NFT. Los NFT fraccionados y emitidos en grandes series», dentro del presente capítulo.

522 Sigue el Considerando 11: «El presente Reglamento debe aplicarse también a los criptoactivos que parezcan únicos y no fungibles, pero cuyas características de hecho o cuyas características vinculadas a sus usos de facto los harían fungibles o no únicos. A este respecto, al evaluar y clasificar los criptoactivos, las autoridades competentes deben adoptar un enfoque en el que predomine el fondo sobre la forma, según el cual las características del criptoactivo en cuestión determinen la clasificación y no su designación por el emisor».

fungible», y, consecuentemente, incluido en la amplia categoría de «otros criptoactivos diferentes de fichas de dinero electrónico o fichas referenciadas a activos», hecho que obligaría a su emisor a cumplir con los requisitos imperativos establecidos en la norma, especialmente en relación a su oferta, a la admisión en plataformas mercado, suministro de información en un libro blanco, a las comunicaciones comerciales y al envío de comunicaciones a autoridades competentes, entre otras exigencias. La falta de delimitación resulta evidente, y por ello el Reglamento MiCA delega en futuras interpretaciones de autoridades competentes las concreciones sobre cuándo un criptoactivo (entre ellos, un NFT) es considerado como fungible, atendiendo a su finalidad y características por encima de la calificación como no fungible o no único que pueda efectuar su emisor (Considerando 11, segundo inciso, y Considerando 14; en cuanto al informe y eventual propuesta legislativa sobre NFT encomendados a la Comisión, artículo 142[523]). Asimismo, determina igualmente el Considerando 11 que los activos o derechos representados por el token también deben ser únicos y no

---

523 Establece el Considerando 14 que: «A fin de garantizar una delimitación clara entre, por una parte, los criptoactivos incluidos en ámbito de aplicación del presente Reglamento y, por otra, los instrumentos financieros, debe encomendarse a la AEVM que emita directrices sobre los criterios y las condiciones para la consideración de los criptoactivos como instrumentos financieros. Dichas directrices también deben permitir una mejor comprensión de los casos en que los criptoactivos que, de otro modo, se consideran únicos y no fungibles con otros criptoactivos podrían considerarse instrumentos financieros. A fin de promover un enfoque común para la clasificación de los criptoactivos, la ABE, la AEVM y la Autoridad Europea de Supervisión (Autoridad Europea de Seguros y Pensiones de Jubilación) (AESPJ), creada en virtud del Reglamento (UE) n.º 1094/2010 del Parlamento Europeo y del Consejo11 (en lo sucesivo, «Autoridades Europeas de Supervisión» o «AES»), deben impulsar los debates sobre dicha clasificación. Las autoridades competentes deben poder solicitar dictámenes a las AES sobre la clasificación de criptoactivos, incluidas las clasificaciones propuestas por oferentes o personas que soliciten la admisión a negociación. Los oferentes o las personas que solicitan la admisión a negociación son los principales responsables de la correcta clasificación de los criptoactivos, que podría ser cuestionada por las autoridades competentes, tanto antes de la fecha de publicación de la oferta como en cualquier momento posterior. Cuando la clasificación de un criptoactivo parezca ser incompatible con el presente Reglamento o con otros actos legislativos pertinentes de la Unión en materia de servicios financieros, las AES deben hacer uso de sus competencias en virtud de los Reglamentos (UE) n.º 1093/2010, (UE) n.º 1094/2010 y (UE) n.º 1095/2010, a fin de garantizar un enfoque uniforme y coherente de dicha clasificación».

fungibles para quedar fuera del ámbito de la MiCA[524]. *A sensu contrario*, la diferencia entre derechos representados en emisiones de NFT podría ser indicio de su falta de fungibilidad y, por ende, de su exclusión del ámbito de aplicación material de esta norma.

Como hemos comentado, el «criptoarte» en NFT se puede negociar en mercados y acumularse con finalidades especulativas, aunque estas funciones no resultarán determinantes, por sí solas, para incluir tales NFT dentro del ámbito de aplicación de la MiCA (Considerando 10). Algunos indicadores del peligro para el sistema financiero y los usuarios de estos mercados serían la facilidad con la que estos criptoactivos pueden intercambiarse con otros criptoactivos, así como emisiones con un volumen suficientemente elevado para generar riesgos considerables en el mercado[525]. A nuestro parecer, esta delimitación del ámbito material debería completarse igualmente con criterios objetivos de corte que permitan considerar de manera certera cuándo una emisión de «criptoarte» en NFT de fraccionado o emitido en colecciones debe cumplir con el Reglamento MiCA: están apareciendo algunas emisiones masivas de NFT que se distri-

---

524 Su Considerando 10, además, extiende la exclusión del ámbito de aplicación objetivo a criptoactivos que representen servicios o bienes físicos únicos y no fungibles, como garantías de productos o activos inmobiliarios. A nuestro parecer, el «criptoarte» en NFT no fraccionado asociado a obras subyacentes en formato físico puede interpretarse dentro de esta exclusión: atendiendo a la finalidad de la norma, estos criptoactivos no presentarían un verdadero riesgo para el mercado debido a sus características de activo único, que privan al NFT de un uso financiero extendido. Entienda el lector que lo anterior no implica, como se ha explicado en apartados previos, que sus adquirentes estén adecuadamente informados de los riesgos de adquirir estos NFT excluidos por el Reglamento MiCA, ni de sus derechos u obligaciones asociados. El artículo 2.3 establece: «El presente Reglamento no se aplicará a los criptoactivos que sean únicos y no fungibles con otros criptoactivos».

525 El Considerando 10 establece: «El presente Reglamento no debe aplicarse a los criptoactivos que sean únicos y no fungibles con otros criptoactivos, incluidos las colecciones y el arte digitales. El valor de dichos criptoactivos únicos y no fungibles es atribuible a las características únicas de cada criptoactivo y a la utilidad que otorga al titular de las fichas.(...). Aunque los criptoactivos únicos y no fungibles podrían negociarse en los mercados y acumularse con fines especulativos, no son fácilmente canjeables, y el valor relativo de un criptoactivo de este tipo con respecto a otro, siendo cada uno de los cuales único, no puede determinarse por comparación con un mercado existente o con un activo equivalente. Tales características limitan la medida en que dichos criptoactivos pueden tener un uso financiero, acotando así los riesgos para los accionistas y el sistema financiero, y justificando su exclusión del ámbito de aplicación del presente Reglamento».

buyen para un gran público, la técnica permite llevarlas a cabo y pueden extenderse en el sector del «criptoarte» y en otros ámbitos y mercados[526]. Pero no existe , a nuestro parecer, certeza sobre la imperatividad del cumplimiento de las obligaciones impuestas a emisores de NFT y operadores de plataformas y mercados especializados, con la posibilidad de que se use esta inseguridad jurídica para escapar de la nueva normativa reguladora sobre criptoactivos, y, consecuentemente, eludir las obligaciones para los diferentes operadores relevantes en la operación de lanzamiento que se desprenden de dicha normativa.

Añade el Considerando 10 que los NFT únicos y no fungibles excluidos de su aplicación son criptoactivos cuyo valor relativo no se puede determinar mediante su comparación con un mercado existente o un activo equivalente, sino que tienen, respectivamente, valores únicos[527]. El Reglamento MiCA se refiere expresamente al arte digital y a los coleccionables (o colecciones), apartándolos de su ámbito de aplicación por ser tókenes cuyo valor se atribuirá a sus características únicas y a la utilidad que le dé ese NFT único a su titular[528]. Opinamos que ese sería el caso, únicamente, de obras de «criptoarte» cuyo *smart contract* no permitiera el fraccionamiento, y de aquellas cuya su venta se realice como obra única e individualizada o en proyectos que contemplen la emisión de pequeñas series o colecciones[529], pudiendo presentar dudas el encaje de grandes emisiones de NFT (ya sea a modo de fracciones o en colecciones) con fines de captación de financiación, los cuales, a nuestro modo de ver, encuentran en el mercado activos equivalentes y cuyos valores son susceptibles de compararse a otras categorías de «criptoactivos» sí sujetas al Reglamento MiCA.

---

526 Aunque a nuestro parecer no se pueden catalogar como «criptoarte», existen populares emisiones masivas de NFT con fines de inversión que se ofertan e intercambian en mercados especializados, como los NBA Top Shots. Asimismo, algunos museos y artistas han propuesto lanzamientos de NFT que implican tiradas de elevados números de ejemplares.

527 Este valor único dependerá de otros factores que se enumeran en posteriores apartados.

528 Su Considerando 10, además, extiende la exclusión del ámbito de aplicación objetivo a criptoactivos que representen servicios o bienes físicos únicos y no fungibles, como garantías de productos o activos inmobiliarios. El artículo 2.3 establece: «El presente Reglamento no se aplicará a los criptoactivos que sean únicos y no fungibles con otros criptoactivos». Considerando 10 «(...) Tampoco debe aplicarse el presente Reglamento a los criptoactivos que representen servicios o activos físicos únicos y no fungibles, como las garantías de productos o los bienes inmuebles. (...)».

529 Como ejemplo, la obra *Everydays*, de Beeple.

Igualmente quedarán fuera del ámbito de aplicación del Reglamento MiCA, entre otros, criptoactivos que se consideren instrumentos financieros de acuerdo con la definición de la Directiva MiFID II (art. 2.4); también aquellos que se oferten como gratuitos (Considerando 26 y art. 4.3.a [530]), y sin que se entiendan como tales aquellos contraprestados con datos personales (art. 4.3, último párrafo), o que se creen de forma automática como recompensa por validaciones o mantenimiento de una TRD (art. 4.3.b), o en aquellos casos en los que el bien o servicio al que da acceso una ficha de consumo ya exista (art. 4.3.c)[531].

Aunque algunas ofertas de criptoactivos distintos de fichas referenciadas a activos o fichas de dinero electrónico aparecen exentas de diversas obligaciones en el Reglamento MiCA, la normativa de protección de los consumidores, como la Directiva 2005/29/CE o la Directiva 93/13/CEE del Consejo, sigue siendo aplicable a las ofertas públicas de criptoactivos cuando impliquen una relación entre empresa y consumidor (Considerando 29); consecuentemente, de esta subsunción a dicha normativa de consumo se desprenden una serie de obligaciones de información al adquirente que sea susceptible de considerarse un usuario final. Asimismo, quedan fuera de la obligación de presentar un libro blanco, según el Reglamento MiCA, las emisiones de criptoactivos distintos de fichas referenciadas a activos o fichas de dinero electrónico que podríamos considerar de pequeña envergadura: aquellos que integren ofertas dirigidas a menos de 150 personas por Estado miembro o dirigidas exclusivamente a inversores cualificados, o cuya oferta pública con una contraprestación total que no exceda de un millón de euros a lo largo de un período de 12 meses, para evitar a las empresas emergentes la sujeción a cargas administrativas «excesivas y desproporcionadas» (Considerando 27 y artículo 4.2.c). Con todo, el libro blanco se puede

---

530 Considerando 26: «Con el fin de garantizar un enfoque proporcionado, ningún requisito del presente Reglamento debe aplicarse a las ofertas públicas de criptoactivos, distintos de fichas referenciadas a activos o fichas de dinero electrónico, que se ofrezcan gratuitamente o que se creen automáticamente como recompensa por el mantenimiento del registro distribuido o la validación de operaciones en el contexto de un mecanismo de consenso. (...)». Artículo 4.3.a: «El presente título no se aplicará a las ofertas públicas de criptoactivos distintos de fichas referenciadas a activos o fichas de dinero electrónico cuando concurra alguna de las circunstancias siguientes: a) el criptoactivo se oferte gratuitamente; b) el criptoactivo se cree automáticamente como recompensa por el mantenimiento del registro distribuido o la validación de operaciones; (...)».

531 Artículo 4.3.c: «la oferta se refiera a una ficha de consumo que proporcione acceso a un bien o servicio que exista o esté en funcionamiento» [sic].

elaborar de forma voluntaria (art. 4.8). A nuestro parecer, con este párrafo se desaprovecha la oportunidad de mejorar las condiciones de información de los potenciales adquirentes de estos criptoactivos (por ejemplo, pequeños empresarios e inversores que, por sus condiciones, presenten una posición de indefensión equiparable a la de los consumidores o usuarios finales), porque recuerda la norma en su Considerando 29 que sigue siendo aplicable lo establecido en la normativa de consumo respecto de los deberes de información[532]. En este sentido, la norma puntualiza que solo debe entenderse como oferta pública aquella modalidad de oferta que cumpla con los requisitos establecidos en el propio Reglamento MiCA, entendiéndose «oferta pública» aquella «comunicación a personas, de cualquier forma y por cualquier medio, que presenta información suficiente sobre los términos de la oferta y los criptoactivos que se ofertan de modo que permite a potenciales titulares decidir si adquieren dichos criptoactivos» (arts. 3.12 y 3.13)[533].

No queremos finalizar esta sección sin recordar que existen NFT cuyos emisores describen como «criptoarte» pero que poseen utilidades prácticas añadidas, con lo cual exceden dicha categorización. Sirvan de ejemplo los NFT con funciones de avatar: el avatar tiene una función de identidad digital (por este motivo no suele presentarse como fraccionado, pero sí es habitual que se emita dentro de series de coleccionables[534]) y puede incorporar, además, otros derechos concretos de acceso a aplicaciones, productos o servicios (por ejemplo, acceso a eventos dentro de una comunidad de usuarios) a los cuales se podrá acceder en un futuro: se trata, pues, de derechos que no son intrínsecos al «criptoarte» en NFT, entendido en su sentido más estricto[535]. Así, como se verá, estos NFT adoptan un carácter

---

532 Considerando 29: «Aunque algunas ofertas de criptoactivos distintos de fichas referenciadas a activos o fichas de dinero electrónico están exentas de diversas obligaciones del presente Reglamento, la normativa de la Unión que garantiza la protección de los consumidores, como la Directiva 2005/29/CE del Parlamento Europeo y del Consejo14 o la Directiva 93/13/CEE del Consejo15, incluida toda obligación de información que en ellos se recoja, sigue siendo aplicable a las ofertas públicas de criptoactivos cuando impliquen una relación entre empresa y consumidor».

533 Considerando 28. «La mera admisión a negociación o la publicación de los precios de compra y venta no debe considerarse, en sí o por sí misma, una oferta pública de criptoactivos. Dicha admisión o publicación solo debe constituir una oferta pública de criptoactivos cuando incluya una comunicación que constituya una oferta pública con arreglo al presente Reglamento».

534 Como las colecciones de Criptopunks o de Bored Ape Yatch Club.

535 Existen otras colecciones de *utility NFT* que no son avatares, sino que tienen aplicaciones en entornos de videojuego o metaverso, como las emitidas por Parallel Alpha o The Sandbox.

híbrido[536]: pueden representar un derecho de acceso a un bien o servicio, siendo susceptibles de asimilarse a un *utility token* o «ficha de consumo», en el sentido del Reglamento MiCA (art. 3.1.9), pero, simultáneamente, siguen usándose como certificado de titularidad, originalidad y autenticidad, a la vez que representan derechos de propiedad intelectual sobre un activo intangible: la obra de «criptoarte» subyacente que constituye el personaje o avatar[537]. Nos encontraríamos con lo que se denomina un *utility NFT* o «NFT de utilidad»: podríamos definirlos como aquellos tókenes de carácter no fungible o semifungible que presentan usos más allá de su comercialización, coleccionabilidad y expectativas de revalorización (siendo habituales, para ello, utilidades de certificado digital de originalidad, autenticidad y/o titularidad, y/o representaciones de derechos de propiedad intelectual de creaciones digitales), junto con otros usos simultáneos que impliquen el derecho de acceso a bienes, servicios u otras remuneraciones que el emisor se compromete a preveer al titular[538].

Los NFT avatares, generalmente, se emiten dentro de series o colecciones, con lo cual su valor relativo podría referenciarse respecto del mercado existente y de activos equivalentes y que pueden ofertarse en mercados de intercambio descentralizados y abiertos. Por tales consideraciones, estos NFT que funcionan como avatares son susceptibles de penetrar en la amplia categoría «otros criptoactivos diferentes de fichas de dinero electrónico o fichas referenciadas a activos». Aunque caben argumentos a favor de la exclusión de los NFT avatares del Reglamento MiCA, al poder calificarse en ciertos casos como criptoactivos que representan «servicios únicos y no fungibles», como se recoge en el Considerando 10, y al no poder incluirse en la definición textual de "fichas de consumo" acotada por el Reglamento

536 Afirma MARTÍNEZ NADAL, con quien coincidimos, que los tókenes híbridos pueden presentar problemas a la hora de clasificarlos en las distintas categorías propuestas por el Reglamento MiCA, y no siempre resultará fácil clasificar un criptoactivo en una u otra categoría. MARTÍNEZ NADAL, Apol·lònia, «Ámbito de aplicación y conceptos esenciales de la propuesta de Reglamento relativo a los mercados de criptoactivos: la noción de criptoactivo y sus subcategorías (arts. 2 y 3)», p. 61, en AA.VV., *Guía de criptoactivos MiCA*, Agustín Madrid Parra, Carmen Pastor Sempere (Dirs.), María Jesús Blanco Sánchez, Ana Cediel (Coords.), Navarra, 2021, 373 pp.

537 Artículo 3.1.9 del Reglamento MiCA: "«ficha de consumo»: un tipo de criptoactivo utilizado únicamente para dar acceso a un bien o un servicio prestado por su emisor»".

538 Definición propia. Al respecto de los usos que suele tener un *utility NFT*, véase informe DAPPRADAR, *What Do Consumers Want from NFTs?* [en línea], febrero de 2023. Disponible en: < https://dappradar.com/blog/behavior-report-what-do-consumers-want-from-nfts#Chapter-2>. [Fecha de consulta: 8 de mayo de 2024].

(«tipo de criptoactivo utilizado ***únicamente*** para dar acceso a un bien o un servicio prestado por su emisor») debido a su carácter híbrido, deberá esperarse a futuras manifestaciones por parte de autoridades competentes o de normativa específica para elucidar su regulación.

Como recapitulación de lo expuesto en este apartado, entendemos que resulta perfectamente comprensible que los NFT verdaderamente únicos y no fungibles, comunes en la categoría de «criptoarte» en NFT, queden fuera del ámbito de aplicación del Reglamento MiCA. Sin embargo, la distinción de los tókenes con base en su fungibilidad y la amplitud que presentan sus potenciales funcionalidades complican alcanzar una delimitación clara cuando se sondea al NFT como objeto de dicha norma. Por otra parte, algunas distinciones entre tókenes fungibles y no fungibles no nos parecen justificadas, concretamente en lo referente a la protección del adquirente no avezado en el ecosistema y los mercados específicos de NFT. En este sentido, abogamos por generalizar la obligación de facilitar información precontractual completa y detallada sobre los usos, derechos y riesgos asociados a la compra de un NFT, incluidos los NFT de «criptoarte», dada la dificultad de acceso a esta información que puede tener su adquirente y a la pluralidad de fuentes que podrían resultar contradictorias. A la espera de futura normativa *ad hoc* o de instrucciones de autoridades competentes al respecto, este vacío legal actual se podría suplir aplicando extensivamente otras normas ya mencionadas: concretamente, en adquisiciones de NFT categorizables en el marco del derecho de consumo, interpretamos que podría aplicarse la normativa de protección al consumidor, en especial las disposiciones referentes a la facilitación de información esencial sobre el producto[539].

En cualquier caso, a la espera de pronunciamientos de autoridades competentes ya compelidas a ello por el Reglamento MiCA, opinamos que los metadatos del NFT, el *whitepaper*, la publicidad, el sitio web del emisor y los términos y condiciones aplicables al negocio jurídico de adquisición podrían proporcionar indicios que subyazcan sobre ciertos lanzamientos en cuanto a la finalidad de captación de inversión, la existencia de eventuales riesgos para el mercado y/o el gran público inversor, o sobre la (in)fungibilidad de criptoactivos en formato NFT. Valorados dichos elementos en un análisis casuístico, recomendaríamos a los emisores de dichos NFT que, frente a dudas sobre su sometimiento al Reglamento MiCA, efectuaran las consultas pertinentes a las autoridades competentes y valorasen la redac-

---

539 Véase apartado «Utilidad del NFT como certificado de autenticidad, originalidad y titularidad de la obra de arte digital», en el Capítulo 4.

ción voluntaria de un libro blanco con información similar a la exigida por el Reglamento MiCA, en forma adecuada y proporcionada al alcance de cada emisión. A este respecto, queremos mencionar que el incumplimiento de los artículos 4 a 15 del Reglamento se considerará como infracción grave, y su régimen sancionador ya resulta aplicable en nuestro país, puesto que ha sido recientemente introducido en nuestro ordenamiento jurídico a través de la nueva Ley 6/2023, de 7 de marzo, de los Mercados de Valores y de los Servicios de Inversión (art. 307.1.a —en adelante, LMVSI)[540].

2.2. Ámbito subjetivo de aplicación de la MICA. Los servicios de criptoactivos

Según el ámbito subjetivo del Reglamento MiCA (art. 2.2), esta norma se aplica a personas naturales, jurídicas u otras entidades que estén involucradas en la emisión, oferta al público y admisión al mercado de criptoactivos o que proporcionen servicios relacionados con los criptoactivos dentro de la Unión Europea. Esta definición congrega, principalmente[541], a los siguientes actores:

- emisores de criptoactivos, entendido emisor como «una persona física o jurídica u otra empresa que emite criptoactivos» (art. 3.10 del Reglamento MiCA) si bien hemos observado que esta definición se contradice con lo afirmado en el art. 4.1.a y el Considerando 23, que establece que únicamente podrán efectuar emisiones lícitas, según el Reglamento (arts. 4 y 58, respecto de emisiones de criptoactivos distintos a fichas de dinero o fichas referenciadas a activos), las personas jurídicas; y distinguiendo dentro de esta categoría genérica al «emisor solicitante»: un emisor de fichas referenciadas a activos o fichas de dinero electrónico que solicite una autorización para realizar una oferta pública o que solicite la admisión a negociación de dichos criptoactivos» (art. 3.11); para mayor aclaración sobre este sujeto, establece también el Considerando 20 que «los emisores de criptoactivos son las entidades que controlan la creación de criptoactivos»;

---

[540] Para más información sobre el régimen sancionador establecido en el Reglamento MiCA, nos remitimos a PÉREZ MARÍN, María Ángeles, «El Reglamento MiCA: responsabilidad y sanción frente al incumplimiento de la regulación del mercado de criptoactivos», en *Ius et Scientia*, vol. 9, núm. 2, 2023, pp. 64-92.

[541] Asimismo, quedan fuera del ámbito subjetivo de aplicación una serie de entidades e instituciones (art. 2.2). Entre ellos: liquidadores y administradores concursales, diferentes entidades financieras y bancarias u organizaciones internacionales.

- oferentes de criptoactivos, cuando sean personas o entidades diferentes a los emisores («la persona física o jurídica, u otra empresa, o el emisor, que oferta al público criptoactivos»), si bien hemos observado que esta definición se contradice con lo afirmado en el artículo 4.1.a y el Considerando 23, los cuales establecen que únicamente podrán ser emisores las personas jurídicas, y entendiéndose «oferta pública» como «una comunicación a personas, de cualquier forma y por cualquier medio, que presenta información suficiente sobre los términos de la oferta y los criptoactivos que se ofertan de modo que permite a potenciales titulares decidir si adquieren dichos criptoactivos» (arts. 3.12 y 3.13 del Reglamento MiCA);
- y a proveedores de servicios de criptoactivos, que corresponderían a aquella «persona jurídica u otra empresa cuya actividad o negocio consiste en la prestación profesional de uno o varios servicios de criptoactivos a clientes y que está autorizada a prestar servicios de criptoactivos de conformidad con el artículo 59» (art. 3.1.15 del Reglamento MiCA), dentro de los Estados miembro, como también a emisores establecidos fuera de la Unión Europea y que pretendan comerciar en los Estados miembro, dependiendo de la tipología de criptoactivo de que se trate. En este sentido, se entiende como «servicio de criptoactivos» cualquiera de los «servicios y actividades, en relación con cualquier criptoactivo, que se enumera a continuación: a) custodia y administración de criptoactivos por cuenta de clientes; b) gestión de una plataforma de negociación de criptoactivos; c) canje de criptoactivos por fondos; d) canje de criptoactivos por otros criptoactivos; e) ejecución de órdenes relacionadas con criptoactivos por cuenta de clientes; f) colocación de criptoactivos; g) recepción y transmisión de órdenes relacionadas con criptoactivos por cuenta de clientes; h) asesoramiento en materia de criptoactivos; i) gestión de carteras de criptoactivos; j) prestación de servicios de transferencia de criptoactivos por cuenta de clientes»(art. 3.1.16)[542].

Estas categorías deberían aplicarse a emisores, plataformas y otros prestadores de servicios relacionados con aquellas emisiones de NFT que entren dentro del ámbito objetivo de aplicación del Reglamento MiCA[543].

---

542 El texto, tras enumerarlos, pasa a definir cada uno de los mencionados servicios de criptoativos (art. 3.20 y ss.).

543 Para más información, nos remitimos a BLANCO SÁNCHEZ, María Jesús, «Ejercicio de la actividad por prestadores de servicios de criptoactivos y adquisición de proveedores», pp. 281-295, en AA.VV., *Guía de criptoactivos MiCA*, Agustín Madrid

Así, los emisores y proveedores deberán respetar lo establecido respecto de información privilegiada (entre otros obligados, arts. 86 a 90), y a eventuales conductas de abuso o manipulación del mercado (arts. 91 y 92). Además, los proveedores de servicios de criptoactivos deberán cumplir con los requisitos de autorización y ejercicio de su actividad contenidos en el Título V de la norma[544]. Los oferentes y personas que soliciten la admisión a negociación de criptoactivos distintos de fichas referenciadas a activos o fichas de dinero electrónico que estén sujetos al Reglamento MiCA podrán ofertar dichos criptoactivos una vez publicado el libro blanco (si no están exentos de su elaboración y publicación de acuerdo con el artículo 4) y no estarán sujetos a requisitos adicionales de información respecto de la oferta pública o la admisión a negociación de dichos criptoactivos (art. 11 Reglamento MiCA).

Por otra parte, el texto equipararía el concepto de titular minorista al tradicional y comúnmente conocido concepto de consumidor, definiéndose el primero como «toda persona física que actúe con fines ajenos a su actividad comercial, negocio, oficio o profesión» (art. 2.37 Reglamento MiCA), aunque en diferentes considerandos se alude expresamente al concepto de consumidor. Si bien desconocemos los motivos de la diferencia de nomenclatura adoptada por el legislador europeo, nos aventuramos a argumentar que, con ello, se pretendería evitar equiparaciones entre relaciones tradicionalmente entendidas como de consumo (consumidor-plataforma y consumidor-empresario) y otras relaciones diferentes (titular minorista-titular minorista), así como la arriesgada equiparación de un criptoactivo a un bien de consumo. Consumidores y titulares minoristas tendrían reconocidos derechos de información sobre características, funciones y riesgos de aquello ofertado como bien (o criptoactivo) en aras de garantizar su protección (Considerando 24), y otros derechos como el de desistimiento, que pueden diferir entre sí en atención a la norma aplicable[545] (Considerando 37 y artículo 12). Sin embargo, de lo anterior

---

Parra, Carmen Pastor Sempere (Dirs.), María Jesús Blanco Sánchez, Ana Cediel (Coords.), Navarra, 2021, 373 pp.

544 Por motivos de concisión, no entraremos en el estudio detallado de cada una de dichas obligaciones.

545 Cuando el titular minorista tenga un derecho de desistimiento en aplicación del Reglamento MiCA no debe aplicarse el derecho de desistimiento previsto en la Directiva 2002/65/CE del Parlamento Europeo y del Consejo, de 23 de septiembre de 2002, relativa a la comercialización a distancia de servicios financieros destinados a los consumidores, y por la que se modifican la Directiva 90/619/CEE del Consejo y las Directivas 97/7/CE y 98/27/CE.

resulta, a nuestro parecer, y a pesar de la intención manifestada en el Considerando 112[546], una normativa todavía más fragmentada para aplicar a los adquirentes de NFT, en cuanto a los consumidores de contenidos digitales y de servicios financieros (si se cumplen los criterios de aplicación de las respectivas Directivas[547]), por una parte, y, por otra, a los titulares de criptoactivos y a los usuarios de plataformas y mercados específicos, entre otros clientes de proveedores de servicios de criptoactivos, como normativa más específica. Además, puede resultar una aplicación acumulativa en lo referente a cuestiones no recogidas por la normativa MiCA (por ejemplo: cláusulas abusivas o prácticas comerciales desleales) cuando se den relaciones susceptibles de considerarse como relaciones de consumo al adquirirse criptoactivos. Siendo este el principal panorama normativo actual, deberemos quedar a la espera de informes específicos o de futuras propuestas reguladoras *ad hoc* y de criterios orientativos respecto a categorizaciones de criptoactivos únicos y no fungibles, como encomienda el Reglamento MiCA en su artículo 142.

---

546 Considerando 112 del Reglamento MiCA: « Dado que los objetivos del presente Reglamento, a saber, poner remedio a la fragmentación del marco jurídico aplicable a los oferentes o a las personas que solicitan la admisión a negociación de criptoactivos distintos de las fichas referenciadas a activos y de las fichas de dinero electrónico, los emisores de fichas referenciadas a activos y fichas de dinero electrónico y los proveedores de servicios de criptoactivos, y asegurar el correcto funcionamiento de los mercados de criptoactivos, y, al mismo tiempo, la protección de los titulares de criptoactivos y de los clientes de proveedores de servicios de criptoactivos, en particular los titulares minoristas, así como la protección de la integridad del mercado y de la estabilidad financiera, no pueden ser alcanzados de manera suficiente por los Estados miembros sino que, creando un marco que propicie el desarrollo de un mercado transfronterizo más amplio para los criptoactivos y los proveedores de servicios de criptoactivos, pueden lograrse mejor a escala de la Unión, esta puede adoptar medidas, de acuerdo con el principio de subsidiariedad establecido en el artículo 5 del Tratado de la Unión Europea. De conformidad con el principio de proporcionalidad establecido en el mismo artículo, el presente Reglamento no excede de lo necesario para alcanzar dichos objetivos».

547 Directiva (UE) 2019/770 del Parlamento Europeo y del Consejo, de 20 de mayo de 2019, relativa a determinados aspectos de los contratos de suministro de contenidos y servicios digitales; art. 2.6 Directiva (UE) 2019/771 del Parlamento Europeo y del Consejo, de 20 de mayo de 2019, relativa a determinados aspectos de los contratos de compraventa de bienes, por la que se modifican el Reglamento (CE) núm. 2017/2394 y la Directiva 2009/22/CE y se deroga la Directiva 1999/44/CE; y Directiva 2002/65/CE del Parlamento Europeo y del Consejo, de 23 de septiembre de 2002, relativa a la comercialización a distancia de servicios financieros destinados a los consumidores, y por la que se modifican la Directiva 90/619/CEE del Consejo y las Directivas 97/7/CE y 98/27/CE, y

2.3. *El régimen de «otros criptoactivos diferentes al dinero electrónico o a las fichas referenciadas a activos». El whitepaper (libro blanco), requisitos de las comunicaciones comerciales y derecho de desistimiento del adquirente*

En comparación con la emisión de criptoactivos más riesgosos (como las criptomonedas), el Reglamento MiCA aprecia que los activos bajo el régimen de «otros criptoactivos diferentes al dinero electrónico o a las fichas referenciadas a activos» presentan un bajo riesgo para la estabilidad financiera. En esta amplia categoría se encontrarían los NFT en general (y, por ende, de «criptoarte» en NFT) no excluidos expresamente del ámbito objetivo de aplicación del Reglamento MiCA (al respecto, nos remitimos a lo comentado en párrafos anteriores). Cuando el criptoactivo se considera bajo el régimen de «otros criptoactivos diferentes al dinero electrónico o a las fichas referenciadas a activos», el emisor no necesitaría una autorización previa para proceder a la emisión, sino que simplemente procederá, si le es aplicable la exigencia de su elaboración, a notificar el libro blanco a la entidad supervisora (art. 8) y a publicarlo en el sitio web del oferente (art. 9 del Reglamento MiCA). También publicará en línea e irá actualizando el resultado de las suscripciones de criptoactivos sujetas a un plazo de oferta pública, una vez emitidas (art. 10 del Reglamento MiCA).

El *whitepaper* o libro blanco que, en aplicación del Reglamento MiCA, debe publicar el emisor del criptoactivo nos resulta similar a un folleto de emisión de valores negociables, e incluirá información clara, transparente, concisa, comprensible, que no lleve a confusión y sin omisiones materiales sobre estos extremos (Considerandos 24 y 25, art. 6 y Anexo I del Reglamento MiCA). Si bien ofrecemos ahora un breve resumen de los contenidos el libro blanco, nos remitimos a lo tratado en apartados anteriores para mayor detalle[548]:

- la identificación del emisor (persona física o jurídica que emite el criptoactivo, aunque deberá estar organizado como persona jurídica si se le aplica el Reglamento MiCA) y del oferente (persona física o jurídica que ofrece el NFT al público, si este es diferente al emisor)
- la descripción del proyecto e información sobre el criptoactivo y sus riesgos asociados (especialmente, en cuanto a posibles pérdidas de

---

548 Para más detalle sobre el contenido del libro blanco y su obligatoriedad en emisiones de NFT, nos remitimos al Capítulo 3: «Fuentes de información jurídica relativas a los NFT y, particularmente, al «criptoarte» en NFT».

valor, falta de liquidez o falta de transferibilidad, problemas con la continuidad del proyecto o insolvencia de sus impulsores o la eventual falta de compensaciones o garantías bajo el derecho comunitario);

- información sobre la oferta al público, en especial el número de criptoactivos que se emitirán;
- los derechos y deberes asociados a la tenencia del criptoactivo (y las condiciones para ejercerlos), su precio de emisión y los términos y condiciones derivados de su suscripción, entre ellos el derecho de desistimiento recogido en la misma norma (art. 12 del Reglamento);
- información sobre la tecnología subyacente,
- o la fecha de notificación a la autoridad competente.

A nuestro parecer, esta información resulta esencial para una informada toma de decisiones para cualquier adquirente de criptoactivos, lo cual predicamos también de ciertos tipos de criptoactivos que quedarían fuera del ámbito objetivo de aplicación del Reglamento MiCA, como sucederá con muchas emisiones de NFT no fungibles o semifungibles pero de escaso alcance o riesgo para el mercado. En estos casos, quienes adquieran NFT que no vengan acompañados de libro blanco (cuya redacción puede ser voluntaria u obligatoria según el alcance de la emisión, como hemos mencionado en anteriores apartados y que se desprende del Reglamento MiCA, aunque la norma no detalle en qué emisiones concretas de NFT esta obligación se convierte en categórica) deberán buscar la información esencial en otras fuentes, aunque sin garantías de que el contenido sea completo, adecuado y claro (cualidades que, por otra parte, sí serán exigibles en el marco de relaciones susceptibles de considerarse relaciones de consumo)[549].

Por otra parte, en cuanto al rol jurídico de adquirente de NFT, valoramos de manera muy positiva que el Reglamento MiCA garantice a los adquirentes de los criptoactivos distintos a dinero electrónico y fichas referenciadas a activos un derecho de desistimiento de 14 días naturales desde la fecha de su adquisición, sin necesidad de motivación y libre de costes, y con derecho al reembolso, si bien este derecho no se aplicará cuando los criptoactivos hayan sido admitidos a negociación antes de ser comprados

---

549 Véase Capítulo 4: "Estudio funcional del «criptoarte» en NFT. Su uso como certificado de autenticidad, originalidad y titularidad".

por el titular minorista, ya que el precio de estos dependerá de fluctuaciones de los mercados; tampoco se aplicará cuando haya finalizado el plazo de suscripción en casos de ofertas de criptoactivos limitadas en el tiempo (art. 13 del Reglamento MiCA). El libro blanco debe informar sobre la existencia y contenido de este derecho a potenciales adquirentes (art. 13.3). Asimismo, el reconocimiento de este desistimiento del Reglamento MiCA desplazará al derecho de desistimiento que se encuentra previsto en la Directiva 2002/65/CE relativa a la comercialización a distancia de servicios financieros destinados a los consumidores (Considerando 37)[550].

El Reglamento MiCA también exige una serie de requisitos respecto de comunicaciones comerciales relacionadas con ofertas públicas de criptoactivos dentro de esta categoría de «otros criptoactivos», pensada principalmente para promoción y publicidad en redes sociales de su oferta al público y admisión en plataformas mercado (Considerandos 24, 31, 34, 35 y 96, y artículos 6 y 7 del Reglamento MiCA). En concreto, su identificación como comunicaciones comerciales, y la facilitación de información transparente y clara basada en el libro blanco (remitiendo el propio Reglamento a lo regulado sobre el *whitepaper* en su mismo texto) y debiendo recordarse en los anuncios comerciales que dicho libro blanco no ha sido autorizado por una autoridad europea o nacional (art. 6.3).

Así, cuando los emisores de NFT estén obligados a cumplir con la norma MiCA, deberán elaborar las comunicaciones publicitarias en relación con dicho criptoactivo, si las hubiere, de conformidad con el artículo 7 (art. 43.1.e), y no podrán publicitar el criptoactivo antes de la publicación del libro blanco si su redacción resulta obligatoria (art. 8.2). En este sentido, cualquier comunicación publicitaria referida a la oferta pública o a la admisión a negociación de un criptoactivo distinto de una ficha referenciada a activos o una ficha de dinero electrónico (en nuestro caso, un NFT), cumplirá la totalidad de los requisitos que se enumeran a continuación (art. 7 Reglamento MiCA):

a) las comunicaciones publicitarias serán claramente identificables como tales;

b) la información presentada en las comunicaciones publicitarias será imparcial, clara y no engañosa;

---

550 Directiva 2002/65/CE del Parlamento Europeo y del Consejo, de 23 de septiembre de 2002, relativa a la comercialización a distancia de servicios financieros destinados a los consumidores, y por la que se modifican la Directiva 90/619/CEE del Consejo y las Directivas 97/7/CE y 98/27/CE (DO L 271 de 9.10.2002, p. 16).

c) la información presentada en las comunicaciones publicitarias será coherente con la que figure en el libro blanco de criptoactivos, cuando este sea exigible en virtud de los artículos 4 o 5 del Reglamento;

d) las comunicaciones publicitarias indicarán claramente que se ha publicado un libro blanco de criptoactivos, así como la dirección del sitio web del oferente, la persona que solicite la admisión a negociación o el operador de la plataforma de negociación del criptoactivo en cuestión, y un número de teléfono de contacto y una dirección de correo electrónico de esa persona;

e) las comunicaciones publicitarias incluirán la siguiente declaración de forma clara y destacada: «Esta comunicación publicitaria de criptoactivos no ha sido revisada ni aprobada por ninguna autoridad competente de ningún Estado miembro de la Unión Europea. El oferente del criptoactivo es el único responsable del contenido de esta comunicación publicitaria de criptoactivos».

El cumplimiento de los anteriores requisitos podrá ser controlado por la autoridad nacional competente (art. 7.3 Reglamento MiCA).

Tanto el libro blanco como las comunicaciones publicitarias podrán modificarse cuando ocurran nuevos factores significativos, errores o inexactitudes sustanciales que puedan afectar a su evaluación, con una marca de tiempo y redireccionamientos que identifiquen la versión aplicable de dichos documentos (art. 12 del Reglamento MiCA). Entendemos que la norma, al hablar de evaluación, se referiría al uso o naturaleza del criptoactivo. Dichas modificaciones deben notificarse a las autoridades nacionales competentes, y el oferente informará al público de dicha modificación, a través de su sitio web y, en su caso, el sitio web de la plataforma, facilitando un resumen explicativo de dicha modificación (art. 12 del Reglamento MiCA). Posteriormente, la AEVM incorporará en el registro de libros blancos (indicado en el artículo 109) los libros blancos que hayan sido modificados (art. 12.5 del Reglamento MiCA).

Asimismo, los oferentes y las personas que soliciten la admisión a negociación de criptoactivos distintos de fichas referenciadas a activos o fichas de dinero electrónico publicarán sus libros blancos y, en su caso, las comunicaciones publicitarias en su página web, que será de acceso público, con una antelación razonable y, a más tardar, en la fecha de inicio de la oferta pública o de la admisión a negociación de dichos criptoactivos (art. 9 del Reglamento MiCA). Ambas informaciones permanecerán disponibles en dicho sitio web mientras los criptoactivos estén en manos del público, y serán exactamente iguales que la versión notificada a la autoridad competente pertinente de conformidad con el artículo 8 del Reglamento (art. 9).

Por otra parte, la normativa considera responsable del cumplimiento de los requisitos del Reglamento MiCA al operador de la plataforma de negociación en aquellos casos en los que los criptoactivos se admitan a negociación por iniciativa del propio operador, y el libro blanco de criptoactivos no se haya publicado previamente cuando seí lo exija Reglamento. El operador también responderá del cumplimiento de dichos requisitos si así lo ha acordado por escrito con la persona que solicite la admisión a negociación de los criptoactivos. Asimismo, el Reglamento MiCA establece un conjunto de obligaciones y responsabilidades para los oferentes respecto de la presentación del libro blanco y las comunicaciones comerciales (arts. 14 y 15), comentadas ya en apartados previos de este trabajo[551]. En tales casos, será la persona que solicite la admisión a negociación quien responderá por la información facilitada al operador de la plataforma cuando esta sea engañosa, así como de aquellas cuestiones no delegadas en dicho operador mediante el comentado acuerdo (Considerando 32 y arts. 14 y 15).

2.4. La comisión nacional del mercado de valores como autoridad competente en materia de control administrativo de las actividades publicitarias de criptoactivos. La Circular 1/2022, relativa a la publicidad de criptoactivos presentados como objetos de inversión

En España, la LMVSI designa a la Comisión Nacional del Mercado de Valores (CNMV) como autoridad competente respecto de actividades publicitarias de criptoactivos (art. 247 LMVSI). Esta entidad publicó en febrero de 2022 su Circular 1/2022 relativa a la publicidad sobre criptoactivos presentados como objetos de inversión, siempre que sean ofrecidos a inversores en España.

Esta circular define los criptoactivos como «representación digital de un derecho, activo o valor que puede ser transferida o almacenada electrónicamente, utilizando tecnologías de registro distribuido u otra tecnología similar» y se aplicaría a la publicidad de lanzamientos de NFT que sean ofrecidos masivamente como objeto de inversión y cuya finalidad única no consista en representar activos coleccionables, obras sujetas a propiedad intelectual o activos que tengan como objetivo su uso en competiciones

[551] Véase Capítulo 3: "Fuentes de información jurídica relativas a los NFT y, particularmente, al «criptoarte» en NFT".

y juegos. Así lo recoge en su norma 3.2.d, cuando establece los límites al ámbito objetivo de la Circular[552]. La exclusión de los NFT de su ámbito de aplicación se efectúa, concretamente, en los siguientes términos: «criptoactivos que sean únicos y no fungibles con otros criptoactivos, cuando aquellos representen activos coleccionables, obras con propiedad intelectual o activos cuyo único fin sea su utilización en juegos o competiciones, de forma que no sean ofrecidos masivamente como mero objeto de inversión» (norma 3 de la Circular) y presumiéndose esta característica cuando la publicidad haga referencia a su rentabilidad, precio o valor. Como observará el lector, y al igual que ha sucedido con otras normas de referencia ya comentadas, la autoridad normativa elige el criterio de la fungibilidad a modo de referencia para incluir o descartar ciertos criptoactivos del ámbito de aplicación de la Circular (concretamente, NFT), hecho que también fue objeto de reprobación en su momento[553].

Podría entenderse, según la anterior descripción, que la Circular distingue entre «activos coleccionables», «obras con propiedad intelectual» y «activos cuyo único fin sea su utilización en juegos o competiciones[554]», y

---

552 Norma 3.2.d de la Circular CNMV 1/2022: «A los efectos de esta Circular no tendrán la consideración de actividad publicitaria sobre criptoactivos, y por tanto quedan excluidas de su ámbito(...) d) Publicidad sobre criptoactivos que sean únicos y no fungibles con otros criptoactivos, cuando aquellos representen activos coleccionables, obras con propiedad intelectual o activos cuyo único fin sea su utilización en juegos o competiciones, de forma que no sean ofrecidos masivamente como mero objeto de inversión».

553 El informe del Comité Consultivo sobre el proyecto de Circular de la CNMV sobre publicidad de criptoactivos califica (acertadamente, a nuestro parecer) el uso del criterio de la fungibilidad como «poco adecuado» para excluir la aplicación de, en ese caso, la Circular sobre publicidad de criptoactivos: «La introducción de esta circular señala que excluye de la aplicación de la norma los activos no fungibles. Creemos que utilizar la fungibilidad o no de los activos como uno de los criterios no es adecuado, ya que podría excluir de la aplicación de este conjunto de normas algunos activos de inversión, que son transmisibles de forma masiva, participan en mercados bilaterales secundarios y son objeto de campañas publicitarias. Los tokens condicionales de 2/8 Gnosis o los mercados predictivos son algunos ejemplos de estos tokens no fungibles con objeto de inversión. En estos casos, creemos que su publicidad debería estar sujeta a las mismas normas que las actividades publicitarias del resto de tokens fungibles, ya que también son objeto de inversión». Informe disponible en: <https://www.cnmv.es/DocPortal/AlDia/CNMV_Circular_pub_criptoactivos.pdf. [Fecha de consulta: 8 de mayo de 2024].

554 Al respecto de los NFT en videojuegos y activos del tipo cajas botín, cabe decir que la Ley 23/2022, de 2 de noviembre, por la que se modifica la Ley 13/2011, de 27 de mayo, de regulación del juego, establece un mandato al Gobierno para

los contrapone a otros NFT «que puedan ser ofrecidos masivamente como mero objeto de inversión». Según nuestro punto de vista, la Circular parece ignorar que pueden combinarse en un mismo formato NFT ambas finalidades (utilitaria y de inversión), existiendo, por ejemplo, una obra de «criptoarte» en NFT sujeta a derechos de propiedad intelectual que, a su vez, puede ser ofrecida masivamente en *marketplaces* de NFT, a la vez que se publicita a través de redes sociales (u otros medios publicitarios) mediante campañas publicitarias que fácilmente pueden alcanzar visualizaciones masivas y generar en el adquirente (no siempre experto) expectativas de revalorización o de obtener una rentabilidad a cambio de adquirir ese NFT (que puede tener un coste significativo)[555]. Por este motivo, opinamos que hubiera sido preferible una formulación conceptual más adecuada[556].

Como hemos comentado, consideramos infundada la distinción entre tókenes fungibles y no fungibles en lo que se refiere al cumplimiento de requisitos sobre claridad y transparencia en las comunicaciones publicitarias, en especial al respecto de información sobre riesgos técnicos, jurídicos y económicos del criptoactivo, teniendo en cuenta que la finalidad normativa consiste en dotar de una mayor protección a los adquirentes de NFT, a la vez que se incrementaría, de este modo, la seguridad jurídica del entorno comercial digital. Nosotros recomendaríamos que la publicidad de lanzamientos de NFT que se presentasen como objetos de inversión quedase sujeta) a una regulación *ad hoc* que facilitara extremos

---

que elabore una serie de Directrices para garantizar su uso más seguro, entre las cuales deberá figurar el régimen de las comunicaciones comerciales de estos productos y la necesaria información al consumidor en relación con los riesgos de su uso y abuso. En el momento de redacción de estas líneas, en España se está tramitando el Anteproyecto de Ley por el que se regulan los mecanismos aleatorios de recompensa asociados a productos de software interactivo de ocio. Borrador disponible en: <https://www.consumo.gob.es/sites/consumo.gob.es/files/BORRADOR%20APL%20Y%20MAIN%20MECANISMOS%20ALEATORIOS%20RECOMPENSA%20010722.pdf>. [Fecha de consulta: 8 de mayo de 2024].

555 El fraccionamiento también facilita al creador el cobro de un porcentaje por cada transacción que tenga por objeto una pieza de su obra, si así lo configura en el *smart contract.* Como muestra de la funcionalidad de los NFT fraccionados, nos remitimos a la plataforma de minteado y mercado Fractional art. Disponible en: <fractional.art>. [Fecha de consulta: 8 de mayo de 2024].

556 En el mismo sentido, PERICÁS, Mariona; HÉRNÁNDEZ, Gloria, «¿Son los NFT una vía para escapar de la regulación financiera?», en *Blog El Confidencial, Tribuna-Mercados* [en línea], 2022. Disponible en: https://blogs.elconfidencial.com/mercados/tribuna-mercados/2022-02-22/son-los-nft-una-via-para-escapar-de-la-regulacion-financiera_3379388/. [Fecha de consulta: 8 de mayo de 2024].

similares a los recogidos por la Circular 1/2022 y a la mayoría de los requisitos de contenido del libro blanco y las comunicaciones comerciales del Reglamento, visto que han sido excluidos del ámbito de aplicación de la Circular 1/2022 de la CNMV[557] por su aplicación a objetos de inversión, y también en aquellos casos en los que los lanzamientos quedasen fuera del ámbito de aplicación del Reglamento MiCA. Concretamente, consideramos idóneo que la publicidad del criptoactivo estuviera identificada claramente como tal (norma 5 de la Circular 1/2022), que incluyese información sobre sus riesgos (especialmente un mensaje en el cual se advirtiera de la posibilidad de pérdida del importe invertido, como recoge la norma 5.2 de la Circular de la CNMV) y de otros riesgos tecnológicos y legales que supone, por lo general, la adquisición de estos activos digitales (Anexo II)[558].

Fundamentamos nuestra postura en los principales riesgos de inversión en «criptoarte» en NFT (sean o no fraccionados o emitidos en series de alta tirada). Estos riesgos son, a nuestro modo de ver, numerosos y destacables. Entre muy variadas posibilidades, se nos ocurren los siguientes peligros: fallos de seguridad en los sistemas, faltas de acceso a activos subyacentes, ciberdelincuencia promovida por las facilidades de anonimato en estos entornos (en especial, ciberestafas[559]), falta de diligencia del usuario en cuanto a la custodia de sus propias claves para acceder a las *wallets,* dificultades en la resolución de conflictos legales o reclamación de compensaciones o responsabilidad a operadores y demás sujetos involucrados en el ecosiste-

---

557 Además, la publicidad de criptoactivos deberá respetar lo establecido en la normativa aplicable a cualquier forma de publicidad en España, principalmente la Ley 34/1998, de 11 de noviembre, General de Publicidad, la Ley 3/1991, de 10 de enero, de Competencia Desleal y la Ley 13/2022, de 7 de julio, General de Comunicación Audiovisual.

558 Se incluirán en la comunicación comercial, con formato y posición que garantice su relevancia dentro de la pieza publicitaria no debiendo incluirse como información secundaria o en notas a pie de página, el siguiente mensaje de advertencia: «La inversión en criptoactivos no está regulada, puede no ser adecuada para inversores minoristas y perderse la totalidad del importe invertido».

559 Como ejemplo, la estafa del tipo *rug pull* («tirón de alfombra») realizada a través del lanzamiento en septiembre de 2021 de la colección de 10.000 NFT «Evolved Apes», desarrollados por Evil Apes, y que pretendían ser un juego de lucha en la *blockchain* Ethereum. Estos NFT se agotaron 10 minutos después de ponerse a la venta. Un mes después, uno de los creadores retiró criptomonedas con valor de 2,7 millones de dólares estadounidenses de los fondos pertenecientes al Proyecto, que cubrían gastos del futuro desarrollo y ganancias obtenidas por la venta en mercados secundarios. Actualmente, los NFT aún están disponibles en OpenSea.

ma NFT, riesgos de pérdida total o parcial del valor o utilidad del token y/o falta de acceso o funcionalidad del activo subyacente. Todos estos son riesgos que se deben al inmaduro y dinámico ecosistema tecnológico y jurídico de los NFT. Es más, muchos de ellos son asimismo predicables de NFT que presentan utilidades o activos subyacentes diferentes a las obras de arte digital. Por este motivo, recomendaríamos prestar una información adecuada y mínima, y que ello se instaure en las prácticas comerciales de NFT con fines de inversión. Tal cometido redundaría, como hemos manifestado, en una mejor protección del potencial adquirente, en una mayor transparencia contractual y en el incremento de seguridad jurídica del mercado digital.

Acabaremos este apartado recordando que los criptoactivos (entre ellos, los NFT) que tengan la consideración de instrumentos financieros no se someten a la comentada Circular 1/2022, sino a la Circular 2/2020, de 28 de octubre, de la Comisión Nacional del Mercado de Valores, sobre publicidad de los productos y servicios de inversión. Así se desprende del artículo 247 de nuestra LMVSI.

3. EL NFT EN LA REGULACIÓN DEL MERCADO DE VALORES

Los NFT resultan herramientas eficientes para canalizar inversiones: un emisor que necesite captar financiación puede contratar con un adquirente que tenga interés en obtener cierta rentabilidad, al igual que sucede con los tradicionales valores negociables. Pero será preciso analizar la normativa de mercado de valores vigente para comprobar en qué casos un NFT tendrá usos asimilables a los de este tipo de instrumento financiero.

3.1. NFT: consideraciones sobre su asimilación a los valores negociables (MIFID II y LMVSI). Especial referencia al «criptoarte» en NFT

El núcleo de la normativa europea de regulación de mercados de valores es la Directiva 2014/65 relativa a los mercados financieros, conocida como MiFID II[560]. En particular, la MiFID II define y se aplica a los instrumentos financieros (conjunto de instrumentos especificados en el Anexo I, Sección C) y a su subcategoría «valores negociables» (art. 4.1.44 y Anexo

---

560 Directiva 2014/65/UE del Parlamento Europeo y del Consejo de 15 de mayo de 2014, relativa a los mercados de instrumentos financieros y por la que se modifican la Directiva 2002/92/CE y la Directiva 2011/61/CE.

I, Sección C, núm. 1[561])[562]. La clasificación de un criptoactivo como instrumento financiero bajo la cobertura de la MiFID II depende de la noción de «valores negociables» según su transposición por cada Estado miembro, ya que la MiFID II únicamente acota el término, señalando en su artículo 4.44 que incluyen «las categorías de valores que son negociables en el mercado de capitales, con excepción de los instrumentos de pago» y enumerando una serie de valores incluidos en esta categoría (entre otros, acciones de sociedades o valores equiparables, bonos y obligaciones). Consecuentemente, un determinado criptoactivo puede ser considerado como «valor negociable» en un Estado miembro y no ser así en otro, resultando en una regulación fragmentada del Mercado Único Europeo en materia de criptoactivos utilizados como instrumento financiero[563]. Es más, el rango

---

561 Artículo 4.1.44 de la Directiva MiFID II: «Valores negociables: las categorías de valores que son negociables en el mercado de capitales, con excepción de los instrumentos de pago, como: acciones de sociedades y otros valores equiparables a las acciones de sociedades, asociaciones u otras entidades, y certificados de depósito representativos de acciones; bonos y obligaciones u otras formas de deuda titulizada, incluidos los certificados de depósito representativos de tales valores; los demás valores que dan derecho a adquirir o a vender tales valores negociables o que dan lugar a una liquidación en efectivo, determinada por referencia a valores negociables, divisas, tipos de interés o rendimientos, materias primas u otros índices o medidas».

562 Según la EUBOF, podrían ser aplicables asimismo un conjunto de normas comunitarias a los emisores y plataformas que ofrezcan y negocien NFT fraccionados o en grandes series, entre las que destacan el Reglamento (UE) 2017/1129 sobre el folleto que debe publicarse en caso de oferta pública o admisión a cotización de valores en un mercado regulado (y los reglamentos que lo complementan), el Reglamento sobre regulación de los abusos del mercado y la Directiva sobre abuso de mercado, la Directiva de Transparencia, la *Directiva* sobre la firmeza de la liquidación en los sistemas de pagos y valores o el Reglamento sobre las ventas en corto. Véase, para mayor detalle, EUBOF, *NFT Legal Token Classification [en línea]*, 2022, p. 5. Disponible en: <https://www.eublockchainforum.eu/sites/default/files/research-paper/EUBOF%20-%20NFT%20-%20Token%20Classification%20 Latam.pdf>. [Fecha de consulta: 8 de mayo de 2024]. En el caso de que ciertos NFT fraccionados o emitidos en grandes series pudieran escapar de la regulación anterior, surgirían cuestiones relacionadas con la ventaja competitiva de estos activos frente a otros criptoactivos con los que convergen en el mercado. Por motivos de concisión y extensión del presente trabajo, no entraremos en su análisis.

563 Alemania reguló en 2020 los criptoactivos (*kryptowert*) incorporándolos en la Sección 1 (11), párrafo 4 de la Ley Bancaria Alemana (*Kreditwesengesetz*). Antes de esta modificación, únicamente las criptomonedas tipo Bitcoin estaban reguladas en su normativa (concretamente, como unidades de cuenta y en la misma *Kreditwesengesetz* (sección 1-11, párrafo 1, núm. 7). Los *kryptowert* tienen como características

que son representaciones de valor electrónicamente transferibles, almacenables y rastreables, no emitidas ni garantizadas por ninguna autoridad pública, y carecen del estatus de divisa o dinero. Si bien es importante su utilidad (medio de pago, intercambio o finalidad de inversión), la fungibilidad no es relevante para la caracterización de un activo digital como critptoactivo. La mayoría de NFT recaen dentro del concepto de *kryptowert* y, por ello, se considerarán criptoactivos e instrumentos financieros bajo la normativa alemana. De hecho, bajo la normativa alemana civil, los NFT pueden considerarse un valor negociable o un instrumento financiero incluso si quedan excluidos de la normativa MiFID II, de acuerdo con su Ley Alemana de Valores Negociables (*Wertpapierinstitutsgesetz*) y su Ley Alemana de Activos de Inversión (*Vermögensanlagegesetz*). Italia, por su parte, no tiene normativa referente a los FNT, aunque podrían considerarse productos financieros (*prodotti finanziari*) dependiendo de sus características y propósito, según su Decreto Legislativo 24 febbraio 1998 n. 58 –*Testo unico delle disposizioni in materia di intermediazione finanziaria.* EUROPEAN UNION BLOCKCHAIN OBERVATORY & FORUM (EUBOF), *NFT Legal Token Classification [en línea]*, 2022. Disponible en: <https://www.eublockchainforum.eu/sites/default/files/research-paper/EUBOF%20-%20NFT%20-%20Token%20Classification%20Latam.pdf>. [Fecha de consulta: 8 de mayo de 2024]. Los NFT que no se puedan considerar valores negociables, fondos o dinero electrónico o derivativos no tienen regulación en el Reino Unido, pero el Tesoro Británico (*Her Majesty Treasure*) publicó un documento de consulta donde aclaraba la futura regulación de los criptoactivos en su país en el que define los NFT: «*NFTs are cryptoassets which confer digital ownership rights of a unique asset (e.g. a piece of digital art), using a technology such as DLT [o TRD] to support the recording or storage of data. NFTs do not provide the rights or features associated with a security token and do not function as a means of payment*». (véase, HM TREASURY, *Future Financial Services Regulatory Regime For Crypotoassets*, de 3 de febrero de 2023. Disponible en: <https://www.gov.uk/government/consultations/future-financial-services-regulatory-regime-for-cryptoassets>. [Fecha de consulta: 8 de mayo de 2024]. En Estados Unidos, algunos NFT se han considerado valores negociables., en cuyo caso se someterán a las leyes estatales y federales aplicables a los mismos. Según su Sección 2(a)(1) de la *Secutiries Act*, una security (que podríamos traducir, con las salvedades oportunas, como valor negociable), es «*any note, stock, (…) in any profit-sharing agreement, collateral-trust certificate, preorganization certificate of subscription, transferable share, investment contract, … or, in general, any interest or instrument commonly known as a 'security*». Recientemente, un juez federal ha declarado que los *Moments* de la NBA Top Shots, una serie de coleccionables en NFT que representan vídeos cortos con jugadas de la NBA, son *securities* porque cumplen con el denominado «Test de Howey» y, por tanto, están sujetos a la Securities Act. En el caso Friel v. Dapper Labs Inc et al, U.S. District Court, Southern District of New York, No. 21-05837, el abogado del adquirente alegó, respondiendo a los criterios del mencionado Test de Howey, que: 1.— Suponían una inversión en dinero (Mr. Friel pagó en dinero el NFT), 2.— Es una inversión en una empresa común (*common enterprise)* porque la inversión sen activos digital es se considera una inversión en empresa común; 3.— Existía una expectativa de de criptoactivos es muy diverso, con lo que algunos tókenes con finalidades de inversión podrían ser considerados como valores negociables u otras categorías de instrumento financiero[564]. Para corregir esta falta de homogeneidad, la MiCA requiere a la ESMA[565] la publicación de un conjunto de instrucciones con criterios y condiciones para calificar criptoactivos como instrumentos financieros, y a la ESA[566] para que, cuando una clasificación

beneficio, es decir, existía un interés especulativo, aunque con riesgo de pérdida, y 4.— El beneficio se debía al esfuerzo del promotor o de terceros. A nuestro parecer, es discutible que se cumpla este criterio, puesto que los términos de servicio de Dapper Labs Inc., emisor de los Tókens, establece que el valor de dichos NFT es subjetivo y se debe a valores que escapan del control de Dapper Labs Inc. Por otra parte, sorprende ver cómo el Banco Popular de China ha declarado ilegal la actividad con criptomonedas (comercialización, minado, comunicaciones comerciales…) por considearlo un peligro para su sistema de moneda nacional, aunque a su vez ha creado una plataforma estatal de minteado y administración de NFT para empresas chinas, controlada por una *blockchain* bajo control gubernamental.

564 Para un mayor detalle de cuándo un token, entendido el concepto en sentido amplio, puede o no considerarse valor negociable, principalmente desde la perspectiva de la MIFID II, nos remitimos al completo e interesante trabajo de SÁNCHEZ GIL, Ignacio, «¿Tokens como valores negociables? La aplicabilidad del marco europeo del sector financiero a los criptoactivos», *Revista General de Derecho de los Sectores Regulados: RSR*, núm. 11, 2023.

565 La autoridad Europea de Valores y Mercados fue creada por el Reglamento de la UE nº 1095/2010, del Parlamento Europeo y del Consejo y sustituyó al Comité Europeo de Valores (CESR) desde 1 de enero del 2011. El objetivo de esta autoridad es proteger el interés público, contribuyendo a la estabilidad y efectividad del sistema financiero de la Unión Europea a través de un nivel sólido, efectivo y coherente de regulación y de supervisión. También contribuye a asegurar la integridad, transparencia, eficiencia y correcto funcionamiento de los mercados financieros, reforzar la coordinación internacional de la supervisión, evitar el arbitraje regulatorio, asegurar que las decisiones sobre riesgos e inversiones están adecuadamente reguladas y supervisadas y, con carácter general, a aumentar la protección del inversor y consumidor de productos financieros. Su ámbito de actuación incluye, dentro del mercado de valores, las Instituciones de Inversión Colectiva, el gobierno corporativo y la información financiera; también podrá adoptar las medidas adecuadas sobre sistemas de compensación y liquidación, ofertas públicas de adquisición y los derivados crediticios. Fuente: Sitio web de la CNMV. Disponible en: <https://www.cnmv.es/portal/Aldia/ActInternacional/ActInterCESR.aspx>. [Fecha de consulta: 8 de mayo de 2024].

566 Se denomina ESA al conjunto de las tres Autoridades Europeas de Supervisión: la Autoridad Bancaria Europea (ABE), la Autoridad Europea de Valores y Mercados (AEVM) y la Autoridad Europea de Seguros y Pensiones de Jubilación (AESPJ). «Son agencias de la Unión con personalidad jurídica propia y están representadas por sus respectivos presidentes. Las AES deben actuar de forma independiente y

de criptoactivo parezca inconsistente con el Reglamento MiCA o con la Directiva MiFID II, haga uso de sus competencias para asegurar una aproximación coherente y consistente a dicha clasificación (Considerando 11 de la MiCA). Asimismo, recordemos que el Reglamento MiCA se aplicará en aquellos casos en los que el criptoactivo no tenga la consideración de instrumento de inversión, remitiendo a la MiFID II y a sus normativas de desarrollo la regulación de criptoactivos que puedan entenderse instrumentos de inversión y, más concretamente, valores negociables.

Por otra parte, la recientemente aprobada Ley 6/2023, de 17 de marzo, de los Mercados de Valores y de los Servicios de Inversión (la ya comentada LMVSI) adecúa el marco jurídico español a la normativa europea y se alinea con la Sección C del Anexo I de la Directiva MiFID II, siendo esta Directiva vertebradora de la regulación actual del mercado de instrumentos financieros[567]. Aun siendo una norma de muy reciente aprobación en el

---

solo en interés del conjunto de la Unión. Son responsables de sus acciones ante el Parlamento y el Consejo. El objetivo principal de las AES, establecido en sus respectivos Reglamentos de base (los «Reglamentos de las AES»), es proteger el interés público contribuyendo a sustentar la estabilidad y la eficacia del sistema financiero. Más concretamente, las AES tienen las siguientes funciones: facilitar el buen funcionamiento del mercado interior, en particular con un nivel sólido, efectivo y coherente de regulación y supervisión; velar por la integridad, la transparencia, la eficiencia y el correcto funcionamiento de los mercados financieros; reforzar la coordinación de la supervisión internacional; evitar el arbitraje regulatorio y promover la igualdad de condiciones de competencia; garantizar que la asunción de cualquier riesgo pertinente está adecuadamente regulada y supervisada; reforzar la protección del consumidor; mejorar la convergencia en la supervisión en todo el mercado interior. Las AES contribuyen al desarrollo de un código normativo único elaborando dos tipos de normas técnicas (normas técnicas de regulación y de ejecución), que son adoptadas por la Comisión (en forma de actos delegados o de ejecución). Con el fin de mejorar la convergencia en materia de supervisión, emiten directrices y recomendaciones y disponen de ciertos poderes por lo que respecta a las violaciones del Derecho de la Unión por las autoridades nacionales de control, las situaciones de emergencia y los desacuerdos que surjan entre las autoridades nacionales competentes». Fuente de información: Sitio web del Parlamento Europeo. Disponible en: <https://www.europarl.europa.eu/factsheets/es/sheet/84/el-sistema-europeo-de-supervision-financiera-sesf->. [Fecha de consulta: 8 de mayo de 2024].

567 Entre otras, (i) la Directiva 2019/2177 del Parlamento Europeo y del Consejo de 18 de diciembre de 2019 por la que se modifica la Directiva 2009/138/CE sobre el acceso a la actividad de seguro y de reaseguro y su ejercicio (Solvencia II), la Directiva 2014/65/UE relativa a los mercados de instrumentos financieros y la Directiva 2015/849 relativa a la prevención de la utilización del sistema financiero para el blanqueo de capitales o la financiación del terrorismo; (ii) la Directiva

momento de elaboración del presente estudio, nuestro legislador admite ya en el preámbulo de la LMVSI que esta deberá modificarse en un futuro próximo para actualizarla a posteriores regulaciones que impulsen el Plan de Acción de la Comisión sobre una Unión de los Mercados de Capitales para las empresas, presentado en septiembre de 2020[568].

La LMVSI incorpora las reglas necesarias para garantizar la seguridad jurídica en la representación de valores negociables mediante sistemas basados en tecnología de registro distribuido (o TRD), aclarando que tales instrumentos pueden emitirse mediante tecnología TRD[569]. Igualmente, la LMVSI introduce las adaptaciones necesarias para la aplicación del Reglamento MiCA; renueva la competencia en lo referente a la designación de la CNMV como autoridad competente para la supervisión de la emisión, oferta y admisión a negociación de criptoactivos que no sean instrumentos financieros regulados por dicho Reglamento (designación ya recogida previamente en art. 240 bis de la anterior LMV[570]); e introduce también

2020/1504 del Parlamento Europeo y del Consejo, de 7 de octubre de 2020, por la que se modifica la Directiva 2014/65/UE relativa a los mercados de instrumentos financieros; (iii) la Directiva 2021/338 del Parlamento Europeo y del Consejo de 16 de febrero de 2021 por la que se modifica la Directiva 2014/65/UE en lo relativo a los requisitos de información, la gobernanza de productos y la limitación de posiciones, y las Directivas 2013/36/UE y (UE) 2019/878 en lo relativo a su aplicación a las empresas de servicios de inversión con el fin de contribuir a la recuperación de la crisis de la COVID-19; (iv) la Directiva 2019/2034 del Parlamento Europeo y del Consejo, de 27 de noviembre de 2019 relativa a la supervisión prudencial de las empresas de servicios de inversión, y por la que se modifican las Directivas 2002/87/CE, 2009/65/CE, 2011/61/UE, 2013/36/UE, 2014/59/UE y 2014/65/UE; o (v) la Directiva del Parlamento Europeo y del Consejo por la que se modifican las Directivas 2006/43/CE, 2009/65/CE, 2009/138/UE, 2011/61/UE, 2013/36/UE, 2014/65/UE, 2015/2366 y 2016/2341.

568 Comunicación de la Comisión al Parlamento Europeo, al Consejo, al Comité Económico y Social Europeo y al Comité de las Regiones. Una Unión de los Mercados de Capitales para las personas y las empresas: nuevo plan de acción. COM/2020/590 final. Disponible en: <https://eur-lex.europa.eu/legal-content/es/ALL/?uri=COM:2020:590:FIN>. [Fecha de consulta: 29 de marzo de 2023].

569 Lo anterior también habilita a la aplicación en España del Reglamento (UE) 2022/858 del Parlamento Europeo y del Consejo, de 30 de mayo de 2022, sobre un régimen piloto de infraestructuras del mercado basadas en la tecnología de registro descentralizado y por el que se modifican los Reglamentos (UE) 600/2014 y (UE) 909/2014, y la Directiva 2014/65/UE.

570 Este artículo fue introducido por el Real Decreto-ley 5/2021, de 12 de marzo, de medidas extraordinarias de apoyo a la solvencia empresarial en respuesta a la pandemia de la COVID-19.

un régimen de infracciones y sanciones aplicable de conformidad con el mismo Reglamento.

De conformidad con el artículo 2 de la LMVSI, que mantiene la definición recogida en el Anexo del anterior Texto Refundido de la Ley de Mercado de Valores[571], se entienden incluidos en su ámbito objetivo los valores negociables, definidos como tales «cualquier derecho de contenido patrimonial, cualquiera que sea su denominación, que, por su configuración jurídica propia y régimen de transmisión, sea susceptible de tráfico generalizado e impersonal en un mercado financiero, incluyendo las siguientes categorías de valores negociables con excepción de los instrumentos de pago[572]:

- acciones de sociedades y otros valores negociables equiparables a las acciones de sociedades, y recibos de depositario representativos de tales valores;

---

571 FONTICIELLA destaca la imprecisión que rodea el concepto de valor negociable, no unívoco ni libre de ambigüedades, y cuya delimitación va «irremediablemente asociada a la norma que los contiene». Dicha indeterminación del concepto de valor negociable puede deberse, según la autora, a la constante evolución de los instrumentos financieros, unida a la aparición de nuevas figuras, adoptando nuestro legislador un concepto abierto por varias razones: garantizar unos estándares mínimos de seguridad jurídica a los intervinientes, al permitir la aplicación supletoria de la normativa reguladora a nuevas figuras con características equiparables a las de valores negociables y evitando la aparición de ecosistemas paralelos reguladores para cada instrumento novedoso; respaldar la intervención administrativa y de control que ejerce la CMNV; y el interés del legislador el dejar en manos del tráfico jurídico la labor de determinar cuándo un instrumento financiero es un valor negociable porque cumple los requisitos mínimos legales establecidos. FONTICIELLA HERNÁNDEZ, Beatriz, *La protección del inversor minorista en el panorama fintech: crowdfunding, criptomonedas e initial coin offerings* (ICO), Madrid, 2021, pp. 180-181.

572 Como se ha dicho en anteriores apartados, la CNMV publicó en sus «Criterios en relación con las "ICOs"», de 20 de septiembre de 2018 que la consideración de tókenes como valores negociables se debía analizar caso por caso, y que los criterios a considerar serían los siguientes: «Los "tokens" que den derecho a: acceder a servicios o a recibir bienes o productos; que se ofrezcan haciendo referencia, explícita o implícitamente, a la expectativa de obtención por el comprador o inversor de un beneficio como consecuencia de su revalorización o de alguna remuneración asociada al instrumento o mencionando su liquidez o posibilidad de negociación en mercados equivalentes o pretendidamente similares a los mercados de valores sujetos a la regulación». La CNMV, en el mismo texto, excluye de la consideración de valores negociables a aquellos tókenes «en los que no quepa razonablemente establecer una correlación entre las expectativas de revalorización o de rentabilidad del instrumento y la evolución del negocio o proyecto subyacente».

- bonos y obligaciones u otras formas de deuda titulizada, incluidos los recibos de depositario representativos de tales valores;
- los demás valores negociables que dan derecho a adquirir o a vender tales valores negociables o que dan lugar a una liquidación en efectivo, determinada por referencia a valores negociables, divisas, tipos de interés o rendimientos, materias primas u otros índices o medidas».

Esta definición, que entendemos a modo de lista abierta, permitiría clasificar como valores negociables aquellos valores que reúnan acumulativamente las siguientes características:

- incorporen derechos de contenido patrimonial;
- sean susceptibles de tráfico generalizado e impersonal en un mercado financiero, de acuerdo con su configuración jurídica y régimen de transmisión; e
- impliquen una finalidad inversora o generan una expectativa de retorno[573].

Es habitual que los NFT (y el «criptoarte» en NFT, como subcategoría objeto del presente estudio) muestren características que apreciamos como análogas a un valor negociable. En general, los NFT:

- pueden tener contenido patrimonial (derechos asociados a la obra de arte subyacente y derechos patrimoniales sobre el propio token[574]),
- se pueden colocar y transmitir en mercados generalizados e impersonales más o menos especializados (como ejemplos: OpenSea o UniSwap),
- pueden emitirse (crearse, ofrecerse y ponerse en circulación) en masa, en ofertas que, en ciertos casos, podrían constituir una emi-

---

573 AA.VV., «Non fungible-Tokens (NFTs)» en *Blockchain: aspectos jurídicos de su utilización*, (VALPUESTA GASTAMINZA, Eduardo; HERNÁNDEZ PEÑA, Juan Carlos (Dirs.), Madrid, 2022, pp. 165-166.

574 Recordemos que un token no puede «crear» derechos, ya que es el Derecho quien determina su creación y cesión legítimas con los requisitos y formalidades necesarios en cada caso, aunque sí puede representarlos en todo o en parte, de acuerdo con el artículo 1278 (principio de libertad de forma de los contratos) y el artículo 1261 CC, que considera válidos los contratos donde concurran consentimiento, objeto y causa. NASARRE AZNAR, Sergio, «Naturaleza jurídica y régimen civil de los "tokens" en "blockchain"», en *La Tokenización de bienes en blockchain* (coord. GARCÍA TERUEL, Rosa María), pp. 97-98.

sión análoga a una «ICO» (o *Initial Coin Offerings*[575]): el emisor crearía una colección de NFT o fraccionaría un NFT para vender sus porciones, todos ellos de la misma categoría y precio y con características equivalentes[576], y luego dicho emisor los pondría a la venta

---

575 La CNMV emitió una serie de consideraciones sobre criptomonedas e ICO (Consideraciones de la CNMV de 8 de febrero de 2108 sobre «criptomonedas» e «ICOs» dirigidas a los profesionales del sector financiero), y de 20 de septiembre de 2018 («Criterios en relación con las "ICOs"»). Estos criterios recomiendan un análisis casuístico y permite aplicarlas para comprobar si ciertas emisiones de criptoactivos resultan sujetas, por extensión, a la normativa vigente reguladora del mercado de valores. De acuerdo con las Consideraciones de la CNMV de 8 de febrero de 2018, pues, que un token tendrá en una oferta de criptoactivos deben valorarse principalmente dos aspectos: «Que los "tokens" atribuyan derechos o expectativas de participación en la potencial revalorización o rentabilidad de negocios o proyectos o, en general, que presenten u otorguen derechos equivalentes o parecidos a los propios de las acciones, obligaciones u otros instrumentos financieros incluidos en el artículo 2 del TRLMV», y que «En el caso de "tokens" que den derecho a acceder a servicios o a recibir bienes o productos, que se ofrezcan haciendo referencia, explícita o implícitamente, a la expectativa de obtención por el comprador o inversor de un beneficio como consecuencia de su revalorización o de alguna remuneración asociada al instrumento o mencionando su liquidez o posibilidad de negociación en mercados equivalentes o pretendidamente similares a los mercados de valores sujetos a la regulación». Además, la CNMV recordaba en las mismas Consideraciones que «en los casos de ICOs que no tengan la consideración de oferta pública (por ir dirigidas a menos de 150 inversores, por establecer una inversión mínima de 100.000 euros o por suponer un importe total inferior a 5 millones de euros) sería de aplicación la previsión contenida en el artículo 35.3 del TRLMV: si la colocación se efectúa empleando cualquier forma de comunicación publicitaria debe intervenir una entidad autorizada para prestar servicios de inversión5 a efectos de la comercialización. Por último, es relevante señalar que, con independencia del lugar de emisión de los "tokens", si la emisión cumple con los criterios expuestos más arriba (y, por tanto, puede considerarse una emisión de valores negociables) su comercialización activa en España (de lo que puede ser indicio, por ejemplo, la disponibilidad de páginas web en español ofreciendo los tokens) estaría sujeta también a las normas mencionadas». A nuestro parecer, estas consideraciones serían extensibles a lanzamientos de NFT (y criptoarte en NFT) que presenten características análogas. Documentos de la CMNV disponibles respectivamente en: <https://www.cnmv.es/Portal/verDoc.axd?t=%7B9c76eef8-839a-4c19-937f-cfde6443e4bc%7D> y <https://cnmv.es/DocPortal/Fintech/CriteriosICOs.pdf>. [Fecha de consulta: 8 de mayo de 2024].

576 Entiéndase esta equivalencia como que cada NFT puede presentar pequeñas particularidades que lo diferenciarían de otros NFT de la misma serie, colección u obra fraccionada, pero que a su vez compartirían mayormente los atributos que los aglutinan con homogeneidad en dicha serie o criptoarte fraccionado.

en una plataforma específica a través de venta directa o subasta pública[577];

- pueden perseguir una finalidad de inversión, con expectativas de captación de recursos para el emisor y obtención de beneficios especulativos para sus adquirentes, y la rentabilidad del token no se basa únicamente en parámetros que dependan de las partes[578].

---

[577] La inversión en ICO presenta una serie de ventajas para los emisores (permiten estructurar fuentes alternativas de financiación; permiten generar redes de clientes iniciales de su producto o servicio, que serán aquellos inversores que han aportado su ahorros al proyecto; sencillez del proceso de lanzamiento; acceso a un mercado digital sin fronteras internacionales; velocidad de las transacciones, ausencia de intermediarios y reducción de costes; automatización de obligaciones contractuales mediante *smart contracts;* y permiten financiar futuros negocios sin diluir la propiedad de los mismos) y para los inversores (posibilidad de obtención de elevados beneficios a corto o medio plazo; seguridad y trazabilidad del activo gracias a la *blockchain*; democratización de la inversión, sin necesidad de acudir a servicios de inversión o similares). Pero las ICO también suponen un conjunto de riesgos, principalmente para sus inversores: si bien el entorno regulatorio se ha ido definiendo gracias a la aprobación de la nueva LMVSI, existe un elevado riesgo de pérdidas, un desplegando un alto grado de diligencia previa a la inversión en una ICO, independientemente de las ICO fraudulentas; iliquidez debida a la falta de aceptación de ciertos criptoactivos como medios de pago y al limitado mercado especializado en el que pueden desplegarse; volatilidad de precios motivada por ausencia de intervención de autoridades, a la alteración poco predecible de la oferta y la demanda y al carácter especulativo de estas operaciones; o la escasez o parcialidad de información que se le suministre (este riesgo puede verse mitigado en aquellos casos en los que sean de aplicación las obligaciones establecidas por la LMVSI y la normativa MiFID II); inseguridad en la actividad de mercados secundarios por afectaciones de información o la ausencia de esta, así como de factores relacionados con las redes sociales o la cotización de monedas virtuales; la seguridad de los servicios de custodia asociados; los riesgos derivados de la tecnología de soporte (ataques informáticos, incorrectas codificaciones de *smart contracts*); y dificultades en la determinación de jurisdicción específica para la resolución de conflictos. Para más detalle, nos remitimos a FONTICIELLA HERNÁNDEZ, Beatriz, *La protección del inversor minorista en el panorama fintech: crowdfunding, criptomonedas e initial coin offerings* (ICO), *op. cit.*, pp. 164 y ss.; y a PASTOR SEMPERE, Carmen, «Criptomonedas y otras clases de tokens: aspectos mercantiles», en *Blockchain: aspectos tecnológicos, empresariales y legales*, Andrés Vilarroig Moya, Carmen Pastor Sempere (Dirs.), Navarra, 2018, pp. 163-164 y 178-187.

[578] A este respecto, y en cuanto a obras de arte físicas tokenizadas, coincidimos con ESPUGA TORNÉ en cuanto que «en el caso de que, con el fraccionamiento de propiedad de la obra de arte física mediante la creación de NFT, se tenga el propósito de crear instrumentos capaces de ser negociables en un mercado secundario para proporcionar liquidez a los titulares, en este caso, sí podríamos estar hablan-

De acuerdo con la letra de los derogados artículos 7 y 8 de nuestra anterior LMV, podía argumentarse que los NFT no son considerables valores negociables porque el registro en tecnologías de registro distribuido (TRD) no era equiparable a un sistema de anotaciones en cuenta[579]. Hoy en día, la nueva LMVSI (arts. 11, 13 y ss.) permite que los tókenes que sean susceptibles de considerarse valores negociables e instrumentos financieros puedan representarse a través de tecnologías de registro distribuido, y, de hecho, la nueva definición de «instrumento financiero» alcanza todos aquellos instrumentos emitidos, registrados, transferidos o almacenados mediante técnicas de registro distribuido u otras tecnologías similares[580].

---

do de que constituyen valores. Por tanto, el fraccionamiento para proporcionar negociación y liquidez, utilizando, realmente, un token fungible para representar el fraccionamiento del NFT, se podrá calificar como valor». ESPUGA TORNÉ, Gerard, «Régimen jurídico de los tokens no fungibles (NFT). Breve referencia a su posible consideración como valores negociables», *Derecho Digital e Innovación* [revista digital], núm. 12, abril de 2022.

579 Entiéndanse «anotaciones en cuenta» como «manera de representar los valores (renta fija pública y privada, renta variable), en unos registros contables especiales, normalmente informáticos. Su implantación ha supuesto la desaparición de los títulos físicos, sustituidos por la anotación de las referencias en la cuenta de valores de su titular. El sistema de representación mediante anotaciones en cuenta permite agilizar y mejorar la seguridad de las transacciones de valores». Definición extractada del Glosario de la CNMV. Disponible en: < https://www.cnmv.es/Portal/Inversor/Glosario.aspx?id=0&term=Anotaciones%20en%20cuenta&idlang=1>. [Fecha de consulta: 8 de mayo de 2024].

580 Otros aspectos que regula la LMVSI en cuanto a las normas sobre registro, transmisión y representación de valores registrados con TRD son los siguientes: cuando el emisor elija un sistema de registro distribuido como forma de representación de los valores negociables, dicho sistema deberá (i) garantizar la integridad e inmutabilidad de las emisiones e (ii) identificar a los titulares de los derechos sobre los valores y determinar la naturaleza, características y número de éstos (art. 6.5); los titulares de los derechos sobre los valores negociables representados mediante TRD tendrán acceso a la información correspondiente a los mismos, así como a las operaciones sobre los valores (art. 6.5); similarmente a los valores representados por anotaciones en cuenta, la entidad emisora de valores negociables representados por TRD deberá (i) elaborar un documento donde conste la información identificativa de la entidad encargada del registro contable o la responsable de la administración de la inscripción y registro, así como de los valores negociables de la emisión (art. 7.1) y (ii) depositar una copia del documento de emisión y sus modificaciones ante las citadas entidades (art. 7.2); la entidad encargada de la inscripción y registro de los valores negociables representados por TRD será el propio emisor o aquella entidad designada por él en el documento de emisión (art. 8.2); la constitución de los valores representados por TRD se producirá mediante su primer registro en el sistema (art. 10.1) y su

Centrémonos ahora en el concepto de ICO. Se consideran ICO (—*Initial Coin Offering*— o, como preferimos, ITO– *Initial Token Offering* —o TGE— *Token Generation Event*) aquellas vías de financiación empresarial en la que las empresas ofrecen tókenes en lugar de acciones[581]: son ventas en línea de activos criptográficos (tókenes, entendemos) nuevos, con el fin de lanzar criptomonedas y/o financiar aplicaciones o proyectos basados en tecnología *blockchain*[582]. Los tókenes que recibe el inversor con contraprestación a su aportación son, por lo general, o bien del tipo *security tokens* (sinónimos del concepto «tókenes de valor», que se entienden como aquellos instrumentos que permiten al adquirente «participar en una empresa descentralizada y obtener dividendos, similares a acciones»[583], considerán-

transmisión tendrá lugar mediante transferencia registrada en dicho sistema, que será oponible a terceros desde la inscripción (art. 11.1); la inscripción o registro de la transmisión en el sistema TRD a favor del adquirente producirá los mismos efectos que la entrega de los títulos (art. 11.1); la legitimación para transmitir y ejercer los derechos derivados de los valores negociables representados por TRD podrá acreditarse mediante certificados expedidos por las entidades responsables de la inscripción y registro de los valores (art. 14.1); el documento de emisión de los valores detallará los mecanismos del sistema TRD que permitan probar la titularidad de los derechos (art. 14.1); las entidades emisoras y responsables de la inscripción y registro de los valores representados con TRD quedan sujetas al régimen de supervisión, inspección y sanción de la CNMV. Novedades destacadas por LOPEZ-MÉLIDA, Carlos, «Novedades de la nueva Ley de Mercado de Valores en el ámbito de criptoactivos y tecnologías de registro distribuido» [en línea], *Licitación Civil y mercantil-Noticias by Aequitas*, marzo 2023. Disponible en: https://iusaequitas.net/novedades-de-la-nueva-ley-del-mercado-de-valores-en-el-ambito-de-criptoactivos-y-tecnologias-de-registro-distribuido/. [Fecha de consulta: 8 de mayo de 2024].

581 Entiéndase el *crowfunding* o financiación participativa como «una solicitud de financiación que realiza el promotor de un determinado proyecto a través de una plataforma *online*». No obstante, en una ITO no existe plataforma de financiación participativa que actúe como intermediaria entre el inversor y el titular del proyecto, ya que, a través de la *blockchain*, toda esta arquitectura intermediaria desaparece. Respecto del impacto de la *blockchain* en el marco de las *FinTech*, véase también el documento de trabajo del BANCO EUROPEO DE INVERSIONES (BEI), *Blockchain, FinTechs and their relevance for international financial institutions* [en línea], 2019. Disponible en: < https://www.eib.org/attachments/efs/economics_working_paper_2019_01_en.pdf>. [Fecha de consulta: 8 de mayo de 2024].

582 PACHECO JIMÉNEZ, Mª Nieves, «De la tecnología blockchain a la economía del token», La Ley Mercantil, [en línea], núm. 91, 2022, p. 69.

583 NASARRE AZNAR, Sergio, «Naturaleza jurídica y régimen civil de los "tokens" en "blockchain"», en *La Tokenización de bienes en blockchain* (coord. GARCÍA TERUEL, Rosa María).pp. 78 y ss., y 106.

dose inversión puesto que simbolizan la propiedad de un activo[584]); o bien del tipo <u>*utility tokens*</u> (también conocidos como tókenes de utilidad o fichas de consumo: «aquellos tókenes que permiten adquirir bienes y disfrutar de los servicios de la empresa o plataforma que los ha emitido»[585], y que, a diferencia de los *security tokens*, no están diseñados como inversión sino a modo de título de acceso en el futuro a un producto o servicio facilitados por la compañía emisora[586]). No obstante, en ocasiones resulta dificultoso distinguir entre ambas tipologías, dada la amplia variedad y las eventuales particularidades existentes entre modelos de negocio[587]. La consideración de una emisión de NFT como ICO, por otra parte, no debe ser automática, siendo necesario un análisis casuístico para proceder a su equiparación, presentándose por el momento y como casos raros, aunque no descartables, emisiones equiparables a ICO de «criptoarte» en NFT[588].

---

584 PACHECO JIMÉNEZ, Mª Nieves, «De la tecnología blockchain a la economía del token», La Ley Mercantil, [en línea], núm. 91, 2022, p. 70.

585 NASARRE AZNAR, Sergio, «Naturaleza jurídica y régimen civil de los "tokens" en "blockchain"», en *La Tokenización de bienes en blockchain* (coord. GARCÍA TERUEL, Rosa María), pp. 78 y ss., y 106. En términos similares, el Reglamento MiCA, que traduce los *utility tokens* usando la terminología "fichas de consumo" (artículo 3.1.5, según la versión del texto de 20 de abril de 2023):«ficha de consumo un tipo de criptoactivo utilizado ***únicamente*** para dar acceso a un bien o un servicio prestado por su emisor;».

586 PACHECO JIMÉNEZ, Mª Nieves, «De la tecnología *blockchain* a la economía del token», La Ley Mercantil, [en línea], núm. 91, 2022, p. 70.

587 PACHECO JIMÉNEZ, Mª Nieves, «De la tecnología blockchain a la economía del token», La Ley Mercantil, [en línea], núm. 91, 2022, p. 70.

588 En Estados Unidos, los coleccionables en NFT cuyo activo subyacente son momentos legendarios digitalizados protagonizados por jugadores de la NBA, conocida como NBA TopShot Moments, y desarolladas por Dapper Labs. Son NFT con vídeos cortos de jugadas de baloncesto que pueden adquirirse en lotes de diferentes precios y rareza. Estas tarjetas alcanzaron un volumen de ventas de 600 millones de dólares entre octubre de 2020, cuando fueron lanzados, y mayo de 2021. Estas ventas aparentan ir más allá de un afán coleccionista y presentan verdadero interés especulativo. Por ello, el 22 de febrero de 2023 un juzgado federal Nueva York consideró que estos NFT resultan equiparables a «valores negociables» (*securities*), en el sentido de la legislación estadounidense, por entender el juzgador que incorporan derecho similares a estos, y son transferibles y negociables en un mercado secundario. Consecuentemente, en Estados Unidos este tipo de NFT se someterán a las leyes estatales y federales aplicables a los mismos. Según la Sección 2(a)(1) de la *Secutiries Act*, una *security* (que podríamos traducir, con las salvedades oportunas, como «valor negociable»), es «*any note, stock, (...) in any profit-sharing agreement, collateral-trust certificate, preorganization certificate of subscription, transferable share, investment contract, ... or, in general, any interest or instrument com-*

monly known as a 'security». El juez federal declaró que los *Moments* de la NBA Top Shots son *securities* porque cumplen con el denominado «test de Howey» y, por tanto, están sujetos a la Securities Act. Se trata del caso Friel v. Dapper Labs Inc et al, U.S. District Court, Southern District of New York, No. 21-05837 (Case 1:21-cv-05837-VM Document 43): el abogado del adquirente alegó, respondiendo a los criterios del mencionado Test de Howey, que: 1.— Suponían una inversión en dinero (Mr. Friel pagó en dinero el NFT), 2.— Es una inversión en una empresa común (*common enterprise)* porque la inversión en activos digital se considera una inversión en empresa común; 3.— Existía una expectativa de beneficio, es decir, existía un interés especulativo, aunque con riesgo de pérdida, y 4.— El beneficio se debía al esfuerzo del promotor o de terceros. A nuestro parecer, es discutible que se cumpla este último criterio, puesto que los Términos de Servicio de Dapper Labs Inc., emisor de los tókens, establece que el valor de dichos NFT es subjetivo y se debe a valores que escapan del control de Dapper Labs Inc. El fallo vio la luz un año y medio después de que se presentase una demanda colectiva contra *Dapper Labs,* empresa responsable de la plataforma *Top Shot, en la cual se* alegaba la violación de las las leyes federales de valores al comercializar en forma de *NFT* los mejores momentos de la *NBA*. Estos criptoactivos debieron de haberse registrado previamente ante la *Comisión de Bolsa y Valores (SEC) de EE.UU.,* antes de procederse a su comercialización. El juez apreció que, si un comprador se lucraba con un *NFT,* este éxito dependía en mayor medida de lo bien que le fuese a la compañía Dapper Labs, puesto que esta controlaba la producción de los coleccionables, la plataforma comercializadora, e, incluso, la red *blockchain* donde los NFT operan: Flow. Con ello se generaba un esquema en el que se integra una relación legal entre inversionista y compañía promotora que permitía equipararla a un «contrato de inversión», ofreciendo como objeto un formato de security que debería haberse registrado en la SEC, y convirtiendo en plausibles cada una de las consideraciones del test de Howey. El test o prueba de Howey fue creada por la Corte Suprema de EE.UU. para determinar si ciertas transacciones pueden considerarse un contrato de inversión. El Test de Howey, establecido por el caso de la Corte Suprema de los Estados Unidos SEC v. Howey Co. (1946), es un criterio legal utilizado para determinar si ciertas transacciones califican como inversiones de valores y, por lo tanto, están sujetas a regulaciones de valores según la Ley de Valores de 1933 y la Ley de Bolsa de Valores de 1934. Se basa en cuatro elementos principales: la inversión de dinero (se refiere a que los inversionistas contribuyan con dinero, bienes o esfuerzos significativos a una empresa o esquema de inversión); la participación en una empresa común (varios inversores ponen conjuntamente sus fondos, y el éxito del proyecto depende de los esfuerzos colectivos de los demás, normalmente gestionado por un promotor o un tercero. Los inversores deben esperar obtener beneficios significativos derivados de los esfuerzos de otros, específicamente de la administración o promotores del esquema de inversión), la expectativa de beneficios (los inversores deben tener una expectativa razonable de obtener ganancias como resultado de su inversión. Esto implica que la inversión tiene un componente de riesgo asociado, donde el éxito financiero depende en gran medida de factores fuera del control directo del inversor) y el esfuerzo del promotor o

A nuestro modo de ver, existen otras razones que obstaculizan la consideración de un NFT como valor negociable. Estas son: su inadmisibilidad como medio de intercambio en todos los países (lo que sí sucede con la mayoría de *currency tokens* y *security tokens*); es un formato (y en especial, combinado con el «criptoarte») que no se suele utilizar (por el momento) para representar un derecho a dividendos; y que, aunque su régimen de transmisión y configuración pueda ser susceptible del tráfico impersonal o generalizado en mercados, sus emisiones en serie o agrupaciones no siempre son homogéneas ni inherentemente fungibles (o «semifungibles»). Recordemos, por otra parte, que la configuración de los NFT es altamente flexible, y que algunos NFT pueden tener funciones añadidas, como un uso de *utility token* o, según términos del Reglamento MiCA, «ficha de consumo»: recordemos el ejemplo del NFT avatar, con funciones de representación de «criptoarte» y, a su vez, de representación de otros derechos, como el derecho de acceso a comunidades y/o eventos que serían exigibles frente al emisor[589]. Estas características dificultarían su equiparación a la de otros criptoactivos con usos de instrumento financiero (*security token* o ciertos tipos de *utility token*).

Un derecho «tokenizado» no puede implicar la creación de un efecto de comercio o valor negociable, sino que serán la Ley nacional y las autoridades competentes quienes establecerán cuándo un activo es o no un instrumento financiero[590] (principalmente, la LMVSI y la Ley de Sociedades de Capital, en el marco de nuestro ordenamiento jurídico nacional). Los NFT (y en concreto, el «criptoarte» en NFT) no siempre crean nuevos derechos de cré-

---

de terceros (las ganancias esperadas deben provenir principalmente de los esfuerzos, talento y/o conocimientos de gestión de una entidad centralizada, como una empresa, un grupo de individuos u organizaciones, que estén involucrados en la gestión, supervisión o promoción de la inversión, y que no sean la misma persona que el inversor individual). Este test ha sido fundamental en la determinación de la naturaleza de numerosos instrumentos financieros y es fundamental en la jurisprudencia estadounidense relacionada con los valores. Este test es especialmente importante para evaluar las ventas de tokens en el contexto de las criptomonedas y las ICO. No obstante, el test de Howey funciona en el marco de la legislación estadounidense sobre valores y puede no ser fácilmente trasladable a las leyes de otras jurisdicciones, como la española. Por cuestiones de concisión y extensión del presente trabajo, no entraremos en valorar la adecuación del uso del test de Howey en nuestro marco normativo.

589 Como los NFT de la colección Bored Apes Yatch Club.

590 Al respecto de *asset-backed tokens*, NASARRE AZNAR, Sergio, «Naturaleza jurídica y régimen civil de los "tokens" en "blockchain"», en *La Tokenización de bienes en blockchain* (coord. GARCÍA TERUEL, Rosa María), p. 98.

dito, sino que pueden representar derechos preexistentes al token (o parte de un derecho preexistente) y estos pueden revestir variada naturaleza[591]. Consecuentemente, los derechos representados por el NFT se transmitirían por las reglas de la cesión de derechos reales, de crédito u otros (por ejemplo, derechos de propiedad intelectual), según sea la naturaleza de los referidos derechos tokenizados. Para averiguar los derechos asociados a un NFT (o a una emisión de NFT) deberá acudirse al contenido de la documentación contractual (*smart legal contract* u otros documentos anexos[592]) que los recoja[593] y, en base a esta, valorar su eventual equiparación a un instrumento financiero, según la normativa nacional que resulte de referencia.

Como habrá deducido el lector de lo expuesto en las anteriores líneas, no puede afirmarse que un NFT tenga naturaleza de valor negociable si no se comprueba de manera casuística que la peculiaridad de sus funciones, configuración técnica, características y volumen de emisión y comercialización, y derechos representados son compatibles con instrumentos de dicha naturaleza. Cuando así sea, se aplicará la normativa en materia de instrumentos financieros a dicho modelo concreto de criptoactivo, desplazándose la aplicación del Reglamento MiCA; si se cumplen las condiciones establecidas en sus Considerandos sobre los NFT, el Reglamento podría emerger como norma de aplicación subsidiaria en emisiones masivas de colecciones o fracciones de NFT. Veamos ahora algunos criterios orientadores de la CNMV en cuanto a la equiparación de ciertas emisiones de NFT a valores negociables.

3.2. Comunicaciones de la CNMV respecto de emisiones de tókenes asimilables a valores negociables

La CNMV, en las comunicaciones «Criterios en relación con las ICO», de 20 de septiembre de 2018 y «Documento de preguntas y respuestas dirigidas a empresas Fintech sobre actividades y servicios que pueden tener relación con la CNMV», de 12 de marzo de 2019, indica que se consideran valores negociables aquellos tókenes emitidos al lanzar una ICO (*Initial*

---

591 Por ejemplo, un derecho sobre un inmueble, o un derecho sobre un activo digital. En el mismo sentido, y respecto de los tókenes en general, NASARRE AZNAR, Sergio, «Naturaleza jurídica y régimen civil de los "tokens" en "blockchain"», en *La Tokenización de bienes en blockchain* (coord. GARCÍA TERUEL, Rosa María), p. 61.

592 Al respecto, véase Capítulo 3: «Fuentes de información jurídica relativas a los NFT y, particularmente, al «criptoarte» en NFT».

593 Al respecto de *asset-backed tokens*, NASARRE AZNAR, Sergio, «Naturaleza jurídica y régimen civil de los "tokens" en "blockchain"», en *La Tokenización de bienes en blockchain* (coord. GARCÍA TERUEL, Rosa María), p. 99.

Coin Offerings) «que den derecho a acceder a servicios o a recibir bienes o productos, que se ofrezcan haciendo referencia, explícita o implícitamente, a la expectativa de obtención por el comprador o inversor de un beneficio como consecuencia de su revalorización o de alguna remuneración asociada al instrumento o mencionando su liquidez o posibilidad de negociación en mercados equivalentes o pretendidamente similares a los mercados de valores sujetos a la regulación», debiendo cumplirse entonces lo estipulado en la Circular 2/2020 de 28 de octubre, de la Comisión Nacional del Mercado de Valores, sobre publicidad de los productos y servicios de inversión («Circular 2/2020»), además de la normativa sobre valores negociables. Como vemos, la postura de la CNMV es favorable a que la mayoría de las operaciones financieras articuladas como ICO se asimilen a emisiones u ofertas públicas de valores negociables[594], teniendo como base el amplio concepto de valor negociable del artículo 2.1 de la (anterior) LMV y que se mantiene prácticamente sin cambios en la actual LMVSI (art. 2.1.a): «derecho de contenido patrimonial, cualquiera que sea su denominación, que, por su configuración jurídica propia y régimen de transmisión, sea susceptible de tráfico generalizado e impersonal en un mercado financiero», recogiendo a continuación una serie de categorías de valores negociables y excluyendo los instrumentos de pago.

En este sentido, podemos considerar posibles emisiones de NFT con usos similares a los de los *security tokens*, una tipología de token fungible asimilable, en nuestra opinión, a los valores negociables[595]. *Los security tokens* se han definido como aquellos criptoactivos adquiridos para participar en una empresa descentralizada (DAO o *decentralized autonomous organization*[596]) y

---

594 CNMV, «Consideraciones de la CNMV sobre "criptomonedas" e "ICOs" dirigidas a los profesionales del sector financiero», 2018. Disponible en: <https://www.cnmv.es/Portal/verDoc.axd?t=%7B9c76eef8-839a-4c19-937f-cfde6443e4bc%7D>. [Fecha de consulta: 8 de mayo de 2024].

595 En el mismo sentido, NASARRE AZNAR, Sergio, «Naturaleza jurídica y régimen civil de los "tokens" en "blockchain"», en *La Tokenización de bienes en blockchain* (coord. GARCÍA TERUEL, Rosa María).p. 87.

596 Las DAO son una colección de *smart contracts* que crean una organización digital que no está controlada ni gestionada por personas, sino por código informático. Estos *smart contracts* funcionan a través de un algoritmo, que toma las decisiones de forma automática, y estas no se ven sometidas tanto a la normativa tradicional (en España, Ley de Sociedades de Capital, LMVSI, CCom., entre otras), como a la *lex cryptographica* derivada de su propio algoritmo. DE FILIPPI, Primavera; WHRIGHT, Aaron; «Blockchain and the Law: the Rule of Code», 2018, *Harvard University Press,* pp. 148 y ss. El borrador inicial del Reglamento MiCA contenía una definición de DAO, en su artículo 3: *«a rule-based organizational system that is*

obtener unos dividendos, similares a acciones[597] (entendidas estas en el sentido del artículo 90 de la Ley de Sociedades de Capital)[598]. En la práctica, creemos plausible que puedan emitirse *security tokens* (*STO o Security Token Offerings,* equivalente a una ICO pero pensada para lanzar *security tokens*) bajo el formato NFT, si se tiene en cuenta que el alcance de una STO puede ser muy amplio y contener, entre otros activos: valores tradicionales tokenizados (como acciones empresariales); tókenes de utilidad que cumplen con funciones relevantes en el Proyecto (por ejemplo, derechos de voto), inversiones en proyectos de fondos de capital riesgo; representaciones de derechos de propiedad o explotación de bienes raíces[599]; o inversiones en bienes preciosos escasos (diamantes o metales preciosos, obras de arte, automóviles y barcos de lujo, etc.)[600]. Aunque son técnicamente posibles, este tipo de emisiones no son frecuentes mediante un formato técnico para tókenes no fungibles (tipo ERC-721 o ERC-1155, si estos se sustentan sobre la *blockchain* Ethereum), siendo estos más utilizados para representar obras de arte u otros activos digitales. El formato más difundido para representar

---

not controlled by any central authority and whose rules are entirely routed in its algorithm». Esta definición ha desaparecido del texto definitivo del Reglamento.

597 Los *security token* a menudo no se representan por títulos o anotaciones en cuenta, si bien recordemos que la nueva LMVSI (art. 6) reconoce y regula los activos que puedan representarse por medio de tecnología de registros distribuidos, a la vez que en los tradicionales títulos o anotaciones en cuenta.

598 Artículo 90 LSC: «Las participaciones sociales en la sociedad de responsabilidad limitada y las acciones en la sociedad anónima son partes alícuotas, indivisibles y acumulables del capital social». Lo interpreta en el mismo sentido NASARRE AZNAR, Sergio, «Naturaleza jurídica y régimen civil de los "tokens" en "blockchain"», en La Tokenización de bienes en blockchain (coord. GARCÍA TERUEL, Rosa María).p. 85.

599 Es habitual la tokenización de inmuebles con fines de crowfunding, mediante la creación de una DAO ad hoc de la cual se emiten tókenes que representan parte de la titularidad de la misma: los inversores esperan rentabilidad de la explotación (generalmente, alquiler) y posterior venta del inmueble en el que invierten; y si pueden vender su token sin intermediarios ni requisitos formales en mercados secundarios. Como ejemplo, el modelo de negocio Blockimmo. Al respecto, véanse capítulos GARCÍA TERUEL, Rosa M. «Introducción al fenómeno de la tokenización: estudio de casos» (p. 49 y ss.), y NASARRE AZNAR, Sergio «Naturaleza jurídica y régimen civil de los "tokens" en "blockchain"», (pp. 86-87), en *La tokenización de bienes en blockchain. Cuestiones civiles y tributarias, op. cit.*

600 Algunos abogados norteamericanos advertían ya en 2021 de esta posibilidad. Al respecto, véase DILENDORF, Max, «Security Token Offerings for NFTs?» [en línea], 2021. Disponible en: <https://dilendorf.com/resources/security-token-offerings-for-nfts.html>. [Fecha de consulta: 8 de mayo de 2024].

security tokens corresponde, por ahora, al formato de token fungible ERC-20 (si se sustenta sobre la *blockchain* Ethereum)[601].

Somos de la opinión que los *security tokens* son, en la mayoría de ocasiones, asimilables a los valores negociables, al incorporar derechos patrimoniales que se emiten y negocian por Internet en sus propios mercados generalizados e impersonales[602]. No obstante, dada la amplia variedad de modelos de negocio, tendrá que acudirse a un análisis caso por caso, ya que los *security tokens* tampoco son, *per se*, valores negociables, teniendo que superar, para su legalidad, los requisitos legales establecidos[603]. A la espera de normativa europea específica y criterios de las autoridades competentes que otorguen a estos lanzamientos de mayor seguridad jurídica, ya que quedan fuera del alcance regulatorio del Reglamento MiCA, los *security tokens* (asimilables, a nuestro parecer y como hemos mencioando, a los valores negociables) emitidos en formato NFT y que cumplieran las condiciones recogidas en la normativa aplicable, podrán ser negociados legalmente en España. No sería lícito, pues, que una emisión en serie fundamentase el uso del formato NFT y su supuesta infungibilidad como mecanismo para intentar evadir la normativa financiera[604]. Por otra parte, la calificación de un *security token* como valor negociable presenta ventajas para su titular, porque cuenta con el apoyo legislativo que le permitiría exigir derechos asimilados al token (por ejemplo, del tipo «dividendos» o derechos de voto en la DAO) y hacerlos valer judicialmente[605].

---

601 El uso de formatos no adecuados en STO podría generar problemas de compatibilidad entre el tipo de token emitido y la plataforma o mercado especializado para su negociación secundaria.

602 Véase detalle sobre características genéricas de los valores negociables en párrafos anteriores, concretamente en el apartado "NFT: consideraciones sobre su asimilación a los valores negociables (MIFID II y LMVSI). Especial referencia al «criptoarte» en NFT", en este mismo capítulo.

603 NASARRE AZNAR, Sergio, «Naturaleza jurídica y régimen civil de los "tokens" en "blockchain"», en *La Tokenización de bienes en blockchain* (coord. GARCÍA TERUEL, Rosa María).p. 88.

604 Pone énfasis en esta posibilidad el Considerando 11 del Reglamento MiCA: (...) «La mera atribución de un identificador único a un criptoactivo no es suficiente, en sí o por sí misma, para clasificarlo como único y no fungible. e. Para que un criptoactivo se considere único y no fungible, también los activos o derechos representados han de ser únicos y no fungibles. La exclusión de los criptoactivos únicos y no fungibles del ámbito de aplicación del presente Reglamento se entiende sin perjuicio de la consideración de dichos criptoactivos como instrumentos financieros».

605 NASARRE AZNAR, Sergio, «Naturaleza jurídica y régimen civil de los "tokens" en "blockchain"», en *La Tokenización de bienes en blockchain* (coord. GARCÍA TERUEL, Rosa María).p. 88.

Téngase en cuenta que la CNMV redactó los mencionados documentos en momentos en los que los estándares NFT estaban en fases de incipiente desarrollo y escasa implementación. No se pudo prever la posibilidad específica de emisiones de tókenes no fungibles con alcance similar a una ICO, aunque pueden tener lugar emisiones de *security token* y *utility token* cuyo formato de token sea el de token no fungible[606]. Como hemos mencionado, este no sería el caso de la mayoría de emisiones de NFT, ni tampoco del «criptoarte» en NFT, incluso aunque las plataformas y mercados específicos se asemejen, en información facilitada y formato, a los mercados de valores. El uso más extendido de los NFT es, bajo nuestro punto de vista, aquel uso más cercano al de los *soft asset-backed tokens*: representan, por lo general, activos digitales (o derechos de propiedad intelectual sobre estos activos), suelen ser calificables como no fungibles o «semifungibles», suelen presentar pocas posibilidades de distribución para el gran público y no acostumbran a emitirse en grandes tiradas, si bien pueden dirigirse para su contratación por el público en general. Por ello, opinamos que, por norma general, quedarían fuera del ámbito de las comentadas circulares. No obstante, no es para nada descartable la emisión de NFT en eventos susceptibles de constituir una ITO (como sucedería con f-NFT o emisiones en grandes colecciones), con lo cual resultará necesario efectuar un análisis casuístico: recuerde el lector que la configuración del NFT no sigue un único modelo o estándar, sino que cada modelo de negocio puede presentar sus particularidades[607].

En resumen, consideramos que no resultan habituales (por ahora) las emisiones de NFT (y de «criptoarte» en NFT) con usos homólogos a los de valores negociables, con lo cual no aparentan suponer un riesgo manifiesto para los mercados de valores, como sí sucede con otras categorías de criptoactivos[608]. Sin embargo, la técnica habilita emisiones masivas, con

606 Como ejemplo, la emisión de la colección de NFT NBA Top Shots, calificada por la SEC .

607 Véase, al respecto, lo comentado en una anterior nota al pie sobre los NBA Topshot Moments y la asimilación por un juez federal norteamericano de tales NFT con el intrumento de inversión conocido como *securities* (concepto referido a la legislación estadounidense pero que puede entenderse homólogo al de nuestros valores negociables).

608 El Presidente de la CNMV, Rodrigo Buenaventura, señaló, en la presentación del IV Observatorio del Ahorro y la inversión en España celebrado en febrero de 2023, que no se puede generalizar en lo que se refiere a criptoactivos, y que ni los NFT ni tampoco las *stablecoins* ni las *utility tokens* «aportan valor», mientras otros criptoactivos como las «criptoacciones» o los «criptobonos» sí representan

lo cual no son descartables eventuales utilidades de NFT afines a la figura jurídica tradicional de los valores negociables. Por ello, será necesario un análisis casuístico de las emisiones de NFT con características homólogas a las descritas.

un avance en la digitalización de los mercados. Noticia disponible en: <https://valenciaplaza.com/cnmv-valor-utility-tokens-stablecoins-nfts>. [Fecha de consulta: 8 de mayo de 2024].

Conclusiones

A lo largo de este trabajo hemos tratado de dar respuesta a una serie de interrogantes que plantean los tókenes no fungibles o NFT. Para ello hemos procedido, por una parte, a un análisis del funcionamiento técnico de los NFT y los hemos relacionado con otros conceptos que conforman su ecosistema: tecnología DLT y cadenas de bloques; *smart contracts*, estándares técnicos y oráculos; monederos electrónicos; Web 3 y plataformas digitales; y entornos de metaverso; y hemos esclarecido aspectos técnicos y jurídicos de su creación y lanzamiento. Hemos acotado su significado a partir de las características y tipos más frecuentes de NFT, y, como activo digital en sí mismo (es decir, como representación o unidad de valor), lo hemos distinguido del activo pretendidamente único o escaso al cual representaría. Además, hemos mencionado la información jurídica a la cual un adquirente/consumidor/inversor debería poder acceder y a las fuentes que, idealmente, acompañarían a un NFT y facilitarían dicha información.

Tras la imprescindible delimitación del objeto del estudio, motivada por la infinidad de aplicaciones a las cuales puede destinarse un NFT, hemos abordado el tratamiento jurídico de aquellos que representan imágenes digitales, configurados como únicos y estáticos. Para ello hemos adoptado una perspectiva utilitaria, atendiendo a sus principales funciones: «certificado de propiedad» de la obra artística digital (específicamente, como prueba de su titularidad, autenticidad y originalidad); soporte de licencias o cesiones de derechos de propiedad intelectual; y eventual captación de inversión. Tenga en cuenta el lector, como hemos indicado al principio del estudio, que este se centra en el «criptoarte» en NFT, sin perjuicio de que muchas de las consideraciones expuestas en el trabajo puedan ser extensibles a otras categorías de NFT con características y/o usos similares, como procuraremos indicar.

A la luz de nuestro análisis, procedemos a continuación a realizar algunas observaciones (agrupadas por materia) que, a modo de conclusión, recogen nuestro parecer.

A. NOCIÓN Y NATURALEZA DEL TOKEN NO FUNGIBLE (NFT). MARCO REGULADOR

I. La noción de token no fungible es difusa y compleja por varias razones:

a) su variable configuración técnica. Pueden añadirse y combinarse cualidades y usos diferentes en cada NFT (o emisión de NFT) «minteado». Lo anterior desemboca en una variada tipología que converge en el mercado: entre otros, NFT estáticos/dinámicos/actualizables, NFT transferibles/intransferibles, o NFT de duración indefinida/autodestructibles). Tal versatilidad alcanza, incluso, al calificativo «no fungible», pretendido como nuclear o esencial de esta tipología de token. En efecto, se pueden emitir NFT únicos o escasos (a modo de coleccionables o de serie limitada) pero igualmente lanzamientos que desplieguen un gran volumen de ejemplares. Asimismo, algunos estándares habilitan el fraccionamiento del activo subyacente al NFT en diferentes tókenes que representan partes más pequeñas (y más económicas) de un activo digital

b) la representación de activos de muy variada naturaleza. Un NFT puede representar «cualquier cosa»: bienes tangibles muebles e inmuebles; bienes digitales, (imágenes, texto, nombres de dominio, memes, GIF, vídeos, cromos, tweets, avatares, objetos o inmuebles virtuales desplegables únicamente en ciertos videojuegos o plataformas de metaverso, siendo esta una lista abierta), y/o una serie de derechos, que pueden estar relacionados con los activos representados (derechos de propiedad intelectual, verbigracia) o proceder de las utilidades del token (por ejemplo, cuando funcionan como sistemas de identificación personal, representan entradas a eventos —físicos o virtuales—, permiten el acceso a recintos o comunidades exclusivos —físicos o virtuales— o proporcionan derecho a voto, a remuneraciones o a otros privilegios).

c) las múltiples y combinables utilidades a las cuales pueden destinarse un NFT. Cuando soportan objetos coleccionables o arte digital, el token sirve a modo de prueba de origen, titularidad y autenticidad del activo subyacente (lo cual habilita la comercialización de bienes digitales y agiliza la transmisión de bienes físicos) y a modo de soporte de documentación legal y automatización de ejecuciones de contratos. Además, un NFT puede utilizarse como formato de uso y despliegue del activo subyacente y/o de los derechos asociados dentro de entornos o comunidades (virtuales o físicas) cerradas; como juego o entretenimiento virtual, como medio de seguimiento y entrega en cadenas de suministros o en transferencias de bienes físicos; como representaciones de identidad o titularidad para el ejercicio de derechos reales, de crédito o de gobernanza; o como título de acceso a bienes o servicios limitados o exclusivos, siendo esta una lista abierta.

Además, puede usarse para la creación y representación de propiedad fraccionada y la financiación de empresas o proyectos.

Son habituales las emisiones de NFT con fines especulativos y su uso como medio de cambio con criptoactivos de diferente naturaleza, aunque, por el momento y a diferencia de las criptomonedas, no sirven como medio de pago comúnmente aceptado.

II. La unidad de datos que conforma el NFT puede, o bien almacenar en la propia cadena de bloques el activo subyacente (almacenamiento *on-chain* de un archivo necesariamente digital), o bien enlazar dicho NFT con el activo subyacente único almacenado fuera de la *blockchain*, de forma centralizada —en servidores privados— o descentralizada —en sistemas del tipo IPFS—, o existente en el mundo físico (almacenamiento *off-chain*). Si se producen incidencias con el servidor que almacena de forma *off-chain* los metadatos del activo digital subyacente o su operador, pueden desaparecer el valor y utilidad del token no fungible.

III. Desde una perspectiva técnica, proponemos definir un NFT como un activo digital identificable, único, apropiable y programable, y comúnmente rastreable, inmutable y transferible; consistente en una unidad de información digital (un «token» o «ficha») encriptada en una cadena de bloques; y que no es inherentemente sustituible por otros activos digitales, puesto que, con carácter general, representa, por una parte, un activo subyacente único o escaso, el cual, a su vez, puede almacenarse *on-chain* u *off-chain;* y/o, por otra parte, derechos de distinta naturaleza asociados a dicho activo o a los usos del token. Los NFT pueden comercializarse mediante criptodivisas y/o dinero *fiat*. Los NFT se asocian a las *wallets* de sus titulares: aplicaciones específicas que permiten visualizar saldos de activos y transferirlos a terceros.

IV. En cuanto a la naturaleza jurídica de los tókenes no fungibles, la variedad de funcionalidades de los NFT y sus diferentes modelos de emisión obligan a un análisis de la casuística previo, e impide, a nuestro criterio y a diferencia de lo que sucedería con otros tipos de token, formular una propuesta de naturaleza jurídica universalmente válida y extensible a la generalidad de emisiones de NFT. El NFT se concibe como una categoría bajo el amplio concepto de «criptoactivo» recogido por el Reglamento MiCA. Sin embargo, al igual que sucede con el resto de tókenes, tanto este Reglamento como otra normativa que pudiera ser aplicable a un NFT dependerá de la finalidad jurídico-económica del activo digital, por una parte, y de la naturaleza del activo y/o derecho(s) representado(s), por otra.

El hecho de que un bien o derecho se instrumentalice mediante un token no altera *per se* la naturaleza jurídica de dicho token, sino que deberá averiguarse cuál es su funcionalidad y si cumple los requisitos que, eventualmente, establezca la normativa calificadora de bienes o derechos análogos. Resultará también de interés dicho análisis casuístico a la hora de determinar los operadores relevantes y las relaciones jurídicas que subyacen a su adquisición, así como eventuales responsabilidades. La aplicación normativa se efectuará de forma acumulativa y alcanzará variadas y complementarias vertientes jurídicas.

V. Respecto del «criptoarte», el NFT se convierte en aquella herramienta criptográfica que utiliza una *blockchain* o cadena de bloques para crear un activo digital único que puede ser objeto de propiedad y rastreo, y que se usa, principalmente, para autenticar y transmitir creaciones de arte digitales (principalmente archivos de imágenes, vídeo y/o audio). La normativa aplicable se corresponderá con el Derecho civil (principalmente, derecho de bienes, teoría de obligaciones y contratos y propiedad intelectual) y mercantil (en esencia: la normativa de consumo, la regulación de la captación de inversión y de instrumentos financieros), la normativa de prevención del blanqueo de capitales y la normativa tributaria, entre otras.

VI. La mayoría de NFT encajan dentro de la tradicional tipología de *asset-backed tokens*, puesto que «representan o incorporan un bien o un derecho existente, sea entero, sea una parte, sea un derecho de crédito o un derecho real»[609] . Siendo el uso más extendido del «criptoarte» en NFT aquel que representa la creación artística de formato digital, podemos considerar a su clase como *soft asset-backed tokens*, es decir, activos que representan bienes intangibles e (inicialmente) no fungibles. Resulta habitual encontrar NFT con funciones híbridas, como los NFT avatares, que presentarían, a nuestro parecer, usos simultáneos de *utility token*[610] y de *soft-asset-backed* token, con peculiaridades específicas derivadas de tales funcionalidades.

VII. Aunque el NFT se registre en una *blockchain* inmutable, segura e «inhakeable», verificable y pública, consideramos que este hecho no ga-

---

609 NASARRE AZNAR, Sergio, «Naturaleza jurídica y régimen civil de los "tokens" en "blockchain"», pp. 78 y ss., y 106; y GARCÍA TERUEL, Rosa María, NASARRE AZNAR, Sergio, «La propiedad y las situaciones de comunidad en la "tokenización" de bienes », pp. 145-146. ambos en *La Tokenización de bienes en blockchain* (coord. GARCÍA TERUEL, Rosa María), Navarra, 2020.

610 Recordamos al lector que se entienden como *utility tokens* aquellos tókenes que permiten adquirir bienes y disfrutar de los servicios de la empresa o plataforma que los ha emitido. NASARRE AZNAR, Sergio, «Naturaleza jurídica y régimen civil de los "tokens" en "blockchain"», en *La Tokenización de bienes en blockchain* (coord. GARCÍA TERUEL, Rosa María), pp. 78 y ss., y p. 106.

rantiza que la emisión del NFT sea legítima; no garantiza que el activo esté adecuadamente custodiado o sea inalterable; y no otorga *per se* derechos de propiedad plena o parcial ni de propiedad intelectual sobre el activo subyacente.

VIII. El marco regulador del «criptoarte» en NFT está fragmentado, es complejo y se encuentra todavía en una etapa de desarrollo. Así, opinamos que se aplicará de forma acumulativa, por una parte, la normativa reguladora del activo subyacente (obras de arte digital); por otra parte, la normativa derivada de la naturaleza como criptoactivo del NFT, cuando esta sea de aplicación, y, además, la normativa derivada de los usos configurados por su emisor. De entre las funcionalidades principales del «criptoarte» en NFT, hemos analizado las siguientes: su uso como certificado de titularidad, originalidad y autenticidad, su uso como licencia de derechos de propiedad intelectual y su uso como captación de inversión. Respecto a esta última utilidad, si el NFT se presenta al público para su adquisición en partes fraccionadas o en series con un elevado número de ejemplares, podría ser considerado *de facto* como un token fungible (o «semifungible»), y discutirse su calificación, bien como instrumento financiero regulado por la MiFID II y la normativa del mercado de valores, o bien como criptoactivo, alcanzado en este caso por el generoso ámbito de aplicación del Reglamento MiCA.

IX. En nuestra opinión, la infungibilidad (o fungibilidad) predicada del NFT no es un aspecto que convenga determinar de forma binaria cuando se refiere a la naturaleza de un token NFT o de su activo subyacente, sino que sería más eficiente apreciarla como un espectro. Como se ha visto, existen un cúmulo de acciones técnicas que facilitan la creación de emisiones múltiples de tókenes NFT cuyos activos subyacentes son, aparentemente, individuales o individualizables. En «criptoarte», tal espectro comprende, en un extremo, las obras de arte en NFT irrepetibles, únicas y no fraccionadas puestas al mercado o realizadas a medida para un adquirente, pasando por obras numeradas o de tirada limitada; y, en el otro extremo, obras de arte dentro de colecciones de alta tirada.

El concepto de fungibilidad debe valorarse con cautela cuando se utiliza como criterio determinante del ámbito de aplicación de normativa de cumplimiento imperativo en el contexto de los NFT, siendo recomendable acudir a la casuística y a los indicios (extrapolables de su configuración técnica y jurídica) que permitan enmarcar la fungibilidad de un NFT (y, en particular, de una obra de «criptoarte» en NFT), dentro del posible espectro que se puede dar en la práctica, tanto ahora como en un futuro. El Reglamento MiCA apuesta por excluir de su ámbito de aplicación los tókenes únicos y no fungibles cuyos derechos sobre ese criptoactivo también sean únicos y no fungibles (Considerando 10), y a aquellos que se consideren instrumentos financieros de acuerdo con la MiFID II (las autoridades europeas competentes delimitarán los criterios sobre cuándo un criptoactivo se considera instrumento financiero y no se le aplicará, por ende, la MiCA); e incluiría aquellos criptoactivos que, aunque parezcan únicos y no fungibles, su uso los delate como fungibles y no únicos. Ello hace referencia a los NFT fraccionados (sus partes no son únicas) y a NFT que se emitan en grandes series (lo cual es indicio de fungibilidad).

B. APROPIABILIDAD Y ADQUISICIÓN DEL NFT

X. Un NFT resulta susceptible de apropiación. Esta se lleva a cabo mediante el traspaso, con origen en la dirección de *wallet* titularidad del transmitente y destino a la dirección *wallet* titularidad del adquirente, de una unidad de datos encriptados única e irrepetible registrada en una *blockchain*. Esta transacción se realiza a través de un *smart contract* y se registra como parte de los datos de un bloque de la cadena. La adquisición de un NFT que representa un activo digital no se corresponde con la adquisición de un archivo descargable o ejecutable en los equipos propios del adquirente, sino únicamente al registro de metadatos en la cadena de bloques que dan acceso digital al activo almacenado en un servidor remoto.

XI. La utilidad y valor de un NFT dependerá, en la mayoría de ocasiones, de la existencia u operabilidad de su activo subyacente, pero ello es independiente de la existencia y circulación en el mercado del propio token.

XII. Los bienes digitales vinculados a un NFT pueden presentar problemas de desprogramación y mutabilidad derivados del almacenamiento *off-chain* y de «minteados» peculiares, lo cual desvirtúa su uso como certificado garante de la titularidad del activo subyacente, al poseerse un «título de propiedad» digital y registrado en la *blockchain* pero que no se refiere a ningún ítem existente. Las anteriores situaciones de pérdida o mutabilidad del archivo pueden suceder sin la autorización o el conocimiento del adquirente y del vendedor, y, puesto que ello tampoco entorpece, como hemos destacado, la transferibilidad del token, se dificulta enormemente cualquier reclamación de responsabilidad, como indemnizaciones por pérdidas de valor u otros daños, o peticiones de restauración del activo. Los términos legales que acompañen al NFT (ya sea vía *smart legal contract* o en documentación anexa al NFT) y los términos de servicio del operador encargado del almacenamiento pueden ayudar a delimitar responsabilidades en tales casos, sin que sean aceptables descargas de responsabilidad por incumplimientos del deber de diligencia profesional frente a alteraciones, configuraciones deficientes o borrados del archivo digital. En este sentido, en relaciones de consumo también podrá acudirse a la normativa reguladora de la conformidad de contenidos digitales.

En cualquier caso, el adquirente debería poder conocer si el almacenamiento del activo digital subyacente al NFT tiene lugar *on-chain* u *off-chain*, ya que ambos cuentan con diferente grado de garantías. También debería tener acceso al proveedor que, en su caso, fuese encargado de custodiar dicho activo.

XIII. Por regla general, con la adquisición de un token no fungible el adquirente tendrá derecho: a incorporar el NFT en su *wallet*, a transferir el NFT (siempre que la configuración inicial del *smart contract* no limite su transferibilidad) y a usar y disfrutar el activo subyacente en los términos acordados.

XIV. Los derechos sobre el activo subyacente que puede adquirir el nuevo titular del NFT vendrán determinados por tres factores: la naturaleza del activo subyacente (y su regulación), la configuración técnica del *smart contract*, y las condiciones asociadas a la adquisición: tanto las cláusulas dispuestas por el emisor sobre el negocio jurídico (vía *smart contract* o documentación anexa) como los términos de servicio suscritos en la plataforma mercado de NFT que ha habilitado la transferencia. Estos factores varían en cada emisión de NFT.

C. USO DEL NFT COMO CERTIFICADO DE AUTENTICIDAD, ORIGINALIDAD Y TITULARIDAD DEL ACTIVO SUBYACENTE. ESPECIAL REFERENCIA AL «CRIPTOARTE» EN NFT

XV. En cuanto al «criptoarte», un NFT a menudo se usa a modo de certificado de autenticidad, entendido como instrumento que persigue garantizar que la obra de arte subyacente proviene efectivamente del creador a quien se le reputa como parte de su catálogo, descartando que se trate de un plagio, copia no autorizada, falsificación o imitación. Su eficacia resultaría cuestionable en entornos seudonimizados que no ofrecen plenas garantías en la identificación del poseedor: aunque el registro de un NFT en la *blockchain* sirve de indicio respecto de la posesión del activo digital que representa, una vez vinculado a la dirección de una *wallet*, durante el proceso de creación y registro no siempre se verifica la identidad del titular originario de dicha *wallet*. Ello posibilita que puedan comercializarse a través de NFT apropiaciones ilícitas de creaciones de terceros.

La generalización de un libro blanco con la información completa y adecuada parta cada emisión podría mitigar esta problemática. Por otra parte, las plataformas mercado podrían jugar un papel relevante en la evitación de fraudes si se las obligara a obtener la autorización del creador o titular de derechos de la obra subyacente. No obstante, encontramos dificultades en la aplicación del artículo 17 de la Directiva 2019/790 sobre los derechos de autor y derechos afines en el mercado único digital y su transposición en el Real Decreto-ley 24/2021, principalmente, cuando la literalidad de la norma excluye de su aplicación aquellos «mercados en línea cuya actividad principal es la venta minorista en línea, y no dar acceso a contenidos protegidos por derechos de autor»: el texto podría dejar fuera a *marketplaces* de NFT que presentan funcionalidades híbridas. Por ello, aconsejaríamos propuestas de *lege ferenda* que aclaren la posición de estas plataformas o interpretaciones judiciales o de autoridades competentes que atiendan al contexto fáctico actual. Asimismo, siguiendo con las regulaciones del Reglamento europeo 2022/2065 de Servicios Digitales y en el marco de relaciones de consumo, la plataforma de mercado de NFT que actúe como intermediaria entre vendedor y adquirente de NFT sigue sin tener obligación de monitorizar o supervisar los contenidos que alojan o transmiten sus usuarios (manteniendo, en este sentido, lo establecido en su momento por la Directiva 2000/31/CE y su transposición mediante la LSSI); sin embargo, el RSD sí obliga a la plataforma a implementar un sistema interno de gestión de reclamaciones para usuarios que pudieran verse afectados por infracciones de sus derechos de autor (arts. 16.1 y ss.). Asimismo, deberán tenerse en cuenta eventuales exenciones de responsabilidad incluidas en los términos de uso de las plataformas mercado, y su eventual validez según el ordenamiento jurídico español.

El problema de identificación del creador del token puede solucionarse dotando al NFT con otros medios de prueba que refuercen el vínculo entre el creador y la obra de arte que este «mintea», y con soluciones técnicas específicas que vinculen al NFT con la identidad verificada de su poseedor originario. Al respecto, son interesantes las futuras *wallets* de identificación europea previstas por el Reglamento eIDAS 2, aunque deberemos esperar para comprobar la compatibilidad técnica entre la futura *wallet* europea y los ecosistemas NFT.

XVI. El uso de un NFT como certificado de originalidad se fundamenta en la presunción de que el token identifica el activo subyacente como original, individual, único o escaso, y diferente de eventuales copias. Sin embargo, tampoco este uso ofrece plena garantía: una misma obra de arte digital puede estar representada y ser transferida por múltiples NFT individuales en la *blockchain*, o en *blockchains* diferentes, con lo cual varios titulares de NFT podrían poseer «originales» de una misma obra de arte tokenizada mediante NFT y pretendidamente única. El autor podría renunciar al ejercicio del derecho de reproducción a través de contrato escrito (arts. 18 y 45 TRLPI), con el fin de garantizar la unicidad o escasez de la obra de arte digital, y que la obra de «criptoarte» en NFT debería acompañarse de un compromiso o declaración unilateral de la unicidad de la obra y de la abstención de realizar o autorizar posteriores copias digitales de la misma que eventualmente pudieran «mintearse» y transferirse como otros NFT.

XVII. La posesión de un NFT serviría como indicio respecto de su titularidad, ya que la propiedad del NFT se transfiere a través de la dirección pública del adquirente y podrá comprobarse que forma parte del historial de transferencias del token. El adquirente podrá acceder al token y transferirlo a través de su clave privada. Por ello, es habitual que el NFT se presente como «certificado de titularidad» del propio NFT: una garantía de posesión del auténtico, original y único o escaso token que avala, mediante registro en la *blockchain*, que dicho token está depositado en la cuenta de la *wallet* del adquirente, y que, por lo general, permite su transferencia y, eventualmente, el despliegue de otros usos o el ejercicio de derechos representados por el token.

Los metadatos del NFT proporcionarán acceso a la ubicación del activo subyacente para que el titular del NFT pueda usar y disfrutar dicho activo en las condiciones pactadas. En el caso del «criptoarte» en NFT, los metadatos enlazan a la obra de arte digital subyacente y permiten al titular su visualización, exhibición y/o explotación, de acuerdo con la cesión de derechos de autor del creador/emisor.

El *smart legal contract* (aquel acuerdo que da sentido a los códigos autoejecutables de un *smart contract* y cuyas cláusulas se incorporan en un soporte electrónico) puede considerarse un título válido con base en los principios de neutralidad tecnológica y libertad de forma: el adquirente del NFT dispondría de fundamentos jurídicos para acreditar en sede judicial que es el titular del token (ya que el NFT estará incorporado a una *wallet* de su titularidad) y de los derechos asociados a su tenencia, equiparándose la unidad de código generada e inscrita a favor del adquirente en la *blockchain* a la *traditio* del derecho que representa.

En cuanto a la *traditio* de la obra de arte digital subyacente, consideramos que podría tener lugar por dos vías, de acuerdo con el régimen jurídico general de los bienes incorporales (arts. 10.1 y 1464 CC): bien a través de la entrega del NFT, cuyo *smart legal contract* actuaría como título de pertenencia, tal y como hemos comentado; bien por el uso que haga el adquirente de su derecho (por ejemplo, disfrutando la obra y transfiriéndola mediante el NFT que la representa como original), con el consentimiento del transmitente del NFT. No obstante, esta última vía se habilitará, por lo general, mediante el acceso técnico al activo subyacente tras incorporarse el NFT a la *wallet* del adquirente.

Cuando el activo digital subyacente esté almacenado *off-chain,* el uso del NFT como certificado de titularidad pierde fuerza, puesto que no alcanza a acreditarse, mediante la mera posesión del NFT, que el activo digital sea accesible o permanezca inalterado. En este caso, el certificado de titularidad del activo subyacente al NFT puede tener un valor similar al de un certificado digital de titularidad de contenidos alojados «en la nube», con lo cual las garantías asociadas dependerán de las condiciones de preservación, mantenimiento y acceso a los contenidos que se recojan en los términos contractuales que el adquirente haya suscrito al respecto, bien con el proveedor que aloje esos contenidos en sus servidores (plataforma de mercado en línea u otros), bien subrogándose en la posición contractual del emisor del NFT.

XVIII. El NFT puede usarse como mecanismo de acreditación o certificado (con los efectos jurídicos que, en su caso, permita la normativa aplicable) de toda aquella información registrada en la *blockchain* (fechas, identificadores únicos de cada NFT, cadenas de transacciones, cuentas de *wallets* de origen y destino, importes de transacciones, *smart contracts,* entre otros datos, metadatos o registros adicionales), siempre y cuando sea legítimamente introducida en la cadena de bloques.

D. USO DEL NFT COMO MECANISMO DE SOPORTE DE CESIONES DE DERECHOS DE AUTOR. ESPECIAL REFERENCIA AL «CRIPTOARTE» EN NFT

XIX. Somos reticentes a la consideración de un NFT como objeto de protección de propiedad intelectual asimilable a una base de datos o un programa de ordenador, por ser excesivamente divergentes sus cualidades técnicas. También obstan para dicha consideración el habitual formato abierto en el que se publican sus estándares más comunes de NFT y su registro en cadenas de bloques de acceso público y descentralizadas. No obstante, dejamos abierta la posibilidad de que determinado «criptoarte» en NFT pueda considerarse una creación artística en sí misma, en atención a la originalidad de la idea de selección y presentación de un determinado objeto para «minteado» y transferencia en NFT, cuando esa constituya una relevante novedad y muestre un alto impacto artístico.

XX. El «criptoarte» en NFT se utiliza para ceder derechos de propiedad intelectual sobre la creación subyacente. El adquirente de la propiedad del soporte al cual se haya incorporado la obra (el archivo digital representado mediante NFT) no tendrá, por este solo título, ningún derecho de explotación sobre dicha obra. El creador de la obra/emisor del NFT conservará aquellos derechos no cedidos expresamente a través de la configuración del *smart contract* y de la documentación contractual accesoria al NFT. Los derechos de explotación y modificación de la obra digital transmitidos vía NFT pueden, a su vez, verse afectados por los términos y condiciones de la venta del NFT. La amplia y variada casuística obligará a revisar las cláusulas contractuales contenidas en cada acuerdo que tenga por objeto un NFT y/o su obra subyacente, con el fin de determinar el alcance de cada cesión. Si la legislación aplicable en materia de propiedad intelectual es la española, las cesiones de derechos morales, como los de paternidad e integridad, o el derecho de participación, son intransferibles e irrenunciables (art. 14 LPI), con lo cual, aunque la técnica lo permita, estos acuerdos carecerán de validez.

XXI. No consideramos que el *smart legal contract* pueda dar cumplimiento, por sí mismo, al requisito de forma escrita del artículo 45 del TRLPI, siendo necesaria, o bien la traducción a lenguaje natural de dicha cesión de derechos, independientemente del carácter automatizado de condiciones contractuales preestablecidas, o bien su combinación con otros instrumentos que permitan entender como cumplido el mencionado requisito de forma.

XXII. Resultará sumamente recomendable, considerando las exenciones de responsabilidad de los *marketplaces* respecto de la relación contractual entre vendedor y adquirente de NFT, que cualquier interesado en comprar un NFT se informe sobre los derechos de propiedad intelectual que se le ceden, a efectos prestar un consentimiento inequívoco e informado. Cuando la adquisición de NFT sea en el marco de una relación de consumo, los derechos de propiedad intelectual asociados al activo subyacente del NFT deberían formar parte de la información necesaria en la oferta comercial de bienes y servicios recogida por el artículo 20.1.b y 97 bis. d del TRLGDCU, concretamente como parte de las características esenciales del bien o servicio, en los términos de la redacción introducida por el Real Decreto-Ley 24/2021, de 2 de noviembre.

XXIII. El eventual derecho a «mintear» un NFT que represente una obra de arte correspondería únicamente al autor o a quien este haya autorizado, en ejercicio del derecho de reproducción recogido en los artículos 18 y 45 TRLPI y en el artículo 1.4 del Tratado OMPI. Cuando la obra digital se almacena *off-chain,* se sube a un repositorio digital y se crea una dirección URL: con ello se está llevando a cabo un acto de reproducción que necesita de autorización previa del autor para ser lícito, pero que difícilmente puede considerarse un acto de comunicación pública (arts. 17 y 20 TRLPI) porque, a nuestro modo de ver, no resulta accesible a un número significativo de personas. Cuando el «minteado» se lleve a cabo con almacenamiento *on-chain,* también se estará llevando a cabo un acto de reproducción, pero, al igual que en el caso anterior y por los motivos descritos, no sería un acto de comunicación al público. Cuando un NFT ya «minteado» se registre en la *blockchain,* con su identificador único, no se consideraría tampoco un acto de reproducción porque el trabajo como tal no se está copiando o reproduciendo, sino registrando.

En cambio, la publicación de la obra en una plataforma o mercado de NFT sí implicaría, opinamos, actos de reproducción y comunicación al público, porque nos parecen asimilables la venta y promoción en una galería de arte, pues en ambos casos la imagen se incorpora a un catálogo a disposición de futuros adquirentes, resultando accesible para el público en general. El cambio de titular que se produce cuando se transfiere entre *wallets* un NFT tampoco implicaría un acto de comunicación al público porque no generaría una nueva o mayor audiencia, ni implica, por lo anteriormente comentado, una nueva reproducción de la obra.

Somos partidarios de que aquel autor que no se niega expresamente a que el adquirente ejerza el derecho de exposición pública del artículo 52 LPI no puede conseguirlo oponiéndose a la reproducción de la obra cuando esta es necesaria para posibilitar el acceso a la exposición en una plataforma o mercado específicos y, consecuentemente, a la transferencia del NFT. Abogamos por que el adquirente pueda contar con una cesión expresa del derecho de exposición pública y del derecho de reproducción con finalidades promocionales o de inserción en catálogos de arte de activos digitales representados en NFT.

Si la persona que «mintea» un NFT no es la titular de los derechos de reproducción y comunicación al público o no está autorizada a ejercer estos derechos, puede ser objeto de reclamaciones legales por parte del creador o de terceros cesionarios. Por otro lado, somos partidarios a que el creador de la obra pueda evitar que esta se «mintee» en NFT o se represente mediante tal formato, en ejercicio de sus derechos de integridad, divulgación, distribución, reproducción y comunicación pública. Creemos que es fundamental respetar la decisión creativa de un autor que, de manera explícita, manifieste su oposición a la divulgación, distribución o comunicación pública de su obra a través de un formato NFT, especialmente ante posibles derechos que terceros puedan alegar sobre la misma creación artística. El autor original podría tener motivos que consideramos relevantes y que deberían ser tomados en cuenta. Entre los muchos posibles, recogemos los siguientes: la desconfianza o desconocimiento de la tecnología NFT, preocupaciones relacionadas con la inseguridad jurídica asociada a la reserva o licencia de sus derechos de autor, el temor a un posible impacto en la exclusividad y valor de la obra subyacente, la percepción de que el formato no se alinea con su visión personal del arte, o reticencias relacionadas con el impacto medioambiental de los entornos *blockchain*.

XXIV. La sentencia del Juzgado de lo Mercantil número 9 de Barcelona, de 11 de enero de 2024, conocida como el caso del Grupo Mango contra VEGAP, atiende a un caso de obras configuradas como *lazy minted NFT*, es decir, un NFT en estado previo a su implementación en la cadena de bloques pero que es visualizable en plataformas o mercados específicos. Esta categoría de NFT proporciona flexibilidad al propietario original del NFT, ya que, a modo de simulación, el emisor tiene a su disposición una herramienta de negocio sumamente útil a la hora de evaluar el interés de posibles compradores, inversores o coleccionistas en su emisión, lo que le permite tomar decisiones más informadas sobre el momento o el precio más adecuados para implementar el NFT en la cadena de bloques.

Del conjunto de derechos afectados según la demandante, la juez no se pronuncia en la sentencia sobre el derecho moral de la obra ni sobre el derecho patrimonial de reproducción, puesto que, según argumenta la sentencia, el reconocimiento del derecho de transformación excluye tanto el derecho a la reproducción como el derecho a la integridad. Este planteamiento nos parece erróneo porque el derecho de transformación convive con los derechos de integridad y reproducción, y los actos de terceros en ejercicio legítimo del derecho de transformación deberán ponderarse en el marco de los derechos de integridad y reproducción del autor de la obra preexistente.

La sentencia obvia, a nuestro modo de ver, la perspectiva patrimonial del derecho de distribución que permitiría al autor decidir sobre la distribución digital de la obra, más allá de la distribución física. Opinamos el autor posee, en base a tal derecho, no solo control decisorio sobre cualquier forma de venta o transmisión futura de la obra, sino también sobre el formato de distribución, incluida la distribución en formato NFT.

Además, nos parece que la sentencia reemplaza sin motivo nuestra doctrina del uso inocuo por el análisis de la excepción de tradición práctica «fair use» (Sección 107 de la *Copyrignt Act* norteamericana), sin mayores justificaciones que su aplicación en precedentes ocasiones por nuestro Tribunal Supremo y su alegación por parte de la defensa. Consideramos que algunas de las reflexiones derivadas del examen de los «cuatro pasos» tampoco resultan objetivas ni sólidamente fundamentadas. Dados los antecedentes de hecho, no consideramos alejadas las finalidades de «expresión de la creatividad de los autores» de obras preexistentes y derivadas; ni vemos categórica la imposibilidad de comercialización de los NFT resultantes; ni creemos que pueda descartarse, con los argumentos manifestados, una la falta de interés en la promoción o publicidad conseguidas por Mango con el uso de las obras originales y transformadas; ni apreciamos el reconocimiento a la paternidad de la obra preexistente como un elemento que afecte, por lo general, a la consideración de un uso como justo o injusto ni de la obra inspiradora ni de cualesquiera transformaciones de esta; ni consideramos suficiente ni correcto el examen de la calidad y sustancialidad de la parte de la obra protegida utilizada por la demandada.

En un ecosistema escasamente regulado, como acontece con el de los NFT, la jurisprudencia debería ser escrupulosa y dictar pronunciamientos especialmente claros y sólidamente fundamentados, procurando el balance de intereses entre los operadores involucrados, persiguiendo siempre dotar de la máxima seguridad jurídica a las nuevas dimensiones tecnológicas, sin necesidad de «deconstruir» arbitrariamente derechos del titular de obras preexistentes con interpretaciones foráneas o que puedan parecer tendenciosas. El planteamiento de cuestiones prejudiciales al TJUE que pretendan aclaraciones en esta materia ayudaría a adaptar nuestra regulación a las nuevas dimensiones digital y virtual con mayor seguridad jurídica.

Somos favorables a promover el principio de neutralidad tecnológica y la intervención mínima frente a solicitudes de autorización del autor relacionadas con el derecho a comunicación pública, dada la carga que puede suponer para sus peticionarios (particularmente, en entornos seudonimizados) y siempre y cuando su exigencia sea susceptible de obstaculizar el uso de la cadena de bloques y la expansión del ecosistema NFT. Al respecto, aconsejaríamos evaluar el impacto que la autorización de ciertos actos podría tener en la esfera jurídica y reputacional del autor, especialmente en la visibilidad de su obra y los futuribles ingresos que podría obtener de ella. Con todo, somos partidarios de interpretaciones restrictivas respecto de aquellos actos de terceros que puedan obstaculizar al autor la obtención de rendimientos económicos u otros beneficios derivados de la conversión de su obra al formato NFT, como podría ser el caso de violaciones de derechos de explotación como el derecho de reproducción o de distribución.

A la espera de futuros pronunciamientos legislativos, doctrinales y judiciales al respecto, queda por determinar el alcance de los derechos del autor de obras de arte originales en cuanto a usos relacionados con su incorporación en un NFT y su eventual explotación. Hemos detectado algunas lagunas, como hasta qué punto trasladar la imagen de una obra de arte física original a un NFT puede afectar a los derechos de autor que retiene el artista de la obra original, y en qué casos esta modificación da lugar a la creación de una nueva obra de arte digital independiente incorporada en un NFT, restando por aclarar si esta obra sería una reproducción o copia digital de la obra física original (cuyos derechos corresponderían al titular de la obra originaria), o, en cambio, si se crea una obra derivada o si nace obra independiente (generadoras estas últimas de derechos conexos de terceros). De considerarse derechos del creador de la obra física, faltaría por aclarar si el «minteado» en NFT puede entenderse como «uso inocuo» de una obra de tercero, pudiendo, en este caso, eximirse de autorización.

XXV. La transmisión de la propiedad del archivo digital como soporte de la creación artística tiene lugar en un momento simultáneo a la transmisión de la propiedad del token, salvo acuerdo contrario previo. Una interpretación diferente provocaría el riesgo de desvirtuar la consideración del archivo digital que contiene la creación artística como su *corpus mechanicum*, estando representado dicho archivo mediante el NFT, además de entrar en contradicción con la utilidad del NFT como certificado de autenticidad, originalidad y titularidad.

XXVI. El creador del NFT puede codificar en el *smart contract* cobros automatizados consistentes en un porcentaje sobre el importe de cada transmisión que se efectúe de un NFT vinculado a la obra, que se puede ejecutar durante toda la vida útil del NFT. El alienable e irrenunciable derecho de participación o *droit de suite*, recogido en el artículo 24 TRLPI, alcanza a las imágenes y piezas de video arte digital y otras obras susceptibles de considerarse «obras gráficas o plásticas». Las imágenes estáticas de arte encajan en dicho concepto, con lo cual la configuración de este derecho en NFT que las representen y su ejecución automática vía *smart contract* aparenta ser legítima. En este sentido, consideramos flexible la referencia textual expresa «al soporte material», efectuada en el Considerando 2 de la Directiva 2001/84/CE, ya que, posteriormente, aclara que se trata del «soporte al cual se ha incorporado la obra protegida». Esta expresión daría cabida, en aplicación del principio de neutralidad tecnológica, a un soporte consistente en un archivo digital (JPEG, JPG, GIF, entre otros formatos) identificable como *corpus mechanicum* o soporte (digital) de la creación artística (también digital). Este soporte se puede almacenar *on-chain* u *off-chain*, y se transmite a través de la venta del NFT, generalmente acompañado de una cesión de derechos de autor que recaen sobre el *corpus mysticum*. Por lo anterior, el NFT puede considerarse una venta de una obra de arte original y única (cuando así lo haya catalogado su autor), susceptible de reventa y de generar derechos de participación. Además, el derecho de participación se aplica en ventas efectuadas por profesionales del mercado del arte (art. 24.4), incluyéndose actuaciones a través de prestadores de servicios de la sociedad de la información, entre ellos, plataformas y mercados de NFT (art. 24.5 TRLPI).

No obstante, la aceptación de la práctica de codificación del cobro automatizado del derecho de participación debe someterse todavía a debates y, eventualmente, a ajustes normativos, con el fin coordinar la realidad y la posibilidad técnica con la intención del legislador europeo. Por ello, consideramos procedente una clarificación para determinar, en primer lugar, si a los autores de obras gráficas representadas en NFT se les aplica el derecho de participación, y si es extensible a otro tipo de obras que no sean considerables «obras gráficas o plásticas»; en segundo lugar, si los derechos de remuneración configurados vía *smart contract* al «mintear» un NFT excluyen o son compatibles con el derecho de participación en la reventa (recordemos, inalienable, irrenunciable e intransmisible *inter vivos*, art. 24.9 TRLPI y art. 1.1 Directiva 2001/84/CE); en tercer lugar, la necesidad de efectuar distinciones entre vendedores profesionales y particulares del soporte; en cuarto lugar, la virtualidad de dar entrada legal a la posibilidad de su autogestión, excluyendo la competencia exclusiva de su cobro a entidades de gestión de derechos; y, en último lugar, de considerarse aplicable el derecho de participación al «criptoarte» en NFT, si resultan adecuados el alcance y límites impuestos por la norma actual, o si procede realizar adaptaciones al respecto en atención a las prácticas más habituales (por ejemplo, en casos de reventas de obras de arte gráficas mediante NFT fraccionados). Somos partidarios de su futura aceptación jurídica, una vez que esta se acompañe de una adecuada adaptación legal que aporte suficiente claridad, seguridad jurídica y aplicación homogénea.

XXVII. Podría ser válida la adquisición de un NFT que no licencie derecho de explotación alguno al adquirente, porque la tenencia de un NFT no implica *per se* la cesión de derechos de propiedad intelectual. En este caso, el adquirente debería poder tener pleno conocimiento de ello, con el fin de garantizar una decisión informada que le permita valorar si ese NFT sigue teniendo para él algún tipo de interés, utilidad y/o valor.

XXVIII. Es posible, técnicamente, «mintear» obras de arte de dominio público. Si bien existe actualmente un claro vacío legal al respecto, la «tokenización» y consecuente privatización o monetización de obras de arte de dominio público contradice la propia naturaleza del dominio público: su uso y disfrute por toda la ciudadanía. Sin embargo, cuando el acceso a la obra es legítimo, libre de derechos de propiedad intelectual y no prohibido legalmente, el único inconveniente a su comercialización concierne al valor o utilidad de dicho NFT. La calidad del activo subyacente o el prestigio o popularidad del emisor original (o de sus posteriores transmitentes), así como la originalidad de la idea de «mintear» en un token esa obra, pueden servir de aliciente suficiente para que se alcancen fines de interés privado y público (por ejemplo, conseguir fondos para financiar su custodia y conservación o como mecanismo para difundir y fomentar la cultura) y para que se extiendan este tipo de prácticas. En todo caso, deberá estarse a los fines y alcance perseguidos por el emisor para determinar si pueden resultar de aplicación las normativas en materia de instrumentos de captación de inversión y de prevención del blanqueo de capitales.

E. USO DEL NFT CON FINES DE CAPTACIÓN DE INVERSIÓN. ESPECIAL REFERENCIA AL «CRIPTOARTE» EN NFT

XXIX La realidad muestra que los NFT, y, en especial, el «criptoarte» en NFT, pueden llegar a alcanzar un elevado valor monetario. Conscientes de ello, los diferentes actores del ecosistema NFT tratarán de obtener el máximo rendimiento de sus inversiones y aumentar la liquidez de sus activos digitales.

El formato NFT representa nuevas estrategias de inversión, y la característica de la «(in)fungibilidad» es utilizada en normas reguladoras de captación de recursos financieros como criterio orientador para la exclusión o inclusión de emisiones de NFT en su ámbito de aplicación. Como se ha comentado, la evolución de nuevos estándares técnicos transforma la «(in) fungibilidad» de los NFT en un espectro de posibilidades, algunas de las cuales pueden explotar su uso como medio de intercambio o como mecanismo de captación de recursos financieros en mercados especializados.

La fungibilidad de un NFT se origina, por un lado, al «mintearse» a través de estándares que habiliten las emisiones en serie o el fraccionamiento, codificándose así en la *blockchain* (configuración técnica); y, por otro lado, al convertir el NFT en objeto de un negocio jurídico, cuando los términos precontractuales (libro blanco, comunicaciones comerciales) y contractuales favorezcan la intercambiabilidad, transmisibilidad o fraccionamiento de los NFT emitidos (configuración jurídica), desvelando con sus consecuencias *de facto* la finalidad última que se pretende con la oferta. Apreciamos asimismo una faceta subjetiva en la fungibilidad, en el sentido en que dos o más cosas tienen, para un interesado o para varias partes contractuales, un valor económico y de uso equiparables.

Además de su«(in)fungibilidad», existen diferentes aspectos que pueden resultar reveladores a la hora de considerar la subsunción de una emisión de NFT en normas como el Reglamento MiCA o la normativa reguladora de instrumentos financieros, de entre los cuales destacamos: la finalidad principal de la emisión del NFT; si la emisión es poco susceptible del tráfico generalizado o si, por el contrario, se pretende su distribución para un gran público; los derechos que se transmiten al adquirente, y si son asimilables a los que otorgaría un instrumento financiero (derecho de voto, capacidad de influencia en decisiones empresariales, participación económica en los beneficios del emisor, derecho a remuneraciones periódicas, entre otros); motivaciones de los adquirentes para adquirir ese NFT, en especial, si se tienen expectativas de obtener beneficios generados por el esfuerzo del proyecto empresarial que oferta los NFT, o si sus expectativas se fundamentan en el funcionamiento del mercado; las condiciones contractuales predispuestas, concretamente aquellas que determinen cómo se permite operar al adquirente de dichos NFT, eventuales derechos de crédito frente al emisor y negocios jurídicos susceptibles de constituirse teniendo por objeto el NFT adquirido (créditos pignoraticios, entre otros); los términos utilizados en su promoción y el alcance de los medios a través de los cuales se han efectuado las comunicaciones comerciales; o el estándar o combinación de estándares utilizados al crearse (especialmente, si resulta indicativo de su consideración como *utility token* o f-NFT).

XXX. La normativa que podría aplicarse en los casos en los que un NFT se use como captación de inversión está fraccionada. La regulación de instrumentos financieros será aplicable cuando los NFT sean asimilables generalmente, a valores negociables.

XXXI. Por otra parte, el Reglamento MiCA pretende dar cobertura normativa a aquellos criptoactivos que, sin ser instrumentos financieros, generasen igualmente riesgos para el mercado y para potenciales inversores. La mayoría de emisiones que utilizan el NFT, incluyéndose en estas el «criptoarte» en NFT, claramente encaja en el amplio concepto de «criptoactivo» recogido por la norma MiCA: «una representación digital de un valor o de un derecho que puede transferirse y almacenarse electrónicamente, mediante la tecnología de registro distribuido o una tecnología similar». Como propuesta de *lege ferenda*, sería de utilidad la adopción de consideraciones relativas a las funcionalidades que puedan mostrar los NFT y los riesgos derivados de la inversión en estos criptoactivos, completando así las descripciones basadas en la tecnología utilizada para representarlos.

En su artículo 2.2.a, el Reglamento MiCA excluye expresamente aquellos criptoactivos que sean «únicos y no fungibles con otros criptoactivos», pero en su Considerando 11 se entiende que la emisión en series o colecciones de NFT o su oferta como elemento fraccionado pueden considerarse indicios de su fungibilidad, con lo cual entendemos que este tipo de emisiones podrían sujetarse a su ámbito de aplicación material, si bien la norma no establece criterios complementarios que ayuden a acotar cuándo una emisión implica la suficiente fungibilidad como para quedar sometida a su regulación; el legislador encomienda esta compleja tarea a otras autoridades, recomendando criterios que atiendan a la finalidad y características del NFT y de los activos o derechos subyacentes, y que vayan más allá de la eventual descripción como «no fungible» del criptoactivo en sí mismo y de los activos o derechos que represente.

Es más, que un NFT (con mención al «criptoarte» en NFT) se pueda negociar en mercados y acumularse con finalidades especulativas tampoco resultan trazas determinantes, por sí solas, de su inclusión dentro del ámbito de aplicación de la norma MiCA (Considerando 10). Deberá estarse a criterios que permitan valorar si existen riesgos significativos para los inversores y el sistema financiero, tales como la facilidad de canje con otros criptoactivos o la posibilidad de determinar su valor relativo dentro del mercado de criptoactivos. La indeterminación del ámbito material de la MiCA respecto de los NFT debería complementarse, en la mayor brevedad y por las autoridades competentes, con criterios objetivos que permitan identificar con certeza los casos en los que los emisores de NFT y los operadores de plataformas mercado están sujetos a las obligaciones. Al respecto, somos partidarios de que la normativa imponga a operadores y plataformas la obligación de facilitar información adecuada y completa al adquirente de NFT: un libro blanco con un contenido mínimo y adaptado al potencial impacto de la emisión en el mercado. Opinamos que el Reglamento MiCA habría desaprovechado esta oportunidad de proteger al adquirente, aunque mantenemos la esperanza de que ello se solvente con normativa *ad hoc* para criptoactivos del tipo NFT. Subsidiariamente, siempre cabrá acudir a otra fragmentada y genérica normativa, como la regulación de protección al consumidor en entornos digitales, la ley de condiciones generales de la contratación, la normativa publicitaria o la teoría general de obligaciones y contratos.

Aquellos modelos de NFT que, por sus características, puedan encontrarse dentro del ámbito de aplicación del Reglamento MiCA se encajarían en la residual categoría titulada «otros criptoactivos que no sean fichas de dinero electrónico o fichas referenciadas a activos». A tales emisiones les correspondería, pues, el régimen más laxo de las tres categorías de criptoactivos reguladas, centrada en proporcionar al adquirente información sobre los principales agentes en la relación contractual, así como información precontractual técnico-jurídica adecuada y relevante sobre el criptoactivo, con el fin de mitigar su situación de vulnerabilidad por desconocimiento. La inclusión en el Reglamento obligaría al emisor de NFT a cumplir con los requisitos imperativos en relación a su oferta, a la admisión en plataformas mercado, la publicación de un libro blanco con información preceptiva, a las comunicaciones comerciales y al envío de comunicaciones a autoridades competentes.

La categoría «otros criptoactivos que no sean fichas de dinero electrónico o fichas referenciadas a activos» incluye expresamente las denominadas fichas de utilidad, cuya finalidad única es proveer de acceso a un bien o servicio facilitado por el emisor. Existen NFT híbridos que representan un derecho de acceso a un bien o servicio (siendo asimilables a un *utility token* o ficha de consumo) en el sentido de la MiCA (art. 3.1.9), y que, a la vez, siguen usándose como certificado digital (de titularidad, originalidad y autenticidad) y representan derechos de propiedad intelectual sobre un activo intangible: la obra de «criptoarte». Nos encontraríamos con lo que hemos definido como NFT de utilidad o *utility NFT:* aquel tóken de carácter no fungible o «semifungible» que presenta usos más allá de su comercialización, coleccionabilidad y expectativas de revalorización (siendo habituales, para ello, utilidades de certificado digital de originalidad, autenticidad y/o titularidad, y/o representaciones de derechos de propiedad intelectual de creaciones digitales), junto con otros usos simultáneos que impliquen el derecho de acceso a bienes, servicios u otras remuneraciones que proveerá el emisor al titular. Estos NFT son, a nuestro parecer, susceptibles de penetrar en la susodicha categoría, si bien su carácter híbrido colide con la literalidad de la definición de «ficha de utilidad» efectuada por el Reglamento.

XXXII. La Circular 1/2022 relativa a la publicidad sobre criptoactivos presentados como objetos de inversión alcanza, siempre que sean ofrecidos a inversores en España, a NFT que impliquen emisiones masivas y sirvan como objeto de inversión, excluyéndose aquellos cuya única función sea la representación de activos coleccionables, obras sujetas a propiedad intelectual o activos que tengan como finalidad su uso en competiciones y juegos. Esta norma, que cede frente a la aplicación del superior Reglamento MiCA en los contenidos regulados por ambas, parece ignorar que pueden combinarse en el mismo modelo NFT las finalidades utilitaria y de inversión, como sucede con emisiones de «criptoarte» en NFT ofrecidas masivamente en plataformas mercado y publicitadas a través de campañas en redes sociales u otros medios con capacidad para llegar a un gran público. Hubiera sido preferible, creemos, una formulación conceptual más adecuada.

XXXIII. Los NFT que tengan la consideración de instrumentos financieros quedan excluidos de la Circular 1/2022 de la CNMV, siendo aplicable, en materia de publicidad, la Circular 2/2020, de 28 de octubre, de la Comisión Nacional del Mercado de Valores, sobre publicidad de los productos y servicios de inversión, cumpliendo con lo establecido en la LMVSI y en lo que no contradiga a esta.

XXXIV. Un NFT puede tener usos asimilables a los de un valor negociable tradicional: se trata de activos que, generalmente, cuentan con un contenido patrimonial; pueden colocarse y transmitirse en plataformas asimilables a mercados generalizados e impersonales; gracias a la evolución de sus estándares técnicos, pueden crearse, ofrecerse y circular en masa mediante emisiones que, según el caso, podrían considerarse análogas a las «ICO»; pueden emitirse con expectativas de captación de recursos para el emisor y obtención de beneficios especulativos para sus adquirentes; y su rentabilidad no siempre se fundamenta en parámetros que dependan de las partes.

Sin embargo, la equiparación jurídica entre ambos instrumentos dependerá del concepto de «valor negociable» recogido en cada Estado miembro, ya que la Directiva MiFID II únicamente acota el término de valor y recoge un listado abierto. Consecuentemente, la falta de homogeneidad del modelo de NFT y su variedad de configuraciones conlleva a que pueda ser considerado como «valor negociable» en un Estado miembro y a no ser así en otro, aunque en ambos casos se emitan con fines de inversión. Para corregir esta falta de homogeneidad, la MiCA requiere a la ESMA y a otras autoridades competentes a que dicten instrucciones con criterios y condiciones para calificar criptoactivos como instrumentos financieros que garanticen aproximaciones coherentes a las clasificaciones efectuadas por la MiFID I y el Reglamento MiCA.

La LMVSI admite la representación de valores negociables emitidos mediante tecnología de registro distribuido, e introduce una serie de adaptaciones que resultaban necesarias para una aplicación más eficaz del Reglamento MiCA.

Entre las razones que obstaculizan la consideración de un NFT como valor negociable, y, en especial, el «criptoarte» el NFT, destacamos su inadmisibilidad como medio de intercambio en todos los países, la rareza de este formato para representar un derecho a dividendos, y que sus emisiones masivas en serie o agrupaciones no son habituales, homogéneas ni comprenden inherentemente tókenes fungibles. Además, deben recordarse otras funciones acumulativas que pueden tener los NFT distintas a su uso como instrumento financiero, como sucedería con los *utility* NFT. Los NFT (y en concreto, el «criptoarte» en NFT) no siempre crean nuevos derechos de crédito, sino que pueden representar derechos (o parte de un derecho) de variada naturaleza preexistentes al token. Los derechos representados por el NFT se transmitirían por las reglas reguladoras de los derechos de su misma naturaleza.

Por todo lo anterior, será necesario un análisis casuístico de las funciones y configuración técnica del NFT, características y volumen de su emisión y potencial comercialización y derechos representados para comprobar su compatibilidad con un valor negociable. La identificación de los estándares técnicos utilizados en la configuración de los NFT y su emisión se muestran como identificadores especialmente relevantes de su posible oferta masificada, su aceptación en mercados específicos tipo *Exchange* y su uso como captación de inversión. Por ahora, el uso más extendido de los NFT es aquel uso más cercano al de los *soft asset-backed tokens*: representan, por lo general, activos digitales (o derechos de propiedad intelectual sobre estos activos), suelen ser calificables como no fungibles o «semifungibles», suelen presentar pocas posibilidades de distribución para el gran público y no acostumbran a emitirse en grandes tiradas, si bien suelen ofertarse al público en general.

XXXV. Quedamos a la espera, como afirma el Considerando 11 del Reglamento MiCA, a que la autoridad europea de valores y mercados (ESMA) publique determine los criterios y condiciones que aclaren en qué casos un NFT puede considerarse «único y no fungible con otros criptoactivos» y qué otros criptoactivos pueden considerarse instrumentos financieros. Estas indicaciones serán esenciales para determinar si a un lanzamiento de NFT con usos de financiación se le aplica la norma MiCA o si, por el contrario, se le aplican la MiFID II y su transposición por la normativa nacional de cada Estado miembro. Asimismo, es previsible que los NFT se regulen con detalle en normativa europea *ad hoc*. Mientras, recomendaríamos a los agentes del entorno NFT que puedan verse incluidos en ámbito subjetivo de la MiCA que, frente a dudas sobre sus emisiones, efectuaran las consultas pertinentes a las autoridades competentes, para evitar incurrir en incumplimientos susceptibles de considerarse infracciones graves y ser objeto de sanciones económicas ya vigentes en nuestra LMVSI.

F. INFORMACIÓN AL ADQUIRENTE DE NFT

XXXVI. A nuestro parecer, una información adecuada y suficiente que acompañe a un NFT debería contener los siguientes extremos: los efectos prácticos del *smart contract* y características y almacenamiento del activo subyacente; riesgos del NFT como criptoactivo; información derivada de la normativa de consumo que garantice un adecuado uso y disfrute del token y del activo subyacente (cuando esta sea aplicable, arts. 8.d y 125 TRLGDCU), términos y condiciones de la compraventa del token, y, en particular, cuando se trate de «criptoarte» en NFT, el detalle sobre cesiones y reservas de derechos de propiedad intelectual. La anterior información puede encontrarse, de forma dispersa y no homogénea, en: datos codificados en el *smart contract,* en el *whitepaper* que puede presentar el proyecto de emisión del token, en el sitio web del emisor o creador, y en mensajes publicitarios; en otros documentos o enlaces anexos al NFT; y en los términos de servicio de la plataforma mercado. La información resulta un aspecto esencial en la protección de los intereses no solo del consumidor, sino también, a nuestro modo de ver, de cualquier adquirente de NFT.

El libro blanco, es, a nuestro parecer, un mecanismo adecuado y especialmente útil, con lo cual abogamos por su generalización en el ecosistema NFT. Si no se elabora el indicado *whitepaper* o si su redacción no es completa y adecuada, pueden surgir dificultades a la hora de averiguar la finalidad y utilidad del token y el contenido de los derechos u obligaciones que se derivan de su posesión, en cuyo caso deberá estarse a lo codificado en sus metadatos o a cualquier otro documento o elemento que pueda resultar indiciario de tales extremos. A falta de normativa *ad hoc* sobre NFT y de eventuales indicaciones que, al respecto, faciliten las autoridades competentes, la elaboración de *whitepapers* para NFT que sean activos únicos e «infungibles» resulta, por ahora, voluntaria para su oferente, emisor u operador, excepto en emisiones de NFT eventualmente cubiertas por el Reglamento MiCA (según los Considerandos 10, 11 y 26, y los artículos 2 y 4). Cuando una emisión de NFT tenga usos asimilables a los de instrumento financiero (por ejemplo, un valor negociable emitido en una gran serie o de forma fraccionada), se aplicaría la obligatoriedad del folleto de emisión (Directiva MiFID II y arts. 7 y 35 LMVSI, y Circular 2/2020 de la CNMV). Subsidiariamente, puede resultar aplicable la normativa de consumo a consumidores de NFT.

Existe un claro peligro de desinformación en la toma de decisiones respecto de la adquisición de obras de «criptoarte» en NFT. La exclusión de la MiCA de gran parte de las emisiones de NFT deja en un limbo jurídico a emisiones poco riesgosas para el mercado financiero, teniendo que acudirse a normativa dispersa respecto de la información que debería facilitarse (TRLDCU, LSSI, DSA...). Y aunque el Reglamento MiCA probablemente no sea el instrumento jurídico más adecuado para corregir esta situación, ni para determinar los casos en los que un NFT cree riesgos para el mercado de valores, ciertamente recomendaríamos a las autoridades un requerimiento preceptivo de proporcionar información esencial a potenciales adquirentes de NFT, en un documento con contenido similar al *whitepaper*. De hecho, podría ser conveniente un libro blanco que se restringiese a los aspectos técnico-jurídicos que en este trabajo se han considerado elementales y no superfluos; un libro blanco simplificado, accesible, breve, de lectura comprensible y con valor jurídico y probatorio a modo de información precontractual y contractual.

A nuestro parecer, a falta de normativa armonizada específica, la publicación de un libro blanco claramente redactado, transparente, sin ambigüedades ni vacíos relevantes, resulta beneficioso para todos los actores (emisores, oferentes, adquirentes y plataformas, principalmente) y su implementación generalizada incrementaría la confianza en el entorno económico de activos virtuales, dando a su vez mayor solidez al mercado NFT. Opinamos asimismo que debería facilitarse esta información en cumplimiento de los principios de buena fe contractual y transparencia, redundando en una toma de decisiones más conscientes para los sucesivos adquirentes.

XXXVII. Las comunicaciones comerciales que promocionen los NFT deberían igualmente seguir las líneas anteriores, proporcionando información relevante, adecuada, clara, completa y comprensible. No olvidemos que el público objetivo que frecuenta los entornos virtuales publicitarios comúnmente utilizados para promocionar los NFT (redes sociales, perfiles de *influencers*, comunidades virtuales, sitios web, foros o entornos publicitarios en metaversos, entre otros) es un público predominantemente joven y no necesariamente experto en técnica informática o en inversiones, lo cual le hace más susceptible a la desinformación y a posibles fraudes. Por último, recordemos la flexibilidad y potenciales configuraciones que permite la técnica de los NFT: los emisores tienen amplia libertad para la configuración de derechos y activos para nada homogéneos, en un entorno dinámico, novel y con comprensión sesgada del concepto, riesgos y utilidades potenciales del NFT. Por ello, nosotros somos partidarios de que, a falta de normativa armonizada clara y específica, las autoridades competentes instaran a la publicación contenido informativo en cualquier emisión de NFT (y no solo en aquellos que se presenten con fines de captación de financiación) que se presente tanto a consumidores como a profesionales, de forma paralela al desarrollo de la normativa sobre criptoactivos y a la regulación financiera (MiCA, LMVSI, Circulares 1/2022 y 2/2020 de la CNMV). Todo ello como complemento a una buena educación digital y al deber de diligencia que se les exigiría no solo a los emisores y prestadores de servicios de criptoactivos, sino también a cualquier consumidor/adquirente de NFT.

G. NFT Y RELACIONES DE CONSUMO

XXXVIII. Los NFT pueden considerarse, en sí mismos, un contenido digital: «datos producidos y suministrados en formato digital», entendiéndose este concepto en un sentido amplio que abarcaría nuevas formas de suministrar contenidos digitales. sabemos que los NFT pueden representar una amplia variedad de bienes digitales. Nada obsta, a nuestro parecer, a que pueda adquirirse la propiedad o titularidad indefinida de un NFT en sí mismo como de un activo digital representado mediante un NFT,

XXXIX. Consideramos que la transferencia de aquellos tókenes NFT que incorporen el bien (que será necesariamente intangible) en la *blockchain* se puede considerar una compraventa de dicho bien digital (este se entregaría en un único acto al adquirente, a través de la transferencia del NFT entre *wallets* mediante una red distribuida que se prevé inmutable y permanente), pero creemos que la transmisión del NFT cuyo activo digital subyacente esté almacenado en sistemas *off-chain* que involucren servidores remotos de terceros proveedores, aunque representa igualmente un bien digital, tendría un mejor encuadre como subrogación convencional del crédito en un contrato de servicios de suministro (art. 1209 y ss. CC). En este último caso, el valor y utilidad del NFT dependerá de la prestación de un proveedor de almacenamiento remoto fuera de la cadena de bloques, habitualmente ajeno a la relación contractual entre transmitente y adquirente de NFT.

Nos sumamos a la opinión de otros autores en cuanto a la conveniencia de aclaraciones por parte del legislador europeo al respecto de la calificación de suministros puntuales onerosos de contenidos digitales como compraventas (lo cual podría alcanzar a los NFT que incorporan activos digitales *on-chain*), y a la idoneidad de que los NFT que incorporan activos digitales *off-chain* cuenten con garantías extendidas para el adquirente, con el fin de darle cobertura en situaciones prolongadas en el tiempo y fuera de su control que puedan alterar la conformidad del bien digital representado por el NFT.

XL. La regulación de consumo aplicada al NFT contemplará, entre otros aspectos, especialidades en cuestiones como la información precontractual que debe acompañar al NFT (utilidades, despliegue, compatibilidad e interoperabilidad del NFT, cfr. art. 60 TRLGDCU), el cumplimiento del suministro de contenidos digitales, la conformidad de contenidos digitales, así como garantías y remedios jurídicos frente prestaciones defectuosas, derivando en obligaciones para su emisor/creador. En una relación de consumo, consideramos que la información sobre los derechos de propiedad intelectual asociados al NFT formaría parte de las características esenciales del bien, en el sentido del artículo 20.1.b del TRLGDCU.

XLI. La plataforma de mercado de NFT que actúe como intermediaria entre vendedor y adquirente de NFT sigue sin tener obligación de monitorizar o supervisar los contenidos que alojan o transmiten sus usuarios (art. 15 Directiva 2000/31/CE, art. 7 RSD). No obstante, esta norma habilita un procedimiento en el que el autor o titular legítimo de los derechos de propiedad intelectual deberá notificar a la plataforma (en el caso que nos ocupa, a la plataforma de mercado en línea de NFT) la eventual usurpación de derechos de autor y/o económicos. El RSD obliga a la plataforma a facilitar mecanismos de notificación electrónicos y fácilmente accesibles al usuario dentro de un sistema interno de gestión de reclamaciones (art. 16.1 RSD).

XLII. Algunas limitaciones y exenciones de responsabilidad de los términos y condiciones de las plataformas mercado, tales como aceptaciones del servicio «tal cual está» y «tal y como se presta», pueden carecer de eficacia (artículos 8.1 y 8.2 de la Ley 7/1983 de Condiciones Generales de la

Contratación), como aquellas que impidan la interposición de acciones de resarcimiento por daños y perjuicios o que limiten el importe de la compensación (arts. 1101,1106, 1107, 1255, 1258 y 1911 CC).

H. REFLEXIÓN FINAL

En nuestra opinión, el mercado NFT es todavía amplio, experimental e inmaduro y engloba muy diferentes modelos de negocio. Nos enfrentamos a una realidad especialmente compleja, con lo cual será necesaria una delimitación normativa concisa y que aporte seguridad jurídica sobre su ámbito de aplicación; en su defecto, deberemos efectuar un examen casuístico que ayude a dilucidar la intención del legislador en la protección de los intereses, a veces contrapuestos, del adquirente/consumidor/inversor y del creador/emisor/proveedor. Recientes paquetes normativos de la Unión Europea (como la MiCA) avanzan el potencial de los NFT y de sus funcionalidades, y el impacto de su reciente mercado, pero aún no se aborda una regulación específica ni armonizada. Por el momento, la aplicación de las normas existentes a las transferencias de NFT conlleva una serie de vacíos legales y elevadas dosis de inseguridad jurídica. Por ello, quedamos a la espera de futuras adaptaciones normativas que proporcionen mayor amparo y mejores garantías al adquirente de NFT (y de pronunciamientos aclaratorios de las autoridades comunitarias y nacionales competentes), con expectativas de que se fomente el uso de las nuevas técnicas y modelos de negocio que comporta el formato NFT en el contexto actual de amanecer para la Web3.

Efectuadas las anteriores conclusiones, debemos recordar en este punto, tal y como hicimos al inicio de este trabajo, que el NFT es un activo dinámico y en constante evolución técnica, razón por la cual indudablemente se sujetará a nueva (o revisada) y variada normativa y será objeto de futuros estudios doctrinales y pronunciamientos judiciales. Creemos que ello abocará necesariamente a que las reflexiones vertidas *ut supra* sean objeto de actualización y matices a medida que evolucionen y maduren el ecosistema y el mercado de esta tipología de token.

Referencias bibliográficas

AA. VV., *Blockchain: Impacto en los sistemas financiero, notarial, registral y judicial*, Inmaculada Sánchez Ruiz De Valdivia (Dir.), Navarra, 2020, 1056 pp.

AA. VV., *Comentarios al Código Civil*, Rodrigo Bercovitz Rodríguez-Cano (Coord.), 5ª edición, Navarra, 2021, 2460 págs.

AA.VV., *Comentarios a la Ley de propiedad intelectual*, Felipe Palau Ramírez; Guillermo Palao Moreno (Dirs), Valencia, 2017, 2091 pp.

AA.VV., *Criptoactivos y monedas virtuales: marco regulatorio y tributación*, Madrid, 2023, 191 pp.

AA.VV., *Guía de criptoactivos MiCA*, Agustín Madrid Parra, Carmen Pastor Sempere (Dirs.), María Jesús Blanco Sánchez, Ana Cediel (Coords.), Navarra, 2021, 373 pp.

AA.VV., «Non fungible-Tokens (NFTs)» en *Blockchain: aspectos jurídicos de su utilización*, Eduardo Valpuesta Gastaminza; Juan Carlos Hernández Peña (Dirs.), Madrid, 2022, 366 pp.

AA.VV., «Debate jurídico: desafíos del Metaverso», en Actualidad Civil, núm. 4, 2023 (edición digital), 14 pp.

ANEIROS PEREIRA, Jaime, «Los activos digitales y su valoración tributaria: cuestiones tributarias de los NFTs y de los criptoactivos», en *La digitalización en los procedimientos tributarios y el intercambio automático de información*, Ana M. Pita Grandal, Luís Alberto Málvarez Pascual, Carmen Ruíz Hidalgo (Dirs.), Pamplona, 2023, pp. 735-749.

ANTE, Lennart, «The non-fungible token (NFT) market and its relationship with Bitcoin and Ethereum», *BRL Working paper Series [en línea]*, núm. 20, 2021. Disponible en: <https://ssrn.com/abstract=3861106>. [Fecha de consulta: 8 de mayo de 2024].

APARICIO VAQUERO, Juan Pablo, «La tipificación del contrato de suministro de contenidos y servicios digitales: entre la propiedad intelectual y el derecho de consumo», *Revista de Educación y Derecho*, núm. 24, 2021.

ARANGOA CARO, Roberto M., «La comercialización del arte digital y su legitimación por NFTs» [en línea], *Repositorio digital de Trabajos de Fin de Grado de la Universidad Pontificia Comillas, Grado en Administración de Empresas y Grado en Derecho.* Disponible en: < https://repositorio.comillas.edu/xmlui/handle/11531/58978>. [Fecha de consulta: 8 de mayo de 2024].

ARAS, Supriya Thakur; KULKARNI, Vrushali; «Blockchain and Its Applications – A Detailed Survey», en *International Journal of Computer Applications*, 2017, vol. 180, pp. 29 y ss.

ARGELICH COMELLES, Cristina, «Contratos de consumo, derechos reales inmobiliarios, privacidad y responsabilidad civil en el Metaverso», en *Retos normativos del Mercado Único Digital Europeo*, Luz Martínez Velencoso, Javier Plaza Penadés (Dirs.), Valencia, 2022, pp. 51-70.

ARGELICH COMELLES, Cristina, «Hacia una *smart property* inmobiliaria: tokenización, internet of things y blockchainización registral», *Direito: Revista Xurídica da Universidade de Santiago de Compostela*, 30 (1), 2021, pp. 1-20, [en línea]. Disponible en: <https://doi.org/10.15304/dereito.30.1.7115>. [Fecha de consulta: 8 de mayo de 2024].

ARGELLICH COMELLES, Cristina, «Smart contracts o Code is Law: soluciones generales para la robotización contractual» [en línea], *Indret*, núm. 2, 2020.

ARGELICH COMELLES, Cristina, "Remedios del consumidor ante la abusividad de los instrumentos no financieros", *Revista Crítica de Derecho Inmobiliario*, núm. 771, 2019, pp. 13–65.

ARNAU RAVENTÓS, Lídia, «Remedios por falta de conformidad en contratos de compraventa y de suministro de elementos digitales con varias prestaciones», en *El Derecho privado en el nuevo paradigma digital*, Esther Arroyo Amayuelas, Sergio Cámara Lapuente (Dirs.), 2020, pp. 79-99.

ARROYO AMAYUELAS, Esther, «Entra en vigor el Real Decreto Ley 7/2021 (compraventa de bienes de consumo y suministro de contenidos y servicios digitales al consumidor)», *Revista CESCO de Derecho de Consumo*, núm. 41/2022, pp. 1-32.

ASIA, Yoni, BUTERIN, Vitalik, HAKIM, Lior, ROSENFELD, Meni, LEV, Rotem, «Colored Coins Whitepaper» [en línea], *Colored Coins.org*, 2022. Disponible en: <https://www.etoro.com/wp-content/uploads/2022/03/Colored-Coins-white-paper-Digital-Assets.pdf>. [Fecha de consulta: 8 de mayo de 2024].

BARRIO ANDRÉS, M., , «La nueva regulación de los criptoactivos en España», *Diario La Ley* [en línea], núm. 10010, 2022.

BARRIO ANDRÉS, Criptoactivos. Retos y desafíos normativos, Navarra, 2021, 360 pp.

BANCO EUROPEO DE INVERSIONES (BEI), *Blockchain, FinTechs and their relevance for international financial institutions* [en línea], 2019. Disponible en: < https://www.eib.org/attachments/efs/economics_working_paper_2019_01_en.pdf>. [Fecha de consulta: 8 de mayo de 2024].

BAYLOS CORROZA, Hermenegildo, *Tratado de Derecho industrial*, 2ª ed., Madrid, 1993, 1394 pp.

BECK, Roman, MUELLER-BLOCH, Christoph, «Blockchain as a Radical Innovation: a Framework for Engaging with Distributed Ledgers as Incumbent Organization», *Procedings of the 50th Hawaii International Conference on System Sciences*, 2017, p. 5730.

BELDA; Ignasi, «Metavers i NFT, nous reptes tecnològics en la imposició indirecta i internacional», en *IDP. Revista d'Internet, Dret i Política* [en línea], núm. 37, 2023. [Fecha de consulta: 8 de mayo de 2024].

BERTOCCHI, Filippo, «Fraccionamiento de NFTs: Haciendo accesibles los tokens no fungibles», *Coinbureau* [en línea], ca. 2022. <https://coinbureau.es/fraccionamiento-de-nfts/>. [Fecha de consulta: 8 de mayo de 2024].

BHUTTA, M.N.M., KHWAJA, A.A., NADEEM, A., AHMAD, H.F., KHAN, M.K., HANIF, M., SONG, H., RASHWAN, M.A., CAO, Y., «A Survey on Blockchain Technology: Evolution, Architecture and Security», en *IEEE Access*, 2021, vol. 9, pp. 61048 y ss.

BLANCO SÁNCHEZ, María Jesús, «Ejercicio de la actividad por prestadores de servicios de criptoactivos y adquisición de proveedores», pp. 281-295, en AA.VV., *Guía de criptoactivos MiCA*, Agustín Madrid Parra, Carmen Pastor Sempere (Dirs.), María Jesús Blanco Sánchez, Ana Cediel (Coords.), Navarra, 2021, 373 pp.

BODÓ, B., GERVAIS, D., QUINTAIS, J.P., «Blockchain and smart contracts: the missing link in copyright licensing?», *International Journal of Law and Information Technology*, 26, (4), pp. 311-336. Disponible en: <https://doi.org/10.1093/ijlit/eay014>. [Fecha de consulta: 8 de mayo de 2024].

BODÓ, B., GIANNOPOULOU, A., QUINTAIS, J.P. Y MEZEI, P., «The Rise of NFTs: These Aren't the Droids you're looking For», *European Intellectual Property Review*, 44, 2022, pp. 16. Disponible en: <https://papers.ssrn.com/sol3/papers.cfm?abstract_id=4000423>. [Fecha de consulta: 8 de mayo de 2024].

BRAGADO HERRERA DE EGAÑA, Carla, «La sentencia nº 11/2014 del Juzgado de lo Mercantil nº 9 de Barcelona de 11 de enero de 2024 (VEGAP c/ Mango): el frustrado asunto sobre los non-fungible tokens y la frustrante interpretación del derecho de autor español», *Revista Lex Mercatoria*, núm. extraordinario, 2024.

CABRERA RODRÍGUEZ, José «Seguridad jurídica y NFTs (non-fungible tokens)», Conferencia en línea, 15 de noviembre de 2022, Universidad Pontificia Comillas (Madrid)-Centro de Innovación del Derecho y la Fundación Notariado.

CAMPUZANO GÓMEZ-ACEBO, Jimena; SIEIRA GIL, Jesús, «Tokenización de activos físicos. Tokenización inmobiliaria y mobiliaria», pp. 111-138, en AA.VV., *Guía de criptoactivos MiCA*, Agustín Madrid Parra, Carmen Pastor Sempere (Dirs.), María Jesús Blanco Sánchez, Ana Cediel (Coords.), Navarra, 2021, 373 pp.

CARRIÈRE, Pablo, «La cripto-arte e i non fungible tokens (NFTs): tentativi di inquadramento giuridico», en *dirittobancario.it [en línea]*, 2021. Disponible en: <https://www.dirittobancario.it/art/la-cripto-arte-e-i-non-fungible-tokens-nfts-tentativi-di-inquadramento-giuridico/>. [Fecha de consulta: 8 de mayo de 2024].

CNMV, *Los reguladores financieros de la UE advierten a los consumidores sobre los riesgos de los criptoactivos*, 2022. Disponible en: <https://www.cnmv.es/portal/verDoc.axd?t=%7Bae8ca3f2-fe42-4b49-ad3f-806187ab94ff%7D>. [Fecha de consulta: 8 de mayo de 2024].

CNMV. *Informe preceptivo del comité Consultivo sobre el Proyecto de Circular de la CNMV sobre publicidad de criptoactivos*. Disponible en: <https://www.cnmv.es/DocPortal/AlDia/CNMV_Circular_pub_criptoactivos.pdf>. [Fecha de consulta: 8 de mayo de 2024].

CHOHAN, Raheesha; PASCHEN, Jeanette, «What marketers need to know about non-fungible tokens (NFT)», *Business Horizons*, 2018.

CHOHAN, Usman W., «Non-Fungible Tokens: Bloakchains, Scarcity and Value», *Critical Blockchain Research Iniciative-Working Papers (Discussion Paper Series: Notes on the 21st Century)* [en línea], 2021. Disponible en: < https://papers.ssrn.com/sol3/papers.cfm?abstract_id=3822743>. [Fecha de consulta: 8 de mayo de 2024].

CUENA CASAS, Matilde, «La contratación a través de plataformas intermediarias en línea», *Cuadernos de Derecho Transnacional*, Vol. 12, núm. 2, 2020, pp. 283-348.

DAVARA RODRÍGUEZ, Miguel .A., *Manual de Derecho Informático*, Ed. Aranzadi, Pamplona 1997, 610 pp.

DE FILIPPI, Primavera; WHRIGHT, Aaron; *Decentralized Blockchain Technology and the Rise of Lex Cryptographia*, 2015, SSRN, <http://dx.doi.org/10.2139/ssrn.2580664>. [Fecha de consulta: 8 de mayo de 2024].

DE FILIPPI, Primavera; WHRIGHT, Aaron; *Blockchain and the Law the Rule of Code*, 2018, Harvard University Press, 250 pp.

DELGADO VALLE, Eneko, «Implicaciones jurídicas del metaverso», *Revista de Privacidad y Derecho Digital*, núm. 28, 2023, pp. 71-129.

DEL OLMO FONS; Francisco José, «La consolidación de los criptoactivos», en *Información Comercial Española, ICE: Revista de Economía* (ejemplar dedicado a «El futuro del dinero y la transformación digital del sector financiero», núm. 926, 2022, pp. 7-17.

DE MIGUEL ASENSIO, Pedro, «Blockchain and Smart Contracts: Relating to Copyright Jurisdiction and Applicable Law», en *La tecnología bockchain e il diritto d'autore: miraggio o realtà*, Roma, 2020, pp. 41-53.

DE MIGUEL ASENSIO, Pedro, «Legislación sobre smart contracts (y blockchain): perspectiva transatlántica» [en línea], 2020. Disponible en: <https://pedrodemiguelasensio.blogspot.com/2020/02/legislacion-sobre-smart-contracts-y.html>. [Fecha de consulta: 8 de mayo de 2024].

DE MIGUEL ASENSIO, Pedro Alberto, «La legislación de derechos de autor y su ámbito de aplicación: perspectiva europea», *Anuario dominicano de propiedad intelectual*, núm. 2, 2015, pp. 115-154.

DIELI, Emily, «Tarantino v. Miramax: The rise of NFTS and their copyright implications», en *Boston College Intellectual Property & Technology Forum*, 27 de junio de 2022. Disponible en: <https://bciptf.org/2022/06/tarantino-v-miramax/>. [Fecha de consulta: 8 de mayo de 2024].

DOMÍNGUEZ PADILLA, Carlos, «La responsabilidad contractual y extracontractual de los NFTs desde la perspectiva europea», *Actualidad Jurídica Iberoamericana*, núm. 18, febrero de 2023, pp. 1198-1217.

DOWLING, Michael, «Is non-fungible token pricing driven by cryptocurrencies?», *Finance Research Letters*, Vol. 44, 2022, pp. 1-6. Disponible en: <https://doi.org/10.1016/j.frl.2021.102097>. [Fecha de consulta: 8 de mayo de 2024].

DREY, Maya, «Crypto-assets Emerging Regulations in the European Framework», *Working papers Institut d'Estudis Europeus* [en línea], núm. 11, 2022, p. 34. Disponible en: < https://ddd.uab.cat/pub/worpap/2022/268253/wpIEEa2022n11.pdf>. [Fecha de consulta: 8 de mayo de 2024].

ECHEBARRÍA SAENZ, Marina, "Smart contracts y problemas jurídicos de los pagos con tecnologías *blockchain*", pp. 348-378, en *Derecho Mercantil y Tecnología*, Agustín Madrid Parra (Dir.), Navarra, 2018, 1239 pp.

ECONOMISTAS SIN FRONTERAS, *Dosieres EsF*, núm. 49 Desafíos de la digitalización del sistema financiero, 2023.

EUROPEAN UNION BLOCKCHAIN OBERVATORY & FORUM (EUBOF), *NFT Legal Token Classification [en línea]*, 2022. Disponible en: <https://www.eublockchainforum.eu/sites/default/files/research-paper/EUBOF%20-%20NFT%20-%20Token%20Classification%20Latam.pdf>. [Fecha de consulta: 8 de mayo de 2024].

EUBOF, *Metaverse*, 2022. Disponible en: https://www.eublockchainforum.eu/sites/default/files/reports/Metaverse_Report_Final_1.pdf. [Fecha de consulta: 8 de mayo de 2024].

EUROPEAN UNION BLOCKCHAIN OBERVATORY & FORUM (EUBOF), *Demistifying Non-fungible tokens (NFTs)*, de 29 de noviembre de 2021. Disponible en: <https://www.eublockchainforum.eu/sites/default/files/reports/DemystifyingNFTs_November%202021_2.pdf>. [Fecha de consulta: 8 de mayo de 2024].

EUROPEAN UNION BLOCKCHAIN OBERVATORY & FORUM (EUBOF), *Blockchain and the Future of Digital Assets* [en línea], 2020. Disponible en: <https://2020.standict.eu/sites/default/files/report_digital_assets_v1.0.pdf>. [Fecha de consulta: 8 de mayo de 2024].

EUROPEAN UNION BLOCKCHAIN OBERVATORY & FORUM (EUBOF), *Legal and Regulatory Framework of Blockchains and Smart Contracts* [en línea], 2019. Disponible en: <https://www.eublockchainforum.eu/sites/default/files/reports/report_legal_v1.0.pdf>. [Fecha de consulta: 8 de mayo de 2024].

EUROPEAN UNION INTELLECTUAL PROPERTY OFFICE (EUIPO) «Study in the impact of Artificial Intelligence on the Infringement and Enforcement of Copyright and Cesigns» [en línea], 2022. Disponible en: https://euipo.europa.eu/tunnel-web/secure/webdav/guest/document_library/observatory/documents/reports/2022_Impact_AI_on_the_Infringement_and_Enforcement_CR_Designs/2022_Impact_AI_on_the_Infringement_and_Enforcement_CR_Designs_FullR_en.pdf. [Fecha de consulta: 8 de mayo de 2024].

EUIPO, «Productos virtuales, tókenes no fungibles y el metaverso», *EUIPO-sitio web oficial (Noticias y eventos)* [en línea], 23 de junio de 2022. Disponible en: <https://euipo.europa.eu/ohimportal/es/news-newsflash/-/asset_publisher/JLOyNNwVxGDF/content/pt-virtual-goods-non-fungible-tokens-and-the-metaverse>. [Fecha de consulta: 8 de mayo de 2024].

EUROPEAN SECURITIES AND MARKETS AUTHORITY (ESMA), «Advice on Initial Coins Offerings and CryptoAssets», 9 de enero de 2019. Disponible en <https://www.esma.europa.eu/sites/default/files/library/e sma50-157-1391_crypto_advice.pdf>. [Fecha de consulta: 8 de mayo de 2024].

ESPUGA TORNÉ, Gerard, «Régimen jurídico de los tokens no fungibles (NFT). Breve referencia a su posible consideración como valores negociables», *Derecho Digital e Innovación* [revista digital], núm. 12, abril de 2022.

FAINI, Fernanda; «Blockchain e diritto: la catena del valore tra documenti informativi, smart contracts e data protection», en *Responsabilitá civile e previ*denza, núm.1, 2020, pp. 297–316.

FAIRFIELD, «Tokenized: The Law of Non-Fungible Tokens and Unique Digital Property», *Indiana Law Journal* [en línea], *Forthcoming* (versión provisional), p. 13, 2021. Disponible en: <https://ssrn.com/abstract=3821102>. [Fecha de consulta: 8 de mayo de 2024].

FERNANDO LETURIA, Mauro; EMIR GOCHICOA, Adrian, «Protección de los derechos intelectuales de obras digitales (cripto-arte) no fungibles (NFT) cotizadas en criptomonedas», en *Anuario de Propiedad Intelectual*, núm. 2022, 2023, pp. 271-287.

FINANCIAL ACTION TASK FORCE (FATF). *FATF Recommendations (Updated February 2023)*. Disponibles en: <https://www.fatf-gafi.org/en/publications/Fatfrecommendations/Fatf-recommendations.html>. [Fecha de consulta: 8 de mayo de 2024]

FONTICIELLA HERNÁNDEZ, Beatriz, *La protección del inversor minorista en el panorama fintech: crowdfunding, criptomonedas e initial coin offerings* (ICO), Madrid, 2021, 251 pp.

FRYE, Brian L., «NFTs & the Death of Art», *SSRN* [en línea], 2021. Disponible en: <http://dx.doi.org/10.2139/ssrn.3829399>. [Fecha de consulta: 8 de mayo de 2024].

FUENTES LAHOZ, David, «Aproximación jurídica a los tókens no fungibles y su problemática. Especial referencia a su relación con la propiedad intelectual», en *Nuevas tendencias en el derecho de la competencia y de la propiedad industrial III*, Tato Plaza, Costas Comesaña, Fernández Carballo-Calero, Torres Pérez, Louredo Casado (Dirs.), Madrid, 2022, pp. 273-285.

GÁMEZ BARACALDO, María Camila; CORREDOR HIGUERA, Jorge Armando, «NFT (token no fungibles) y sus implicaciones en el mercado de valores», en *Derecho PUCP*, núm. 90, 2023, pp. 523-564.

GARCÍA TERUEL, Rosa María, NASARRE AZNAR, Sergio, «La propiedad y las situaciones de comunidad en la "tokenización" de bienes », en *La Tokenización de bienes en blockchain*, Rosa María García Teruel (Coord.), Navarra, 2020, pp. 145-176.

GARCÍA TERUEL, Rosa M. «Introducción al fenómeno de la tokenización: estudio de casos», en *La Tokenización de bienes en blockchain*, Rosa María García Teruel (Coord.), Navarra, 2020, pp. 29-60.

GARCÍA SEDANO, Tania, «Análisis del criterio de originalidad para la tutela de la obra en el contexto de la ley de propiedad intelectual», *Anuario Jurídico y Económico Escurialense*, XLIX, 2016, pp. 521-274.

GARÍN ALEMANY, Felipe, «Artículo 24. Derecho de participación», en AA.VV., *Comentarios a la Ley de propiedad intelectual*, Felipe Palau Ramírez, Guillermo Palao Moreno (Dirs.), Valencia, 2017, pp. 1535-1580.

GHELANI, Diptiben, «What is non-fungible token (NFT)? A short discussion about NFT Terms used in NFT», *Authorea* [en línea], octubre 2022. Disponible en: <https://www.authorea.com/doi/full/10.22541/au.166490992.24247550>. [Fecha de consulta: 8 de mayo de 2024].

GRUPO DE ACCIÓN FINANCIERA INTERNACIONAL (GAFI), *Money Laundering and Terrorist Financing in the Art and the Antiquities Market* [en línea], febrero de 2023. Disponible en: <https://www.fatf-gafi.org/en/publications/Methodsandtrends/Money-Laundering-Terrorist-Financing-Art-Antiquities-Market.html>. [Fecha de consulta: 8 de mayo de 2024].

GRUPO DE ACCIÓN FINANCIERA INTERNACIONAL (GAFI). *Updated Guidance for a Risk-Based Approach to Virtual ASsets and Virtual Assets providers* [en línea], octubre 2021. Disponible en: <https://www.fatf-gafi.org/en/publications/fatfrecommendations/documents/guidance-rba-virtual-assets-2021.html>. [Fecha de consulta: 8 de mayo de 2024].

GUADAMUZ, Andrés, «Non-fungible tokens (NFTs) and Copyright» [en línea], *WIPO Magazine*, diciembre de 2021. Disponible en: <https://www.wipo.int/wipo_magazine/en/2021/04/article_0007.html>. [Fecha de consulta: 8 de mayo de 2024].

GUADAMUZ, Andrés, «Platform is Law: The cautionary tale of stolen NFTs», [en línea], *Technollama*.co.UK. Disponible en: <https://www.technollama.co.uk/platform-is-law-the-cautionary-tale-of-stolen-nfts>. [Fecha de consulta: 8 de mayo de 2024].

GUILABERT VIDAL, Mª Remedios, «Adquisición de fincas virtuales en el Metaverso y su problemática en el derecho inmobiliario», en *Cuadernos de Derecho Privado*, núm. 4, 2022, pp. 53-79.

HIDALGO CEREZO, Alberto, *Propiedad y patrimonio en el medio digital: fundamentos jurídicos y tecnológicos*, Navarra, 2021, 533 pp.

HORRACH ARMO, J., "Los acuerdos atributivos de jurisdicción en el ámbito de los *smart contracts* y la tecnología blockchain", *REEI*, núm. 42, 2021, pp. 1-38.

HORRACH ARMO, Josep, «Los *smart contracts* y la tecnología Blockchain en el marco del Derecho Internacional Privado», en *Nuevos escenarios del Derecho Internacional Privado de la contratación*, Valencia, 2021, pp. 683-708.

HOUSER, Kimberly, HOLDEN, John, «Navigating the non-fungible token», *Utah Law Review*, núm. 5, 2022, p. 899. <htpps: //doi,org/10.26054/0d-r48b-sq13>. [Fecha de consulta: 8 de mayo de 2024].

HUALDE MANSO, Teresa, *Del consumidor informado al consumidor real. El futuro del Derecho de Consumo Europeo*, Madrid, 2016, pp. 59 y ss.

IGLESIAS, Juan, *Derecho Romano. Instituciones de Derecho Privado*, 2010, Barcelona, 466 pp.

JIMÉNEZ RUBIO, María Rosario, «El Metaverso y el Derecho Registral», *Derecho Digital e Innovación* [revista digital], núm. 12, 2022.

LACRUZ MANTECÓN, Miguel Luís, «Metaverso y NFT de obras artísticas e intelectuales», en *Revista de Estudios Jurídicos y Criminológicos*, núm. 8, 2023, pp. 15-44.

LASARTE ÁLVAREZ, Carlos, *Contratos. Principios de Derecho Civil*, 14 ed., Madrid, 2019, 389 pp.

LEGERÉN-MOLINA, Antonio, «Los contratos inteligentes en España. La disciplina de los smart contracts», *Revista de Derecho Civil*, vol. 5, núm. 2, 2018, p. 193-241.

LIBERANOME, Paola, «Criptoarte e nuove sfide alla tutela dei diritti autorali», *Contratti*, 2022, pp. 93 y ss.

LLORENTE SANSEGUNDO, María Inmaculada, «Non Fungible Token: la réplica en el mundo digital de la originalidad, la autenticidad y la exclusividad de los objetos físicos», en *De Iure Mercatus. Libro homenaje Al prof, Dr. H. c. Alberto Bercovitz Rodríguez-Cano*, José Antonio García Cruces (Coord.), Valencia, 2023, pp. 955-995.

LOIS CABALLÉ, Ana Isabel, «Mecanismos de protección del consumidor en la propuesta de reglamento relativo a los mercados de criptactivos», pp. 25-40, en AA.VV., *Guía de criptoactivos MiCA*, Agustín Madrid Parra, Carmen Pastor Sempere (Dirs.), María Jesús Blanco Sánchez, Ana Cediel (Coords.), Navarra, 2021, 373 pp.

LONDON ECONOMICS; VVA CONSULTING; IPSOS, *Consumer vulnerability across key markets in the European Union* [en línea]. Disponible en: < https://op.europa.eu/en/publication-detail/-/publication/79b42553-de14-11e6-ad7c-01aa75ed71a1>. [Fecha de consulta: 8 de mayo de 2024].

LÓPEZ LAPUENTE, Leticia, NIETO BRACKELMANNS, Enrique, SAINZ DE AJA TIRAPU, Borja, SEIJO BAR, Álvaro, TEROL CHÁFER, Sofía, «Non fungible tokens (NFTs)», en *Blockchain: aspectos jurídicos de su utilización,* Eduardo Valpuesta Gastaminza, Juan Carlos Hernández Peña (Dirs.), Madrid, 2022, pp. 145-180.

LÓPEZ RODRÍGUEZ, Ana M., «Competencia judicial internacional en controversias relativas a tokens no fungibles (NFT)», *Revista Española de Derecho Internacional,* vol. 74, núm. 2, julio-diciembre de 2022, pp. 299-322.

LUCAS, André; CÁMARA ÁGUILA, María del Pilar, «Por una interpretación razonable de la regla de los tres pasos, o por qué hay que evitar la imprecisión: un estudio sobre la «declaración por una interpretación equilibrada de la regla de los tres pasos en derecho de autor»", *PE.I. Revista de propiedad intelectual,* núm. 33 (septiembre-diciembre 2009), pp. 13-37.

MADRID PARRA, Agustín, «Fichas de dinero electrónico. Del dinero electrónico al "viejo" dinero digital», pp. 219-244, en AA.VV., *Guía de criptoactivos MiCA,* Agustín Madrid Parra, Carmen Pastor Sempere (Dirs.), María Jesús Blanco Sánchez, Ana Cediel (Coords.), Navarra, 2021, 373 pp.

MARTÍNEZ CRESPO, Álvaro; MOLINA ÁLVAREZ, Inés, «La propiedad intelectual en el metaverso», en *Comunicaciones en propiedad industrial y derecho de la competencia,* núm. 97, 2022, pp. 85-105.

MARTÍNEZ NADAL, Apol·lònia, «Las denominadas criptomonedas estables: principales aspectos de su régimen jurídico en la MiCA», en *Dinero digital y gobernanza TIC en la UE* [en línea], Navarra, 2022.

MARTÍNEZ NADAL, Apol·lònia, «Ámbito de aplicación y conceptos esenciales de la propuesta de Reglamento relativo a los mercados de criptoactivos: la noción de criptoactivo y sus subcategorías (arts. 2 y 3)», pp. 41-62, en AA.VV., *Guía de criptoactivos MiCA,* Agustín Madrid Parra, Carmen Pastor Sempere (Dirs.), María Jesús Blanco Sánchez, Ana Cediel (Coords.), Navarra, 2021, 373 pp.

MARTÍNEZ NADAL, Apol·lònia, «El dinero electrónico. Aproximación jurídica», Madrid, 2003, 253 pp.

MEHOTRA, Aditya, «Legal Framework of Non-Fungible Tokens. Legal Repercussions and Challenges Ahead», en *Janus.net (e-journal of International Relations),* Vol. 14, núm. 2, abril 2024, pp. 389-396.

MOREINIS, Diana, ¿Qué determina el valor de una obra de arte?, *Revista En Exclusiva-Banco General* [en línea]. Disponible en: <https://www.enexclusiva.com/09/2003/cultura-y-gastronomia/que-determina-el-valor-de-una-obra-de-arte/>. [Fecha de consulta: 8 de mayo de 2024].

MORENO MENDIETA, Miguel, «¿Criptoinvierno o extinción? Los efectos de la caída de FTX», *El País* [en línea]. Disponible en: https://cincodias.elpais.com/cincodias/2022/11/18/mercados/1668785278_779181.html. [Fecha de consulta: 8 de mayo de 2024].

MORO VISCONTI, Roberto, «Digital Art Valuation», *SSRN Electronic Journal,* 20 de julio de 2021. Disponible en: <http://dx.doi.org/10.2139/ssrn.4132424>. [Fecha de consulta: 8 de mayo de 2024].

MOSCIATTI OLIVIERI, Piero, *Acerca de los criterios de caracterización de las cosas fungibles,* Revista de Derecho, Universidad Católica de la Santísima Concepción, núm. 24, 2011, pp. 89-95.

MURRAY, Alex; KIM, Dennie, COMBS, Jordan, «The promise of a decentralized internet: What is Web3 and how can firms prepare?» [en línea], *Business Horizons,* Vol. 66, marzo-abril 2023, págs. 191-202. Disponible en: <https://doi.org/10.1016/j.bushor.2022.06.002>. [Fecha de consulta: 8 de mayo de 2024].

NADAL GÓMEZ, Irene, «Reflexiones generales sobre los NFT y su ejecución forzosa», en *Logros y retos de la justicia civil en España,* Fernando Jiménez Conde, Julio Banacloche Palao, Fernando Gascón Inchausti (Dirs.), Valencia, 2023, pp. 439-448.

NADAL GÓMEZ, Irene, «Ejecución forzosa y blockchain, panorámica general con especial atención a las monedas virtuales», *Revista jurídica del notariado,* núm. 112, 2021.

NADAL GÓMEZ, Irene, «Los *smart contracts* y el derecho a la tutela judicial efectiva», en *Justicia: ¿garantía versus eficiencia?,* Fernando Jiménez Conde, Rafael Bellido Penadés (Dirs.), Valencia, 2019, pp. 367-396.

NAKAMOTO, Satoshi, «Bitcoin: A Peer.to.Peer Electronic Cash System» [en línea]. Disponible en: <https://bitcoin.org/bitcoin.pdf>. [Fecha de consulta: 8 de mayo de 2024].

NASARRE AZNAR, Sergio, «Naturaleza jurídica y régimen civil de los "tokens" en "blockchain"», en *La Tokenización de bienes en blockchain,* Rosa María García Teruel (Coord.), Navarra, 2020, pp. 61-108.

NAVARRO GÓMEZ-FERRER, Silvino, «Blockchain y registro de la propiedad», en *Blockchain: impacto en los sistemas financiero, notarial, registral y judicial,* 2020, pp. 575-605.

NAVAS NAVARRO, Susana, «Obras de dominio público, digitalización y preservación digital», Reus, 2021, 128 pp.

NAVAS NAVARRO, Susana, «Creación original e inteligencia artificial», en Navas Navarro (Dir.), *Nuevos desafíos para el derecho de autor. Robótica, inteligencia artificial, tecnología,* Reus, 2019, pp. 27-46.

NAVAS NAVARRO, Susana, «Obras generadas por algoritmos. En torno a su posible protección jurídica», *Revista de Derecho Civil,* Vol 5, núm. 2, 2018, pp. 273-291.

O'CALLAGHAN MUÑOZ, Xavier, *Código Civil Comentado y con jurisprudencia,* 7ª ed., Madrid, 2012, 2292 pp.

ORGANIZACIÓN MUNDIAL DE LA PROPIEDAD INTELECTUAL (OMPI), *Confluencia del Derecho internacional privado con el Derecho de la propiedad intelectual. Guía para jueces* [en línea]. Disponible en: < https://www.wipo.int/edocs/pubdocs/es/wipo_pub_1053.pdf>. [Fecha de consulta: 8 de mayo de 2024].

ORGANIZACIÓN MUNDIAL DE LA PROPIEDAD INTELECTUAL (OMPI), *Declaraciones Concertadas relativas al Tratado de la OMPI sobre Derecho de Autor, respecto del artículo 1.(4)* [en línea]. Disponible en: <https://www.wipo.int/wipolex/en/text/295457>. [Fecha de consulta: 8 de mayo de 2024].

ORTEGA-LAUREL, Carlos, «Propuesta: Registro Público de la Propiedad soportado por tokens no fungibles (NFT)», *Paakat, Revista de Tecnología y Sociedad,* año 13, núm. 25 (edición en línea), febrero de 2024, 16 pp.

PACHECO JIMÉNEZ, Mª Nieves, «De la digitalización de los pagos a los tokens del metaverso», *La Ley Mercantil* [revista digital], núm. 91, abril 2022.

PACHECO JIMÉNEZ, Mª Nieves, «De la tecnología blockchain a la economía del token», *Revista de Derecho PUCP*, núm. 83, diciembre 2019, pp. 61-87.

PALÁ LAGUNA, Reyes, «Los criptoactivos valores negociables como nueva categoría de los derechos-valor», en *El Derecho Mercantil y la pandemia: algunos problemas del pasado, la crisis coyuntural y perspectivas futuras*, María Jesús Guerrero Lebrón, Lucía Alvarado Herrera (dirs.), A Coruña, 2023, pp. 961-975.

PALAU RAMÍREZ, Felipe, «El consumidor medio y los sondeos de opinión en las prohibiciones de engaño en el Derecho español y europeo. A raíz de la Sentencia del TJUE de 16 de julio de 1998 "Gut Springenheide"», *Actas de derecho industrial y derecho de autor*, Tomo 19, 1998, pp. 367-396.

PASTOR SEMPERE, M. Carmen, «Criptoactivos: ¿una nueva categoría jurídica?», en la conferencia *Plataformas digitales: cibercrimen, ciberseguridad y criptoactivos*, 19 de diciembre de 2022, Universitat de les Illes Balears, Islas Baleares.

PASTOR SEMPERE, M. Carmen, «Fichas con referencias a activos (stablecoin)», pp. 157-188, en AA.VV., *Guía de criptoactivos MiCA*, Agustín Madrid Parra, Carmen Pastor Sempere (Dirs.), María Jesús Blanco Sánchez, Ana Cediel (Coords.), Navarra, 2021, 373 pp.

PASTOR SEMPERE, M. Carmen, «Dinero electrónico y criptodivisas: concepto, marco legal y nuevas funcionalidades», en *Derecho Mercantil y tecnología*, Agustín Madrid Parra (Dir.), Navarra, 2018, pp. 281-324.

PASTOR SEMPERE, Carmen, «Criptomonedas y otras clases de tokens: aspectos mercantiles», en *Blockchain: aspectos tecnológicos, empresariales y legales*, Andrés Vilarroig Moya, Carmen Pastor Sempere (Dirs.), Navarra, 2018, pp. 151-189.

PEDREÑO MUÑOZ, Andrés, «Prólogo. Blockchain, ¿un nuevo patrón económico?», en *Blockchain: aspectos tecnológicos, empresariales y legales*, Andrés Vilarroig Moya, Carmen Pastor Sempere (Dirs.), Navarra, 2018, pp. 25-34.

PEÑA LÓPEZ, Fernando, «El consumidor vulnerable en el mercado financiero», *Mecanismos de protección del consumidor de productos y servicios financieros*, Natalia Álvarez, Fernando Peña (eds.), Navarra, 2021, pp. 23-58.

PÉREZ-BUSTAMANTE YÁBAR, David, MALDONADO GARCÍA-PERTIERRA, Luís; *Aspectos del régimen regulatorio y tributario de los criptoactivos*, Navarra, 2023, 155 pp.

PÉREZ-GÓMEZ, Miguel A.; EXPÓSITO-BAREA, Milagros; PÉREZ-RUFÍ, José Patricio, «Los NFT's como resignificación del coleccionismo tradicional. Estudio del caso de DC Comics y Tintín», en *Manipulación de imágenes sonoras de ficción y no ficción*, Agustín GÓMEZ GÓMEZ, Daniel ACLE, Mireya Rocío Carballeda (Coords.), Madrid, 2023, pp. 1128-1141.

PÉREZ MARÍN, María Ángeles, «El Reglamento MiCA: responsabilidad y sanción frente al incumplimiento de la regulación del mercado de criptoactivos», en *Ius et Scientia*, vol. 9, núm. 2, 2023, pp. 64-92.

PÉREZ VALLEJO, Ana M., VIVAS TESÓN, Inmaculada, *La transmisión mortis causa del patrimonio intelectual y digital*, Navarra, 2022, 250 pp.

PERICÁS, Mariona; HÉRNÁNDEZ, Gloria, «¿Son los NFT una vía para escapar de la regulación financiera?», en *Blog El Confidencial, Tribuna-Mercados* [en línea], 2022. Disponible en: https://blogs.elconfidencial.com/mercados/tribuna-mercados/2022-02-22/son-los-nft-una-via-para-escapar-de-la-regulacion-financiera_3379388/. [Fecha de consulta: 8 de mayo de 2024].

POLICY DEPARTMENT FOR CITIZENS' RIGTHS AND CONSTITUTIONAL AFFAIRS, «Intellectual Property Rights and Distributed Ledger Tecnology», octubre de 2022. Disponible en: <https://www.europarl.europa.eu/thinktank/en/document/IPOL_STU(2022)737709. [Fecha de consulta: 8 de mayo de 2024].

PONCE DE LEÓN, Pedro J., «Blockchain, un nuevo patrón tecnológico», en *Blockchain: aspectos tecnológicos, empresariales y legales*, Andrés Vilarroig Moya, Carmen Pastor Sempere (Dirs.), Navarra, 2018, pp. 35-78.

PREUKSCHAT, Alexander; KUCHKOVSKY, Carlos; GÓMEZ LARDIES, Gonzalo; DÍEZ GARCÍA, Daniel; MOLERO, Íñigo, *Blockchain: la revolución industrial de Internet*, Alex Preukschat (Coord.), Barcelona, 2017, 397 pp.

PROAÑO ALCÍVAR, David, «Debunking the Non-Fungibility of NFT's», Revista de Derecho de la USFQ, 11, nº1, mayo de 2024. DOI: <https://doi.org/10.18272/ulr.v11i1.3090>.

PROHASKA-MARCHSRIED, Martin, «NFTs in the art market: Can digital artworks creators claim resale rights?» [en línea]. Disponible en: <https://www.taylorwessing.com/en/insights-and-events/insights/2022/01/nfts-in-the-art-market-austrian-perspective>, enero de 2022. [Fecha de consulta: 8 de mayo de 2024].

PWC, Informe *El impacto regulatorio de la Propuesta MiCA*, noviembre de 2022 [en línea]. Disponible en: https://www.pwc.es/es/auditoria/assets/impacto-regulatorio-mica-en%20los-criptoactivos.pdf>. [Fecha de consulta: 8 de mayo de 2024].

RAMÓN FERNÁNDEZ, Francisca, «Inteligencia artificial y los derechos en torno a la creación y la imagen», *Actualidad Jurídica Iberoamericana*, núm. 16 bis, junio 2022, pp. 3762-3791.

RAMOS GIL DE LA HAZA, Andy, «La web3: una aproximación jurídica», en Revista Jurídica Pérez-Llorca [en línea], núm. 8, 2022. Disponible en: <https://ojs.perezllorca.com/index.php/revista-juridica-perez-llorca/article/view/la-web3-una-aproximacion-juridica>. [Fecha de consulta: 8 de mayo de 2024].

REINHART SCHULLER, Robert, «Blockchain: tokenización del derecho de propiedad inmobiliaria y Registro de la Propiedad», en *Revista Aranzadi de Derecho y Nuevas Tecnologías* (edición digital), núm. 61, 2023.

RIVERO MORENO, Luís D., «Arte y economía blockchain: valor, financiarización y precariedad en la cultura digital», en *Accesos-Revista de investigación artística*, núm. 6, 2023, pp. 58-69.

RÖMER, Elias E.A.J., *Contextualizing NFTs in an EU Setting Following MiCA*, TLS, Tilburg University, Países Bajos, 2022.

ROMERO COLOMA, Aurelia M., «El arte y el Derecho. Una visión constitucional (Censura, protección Jurídica y Libertad Artística)», Madrid, 2018, 110 pp.

ROSSELLÓ-RUBERT, Fca. M., «Activos digitales en non-fungible tokens (NFT): plataformas comercializadoras, propiedad intelectual y límites al uso y disfrute», en *Aportaciones jurídicas a la economía de plataformas*, Apol·lònia Martínez Nadal, (Dir.), Navarra, 2023, pp. 107-127.

ROSSELLÓ-RUBERT, Fca. M., «Activos digitales en *non-fungible tokens* (NFT): riesgos jurídicos, plataformas mercado e (in)aplicación del derecho de consumo», en *Contratación mercantil: digitalización y protección del cliente/consumidor*, Luís María Miranda Serrano, Javier Pagador López (Dirs.), Madrid, 2023, pp. 536-547.

ROSSELLÓ RUBERT, Francisca María, *Cloud Computing. Régimen jurídico para empresarios*, Navarra, 2018, 444 pp.

RUSSELL, Francis, «NFT and Value», *M/C Journal*, vol. 25, núm. 2, 2022. <https://doi.org/10.5204/mcj.2863>. [Fecha de consulta: 8 de mayo de 2024].

SALVEYEV, Alexander, «Some risks of tokenization and blockchainization of private law», *Computer Law and Security Review*, Vol. 34 (2018), pp. 863-869.

SÁNCHEZ GIL, Ignacio, «¿Tokens como valores negociables? La aplicabilidad del marco europeo del sector financiero a los criptoactivos», *Revista General de Derecho de los Sectores Regulados: RSR*, núm. 11, 2023.

SÁNCHEZ RUIZ DE VALDIVIA, Inmaculada, «Blockchain e inteligencia artificial: dos tecnologías que convergen e impactan en la economía y el derecho», en AA.VV., *Blockchain: Impacto en los sistemas financiero, notarial, registral y judicial*, Inmaculada Sánchez Ruiz de Valdivia (Dir.), Navarra, 2020, pp. 55-175.

SANDOVAL, Jaime, «Rare pepes: la silenciosa revolución de los activos digitales en la *blockchain* de Bitcoin», *Criptonoticias* [en línea], 2016. Disponible en: <https://www.criptonoticias.com/comunidad/entretenimiento/rare-pepes-silenciosa-revolucion-activos-digitales-blockchain-bitcoin/>. [Fecha de consulta: 8 de mayo de 2024].

SHI-YI LIN; LEI ZHANG; JING LI; LI-LI JI; YUE SUN; «A survey of application research based on blockchain smart contract», en *Wireless Networks* 28, 2022, pp. 635 y ss.

SIMÓN MORENO, Héctor, «La adquisición, transmisión y extinción de los derechos reales «tokenizados», en *La Tokenización de bienes en blockchain*, Rosa María García Teruel (Coord.), Navarra, 2020, pp. 109-144.

TAPSCOTT, Don, TAPSCOTT, Alex, *La revolución blockchain*, Barcelona, 2017, 528 pp.

TORRENT-SELLENS, Joan, «¿Economía colaborativa o economía de plataforma? Mas allá de un debate inacabable», *Harward Deusto Business Review*, marzo 2019, pp. 58-69.

TUR FÁUNDEZ, Carlos, *Smart contracts. Análisis jurídico*, Barcelona, 2018, 208 pp.

TUSET VARELA, Damián, «Metaverso: la nueva frontera de derechos y responsabilidades», *Revista Aranzadi de Derecho y Nuevas Tecnologías* [en línea], núm. 64, 2024.

VEGA GARCÍA, Paula, «Aplicación de las normas para ejemplares únicos de obras plásticas digitales acuñadas con NFT», *Revista de Derecho Civil*, Vol. 11, núm 1, 2014, pp. 195-239.

VEGA GARCÍA, Paula, «La comercialización de obras plásticas digitales tokenizadas», *Revista Aranzadi de Derecho y Nuevas Tecnologías* [en línea], núm. 63, 2023.

VON GERALD, Leopold, SALMON, John, «Non-fungible tokens: The NFT and the silence of the EU Legislator», *Lexology* [en línea], 2021. Disponible en: <https://www.lexology.com/library/detail.aspx?g=b30f43b8-0d8a-41e9-8837-10b3ff9713c8>. [Fecha de consulta: 8 de mayo de 2024].

VULPIANI, Giorgia, «Blockchain, smart contracts e non fungible token: tutele e responsabilitá», en *Actualidad Jurídica Iberoamericana*, núm. 18, 2023, pp. 1326-1363.

Referencias webgráficas

ADNERS, LANCER, SHRUG, «ERC-4907, Rental NFT, an extensión of EIP-721», *Ethereum Improvement proposals* [en línea], marzo 2022. Disponible en: <https://eips.ethereum.org/EIPS/eip-2309>. [Fecha de consulta: 8 de mayo de 2024].

ASIA, Yoni, BUTERIN, Vitalik, HAKIM, Lior, ROSENFELD, Meni, LEV, Rotem, «Colored Coins Whitepaper» [en línea], *Colored Coins.org*, 2022. Disponible en: <https://www.etoro.com/wp-content/uploads/2022/03/Colored-Coins-white-paper-Digital-Assets.pdf>. [Fecha de consulta: 8 de mayo de 2024].

BBVA, "What is a token and what is it for?", 7 de julio de 2017 [en línea]. Disponible en: < https://www.bbva.com/en/what-is-a-token-and-what-is-it-for/>. [Fecha de consulta: 8 de mayo de 2024].

BÉCARES, Bárbara, «El primer cómic creado por inteligencia artificial ya no está protegido por copyright: Midjourney no es un co-autor aceptable», <https://www.genbeta.com/a-fondo/primer-comic-creado-inteligencia-artificial-no-esta-protegido-copyright-midjourney-no-co-autor-aceptable>. [Fecha de consulta: 8 de mayo de 2024].

BÉDRUNE, Jean B., GUILLEMET, Charles, «On the security model of software wallets», *Blog Ledger*, 2021 [en línea]. Disponible en: <https://blog.ledger.com/software-wallets/>. [Fecha de consulta: 8 de mayo de 2024].

BENSON, Jeff, «Yes, your NFTs can go missing. Here's what you can do about it», *Decrypt News* [en línea], 2021. <https://decrypt.co/62037/missing-or-stolen-nfts-how-to-protect>. [Fecha de consulta: 8 de mayo de 2024].

BERTOCCHI, Filippo, «Fraccionamiento de NFTs: Haciendo accesibles los tokens no fungibles», *Coinbureau* [en línea], ca. 2022. Disponible en: <https://coinbureau.es/fraccionamiento-de-nfts/>. [Fecha de consulta: 8 de mayo de 2024].

BLANCO CRESPO, Luis J., «¿Qué son los CryptoPunks? Una Guía Completa», *Blog BeinCrypto*, noviembre 2021. Disponible en: <https://es.beincrypto.com/aprende/cryptopunks/. [Fecha de consulta: 8 de mayo de 2024].

BOLSAMANÍA, «Los NFT no están muertos pero son los activos con mayor riesgo del mercado». Disponible en línea: <https://www.bolsamania.com/noticias/criptodivisas/los-nft-no-estan-muertos-pero-son-los-activos-con-mayor-nivel-de-riesgo-del-mercado–10611982.html>. [Fecha de consulta: 8 de mayo de 2024].

BRUGAT, Marc, «Qué son los NFT y porqué están fracasando en los videojuegos», *La Vanguardia Tecnología*, [en línea]. <https://www.lavanguardia.com/tecnologia/videojuegos/20220209/8041989/que-son-nft-fracasando-videojuegos.html>. [Fecha de consulta: 8 de mayo de 2024].

BURKS, Zach, et al. «ERC-2981: NFT Royalty Standard», *Ethereum Improvement proposals* [en línea], octubre 2019. Disponible en: <https://eips.ethereum.org/EIPS/eip-2309>. [Fecha de consulta: 8 de mayo de 2024].

CHAINLINK, «16 ways to crate dynamic non-fungible tokens (NFT) Using Chainlink Oracles», 2020, [en línea]. Disponible en: <https://blog.chain.link/create-dynamic-nfts-using-chainlink-oracles/>. [Fecha de consulta: 8 de mayo de 2024].

CHRISTIE'S, «Beeple: a visionary Digital Artist at the Forefront of NFTs» [en línea]. Disponible en: <https://www.christies.com/features/Monumental-collage-by-Beeple-is-first-purely-digital-artwork-NFT-to-come-to-auction-11510-7.aspx>, 2021. [Fecha de consulta: 8 de mayo de 2024].

COINMARKETCAP, «CoinMarketCap: Recapitulación de 2022 y perspectivas del mercado NFT para 2023» [en línea], *Criptotendencia,* Disponible en: <https://criptotendencia.com/2023/02/07/coinmarketcap-recapitulacion-del-2022-y-perspectivas-del-mercado-nft-para-2023/>. [Fecha de consulta: 8 de mayo de 2024].

COINMARKETCAP, «Must-Know February 2024 NFT Tends & Projects» [en línea]. Disponible en: <https://coinmarketcap.com/community/articles/65e316f66af0a673c426cbc9/>. [Fecha de consulta: 8 de mayo de 2024].

COMISIÓN EUROPEA, «La Comisión se congratula del acuerdo político sobre la Ley de Inteligencia Artificial» [en línea], 9 de diciembre de 2023. Disponible en: <https://ec.europa.eu/commission/presscorner/detail/es/ip_23_6473>. [Fecha de consulta: 8 de mayo de 2024].

CRYPTOKITTIES. *Terms of Use.* Disponibles en: <https://www.cryptokitties.co/blog/post/when-you-purchase-a-cryptokitty-you-get-both-the-kitty-and-its-art/>. [Fecha de consulta: 8 de mayo de 2024].

DAPPGAMBL, *Dead NFTs: The Evolving Landscape of the NFT Market [en línea],* 2023. Disponible en: <https://dappgambl.com/nfts/dead-nfts/>. [Fecha de consulta: 8 de mayo de 2024].

DAPPRADAR, *What Do Consumers Want from NFTs?* [en línea], febrero de 2023. Disponible en: < https://dappradar.com/blog/behavior-report-what-do-consumers-want-from-nfts#Chapter-2>. [Fecha de consulta: 8 de mayo de 2024].

DAPPRADAR, *DappRadar 2022 Industry Report* [en línea]. Disponible en: <https://dappradar.com/blog/dapp-industry-report-2022-dapp-industry-proves-resilient-in-crypto-winter>. [Fecha de consulta: 8 de mayo de 2024].

DAPPRADAR, *DappRadar 2021 Industry Report* [en línea]. Disponible en: <https://dappradar.com/blog/2021-dapp-industry-report>. [Fecha de consulta: 8 de mayo de 2024].

DATAWALLET, «What are Pudgy Pengüins NFTs? » [en línea], enero de 2024. Disponible en: <https://www.datawallet.com/crypto/pudgy-penguin-nfts>. [Fecha de consulta: 8 de mayo de 2024].

DIGICONOMIST, «Ethereum Energy Consumption» [en línea]. Disponible en: <https://digiconomist.net/ethereum-energy-consumption>. [Fecha de consulta: 8 de mayo de 2024].

DILENDORF, Max, «Security Token Offerings for NFTs?» [en línea], 2021. Disponible en: <https://dilendorf.com/resources/security-token-offerings-for-nfts.html>. [Fecha de consulta: 8 de mayo de 2024].

ETHEREUM, «Non-fungible tokens (NFT)», en Ethereum.org [en línea]. Disponible en: <https://ethereum.org/en/nft/>. [Fecha de consulta: 8 de mayo de 2024].

ETHEREUM, «Introduction to Web3» [en línea]. Disponible en: <https://ethereum.org/en/web3/>. [Fecha de consulta: 8 de mayo de 2024].

ETHEREUM, «Ethereum: la fusión» [en línea], disponible en: < https://ethereum.org/es/upgrades/merge/> [Fecha de consulta: 8 de mayo de 2024].

ETHEREUM, *«Estándar de Token ERC-20». Disponible en: <https://ethereum.org/es/developers/docs/standards/tokens/erc-20/>. [Fecha de consulta:* 8 de mayo de 2024].

ETHEREUM, *«Estándar de Token ERC-721». Disponible en:* <https://eips.ethereum.org/EIPS/eip-721>, y <https://ethereum.org/en/developers/docs/standards/tokens/erc-721/> [Fecha de consulta: 8 de mayo de 2024].

ETHEREUM, *«Estándar de Token ERC-1155». Disponible en:* <https://eips.ethereum.org/EIPS/eip-1155> y <https://ethereum.org/en/developers/docs/standards/tokens/erc-1155/>. [Fecha de consulta: 8 de mayo de 2024].

FINZER, David, «The NFT Bible: Everything you need to know about Non-Fungible Tokens» [en línea]. Disponible en: <https://opensea.io/blog/guides/non-fungible-tokens/>. [Fecha de consulta: 8 de mayo de 2024].

FLOW (Plataforma descentralizada). Disponible en: <https://flow.com/>. [Fecha de consulta: 8 de mayo de 2024].

FORTA (Red de monitorización descentralizada). Disponible en: <https://docs.forta.network/en/latest/what-is-forta/>. [Fecha de consulta: 8 de mayo de 2024].

FREEPORT (plataforma de venta de arte tokenizado). Disponible en: <https://pr.reblonde.com/freeport-sec-tokenized-art-platform-andy-warhol/>. [Fecha de consulta: 8 de mayo de 2024].

GALAXY, *A survey of NFT Licenses: Facts and Fictions*, agosto de 2022. Disponible en: <https://www.genbeta.com/actualidad/gente-compra-nfts-pensando-que-tambien-adquiere-su-propiedad-intelectual-mentira-vendedores-fomentan-esta-idea>. [Fecha de consulta. 8 de mayo de 2024].

GONZALEZ VALENZUELA, Carolina, «El metaverso a prueba: ¿en qué punto está en 2024 y qué le depara el futuro?» [en línea], *Computer Hoy,* 28 de enero de 2024. Disponible en: <https://computerhoy.com/tecnologia/punto-metaverso-2024-depara-futuro-1358579>. [Fecha de consulta: 8 de mayo de 2024]

GUADAMUZ, Andrés, «Copyfraud and copyright infringements in NFTs», *Technollama* [en línea]. Disponible en: <https://www.technollama.co.uk/copyrfraud-and-copyright-infringement-in-nfts>. [Fecha de consulta: 8 de mayo de 2024].

HARPER, J.; "Jack Harper's first ever tweet sells for $2,9m", BBC News, 23 de marzo de 2021, [en línea], <https://www.bbc.com/news/business-56492358>. [Fecha de consulta: 8 de mayo de 2024].

HAYWART, Andrew, «Quentin Tarantino, Miramax Settle Lawsuit Over "Pulp Fiction" NFTs». Disponible en: <https://decrypt.co/109379/quentin-tarantino-miramax-settle-lawsuit-pulp-fiction-nfts>. [Fecha de consulta: 8 de mayo de 2024].

HISCOX, «Hiscox Online Trade Art Report 2023» [en línea], 2023. Disponible en: <https://www.hiscox.es/sites/spain/files/2023-05/Hiscox%20online%20art%20trade%20report%202023.pdf>. [Fecha de consulta: 8 de mayo de 2024].

JABALERA, Joel, «Qué es una *wallet* o monedero de criptomoneda y cómo se usa», Forbes, 2021, [en línea]. Disponible en: <https://forbes.es/criptomonedas/125754/que-es-una-wallet-o-monedero-de-criptomonedas-y-como-se-usa/>. [Fecha de consulta: 8 de mayo de 2024].

LINFED COLLECTION. *Whitepaper.* Disponible en: <https://mhouse.club/linked/linked-whitepaper/>. [Fecha de consulta: 8 de mayo de 2024].

LOOKS MUTABLE (plataforma de comprobación de almacenamiento de NFT). Disponible en: <looksmutable.com> [Fecha de consulta: 8 de mayo de 2024].

LOPEZ-MÉLIDA, Carlos, «Novedades de la nueva Ley de Mercado de Valores en el ámbito de criptoactivos y tecnologías de registro distribuido» [en línea], *Licitación Civil y mercantil-Noticias by Aequitas*, marzo 2023. Disponible en: https://iusaequitas.net/novedades-de-la-nueva-ley-del-mercado-de-valores-en-el-ambito-de-criptoactivos-y-tecnologias-de-registro-distribuido/. [Fecha de consulta: 8 de mayo de 2024].

LOS ÁNGELES TIMES, «Beeple, sobre la venta de su obra digital por $70 millones», 24 de febrero de 2021. Disponible en: < https://www.latimes.com/espanol/vida-y-estilo/articulo/2021-03-26/beeple-sobre-la-venta-de-su-obra-digital-por-70-millones>. [Fecha de consulta: 8 de mayo de 2024].

MALDONADO, José, «Qué es ERC-6551, el estándar que dota de habilidades bancarias a los NFT» [en línea], *Obervatorio Blockchain*, 26 de mayo de 2023. Disponible en: <https://observatorioblockchain.com/nft/el-estandar-erc-6551-dota-de-habilidades-bancarias-a-los-nfts/>. [Fecha de consulta: 8 de mayo de 2024].

MALDONADO, José, «DN404, la evolución del estándar de Ethereum para los NFT» [en línea], *Bit2me*, 15 de febrero de 2024. Disponible en: <https://news.bit2me.com/dn404-evolucion-del-estandar-para-nft/>. [Fecha de consulta: 8 de mayo de 2024].

MALWA, Shaurya, «BitCoin NFT NodeMonkes Sells for $ 1 Million as BTC moves towards $69K» [en línea], COINDESK, 4 de marzo de 2024. Disponible en <https://www.coindesk.com/es/markets/2024/03/04/bitcoin-nft-nodemonkes-sells-for-1m-as-btc-inches-towards-69k/>. [Fecha de consulta: 8 de mayo de 2024].

MANGO FASION GROUP, «Mango bate récord de ventas en 2023 y presenta un nuevo plan estratégico para superar los 4000 millones en 2026» [en línea], 11 de marzo de 2024. *Mango pressroom.* Disponible en: <https://www.mangofashiongroup.com/w/mango-bate-r%C3%A9cord-de-ventas-en-2023-y-presenta-un-nuevo-plan-estrat%C3%A9gico-para-superar-los-4.000-millones-en-2026>. [Fecha de consulta: 8 de mayo de 2024].

MAZA, Pablo, «Medidas cautelares judiciales en NFT. [Caso Mango vs. VEGAP-Jurisprudencia]»[en línea]. *Blog Pablo Maza, 28 de enero de 2024.* Disponible en: <https://pablomazaabogado.es/propiedad-intelectual/medidas-cautelares-judiciales-en-nft-caso-mango-jurisprudencia/>. [Fecha de consulta: 8 de mayo de 2024].

MIT LABS «¿Qué es un oráculo NFT?», *MitSoftware* [en línea], octubre 2021. Disponible en: <https://mitsoftware.com/oraculos-nft/>. [Fecha de consulta: 8 de mayo de 2024].

MOU, Vallery, «Guía sobre los oráculos Blockchain», *Blog Binance Academy*, enero de 2022. Disponible en: https://academy.binance.com/es/articles/blockchain-oracles-explained#human-oracles. [Fecha de consulta: 8 de mayo de 2024].

MUSSENBROCK, Cristoph, «ERC-1523, Standard for Insurance Policies as ERC Non Fungible Tokens», *Ethereum Improvement proposals* [en línea], abril 2020. Disponible en: <https://eips.ethereum.org/EIPS/eip-2309>. [Fecha de consulta: 8 de mayo de 2024].

NFT PLAZAS & FOOTPRINTS ANALYTICS, «December 2023 NFT Report», [en línea], *NFT Plazas.* Disponible en: <https://nftplazas.com/december-nft-report/>. [Fecha de consulta: 8 de mayo de 2024].

NFT STANDARDS WIKI. Disponible en: <https://www.nftstandards.wtf/Standards/EIP2981+Royalty+Standard>. [Fecha de consulta: 8 de mayo de 2024].

NGUYEN, C., "Cat got your wallet? Cryptokitties virtual feline fetches 170K in crypto cash", *Digitaltrends,* 5 de septiembre de 2018, [en línea]. <https://www.digitaltrends.com/computing/dragon-cryptokitties-most-expensive-virtual-cat/>. [Fecha de consulta: 8 de mayo de 2024].

OBSERVATORIO BLOCKCHAIN, «Qué son los Soulbound Tokens» (SBT) [en línea], 13 de abril de 2023. Disponible en: <https://observatorioblockchain.com/hypernifty/soulbound-tokens-sbt-que-son/>. [Fecha de consulta: 8 de mayo de 2024].

OLIVER, Hanna, MURPHY, Joshua, «How NFTs became a 41bn market in 2021» [en línea], *Financial Times,* 31 de diciembre de 2021. Disponible en: <https://www.ft.com/content/e95f5ac2-0476-41f4-abd4-8a99faa7737d>. [Fecha de consulta: 8 de mayo de 2024].

OPENSEA, *Terms of Service.* Disponibles en: <https://opensea.io/tos>. [Fecha de consulta: 8 de mayo de 2024].

ORCUTT, M., "El masivo historial de robos demuestra que *blockchain* no es inhackeable", *MIT Technology Review,* 2019 [en línea]. Disponible en: <https://www.technologyreview.es/s/10958/el-masivo-historial-de-robos-demuestra-que-blockchain-no-es-inhackeable>. [Fecha de consulta: 8 de mayo de 2024].

PAPANIKOLAS, Sean, «EIP-2309: ERC-721 Consecutive Tranfer Extension», *Ethereum Improvement proposals* [en línea], octubre 2019. Disponible en: <https://eips.ethereum.org/EIPS/eip-2309>. [Fecha de consulta: 8 de mayo de 2024].

PATAIRYA, Dilip K., «¿Cómo se determina el valor de un NFT?», *Cointelegraph,* 2022. Disponible en: < https://es.cointelegraph.com/news/how-do-you-assess-the-value-of-an-nft >. [Fecha de consulta: 8 de mayo de 2024].

PÉREZ, Enrique, «Era cuestión de tiempo que alguien demandara a una IA creativa por vulnerar la propiedad intelectual», <https://www.xataka.com/legislacion-y-derechos/era-cuestion-tiempo-que-alguien-demandara-a-ia-creativa-vulnerar-propiedad-intelectual>. [Fecha de consulta: 8 de mayo de 2024].

PESHKAR, Prasanna, «NodeMonjes: Revealing the Awaited Bitcoin Ordinals Project with NFT Inscriptions on the Bitcoin Blockchain» [en línea], *P2EGAME,* enero de 2024. Disponible en: <https://www.p2e.game/dailyNews/4om4k8i1095q>. [Fecha de consulta: 8 de mayo de 2024].

PWC. «Time for Trust: The Trillion-Dollar Reasons to Rethink Blockchain» [en línea], octubre 2020. Disponible en: <https://www.pwc.es/es/publicaciones/digital/informe-time-for-trust.pdf>. [Fecha de consulta: 8 de mayo de 2024].

RAMEEREZ, «Problems and technical nuances of NFT inmutability and IPFS», *Rameerez Blog* [en línea, 2022]. Disponible en: <https://rameerez.com/problems-and-technical-nuances-of-nft-immutability-and-ipfs/>. [Fecha de consulta: 8 de mayo de 2024].

RAMEEREZ, «No, your NFT is not on the blockchain», *Rameerez blog* [en línea], 2022. Disponible en: <https://rameerez.com/no-your-nft-not-on-the-blockchain/>. [Fecha de consulta: 8 de mayo de 2024].

RAUSTIALA, Kal, SPRIGMAN, John C., «The One Redeeming Quaity of NFTs Might Not Even Exist», *Slate* [en línea]. Disponible en: <https://slate.com/technology/2021/04/nfts-digital-art-authenticity-problem.html>. [Fecha de consulta: 8 de mayo de 2024].

RECKLING, Christiana, «Propy Inc. Makes History Selling World's First Real Estate-Backed NFT», *Astrolight Media Group* [en línea], 2021, <https://www.astrolightmediagroup.com/digital-assets/180/propy-inc-makes-history-selling-worlds-first-real-estate-backed-nft/>. [Fecha de consulta: 8 de mayo de 2024].

ROCELLA, Erika, «Beeple regresa a Christie's para vender una escultura NFT» [en línea]. *Exibart,* octubre de 2021. Disponible en: <https://www.exibart.es/actualidad/beeple-regresa-a-christies-para-vender-una-escultura-de-nft/>. [Fecha de consulta: 8 de mayo de 2024].

ROOSE, Kevin, «What is NFT?» [en línea], *New York Times: The Latecomers Guide to Crypto.* Disponible en: < https://www.nytimes.com/interactive/2022/03/18/technology/nft-guide.html>. [Fecha de consulta: 8 de mayo de 2024].

ROOSE, Kevin, «What is Web3?» [en línea], *New York Times: The Latecomers Guide to Crypto.* Disponible en: < https://www.nytimes.com/interactive/2022/03/18/technology/web3-definition-internet.html>. [Fecha de consulta: 8 de mayo de 2024].

ROSSOW, Andrew, «The Hermès Lawsuit May Dictate The Future of NFTs» [en línea], *NFT Now,* 19 de mayo de 2022. Disponible en: < <https://nftnow.com/guides/how-the-hermes-lawsuit-could-determine-the-future-of-trademark-rights-in-nfts/>. [Fecha de consulta: 8 de mayo de 2024].

SANDOVAL, Jaime, «Rare pepes: la silenciosa revolución de los activos digitales en la *blockchain* de Bitcoin», *Criptonoticias* [en línea], 2016. Disponible en: <https://www.criptonoticias.com/comunidad/entretenimiento/rare-pepes-silenciosa-revolucion-activos-digitales-blockchain-bitcoin/>. [Fecha de consulta: 8 de mayo de 2024].

SCHILLER, David, SKILLICORN, Chris, «What is a Non-fungible Token? A Begginers Guide», *Enjin Blog* [en línea], 2021. Disponible en: <https://enjin.io/blog/nft-beginners-guide>. [Fecha de consulta: 8 de mayo de 2024].

SHIBA, Koshi, «ERC-2615, Non-fungible token with mortgage and rental functions», *Ethereum Improvement proposals* [en línea], abril 2020. Disponible en: <https://eips.ethereum.org/EIPS/eip-2309>. [Fecha de consulta: 8 de mayo de 2024].

SMALL, Zachary, «Hermès Wins MetaBirkins Lawsuit: Jurors Not Convinced NFT Are Art». Disponible en: <https://www.nytimes.com/2023/02/08/arts/hermes-metabirkins-lawsuit-verdict.html>. [Fecha de consulta: 8 de mayo de 2024].

SPANGLER, Todd, «Cameo CEO Says Someone Stole his Bored Ape NFT Then sold It for $130.000», *Variety* [en línea], 8 de agosto de 2022. Disponible en: <https://variety.com/2022/digital/news/bored-ape-nft-stolen-cameo-1235335733/>. [Fecha de consulta: 8 de mayo de 2024].

VEGAP, *Proteged al artista* [en línea], 22 de enero de 2024. Disponible en: <https://vegap.es/2024/01/22/proteged-al-artista/>. [Fecha de consulta: 8 de mayo de 2024].

WEINBERG, Danny, «Así resuelven los NFTs algunos de los problemas de la cadena de suministro», *The Logistics World* [en línea], 2022. Disponible en: <https://thelogisticsworld.com/innovacion/asi-resuelven-los-nfts-algunos-de-los-problemas-de-la-cadena-de-suministro/>, [Fecha de consulta: 8 de mayo de 2024].

WORLD ECONOMIC FORUM, «Evolution of Non-Fungible Tokens. Insight Report. October 2023» [en línea]. Disponible en: https://www3.weforum.org/docs/WEF_Evolution_of_NFTs_2023.pdf>. [Fecha de consulta: 8 de mayo de 2024].

WORLD OF WOMEN (NFT Project). Disponible en: <https://www.worldofwomen.art/>. [Fecha de consulta: 8 de mayo de 2024].

YORDANOVA, Hristina, «Why CyberBrokers Paid $250.000 To Make NFTs Completely On-Chain», DappRadar.com [en línea], marzo de 2022. Disponible en: <https://dappradar.com/blog/why-cyberbrokers-paid-250000-to-make-nfts-completely-on-chain>. [Fecha de consulta: 8 de mayo de 2024].